HUG
주택도시
보증공사

NCS + 전공 + 모의고사 5회

시대에듀

2025 최신판 시대에듀 All-New HUG 주택도시보증공사
NCS + 전공 + 최종점검 모의고사 5회 + 무료NCS특강

Always with you

사람의 인연은 길에서 우연하게 만나거나 함께 살아가는 것만을 의미하지는 않습니다.
책을 펴내는 출판사와 그 책을 읽는 독자의 만남도 소중한 인연입니다.
시대에듀는 항상 독자의 마음을 헤아리기 위해 노력하고 있습니다. 늘 독자와 함께하겠습니다.

머리말 PREFACE

주택에서 도시까지 국민의 더 나은 삶을 책임지는 주택도시보증공사는 2025년에 신규직원을 채용할 예정이다. 주택도시보증공사의 채용절차는 「지원서 접수 ➡ 서류전형 ➡ 필기전형 ➡ 사전 온라인검사 ➡ 면접전형 ➡ 최종 합격자 발표」 순서로 이루어진다. 필기전형은 관리 6급의 경우 직무적합평가와 전공필기를, 관리 7급의 경우 직무적합평가만을 진행한다. 그중 직무적합평가는 의사소통능력, 수리능력, 문제해결능력, 대인관계능력, 조직이해능력 5개 영역을 평가한다. 또한, 전공필기는 채용분야별로 시험과목이 상이하므로 반드시 확정된 채용공고를 확인해야 한다. 필기전형 고득점자 순으로 채용예정인원의 2.5배수를 선발하여 면접전형을 진행하므로 필기전형에서 고득점을 받기 위해 다양한 유형에 대한 폭넓은 학습과 문제풀이능력을 높이는 등 철저한 준비가 필요하다.

주택도시보증공사 필기전형 합격을 위해 시대에듀에서는 주택도시보증공사 판매량 1위의 출간 경험을 토대로 다음과 같은 특징을 가진 도서를 출간하였다.

도서의 특징

❶ **기출복원문제를 통한 출제 유형 확인!**
  • 2024년 하반기 주요 공기업 NCS 및 2024~2023년 전공 기출문제를 복원하여 공기업별 출제경향을 확인할 수 있도록 하였다.

❷ **주택도시보증공사 필기전형 출제 영역 맞춤 문제를 통한 실력 상승!**
  • 직무적합평가 대표기출유형&기출응용문제를 수록하여 유형별로 대비할 수 있도록 하였다.
  • 전공필기(경영 · 경제 · 법) 적중예상문제를 수록하여 전공까지 준비할 수 있도록 하였다.

❸ **최종점검 모의고사를 통한 완벽한 실전 대비!**
  • 철저한 분석을 통해 실제 유형과 유사한 최종점검 모의고사를 수록하여 자신의 실력을 점검할 수 있도록 하였다.

❹ **다양한 콘텐츠로 최종 합격까지!**
  • 채용 가이드와 주택도시보증공사 면접 기출질문을 수록하여 채용을 준비하는 데 부족함이 없도록 하였다.
  • 온라인 모의고사를 무료로 제공하여 필기전형에 대비할 수 있도록 하였다.

끝으로 본 도서를 통해 주택도시보증공사 채용을 준비하는 모든 수험생 여러분이 합격의 기쁨을 누리기를 진심으로 기원한다.

SDC(Sidae Data Center) 씀

◇ **미션**

> 주거복지 증진과 도시정비 활성화를 위한 금융지원으로
> 국민의 삶의 질 향상에 이바지

◇ **비전**

> 국민의 주거안정을 선도하는
> 주택도시금융 동반자, HUG

◇ **핵심가치**

상생　　전문성　　신뢰　　혁신

◇ 전략방향 & 전략과제

주거안정 금융서비스 강화	▶	• 서민 · 실수요자 주거안정망 강화 • 신속 · 편리한 보증 프로세스 구축 • 국민체감 맞춤형 금융서비스 제공
주택공급 기반 금융 확대	▶	• 주택공급 촉진 유동성 지원 강화 • 주택시장 안정화를 위한 보증관리 고도화 • 도시정비 추진을 위한 기반 마련
ESG경영 선도	▶	• 친환경 기반 녹색경영 확립 • 안전 · 사람 중심의 사회 구현 • 공정하고 신뢰받는 조직문화 구축
지속가능 혁신 기반 구축	▶	• 재무건전성 및 리스크 대응체계 강화 • 전문성 기반 주택도시금융 선도 • 디지털 인프라 구축 및 운영 고도화

◇ 인재상

변화	Change	변화를 선도하는 주도적 인재
전문	Expert	최고 전문가를 지향하는 인재
신뢰	Trust	고객과 국민에게 신뢰받는 인재

신입 채용 안내 INFORMATION

◇ **지원자격(공통)**

① 성별 · 신체조건 · 학력 : 제한 없음
② 공고일 기준 만 60세(정년) 미만인 자
③ 입사예정일 이후 즉시 근무가 가능한 자
④ 국가공무원법 제33조 및 주택도시보증공사 인사규정 제17조에 의한 채용 결격사유에 해당하지 않는 자

◇ **필기전형**

구분	관리 6급	관리 7급
직무적합평가	의사소통능력, 수리능력, 문제해결능력, 대인관계능력, 조직이해능력 (40문제, 60분)	
전공필기	채용분야별 상이 (80문제, 100분)	–

◇ **면접전형**

구분	평가방식	평가항목
1차 면접전형	NCS 기반 역량면접	직무면접(40점), PT면접(30점), 인성면접(30점)
2차 면접전형	직무심층면접	공사 직무적합성, 직업윤리 등 지원자의 역량을 종합 · 심층적으로 평가

❖ 위 채용 안내는 2024년 하반기 채용공고를 기준으로 작성하였으므로 세부사항은 확정된 채용공고를 확인하기 바랍니다.

총평

주택도시보증공사 필기전형은 피듈형으로 출제되었으며, 난이도는 평이했다는 후기가 많았다. 의사
소통능력의 경우 경제와 관련된 지문의 문제가 출제되었으므로 평소 다양한 경제 관련 글을 읽는 연
습을 해두는 것이 좋다. 또한, 수리능력의 경우 응용 수리와 자료 이해 유형이 모두 출제되었으므로
여러 유형의 문제를 풀어보는 것이 중요해 보인다. 대인관계능력이나 조직이해능력에서는 모듈이론
과 관련된 문제가 출제되었으므로 평소 모듈형 문제에 대한 준비를 해야 한다.

◇ 영역별 출제 비중

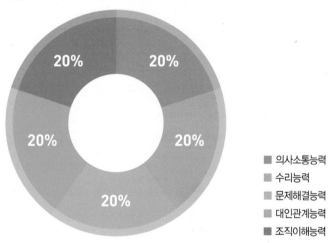

■ 의사소통능력
■ 수리능력
■ 문제해결능력
■ 대인관계능력
■ 조직이해능력

구분	출제 특징	출제 키워드
의사소통능력	• 경제 관련 지문이 출제됨 • 한자성어 문제가 출제됨	• 은행, 보험, 대출, 보고서 등
수리능력	• 확률 문제가 출제됨 • 자료 이해 문제가 출제됨	• 이자율, 확률, 인원 등
문제해결능력	• SOWT 분석 문제가 출제됨 • 명제 추론 문제가 출제됨	• SWOT 분석, 참거짓, 논리적 사고 등
대인관계능력	• 국제 동향 문제가 출제됨 • 모듈형 문제가 출제됨	• 악수, 매너, 갈등 등
조직이해능력	• 리더십 관련 문제가 출제됨 • 모듈형 문제가 출제됨	• 리더십, 조직원 등

PSAT형

| 수리능력

04 다음은 신용등급에 따른 아파트 보증률에 대한 사항이다. 자료와 상황에 근거할 때, 갑(甲)과 을(乙)의 보증료의 차이는 얼마인가?(단, 두 명 모두 대지비 보증금액은 5억 원, 건축비 보증금액은 3억 원이며, 보증서 발급일로부터 입주자 모집공고 안에 기재된 입주 예정 월의 다음 달 말일까지의 해당 일수는 365일이다)

- (신용등급별 보증료)=(대지비 부분 보증료)+(건축비 부분 보증료)
- 신용평가 등급별 보증료율

구분	대지비 부분	건축비 부분				
		1등급	2등급	3등급	4등급	5등급
AAA, AA	0.138%	0.178%	0.185%	0.192%	0.203%	0.221%
A$^+$		0.194%	0.208%	0.215%	0.226%	0.236%
A$^-$, BBB$^+$		0.216%	0.225%	0.231%	0.242%	0.261%
BBB$^-$		0.232%	0.247%	0.255%	0.267%	0.301%
BB$^+$ ~ CC		0.254%	0.276%	0.296%	0.314%	0.335%
C, D		0.404%	0.427%	0.461%	0.495%	0.531%

  ※ (대지비 부분 보증료)=(대지비 부분 보증금액)×(대지비 부분 보증료율)×(보증서 발급일로부터 입주자 모집공고 안에 기재된 입주 예정 월의 다음 달 말일까지의 해당 일수)÷365
  ※ (건축비 부분 보증료)=(건축비 부분 보증금액)×(건축비 부분 보증료율)×(보증서 발급일로부터 입주자 모집공고 안에 기재된 입주 예정 월의 다음 달 말일까지의 해당 일수)÷365

- 기여고객 할인율 : 보증료, 거래기간 등을 기준으로 기여도에 따라 6개 군으로 분류하며, 건축비 부분 요율에서 할인 가능

구분	1군	2군	3군	4군	5군	6군
차감률	0.058%	0.050%	0.042%	0.033%	0.025%	0.017%

〈상황〉

- 갑 : 신용등급은 A$^+$이며, 3등급 아파트 보증금을 내야 한다. 기여고객 할인율에서는 2군으로 선정되었다.
- 을 : 신용등급은 C이며, 1등급 아파트 보증금을 내야 한다. 기여고객 할인율은 3군으로 선정되었다.

① 554,000원
② 566,000원
③ 582,000원
④ 591,000원
⑤ 623,000원

 특징
▶ 대부분 의사소통능력, 수리능력, 문제해결능력을 중심으로 출제(일부 기업의 경우 자원관리능력, 조직이해능력을 출제)
▶ 자료에 대한 추론 및 해석 능력을 요구

대행사
▶ 엑스퍼트컨설팅, 커리어넷, 태드솔루션, 한국행동과학연구소(행과연), 휴노 등

모듈형

| 문제해결능력

41 문제해결절차의 문제 도출 단계는 (가)와 (나)의 절차를 거쳐 수행된다. 다음 중 (가)에 대한 설명으로 적절하지 않은 것은?

(가)	→	(나)
전체 문제를 개별화된 이슈들로 세분화		문제에 영향력이 큰 핵심이슈를 선정

① 문제의 내용 및 영향 등을 파악하여 문제의 구조를 도출한다.
② 본래 문제가 발생한 배경이나 문제를 일으키는 메커니즘을 분명히 해야 한다.
③ 현상에 얽매이지 말고 문제의 본질과 실제를 봐야 한다.
④ 눈앞의 결과를 중심으로 문제를 바라봐야 한다.
⑤ 문제 구조 파악을 위해서 Logic Tree 방법이 주로 사용된다.

특징
▸ 이론 및 개념을 활용하여 푸는 유형
▸ 채용 기업 및 직무에 따라 NCS 직업기초능력평가 10개 영역 중 선발하여 출제
▸ 기업의 특성을 고려한 직무 관련 문제를 출제
▸ 주어진 상황에 대한 판단 및 이론 적용을 요구

대행사
▸ 인트로맨, 휴스테이션, ORP연구소 등

피듈형(PSAT형 + 모듈형)

| 자원관리능력

07 다음 자료를 근거로 판단할 때, 연구모임 A ~ E 중 세 번째로 많은 지원금을 받는 모임은?

〈지원계획〉

• 지원을 받기 위해서는 한 모임당 5명 이상 9명 미만으로 구성되어야 한다.
• 기본지원금은 모임당 1,500천 원을 기본으로 지원한다. 단, 상품개발을 위한 모임의 경우는 2,000천 원을 지원한다.
• 추가지원금

등급	상	중	하
추가지원금(천 원/명)	120	100	70

※ 추가지원금은 연구 계획 사전평가결과에 따라 달라진다.
• 협업 장려를 위해 협업이 인정되는 모임에는 위의 두 지원금을 합한 금액의 30%를 별도로 지원한다.

〈연구모임 현황 및 평가결과〉

특징
▸ 기초 및 응용 모듈을 구분하여 푸는 유형
▸ 기초인지모듈과 응용업무모듈로 구분하여 출제
▸ PSAT형보다 난도가 낮은 편
▸ 유형이 정형화되어 있고, 유사한 유형의 문제를 세트로 출제

대행사
▸ 사람인, 스카우트, 인크루트, 커리어케어, 트리피, 한국사회능력개발원 등

HUG 주택도시보증공사

05 다음 글의 내용을 통해 추론할 수 없는 것은?

공유와 경제가 합쳐진 공유경제는 다양한 맥락에서 정의되는 용어이지만, 공유경제라는 개념은 '소유권(Ownership)'보다는 '접근권(Accessibility)'에 기반을 둔 경제모델을 의미한다. 전통경제에서는 생산을 담당하는 기업들이 상품이나 서비스를 생산하기 위해서 원료, 부품, 장비 등을 사거나 인력을 고용했던 것과 달리, 공유경제에서는 기업뿐만 아니라 개인들도 자산이나 제품이 제공하는 서비스에 대한 접근권의 거래를 통해서 자원을 효율적으로 활용하여 가치를 창출할 수 있다. 소유권의 거래에 기반한 기존 자본주의 시장경제와는 다른 새로운 게임의 법칙이 대두한 것이다.

공유경제에서는 온라인 플랫폼이라는 조직화된 가상공간을 통해서 접근권의 거래가 이루어진다. 온라인 플랫폼은 인터넷의 연결성을 기반으로 유휴자산(遊休資産)을 보유하거나 필요로 하는 수많은 소비자와 공급자가 모여서 소통할 수 있는 기반이 된다. 다양한 선호를 가진 이용자들이 거래 상대를 찾는 작업을 사람이 일일이 처리하는 것은 불가능한 일인데, 공유경제 기업들은 고도의 알고리즘을 이용하여 검색, 매칭, 모니터링 등의 거래 과정을 자동화하여 처리한다.

공유경제에서 거래되는 유휴자산의 종류는 자동차나 주택에 국한되지 않는다. 개인이나 기업들이 소유한 물적·금전적·지적 자산에 대한 접근권을 온라인 플랫폼을 통해서 거래할 수만 있다면 거의 모든 자산의 거래가 공유경제의 일환이 될 수 있다. 가구, 가전 등의 내구재, 사무실, 공연장, 운동장 등의 물리적 공간, 전문가나 기술자의 지식, 개인들의 여유 시간이나 여유 자금 등이 모두 접근권 거래의 대상이 될 수 있다.

① 기존의 시장경제는 접근권(Accessibility)보다 소유권(Ownership)에 기반을 두었다.
② 공유경제의 등장에는 인터넷의 발달이 중요한 역할을 하였다.
③ 인터넷 등장 이전에는 이용자와 그에 맞는 거래 상대를 찾는 작업을 일일이 처리할 수 없었다.
④ 공유경제에서는 온라인 플랫폼을 통해 거의 모든 자산에 대한 접근권(Accessibility)을 거래할 수 있다.
⑤ 온라인 플랫폼을 통해 자신이 타던 자동차를 판매하여 소유권을 이전하는 것도 공유경제의 일환이 될 수 있다.

06 두 자연수 a, b에 대하여 a가 짝수일 확률은 $\frac{2}{3}$, b가 짝수일 확률은 $\frac{3}{5}$이다. 이때 a와 b의 곱이 짝수일 확률은?

① $\frac{11}{15}$ ② $\frac{4}{5}$

③ $\frac{13}{15}$ ④ $\frac{14}{15}$

⑤ $\frac{1}{3}$

한국자산관리공사

맞춤법 ▶ 유형

02 다음 중 밑줄 친 부분의 맞춤법이 옳은 것은?

① 그는 손가락으로 북쪽을 <u>가르쳤다</u>.
② 뚝배기에 담겨 나와서 시간이 지나도 식지 않았다.
③ 열심히 하는 것은 좋은데 <u>촛점</u>이 틀렸다.
④ 몸이 너무 약해서 보약을 <u>다려</u> 먹어야겠다.
⑤ 벽을 가득 덮고 있는 <u>덩쿨</u> 덕에 여름 분위기가 난다.

글의 주제 ▶ 유형

01 다음 글의 주제로 가장 적절한 것은?

> 우리는 주변에서 신호등 음성 안내기, 휠체어 리프트, 점자 블록 등의 장애인 편의 시설을 많이 볼 수 있다. 우리는 이러한 편의 시설을 장애인들이 지니고 있는 국민으로서의 기본 권리를 인정한 것이라는 시각에서 바라보고 있다. 물론, 장애인의 일상생활 보장이라는 측면에서 이 시각은 당연한 것이다. 하지만 또 다른 시각이 필요하다. 그것은 바로 편의 시설이 장애인만을 위한 것이 아니라 일상생활에서 활동에 불편을 겪는 모두를 위한 것이라는 시각이다. 편리하고 안전한 시설은 장애인 뿐만 아니라 우리 모두에게 유용하기 때문이다. 예를 들어, 건물의 출입구에 설치되어 있는 경사로는 장애인들의 휠체어만 다닐 수 있도록 설치해 놓은 것이 아니라, 몸이 불편해서 계단을 오르내릴 수 없는 노인이나 유모차를 끌고 다니는 사람들도 편하게 다닐 수 있도록 만들어 놓은 시설이다. 결국 이 경사로는 우리 모두에게 유용한 시설인 것이다.
> 그런 의미에서 근래에 대두되고 있는 '보편적 디자인', 즉 '유니버설 디자인(Universal Design)'이라는 개념은 우리에게 좋은 시사점을 제공해 준다. 보편적 디자인은 가능한 모든 사람이 이용할 수 있도록 제품, 건물, 공간을 디자인한다는 의미를 가지고 있다. 이러한 시각으로 바라본다면 장애인 편의 시설은 우리 모두에게 편리하고 안전한 시설로 인식될 것이다.

① 우리 주변에서는 장애인 편의 시설을 많이 볼 수 있다.
② 보편적 디자인은 근래에 대두되고 있는 중요한 개념이다.
③ 어떤 집단의 사람들이라도 이용할 수 있는 제품을 만들어야 한다.
④ 보편적 디자인이라는 관점에서 장애인 편의 시설을 바라볼 필요가 있다.
⑤ 장애인들의 기본 권리를 보장하기 위해 장애인 편의 시설을 확충해야 한다.

한국주택금융공사

금리 ▶ 키워드

02 다음 글의 내용으로 가장 적절한 것은?

> 선물환거래란 계약일로부터 일정시간이 지난 뒤, 특정일에 외환의 거래가 이루어지는 것으로, 현재 약정한 금액으로 미래에 결제하게 되기 때문에 선물환계약을 체결하게 되면, 약정된 결제일까지 매매 쌍방 모두 결제가 이연된다. 선물환거래는 보통 환리스크를 헤지(Hedge)하기 위한 목적으로 이용된다. 예를 들어 1개월 이후 달러로 거래 대금을 수령할 예정인 수출한 기업은 1개월 후 달러를 매각하는 대신 원화를 수령하는 선물환계약을 통해 원/달러 환율변동에 따른 환리스크를 헤지할 수 있다.
>
> 이외에도 선물환거래는 금리차익을 얻는 것과 투기적 목적 등을 가지고 있다. 선물환거래에는 일방적으로 선물환을 매입하는 것 또는 매도 거래만 발생하는 Outright Forward 거래가 있으며, 선물환거래가 스왑거래의 일부분으로써 현물환거래와 같이 발생하는 Swap Forward 거래가 있다. Outright Forward 거래는 만기 때 실물 인수도가 일어나는 일반 선물환거래와 만기 때 실물의 인수 없이 차액만을 정산하는 차액결제선물환(NDF; Non-Deliverable Forward) 거래로 구분된다.
>
> 옵션(Option)이란 거래당사자들이 미리 가격을 정하고, 그 가격으로 미래의 특정시점이나 그 이전에 자산을 사고파는 권리를 매매하는 계약으로, 선도 및 선물, 스왑거래 등과 같은 파생금융상품이다. 옵션은 매입권리가 있는 콜옵션(Call Option)과 매도권리가 있는 풋옵션(Put Option)으로 구분된다. 옵션거래로 매입이나 매도할 수 있는 권리를 가지게 되는 옵션매입자는 시장가격의 변동에 따라 자기에게 유리하거나 불리한 경우를 판단하여, 옵션을 행사하거나 포기할 수도 있다. 옵션매입자는 선택할 권리에 대한 대가로 옵션매도자에게 프리미엄을 지급하고, 옵션매도자는 프리미엄을 받는 대신 옵션매입자가 행사하는 옵션에 따라 발생하는 것에 대해 이해하는 책임을 가진다. 옵션거래의 손해와 이익은 행사가격, 현재가격 및 프리미엄에 의해 결정된다.

① 선물환거래는 투기를 목적으로 사용되기도 한다.
② 선물환거래는 권리를 행사하거나 포기할 수 있다.
③ 옵션은 환율변동 리스크를 해결하는 데 좋은 선택이다.
④ 옵션은 미래에 조건이 바뀌어도 계약한 금액을 지불해야 한다.
⑤ 선물환거래는 행사가격, 현재가격, 프리미엄에 따라 손해와 이익이 발생한다.

속력 ▶ 유형

02 어떤 공원의 트랙 모양의 산책로를 걷는데 시작 지점에서 서로 반대 방향으로 민주는 분속 40m의 속력으로, 세희는 분속 45m의 속력으로 걷고 있다. 출발한 지 40분 후에 두 사람이 두 번째로 마주치게 된다고 할 때, 산책로의 길이는?

① 1,350m
② 1,400m
③ 1,550m
④ 1,700m
⑤ 1,750m

신용보증기금

경우의 수 ▶ 유형

07 1, 1, 1, 2, 2, 3을 가지고 여섯 자리 수를 만들 때, 가능한 경우의 수는 모두 몇 가지인가?

① 30가지
② 60가지
③ 120가지
④ 240가지
⑤ 480가지

소수 ▶ 키워드

12 A씨가 근무하는 K기금은 출근 시 카드 또는 비밀번호를 입력하여야 한다. 어느 날 A씨는 카드를 집에 두고 출근을 하여 비밀번호로 근무지에 출입하고자 한다. 그러나 비밀번호가 잘 기억이 나지 않아 당혹스럽다. 네 자리 숫자의 비밀번호에 대해 다음 〈조건〉이 주어진다면, A씨가 이해한 내용으로 옳지 않은 것은?

조건
- 비밀번호를 구성하고 있는 각 숫자는 소수가 아니다.
- 6과 8 중에서 단 하나만이 비밀번호에 들어간다.
- 비밀번호는 짝수로 시작한다.
- 비밀번호의 각 숫자는 큰 수부터 차례로 나열되어 있다.
- 같은 숫자는 두 번 이상 들어가지 않는다.

① 비밀번호는 짝수이다.
② 비밀번호의 앞에서 두 번째 숫자는 4이다.
③ 단서를 모두 만족하는 비밀번호는 모두 세 가지이다.
④ 비밀번호는 1을 포함하지만 9는 포함하지 않는다.
⑤ 단서를 모두 만족하는 비밀번호 중 가장 작은 수는 6410이다.

도서 200% 활용하기 STRUCTURES

1 기출복원문제로 출제경향 파악

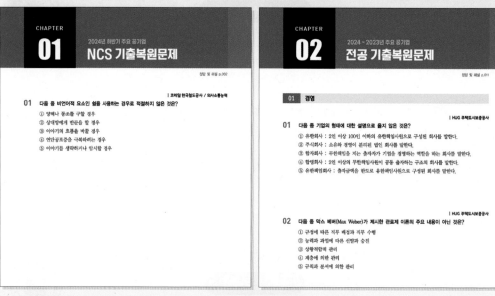

▶ 2024년 하반기 주요 공기업 NCS 및 2024~2023년 전공 기출문제를 복원하여 공기업별 출제경향을 확인할 수 있도록 하였다.

2 출제 영역 맞춤형 문제로 필기전형 완벽 대비

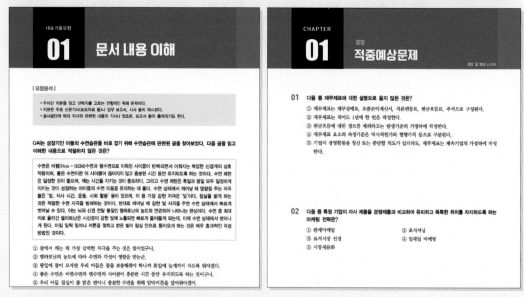

▶ 직무적합평가 대표기출유형&기출응용문제를 수록하여 유형별로 대비할 수 있도록 하였다.
▶ 전공필기(경영·경제·법) 적중예상문제를 수록하여 전공까지 준비할 수 있도록 하였다.

3 최종점검 모의고사 + OMR을 활용한 실전 연습

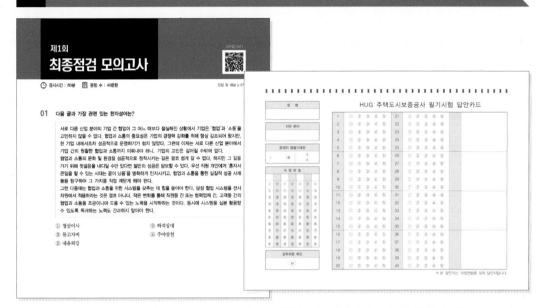

▶ 최종점검 모의고사와 OMR 답안카드를 수록하여 실제로 시험을 보는 것처럼 마무리 연습을 할 수 있도록 하였다.
▶ 모바일 OMR 답안채점/성적분석 서비스를 통해 필기전형에 대비할 수 있도록 하였다.

4 인성검사부터 면접까지 한 권으로 최종 마무리

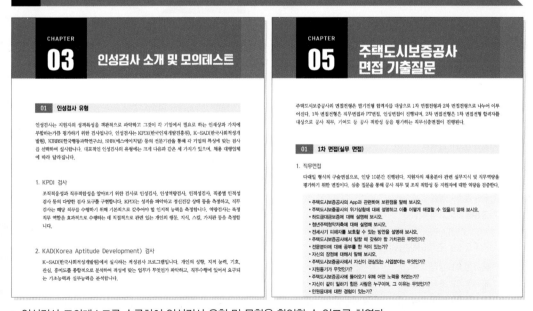

▶ 인성검사 모의테스트를 수록하여 인성검사 유형 및 문항을 확인할 수 있도록 하였다.
▶ 주택도시보증공사 면접 기출질문을 통해 실제 면접에서 나오는 질문을 미리 파악하고 연습할 수 있도록 하였다.

이 책의 차례 CONTENTS

Add+

특별부록

※ 기출복원문제는 수험생들의 후기를 통해 시대에듀에서 복원한 문제로 실제 문제와 다소 차이가 있을
  수 있으며, 본 저작물의 무단전재 및 복제를 금합니다.

정답 및 해설 p.002

| 코레일 한국철도공사 / 의사소통능력

01 다음 중 비언어적 요소인 쉼을 사용하는 경우로 적절하지 않은 것은?

① 양해나 동조를 구할 경우

② 상대방에게 반문을 할 경우

③ 이야기의 흐름을 바꿀 경우

④ 연단공포증을 극복하려는 경우

⑤ 이야기를 생략하거나 암시할 경우

| 코레일 한국철도공사 / 의사소통능력

02 다음 밑줄 친 부분에 해당하는 키슬러의 대인관계 의사소통 유형은?

> 의사소통 시 <u>이 유형</u>의 사람은 따뜻하고 인정이 많으며 자기희생적이나 타인의 요구를 거절하지 못하므로 타인과의 정서적인 거리를 유지하는 노력이 필요하다.

① 지배형   ② 사교형

③ 친화형   ④ 고립형

⑤ 순박형

03 다음 글을 통해 알 수 있는 철도사고 발생 시 행동요령으로 적절하지 않은 것은?

철도사고는 지하철, 고속철도 등 철도에서 발생하는 사고를 뜻한다. 많은 사람이 한꺼번에 이용하며 무거운 전동차가 고속으로 움직이는 특성상 철도사고가 발생할 경우 인명과 재산에 큰 피해가 발생한다.

철도사고는 다양한 원인에 의해 발생하며 사고 유형 또한 다양하게 나타나는데, 대표적으로는 충돌사고, 탈선사고, 열차화재사고가 있다. 이 사고들은 철도안전법에서 철도교통사고로 규정되어 있으며, 많은 인명피해를 야기하므로 철도사업자는 반드시 이를 예방하기 위한 조치를 취해야 한다. 또한 승객들은 위험으로부터 빠르게 벗어나기 위해 사고 시 대피요령을 파악하고 있어야 한다.

국토교통부는 철도사고 발생 시 인명과 재산을 보호하기 위한 국민행동요령을 제시하고 있다. 이 행동요령에 따르면 지하철에서 사고가 발생할 경우 가장 먼저 객실 양 끝에 있는 인터폰으로 승무원에게 사고를 알려야 한다. 만약 화재가 발생했다면 곧바로 119에 신고하고, 여유가 있다면 객실 양 끝에 비치된 소화기로 불을 꺼야 한다. 반면 화재의 진화가 어려울 경우 입과 코를 젖은 천으로 막고 화재가 발생하지 않은 다른 객실로 이동해야 한다. 전동차에서 대피할 때는 안내방송과 승무원의 안내에 따라 질서 있게 대피해야 하며 이때 부상자, 노약자, 임산부가 먼저 대피할 수 있도록 배려하고 도와주어야 한다. 만약 전동차의 문이 열리지 않으면 반드시 열차가 멈춘 후에 안내방송에 따라 비상핸들이나 비상콕크를 돌려 문을 열고 탈출해야 한다. 전동차가 플랫폼에 멈췄을 경우 스크린도어를 열고 탈출해야 하는데, 손잡이를 양쪽으로 밀거나 빨간색 비상바를 밀고 탈출해야 한다. 반대로 역이 아닌 곳에서 멈췄을 경우 감전의 위험이 있으므로 반드시 승무원의 안내에 따라 반대편 선로의 열차 진입에 유의하며 대피 유도등을 따라 침착하게 비상구로 대피해야 한다.

이와 같이 승객들은 철도사고 발생 시 신고, 질서 유지, 빠른 대피를 중점적으로 유념하여 행동해야 한다. 철도사고는 사고 자체가 일어나지 않도록 철저한 안전관리와 예방이 필요하지만, 다양한 원인으로 예상치 못하게 발생한다. 따라서 철도교통을 이용하는 승객 또한 평소에 안전 수칙을 준수하고 비상 상황에서 침착하게 대처하는 훈련이 필요하다.

① 침착함을 잃지 않고 승무원의 안내에 따라 대피해야 한다.
② 화재사고 발생 시 규모가 크지 않다면 빠르게 진화 작업을 해야 한다.
③ 선로에서 대피할 경우 승무원의 안내와 대피 유도등을 따라 대피해야 한다.
④ 열차에서 대피할 때는 탈출이 어려운 사람부터 대피할 수 있도록 도와야 한다.
⑤ 열차사고 발생 시 탈출을 위해 우선 비상핸들을 돌려 열차의 문을 개방해야 한다.

04 다음 글을 읽고 알 수 있는 하향식 읽기 모형의 사례로 적절하지 않은 것은?

글을 읽는 것은 단순히 책에 쓰인 문자를 해독하는 것이 아니라 그 안에 담긴 의미를 파악하는 과정이다. 그렇다면 사람들은 어떤 방식으로 글의 의미를 파악할까? 세상의 모든 어휘를 알고 있는 사람은 없을 것이다. 그러나 대부분의 사람들, 특히 고등교육을 받은 성인들은 자신이 잘 모르는 어휘가 있더라도 글의 전체적인 맥락과 의미를 파악할 수 있다. 이를 설명해 주는 것이 바로 하향식 읽기 모형이다.

하향식 읽기 모형은 독자가 이미 알고 있는 배경지식과 경험을 바탕으로 글의 전체적인 맥락을 먼저 파악하는 방식이다. 하향식 읽기 모형은 독자의 능동적인 참여를 활용하는 읽기로, 여기서 독자는 단순히 글을 받아들이는 수동적인 존재가 아니라 자신의 지식과 경험을 활용하여 글의 의미를 구성해 나가는 주체적인 역할을 한다. 이때 독자는 글의 내용을 예측하고 추론하며, 심지어 자신의 생각을 더하여 글에 대한 이해를 넓혀갈 수 있다.

하향식 읽기 모형의 장점은 빠르고 효율적인 독서가 가능하다는 것이다. 글의 전체적인 맥락을 먼저 파악하기 때문에 글의 핵심 내용을 빠르게 파악할 수 있고, 배경지식을 활용하여 더 깊이 있는 이해를 얻을 수 있다. 또한 예측과 추론을 통한 능동적인 독서는 독서에 대한 흥미를 높여 주는 효과도 있다.

그러나 하향식 읽기 모형은 독자의 배경지식에 의존하여 읽는 방법이므로 배경지식이 부족한 경우 글의 의미를 정확하게 파악하기 어려울 수 있으며, 배경지식에 의존하여 오해를 할 가능성도 크다. 또한 글의 내용이 복잡하다면 많은 배경지식을 가지고 있더라도 글의 맥락을 적극적으로 가정하거나 추측하기 어려운 것 또한 하향식 읽기 모형의 단점이 된다.

하향식 읽기 모형은 글의 내용을 빠르게 이해하고 독자 스스로 내면화할 수 있으므로 독서 능력 향상에 유용한 방법이다. 그러나 모든 글에 동일하게 적용할 수 있는 읽기 전략은 아니므로 글의 종류와 독자의 배경지식에 따라 적절한 읽기 전략을 사용해야 한다. 따라서 하향식 읽기 모형과 함께 상향식 읽기(문자의 정확한 해독), 주석 달기, 소리 내어 읽기 등 다양한 읽기 전략을 활용하여야 한다.

① 회의 자료를 읽기 전 회의 주제를 먼저 파악하여 회의 안건을 예상하였다.

② 기사의 헤드라인을 먼저 읽어 기사의 내용을 유추한 뒤 상세 내용을 읽었다.

③ 제품 설명서를 읽어 제품의 기능과 각 버튼의 용도를 파악하고 기계를 작동시켰다.

④ 요리법의 전체적인 조리 과정을 파악하고 단계별로 필요한 재료와 순서를 확인하였다.

⑤ 서문이나 목차를 통해 책의 전체적인 흐름을 파악하고 관심 있는 부분을 집중적으로 읽었다.

05 농도가 15%인 소금물 200g과 농도가 20%인 소금물 300g을 섞었을 때, 섞인 소금물의 농도는?

① 17%   ② 17.5%

③ 18%   ④ 18.5%

⑤ 19%

06 남직원 A~C, 여직원 D~F 6명이 일렬로 앉고자 한다. 여직원끼리 인접하지 않고, 여직원 D와 남직원 B가 서로 인접하여 앉는 경우의 수는?

① 12가지   ② 20가지

③ 40가지   ④ 60가지

⑤ 120가지

07 다음과 같이 일정한 규칙으로 수를 나열할 때 빈칸에 들어갈 수로 옳은 것은?

	−23	−15	−11	5	13	25	( )	45	157	65

① 49   ② 53

③ 57   ④ 61

⑤ 65

08 다음은 K시의 유치원, 초·중·고등학교, 고등교육기관의 취학률 및 초·중·고등학교의 상급학교 진학률에 대한 자료이다. 이에 대한 설명으로 옳지 않은 것은?

〈유치원, 초·중·고등학교, 고등교육기관 취학률〉

(단위 : %)

구분	2014년	2015년	2016년	2017년	2018년	2019년	2020년	2021년	2022년	2023년
유치원	45.8	45.2	48.3	50.6	51.6	48.1	44.3	45.8	49.7	52.8
초등학교	98.7	99	98.6	98.9	99.3	99.6	98.1	98.1	99.5	99.9
중학교	98.5	98.6	98.1	98	98.9	98.5	97.1	97.6	97.5	98.2
고등학교	95.3	96.9	96.2	95.4	96.2	94.7	92.1	93.7	95.2	95.6
고등교육기관	65.6	68.9	64.9	66.2	67.5	69.2	70.8	71.7	74.3	73.5

〈초·중·고등학교 상급학교 진학률〉

(단위 : %)

구분	2014년	2015년	2016년	2017년	2018년	2019년	2020년	2021년	2022년	2023년
초등학교	100	100	100	100	100	100	100	100	100	100
중학교	99.7	99.7	99.7	99.7	99.7	99.7	99.7	99.7	99.7	99.6
고등학교	93.5	91.8	90.2	93.2	91.7	90.5	91.4	92.6	93.9	92.8

① 중학교의 취학률은 매년 97% 이상이다.
② 매년 취학률이 가장 높은 기관은 초등학교이다.
③ 고등교육기관의 취학률이 70%를 넘긴 해는 2020년부터이다.
④ 2023년에 중학교에서 고등학교로 진학하지 않은 학생의 비율은 전년 대비 감소하였다.
⑤ 고등교육기관의 취학률이 가장 낮은 해와 고등학교의 상급학교 진학률이 가장 낮은 해는 같다.

09 다음은 A기업과 B기업의 2024년 1 ~ 6월 매출액에 대한 자료이다. 이를 그래프로 옮겼을 때의 개형으로 옳은 것은?

〈2024년 1 ~ 6월 A, B기업 매출액〉

(단위 : 억 원)

구분	2024년 1월	2024년 2월	2024년 3월	2024년 4월	2024년 5월	2024년 6월
A기업	307.06	316.38	315.97	294.75	317.25	329.15
B기업	256.72	300.56	335.73	313.71	296.49	309.85

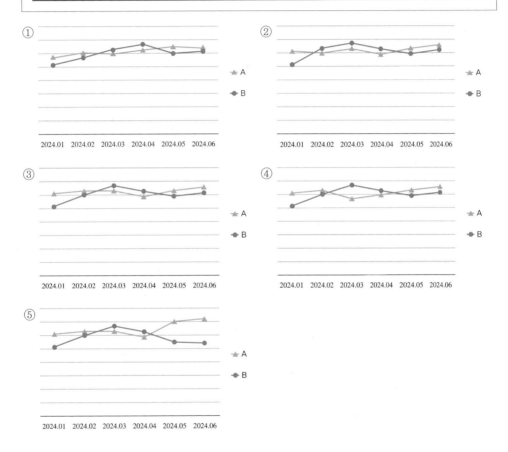

10 다음은 스마트 팜을 운영하는 K사에 대한 SWOT 분석 결과이다. 이에 따른 전략이 나머지와 다른 것은?

〈K사 스마트 팜 SWOT 분석 결과〉

구분		분석 결과
내부환경요인	강점 (Strength)	• 차별화된 기술력 : 기존 스마트 팜 솔루션과 차별화된 센서 기술, AI 기반 데이터 분석 기술 보유 • 젊고 유연한 조직 : 빠른 의사결정과 시장 변화에 대한 적응력 • 정부 사업 참여 경험 : 스마트 팜 관련 정부 사업 참여 가능성
	약점 (Weakness)	• 자금 부족 : 연구개발, 마케팅 등에 필요한 자금 확보 어려움 • 인력 부족 : 다양한 분야의 전문 인력 확보 필요 • 개발력 부족 : 신규 기술 개발 속도 느림
외부환경요인	기회 (Opportunity)	• 스마트 팜 시장 성장 : 스마트 팜에 대한 관심 증가와 이에 따른 정부의 적극적인 지원 • 해외 시장 진출 가능성 : 글로벌 스마트 팜 시장 진출 기회 확대 • 활발한 관련 연구 : 스마트 팜 관련 공동연구 및 포럼, 설명회 등 정보 교류가 활발하게 논의
	위협 (Threat)	• 경쟁 심화 : 후발 주자의 등장과 기존 대기업의 시장 장악 가능성 • 기술 변화 : 빠르게 변화하는 기술 트렌드에 대한 대응 어려움 • 자연재해 : 기후 변화 등 예측 불가능한 자연재해로 인한 피해 가능성

① 정부 지원을 바탕으로 연구개발에 필요한 자금을 확보

② 스마트 팜 관련 공동연구에 참가하여 빠르게 신규 기술을 확보

③ 스마트 팜에 대한 높은 관심을 바탕으로 온라인 펀딩을 통해 자금을 확보

④ 포럼 등 설명회에 적극적으로 참가하여 전문 인력 확충을 위한 인맥을 확보

⑤ 스마트 팜 관련 정부 사업 참여 경험을 바탕으로 정부의 적극적인 지원을 확보

11 A ~ E열차를 운행거리가 가장 긴 순서대로 나열하려고 한다. 운행시간 및 평균 속력이 다음과 같을 때, C열차는 몇 번째로 운행거리가 긴 열차인가?(단, 열차 대기시간은 고려하지 않는다)

<표>

〈A ~ E열차 운행시간 및 평균 속력〉

구분	운행시간	평균 속력
A열차	900분	50m/s
B열차	10시간 30분	150km/h
C열차	8시간	55m/s
D열차	720분	2.5km/min
E열차	10시간	2.7km/min

① 첫 번째
② 두 번째
③ 세 번째
④ 네 번째
⑤ 다섯 번째

12 다음 대화에서 공통적으로 나타나는 논리적 오류로 가장 적절한 것은?

> A : 반려견 출입 금지라고 쓰여 있는 카페에 갔는데 거절당했어. 반려견 출입 금지면 고양이는 괜찮은 거 아니야?
> B : 어제 직장동료가 "조심히 들어가세요."라고 했는데 집에 들어갈 때만 조심하라는 건가?
> C : 친구가 비가 와서 우울하다고 했는데, 비가 안 오면 행복해지겠지?
> D : 이웃을 사랑하라는 선생님의 가르침을 실천하기 위해 사기를 저지른 이웃을 숨겨 주었어.
> E : 의사가 건강을 위해 채소를 많이 먹으라고 하던데 앞으로는 채소만 먹으면 되겠어.
> F : 긍정적인 생각을 하면 좋은 일이 생기니까 아무리 나쁜 일이 있어도 긍정적으로만 생각하면 될 거야.

① 무지의 오류
② 연역법의 오류
③ 과대해석의 오류
④ 허수아비 공격의 오류
⑤ 권위나 인신공격에 의존한 논증

13 다음 글에서 나타난 문제해결 절차의 단계로 가장 적절한 것은?

> K대학교 기숙사는 최근 학생들의 불만이 끊이지 않고 있다. 특히 식사의 질이 낮고, 시설이 노후화되었으며, 인터넷 연결 상태가 불안정하다는 의견이 많았다. 이에 K대학교 기숙사 운영위원회는 문제해결을 위해 긴급회의를 소집했다.
>
> 회의에서 학생 대표들은 식단의 다양성 부족, 식재료의 신선도 문제, 식당 내 위생 상태 불량 등을 지적했다. 또한 시설 관리 담당자는 건물 외벽의 균열, 낡은 가구, 잦은 누수 현상 등 시설 노후화 문제를 강조했다. IT 담당자는 기숙사 내 와이파이 연결 불안정, 인터넷 속도 저하 등 통신환경 문제를 제기했다.
>
> 운영위원회는 이러한 다양한 의견을 종합하여 문제를 더욱 구체적으로 분석하기로 결정했다. 먼저, 식사 문제의 경우 학생들의 식습관 변화에 따른 메뉴 구성의 문제점, 식자재 조달 과정의 비효율성, 조리 시설의 부족 등의 문제점을 파악했다. 시설 문제는 건물의 노후화로 인한 안전 문제, 에너지 효율 저하, 학생들의 편의성 저하 등으로 세분화했다. 마지막으로 통신환경 문제는 기존 네트워크 장비의 노후화, 학생 수 증가에 따른 네트워크 부하 증가 등의 세부 문제가 제시되었다.

① 문제 인식
② 문제 도출
③ 원인 분석
④ 해결안 개발
⑤ 실행 및 평가

14 다음 중 빈칸에 들어갈 단어로 가장 적절한 것은?

> 감사원의 조사 결과 J공사는 공공사업을 위해 투입된 세금을 본래의 목적에 사용하지 않고 무단으로 _____했음이 밝혀졌다.

① 전용(轉用)
② 남용(濫用)
③ 적용(適用)
④ 활용(活用)
⑤ 준용(遵用)

15 다음 중 비행을 하기 위한 시조새의 신체 조건으로 가장 적절한 것은?

> 시조새(Archaeopteryx)는 약 1억 5천만 년 전 중생대 쥐라기 시대에 살았던 고대 생물로, 조류와 공룡의 중간 단계에 위치한 생물이다. 1861년 독일 바이에른 지방에 있는 졸른호펜 채석장에서 화석이 발견된 이후, 시조새는 조류의 기원과 공룡에서 새로의 진화 과정을 밝히는 데 중요한 단서를 제공해 왔다. '시조(始祖)'라는 이름에서 알 수 있듯이 시조새는 현대 조류의 조상으로 여겨지며 고생물학계에서 매우 중요한 연구 대상으로 취급된다.
> 시조새는 오늘날의 새와는 여러 가지 차이점이 있다. 이빨이 있는 부리, 긴 척추뼈로 이루어진 꼬리, 그리고 날개에 있는 세 개의 갈고리 발톱은 공룡의 특징을 잘 보여준다. 비록 현대 조류처럼 가슴뼈가 비행에 최적화된 형태로 발달되지는 않았지만, 갈비뼈와 팔에 강한 근육이 붙어있어 짧은 거리를 활강하거나 나뭇가지 사이를 오르내리며 이동할 수 있었던 것으로 추정된다.
> 한편, 시조새는 비대칭형 깃털을 가진 최초의 동물 중 하나로, 이는 비행을 하기에 적합한 형태이다. 시조새의 깃털은 현대의 날 수 있는 조류처럼 바람을 맞는 곳의 깃털은 짧고, 뒤쪽은 긴 형태인데, 이러한 비대칭형 깃털은 양력을 제공해 짧은 거리의 활강을 가능하게 했으며, 새의 조상으로서 비행의 초기 형태를 보여준다. 이로 인해 시조새는 공룡에서 새로 이어지는 진화 과정을 이해하는 데 있어 중요한 생물학적 증거로 여겨지고 있다.
> 시조새의 화석 연구는 당시의 생태계에 대한 정보도 제공하고 있다. 시조새는 열대 우림이나 활엽수림 근처에서 생활하며 나뭇가지를 오르내렸을 가능성이 큰 것으로 추정된다. 시조새의 이동 방식에 대해서는 여러 가설이 존재하지만, 짧은 거리의 활강을 통해 먹이를 찾고 이동했을 것이라는 주장이 유력하다.
> 결론적으로 시조새는 공룡과 새의 특성을 모두 가진 중간 단계의 생물로, 진화의 과정을 이해하는 데 핵심적인 역할을 한다. 시조새의 다양한 신체적 특징들은 공룡에서 새로 이어지는 진화의 연결고리를 보여주며, 조류 비행의 기원을 이해하는 중요한 증거로 평가된다.

① 날개 사이에 근육질의 익막이 있다.
② 날개에는 세 개의 갈고리 발톱이 있다.
③ 날개의 깃털이 비대칭 구조로 형성되어 있다.
④ 척추뼈가 꼬리까지 이어지는 유선형 구조이다.
⑤ 현대 조류처럼 가슴뼈가 비행에 최적화된 구조이다.

16 다음 글의 주제로 가장 적절한 것은?

사람들에게 의학을 대표하는 인물을 물어본다면 대부분 히포크라테스(Hippocrates)를 떠올릴 것이다. 히포크라테스는 당시 신의 징벌이나 초자연적인 힘으로 생각되었던 질병을 관찰을 통해 자연적 현상으로 이해하였고, 당시 마술이나 철학으로 여겨졌던 의학을 분리하였다. 이에 따라 의사라는 직업이 과학적인 기반 위에 만들어지게 되었다. 현재에는 의학의 아버지로 불리며 히포크라테스 선서라고 불리는 의사의 윤리적 기준을 저술한 것으로 알려져 있다. 이처럼 히포크라테스는 서양의학의 상징으로 받아들여지지만, 서양의학에 절대적인 영향을 준 사람은 클라우디오스 갈레노스(Claudius Galenus)이다.

갈레노스는 로마 시대 검투사 담당의에서 황제 마르쿠스 아우렐리우스의 주치의로 활동한 의사로, 해부학, 생리학, 병리학에 걸친 방대한 의학체계를 집대성하여 이후 1,000년 이상 서양의학의 토대를 닦았다. 당시에는 인체의 해부가 금지되어 있었기 때문에 갈레노스는 원숭이, 돼지 등을 사용하여 해부학적 지식을 쌓았으며, 임상 실험을 병행하여 의학적 지식을 확립하였다. 이러한 해부 및 실험을 통해 갈레노스는 여러 장기의 기능을 밝히고, 근육과 뼈를 구분하였으며, 심장의 판막이나 정맥과 동맥의 차이점 등을 밝혀내거나, 혈액이 혈관을 통해 신체 말단까지 퍼져나가며 신진대사를 조절하는 물질을 운반한다고 밝혀냈다. 물론 갈레노스도 히포크라테스가 주장한 4원소에 따른 4체액설(혈액, 담즙, 황담즙, 흑담즙)을 믿거나 피를 뽑아 치료하는 사혈법을 주장하는 등 현대 의학과는 거리가 있지만, 당시에 의학 이론을 해부와 실험을 통해 증명하고 방대한 저술을 남겼다는 놀라운 업적을 가지고 있으며, 이것이 실제로 가장 오랫동안 서양의학을 실제로 지배하는 토대가 되었다.

① 갈레노스의 생애와 의학의 발전
② 고대에서 현대까지 해부학의 발전 과정
③ 히포크라테스 선서에 의한 전문직의 도덕적 기준
④ 히포크라테스와 갈레노스가 서양의학에 끼친 영향과 중요성
⑤ 히포크라테스와 갈레노스의 4체액설이 현대 의학에 끼친 영향

17 다음 중 제시된 단어와 가장 비슷한 단어는?

비상구

① 진입로   ② 출입구

③ 돌파구   ④ 여울목

⑤ 탈출구

18 A열차가 어떤 터널을 진입하고 5초 후 B열차가 같은 터널에 진입하였다. 그로부터 5초 후 B열차가 터널을 빠져나왔고 5초 후 A열차가 터널을 빠져나왔다. A열차가 터널을 빠져나오는 데 걸린 시간이 14초일 때, B열차는 A열차보다 몇 배 빠른가?(단, A열차와 B열차 모두 속력의 변화는 없으며, 두 열차의 길이는 서로 같다)

① 2배   ② 2.5배

③ 3배   ④ 3.5배

⑤ 4배

19 A팀은 5일부터 5일마다 회의실을 사용하고, B팀은 4일부터 4일마다 회의실을 사용하기로 하였으며, 두 팀이 사용하고자 하는 날이 겹칠 경우에는 A, B팀이 번갈아가며 사용하기로 하였다. 어느 날 A팀과 B팀이 사용하고자 하는 날이 겹쳤을 때, 겹친 날을 기준으로 A팀이 9번, B팀이 8번 회의실을 사용했다면, 이때까지 A팀은 회의실을 최대 몇 번 이용하였는가?(단, 회의실 사용일이 첫 번째로 겹친 날에는 A팀이 먼저 사용하였으며, 회의실 사용일은 주말 및 공휴일도 포함한다)

① 61회   ② 62회

③ 63회   ④ 64회

⑤ 65회

20 다음 모스 굳기 10단계에 해당하는 광물 A ~ C가 〈조건〉을 만족할 때, 이에 대한 설명으로 옳은 것은?

〈모스 굳기 10단계〉

단계	1단계	2단계	3단계	4단계	5단계
광물	활석	석고	방해석	형석	인회석
단계	6단계	7단계	8단계	9단계	10단계
광물	정장석	석영	황옥	강옥	금강석

- 모스 굳기 단계의 단계가 낮을수록 더 무른 광물이고, 단계가 높을수록 단단한 광물이다.
- 단계가 더 낮은 광물로 단계가 더 높은 광물을 긁으면 긁힘 자국이 생기지 않는다.
- 단계가 더 높은 광물로 단계가 더 낮은 광물을 긁으면 긁힘 자국이 생긴다.

조건
- 광물 A로 광물 B를 긁으면 긁힘 자국이 생기지 않는다.
- 광물 A로 광물 C를 긁으면 긁힘 자국이 생긴다.
- 광물 B로 광물 C를 긁으면 긁힘 자국이 생긴다.
- 광물 B는 인회석이다.

① 광물 C는 석영이다.
② 광물 A는 방해석이다.
③ 광물 A가 가장 무르다.
④ 광물 B가 가장 단단하다.
⑤ 광물 B는 모스 굳기 단계가 7단계 이상이다.

21 J공사는 지방에 있는 지점 사무실을 공유 오피스로 이전하고자 한다. 다음 사무실 이전 조건을 참고할 때, 〈보기〉 중 이전할 오피스로 가장 적절한 곳은?

〈사무실 이전 조건〉

• 지점 근무 인원 : 71명
• 사무실 예상 이용 기간 : 5년
• 교통 조건 : 역이나 버스 정류장에서 도보 10분 이내
• 시설 조건 : 자사 홍보영상 제작을 위한 스튜디오 필요, 회의실 필요
• 비용 조건 : 다른 조건이 모두 가능한 공유 오피스 중 가장 저렴한 곳(1년 치 비용 선납 가능)

보기

구분	가용 인원수	보유시설	교통 조건	임대비용
A오피스	100인	라운지, 회의실, 스튜디오, 복사실, 탕비실	A역에서 도보 8분	1인당 연간 600만 원
B오피스	60인	회의실, 스튜디오, 복사실	B정류장에서 도보 5분	1인당 월 40만 원
C오피스	100인	라운지, 회의실, 스튜디오	C역에서 도보 7분	월 3,600만 원
D오피스	90인	회의실, 복사실, 탕비실	D정류장에서 도보 4분	월 3,500만 원 (1년 치 선납 시 8% 할인)
E오피스	80인	라운지, 회의실, 스튜디오	E역과 연결된 사무실	월 3,800만 원 (1년 치 선납 시 10% 할인)

① A오피스
② B오피스
③ C오피스
④ D오피스
⑤ E오피스

※ 다음은 에너지바우처 사업에 대한 자료이다. 이어지는 질문에 답하시오. [22~23]

〈에너지바우처〉

1. 에너지바우처란?

    국민 모두가 시원한 여름, 따뜻한 겨울을 보낼 수 있도록 에너지 취약계층을 위해 에너지바우처(이용권)를 지급하여 전기, 도시가스, 지역난방, 등유, LPG, 연탄을 구입할 수 있도록 지원하는 제도

2. 신청대상 : 소득기준과 세대원 특성기준을 모두 충족하는 세대

    • 소득기준 : 국민기초생활 보장법에 따른 생계급여 / 의료급여 / 주거급여 / 교육급여 수급자

    • 세대원 특성기준 : 주민등록표 등본상 기초생활수급자(본인) 또는 세대원이 다음 중 어느 하나에 해당하는 경우

      − 노인 : 65세 이상

      − 영유아 : 7세 이하의 취학 전 아동

      − 장애인 : 장애인복지법에 따라 등록한 장애인

      − 임산부 : 임신 중이거나 분만 후 6개월 미만인 여성

      − 중증질환자, 희귀질환자, 중증난치질환자 : 국민건강보험법 시행령에 따라 보건복지부장관이 정하여 고시하는 중증질환, 희귀질환, 중증난치질환을 가진 사람

      − 한부모가족 : 한부모가족지원법에 따른 '모' 또는 '부'로서 아동인 자녀를 양육하는 사람

      − 소년소녀가정 : 보건복지부에서 정한 아동분야 지원대상에 해당하는 사람(아동복지법에 의한 가정위탁보호 아동 포함)

    • 지원 제외 대상 : 세대원 모두가 보장시설 수급자

    • 다음의 경우 동절기 에너지바우처 중복 지원 불가

      − 긴급복지지원법에 따라 동절기 연료비를 지원받은 자(세대)

      − 한국에너지공단의 등유바우처를 발급받은 자(세대)

      − 한국광해광업공단의 연탄쿠폰을 발급받은 자(세대)

      ※ 하절기 에너지바우처를 사용한 수급자가 동절기에 위 사업들을 신청할 경우 동절기 에너지바우처를 중지 처리한 후 신청(중지사유 : 타동절기 에너지이용권 수급)

      ※ 단, 동절기 에너지바우처를 일부 사용한 경우 위 사업들은 신청 불가

3. 바우처 지원금액

구분	1인 세대	2인 세대	3인 세대	4인 이상 세대
하절기	55,700원	73,800원	90,800원	117,000원
동절기	254,500원	348,700원	456,900원	599,300원
총액	310,200원	422,500원	547,700원	716,300원

4. 지원방법

    • 요금차감

      − 하절기 : 전기요금 고지서에서 요금을 자동으로 차감

      − 동절기 : 도시가스 / 지역난방 중 하나를 선택하여 고지서에서 요금을 자동으로 차감

    • 실물카드 : 동절기 도시가스, 등유, LPG, 연탄을 실물카드(국민행복카드)로 직접 결제

22 다음 중 에너지바우처에 대한 설명으로 옳지 않은 것은?

① 36개월의 아이가 있는 의료급여 수급자 A는 에너지바우처를 신청할 수 있다.

② 혼자서 아이를 3명 키우는 교육급여 수급자 B는 1년에 70만 원을 넘게 지원받을 수 있다.

③ 보장시설인 양로시설에 살면서 생계급여를 받는 70세 독거노인 C는 에너지바우처를 신청할 수 있다.

④ 에너지바우처 기준을 충족하는 D는 겨울에 연탄보일러를 사용하므로 실물카드를 받는 방법으로 지원을 받아야 한다.

⑤ 희귀질환을 앓고 있는 어머니와 함께 단둘이 사는 생계급여 수급자 E는 에너지바우처를 통해 여름에 전기비에서 73,800원이 차감될 것이다.

23 다음은 A, B가족의 에너지바우처 정보이다. A, B가족이 올해 에너지바우처를 통해 지원받는 금액의 총합은 얼마인가?

<A, B가족의 에너지바우처 정보>

구분	세대 인원	소득기준	세대원 특성기준	특이사항
A가족	5명	의료급여 수급자	영유아 2명	연탄쿠폰 발급받음
B가족	2명	생계급여 수급자	소년소녀가정	지역난방 이용

① 190,800원
② 539,500원
③ 948,000원
④ 1,021,800원
⑤ 1,138,800원

24 다음 C 프로그램을 실행하였을 때의 결과로 옳은 것은?

```
#include <stdio.h>
int main() {
    int result=0;
    while (result<2) {
        result=result+1;
        printf("%d\n",result);
        result=result-1;
    }
}
```

① 실행되지 않는다.

② 0
　1

③ 0
　-1

④ 1
　1

⑤ 1이 무한히 출력된다.

25 다음은 A국과 B국의 물가지수 동향에 대한 자료이다. [E2] 셀에 「=ROUND(D2,-1)」를 입력하 였을 때, 출력되는 값은?

	A	B	C	D	E
		A국	B국	평균 판매지수	
1		A국	B국	평균 판매지수	
2	2024년 1월	122.313	112.36	117.3365	
3	2024년 2월	119.741	110.311	115.026	
4	2024년 3월	117.556	115.379	116.4675	
5	2024년 4월	124.739	118.652	121.6955	
6	⋮	⋮	⋮	⋮	
7					

⟨A, B국 물가지수 동향⟩

① 100

② 105

③ 110

④ 115

⑤ 120

26 다음 중 빈칸에 들어갈 내용으로 가장 적절한 것은?

주의력 결핍 과잉행동장애(ADHD)는 학령기 아동에게 흔히 나타나는 질환으로, 주의력 결핍, 과잉행동, 충동성의 증상을 보인다. 이는 아동의 학교 및 가정생활에 큰 영향을 미치며, 적절한 치료와 관리가 필요하다. ADHD의 원인은 신경화학적 요인과 유전적 요인이 복합적으로 작용하는 것으로 여겨진다. 도파민과 노르에피네프린 같은 신경전달물질의 불균형이 주요 원인으로 지목되며, 가족력이 있는 경우 ADHD 발병 확률이 높아진다. 연구에 따르면, ADHD는 상당한 유전적 연관성을 보이며, 부모나 형제 중에 ADHD를 가진 사람이 있을 경우 그 위험이 증가한다.

환경적 요인도 ADHD 발병에 영향을 미칠 수 있다. 임신 중 음주, 흡연, 약물 사용 등이 위험을 높일 수 있으며, 조산이나 저체중 출산도 연관성이 있다. 이러한 환경적 요인들은 태아의 뇌 발달에 영향을 미쳐 ADHD 발병 가능성을 증가시킬 수 있다. 그러나 이러한 요인들이 단독으로 ADHD를 유발하는 것은 아니며, 다양한 요인이 복합적으로 작용하여 증상이 나타난다.

ADHD 치료는 약물요법과 비약물요법으로 나뉜다. 약물요법에서는 메틸페니데이트 같은 중추신경 자극제가 널리 사용된다. 이 약물은 도파민과 노르에피네프린의 재흡수를 억제해 증상을 완화한다. 이러한 약물은 주의력 향상과 충동성 감소에 효과적이며, 많은 연구에서 그 효능이 입증되었다. 비약물요법으로는 행동개입 요법과 심리사회적 프로그램이 있다. 이는 구조화된 환경에서 집중을 방해하는 요소를 최소화하고, 연령에 맞는 개입방법을 적용한다. 예를 들어, 학령기 아동에게는 그룹 부모훈련과 교실 내 행동개입 프로그램이 추천된다.

가정에서는 부모가 아이가 해야 할 일을 목록으로 작성하도록 돕고, 한 번에 한 가지씩 처리하도록 지도해야 한다. 특히 아이의 바람직한 행동에는 칭찬하고, 잘못된 행동에는 책임을 지도록 하는 것이 중요하다. 이러한 방법은 아이의 자존감을 높이고 긍정적인 행동을 강화하는 데 도움이 된다. 학교에서는 과제를 짧게 나누고, 수업이 지루하지 않도록 하며, 규칙과 보상을 일관되게 유지해야 한다. 교사는 ADHD 아동이 주의가 산만해질 수 있는 환경적 요소를 제거하고, 많은 격려와 칭찬을 통해 학습 동기를 유발해야 한다.

ADHD는 완치가 어려운 만성 질환이지만 적절한 치료와 관리를 통해 증상을 개선할 수 있다. 약물 치료와 비약물 치료를 병행하고 가정과 학교에서 적절한 지원이 이루어지면 ADHD 아동도 건강하고 행복한 삶을 영위할 수 있다. 결론적으로, ADHD는 ＿＿＿＿＿＿＿＿＿＿＿＿＿＿＿＿＿ 따라서 다양한 원인에 부합하는 맞춤형 치료와 환경 조성을 통해 아동의 잠재력을 최대한 발휘할 수 있도록 지원해야 한다. 이는 아동이 자신의 능력을 충분히 발휘하고 성공적인 삶을 살아가는 데 중요한 역할을 한다.

① 완벽한 치료가 불가능한 불치병이다.
② 약물 치료를 통해 쉽게 치료가 가능하다.
③ 다양한 원인이 복합적으로 작용하는 질환이다.
④ 아동에게 적극적으로 개입해 충동성을 감소시켜야 하는 질환이다.

27 다음 중 밑줄 친 단어가 맞춤법상 옳지 않은 것은?

① 김주임은 지난 분기 매출을 조사하여 증가량을 <u>백분율</u>로 표기하였다.

② 젊은 세대를 중심으로 빠른 이직 트렌드가 형성되어 <u>이직률</u>이 높아지고 있다.

③ 이번 학기 <u>출석율</u>이 이전보다 크게 향상되어 학생들의 참여도가 높아지고 있다.

④ 이번 시험의 <u>합격률</u>이 역대 최고치를 기록하며 수험생들에게 희망을 안겨주었다.

28 S공사는 2024년 상반기에 신입사원을 채용하였다. 전체 지원자 중 채용에 불합격한 남성 수와 여성 수의 비율은 같으며, 합격한 남성 수와 여성 수의 비율은 2 : 3이라고 한다. 남성 전체 지원자와 여성 전체 지원자의 비율이 6 : 7일 때, 합격한 남성 수가 32명이면 전체 지원자는 몇 명인가?

① 192명

② 200명

③ 208명

④ 216명

29 다음은 직장가입자 보수월액보험료에 대한 자료이다. A씨가 〈조건〉에 따라 장기요양보험료를 납부할 때, A씨의 2023년 보수월액은?(단, 소수점 첫째 자리에서 반올림한다)

〈직장가입자 보수월액보험료〉

• 개요 : 보수월액보험료는 직장가입자의 보수월액에 보험료율을 곱하여 산정한 금액에 경감 등을 적용하여 부과한다.
• 보험료 산정 방법
 − 건강보험료는 다음과 같이 산정한다.
  (건강보험료)=(보수월액)×(건강보험료율)
  ※ 보수월액 : 동일사업장에서 당해 연도에 지급받은 보수총액을 근무월수로 나눈 금액
 − 장기요양보험료는 다음과 같이 산정한다.
  2022.12.31. 이전 : (장기요양보험료)=(건강보험료)×(장기요양보험료율)

  2023.01.01. 이후 : (장기요양보험료)=(건강보험료)× $\dfrac{(\text{장기요양보험료율})}{(\text{건강보험료율})}$

〈2020 ~ 2024년 보험료율〉

(단위 : %)

구분	2020년	2021년	2022년	2023년	2024년
건강보험료율	6.67	6.86	6.99	7.09	7.09
장기요양보험료율	10.25	11.52	12.27	0.9082	0.9182

조건

• A씨는 K공사에서 2011년 3월부터 2023년 9월까지 근무하였다.
• A씨는 3개월 후 2024년 1월부터 S공사에서 현재까지 근무하고 있다.
• A씨의 2023년 장기요양보험료는 35,120원이었다.

① 3,866,990원 ② 3,974,560원
③ 4,024,820원 ④ 4,135,970원

30 다음 중 개인정보보호법에서 사용하는 용어에 대한 정의로 옳지 않은 것은?

① '가명처리'란 추가 정보 없이도 특정 개인을 알아볼 수 있도록 처리하는 것을 말한다.

② '정보주체'란 처리되는 정보에 의하여 알아볼 수 있는 사람으로서 그 정보의 주체가 되는 사람을 말한다.

③ '개인정보'란 살아 있는 개인에 관한 정보로서 성명, 주민등록번호 및 영상 등을 통하여 개인을 알아볼 수 있는 정보를 말한다.

④ '처리'란 개인정보의 수집, 생성, 연계, 연동, 기록, 저장, 보유, 가공, 편집, 검색, 출력, 정정, 복구, 이용, 제공, 공개, 파기, 그 밖에 이와 유사한 행위를 말한다.

31 다음은 생활보조금 신청자의 소득 및 결과에 대한 자료이다. 월 소득이 100만 원 이하인 사람은 보조금 지급이 가능하고, 100만 원을 초과한 사람은 보조금 지급이 불가능할 때, 보조금 지급을 받는 사람의 수를 구하는 함수로 옳은 것은?

〈생활보조금 신청자 소득 및 결과〉

	A	B	C	D	E
1	지원번호	소득(만 원)	결과		
2	1001	150	불가능		
3	1002	80	가능		보조금 지급 인원 수
4	1003	120	불가능		
5	1004	95	가능		
6	⋮	⋮	⋮		
7					

① =COUNTIF(A:C, "< =100")

② =COUNTIF(A:C, < =100)

③ =COUNTIF(B:B, "< =100")

④ =COUNTIF(B:B, < =100)

32 다음은 초등학생의 주 차별 용돈에 대한 자료이다. 빈칸에 들어갈 함수를 바르게 짝지은 것은?(단, 한 달은 4주로 한다)

〈초등학생 주차별 용돈〉

	A	B	C	D	E	F
1	학생번호	1주	2주	3주	4주	합계
2	1	7,000	8,000	12,000	11,000	(A)
3	2	50,000	60,000	45,000	55,000	
4	3	70,000	85,000	40,000	55,000	
5	4	10,000	6,000	18,000	14,000	
6	5	24,000	17,000	34,000	21,000	
7	6	27,000	56,000	43,000	28,000	
8	한 달 용돈이 150,000원 이상인 학생 수					(B)

	(A)	(B)
①	=SUM(B2:E2)	=COUNTIF(F2:F7, "> =150,000")
②	=SUM(B2:E2)	=COUNTIF(B2:E2, "> =150,000")
③	=SUM(B2:E2)	=COUNTIF(B2:E7, "> =150,000")
④	=SUM(B2:E7)	=COUNTIF(F2:F7, "> =150,000")
⑤	=SUM(B2:E7)	=COUNTIF(B2:F2, "> =150,000")

33 다음 중 빅데이터 분석 기획 절차를 순서대로 바르게 나열한 것은?

① 범위 설정 → 프로젝트 정의 → 위험 계획 수립 → 수행 계획 수립

② 범위 설정 → 프로젝트 정의 → 수행 계획 수립 → 위험 계획 수립

③ 프로젝트 정의 → 범위 정의 → 위험 계획 수립 → 수행 계획 수립

④ 프로젝트 정의 → 범위 설정 → 수행 계획 수립 → 위험 계획 수립

34 다음 중 밑줄 친 부분의 단어가 어법상 옳은 것은?

> K씨는 항상 ㉠ 짜깁기 / 짜집기한 자료로 보고서를 작성했다. 처음에는 아무도 눈치채지 못했지만, 시간이 지나면서 K씨의 작업이 다른 사람들의 것과 비교해 질적으로 떨어지는 것이 분명해졌다. K씨는 결국 동료들 사이에서 ㉡ 뒤처지기 / 뒤쳐지기 시작했고, 격차를 좁히기 위해 더 많은 시간을 투자해야 했다.

	㉠	㉡
①	짜깁기	뒤처지기
②	짜깁기	뒤쳐지기
③	짜집기	뒤처지기
④	짜집기	뒤쳐지기

35 다음 중 공문서 작성 시 유의해야 할 점으로 옳지 않은 것은?

① 한 장에 담아내는 것이 원칙이다.

② 부정문이나 의문문의 형식은 피한다.

③ 마지막엔 반드시 '끝'자로 마무리한다.

④ 날짜 다음에 괄호를 사용할 경우에는 반드시 마침표를 찍는다.

36 영서가 어머니와 함께 40분 동안 만두를 60개 빚었다고 한다. 어머니가 혼자서 1시간 동안 만두를 빚을 수 있는 개수가 영서가 혼자서 1시간 동안 만두를 빚을 수 있는 개수보다 10개 더 많을 때, 영서는 1시간 동안 만두를 몇 개 빚을 수 있는가?

① 30개

② 35개

③ 40개

④ 45개

37 대칭수는 순서대로 읽은 수와 거꾸로 읽은 수가 같은 수를 가리키는 말이다. 예컨대, 121, 303, 1,441, 85058 등은 대칭수이다. 1,000 이상 50,000 미만의 대칭수는 모두 몇 개인가?

① 180개　　　　　　　　　　　② 325개

③ 405개　　　　　　　　　　　④ 490개

38 어떤 자연수 '25□'가 3의 배수일 때, □에 들어갈 수 있는 모든 자연수의 합은?

① 12　　　　　　　　　　　　② 13

③ 14　　　　　　　　　　　　④ 15

39 바이올린, 호른, 오보에, 플루트 4가지의 악기를 다음 〈조건〉에 따라 좌우로 4칸인 선반에 각각 1대씩 보관하려 한다. 각 칸에는 한 대의 악기만 배치할 수 있을 때, 왼쪽에서 두 번째 칸에 배치할 수 없는 악기는?

> **조건**
> • 호른은 바이올린 바로 왼쪽에 위치한다.
> • 오보에는 플루트 왼쪽에 위치하지 않는다.

① 바이올린　　　　　　　　　② 호른

③ 오보에　　　　　　　　　　④ 플루트

40 다음 중 비영리 조직에 해당하지 않는 것은?

① 교육기관　　　　　　　　　② 자선단체

③ 사회적 기업　　　　　　　　④ 비정부기구

41 다음은 D기업의 분기별 재무제표에 대한 자료이다. 2022년 4분기의 영업이익률은 얼마인가?

〈D기업 분기별 재무제표〉

(단위 : 십억 원, %)

구분	2022년 1분기	2022년 2분기	2022년 3분기	2022년 4분기	2023년 1분기	2023년 2분기	2023년 3분기	2023년 4분기
매출액	40	50	80	60	60	100	150	160
매출원가	30	40	70	80	100	100	120	130
매출총이익	10	10	10	( )	−40	0	30	30
판관비	3	5	5	7	8	5	7.5	10
영업이익	7	5	5	( )	−8	−5	22.5	20
영업이익률	17.5	10	6.25	( )	−80	−5	15	12.5

※ (영업이익률)=(영업이익)÷(매출액)×100

※ (영업이익)=(매출총이익)−(판관비)

※ (매출총이익)=(매출액)−(매출원가)

① − 30% ② − 45%

③ − 60% ④ − 75%

42 5km/h의 속력으로 움직이는 무빙워크를 이용하여 이동하는 데 36초가 걸렸다. 무빙워크 위에서 무빙워크와 같은 방향으로 4km/h의 속력으로 걸어 이동할 때 걸리는 시간은?

① 10초 ② 15초

③ 20초 ④ 25초

43 다음 순서도에서 출력되는 result 값은?

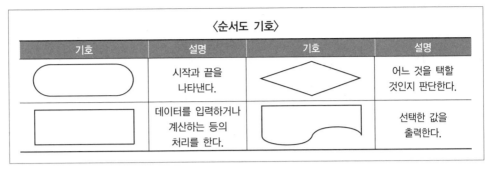

〈순서도 기호〉

기호	설명	기호	설명
	시작과 끝을 나타낸다.		어느 것을 택할 것인지 판단한다.
	데이터를 입력하거나 계산하는 등의 처리를 한다.		선택한 값을 출력한다.

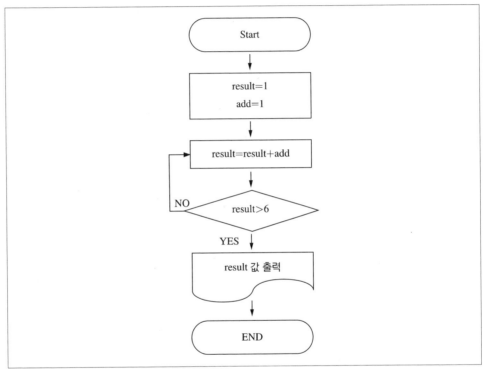

① 11 ② 10
③ 9 ④ 8
⑤ 7

44 다음은 A컴퓨터 A/S센터의 하드디스크 수리 방문접수 과정에 대한 순서도이다. 하드디스크 데이터 복구를 문의할 때, 출력되는 도형은 무엇인가?

〈순서도 기호〉

기호	설명	기호	설명
	시작과 끝을 나타낸다.		어느 것을 택할 것인지 판단한다.
	데이터를 입력하거나 계산하는 등의 처리를 한다.		선택한 값을 출력한다.

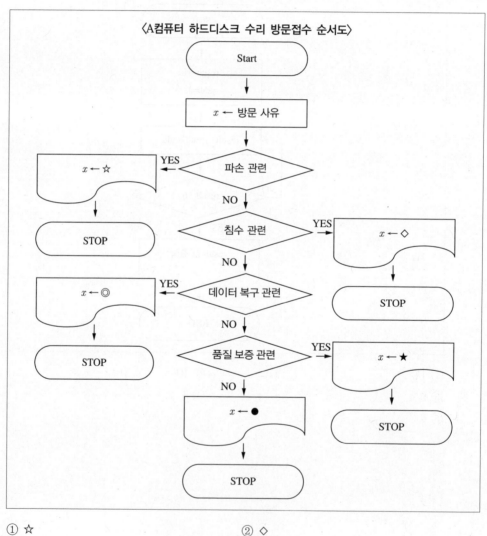

〈A컴퓨터 하드디스크 수리 방문접수 순서도〉

① ☆

② ◇

③ ◎

④ ★

⑤ ●

45 다음은 EAN-13 바코드 부여 규칙에 대한 자료이다. 상품코드의 맨 앞 자릿수가 9일 때, 2 ~ 7번째 자릿수가 '387655'라면 이를 이진코드로 바르게 변환한 것은?

〈EAN-13 바코드 부여 규칙〉

1. 13자리 상품코드의 맨 앞 자릿수에 따라 다음과 같이 변환한다.

상품코드 번호	2 ~ 7번째 자릿수	8 ~ 13번째 자릿수
0	A A A A A A	C C C C C C
1	A A B A B B	C C C C C C
2	A A B B A B	C C C C C C
3	A A B B B A	C C C C C C
4	A B A A B B	C C C C C C
5	A B B A A B	C C C C C C
6	A B B B A A	C C C C C C
7	A B A B A B	C C C C C C
8	A B A B B A	C C C C C C
9	A B B A B A	C C C C C C

2. A, B, C는 다음과 같이 상품코드 번호를 이진코드로 변환한 값이다.

상품코드 번호	A	B	C
0	0001101	0100111	1110010
1	0011001	0110011	1100110
2	0010011	0011011	1101100
3	0111101	0100001	1000010
4	0100011	0011101	1011100
5	0110001	0111001	1001110
6	0101111	0000101	1010000
7	0111011	0010001	1000100
8	0110111	0001001	1001000
9	0001011	0010111	1110100

	2번째 수	3번째 수	4번째 수	5번째 수	6번째 수	7번째 수
①	0111101	0001001	0010001	0101111	0111001	0110001
②	0100001	0001001	0010001	0000101	0111101	0111101
③	0111101	0110111	0111011	0101111	0111001	0111101
④	0100001	0101111	0010001	0010111	0100111	0001011
⑤	0111101	0011001	0010001	0101111	0011001	0111001

※ 다음은 청소 유형별 청소기 사용 방법 및 고장 유형별 확인 사항에 대한 자료이다. 이어지는 질문에 답하시오. [46~47]

〈청소 유형별 청소기 사용 방법〉

유형	사용 방법
일반 청소	1. 기본형 청소구를 장착해 주세요. 2. 작동 버튼을 눌러 주세요.

틈새 청소	1. 기본형 청소구의 입구 돌출부를 누르고 잡아당기면 좁은 흡입구를 꺼낼 수 있습니다.
	  반대로 돌출부를 누르면서 밀어 넣으면 좁은 흡입구를 안쪽으로 정리할 수 있습니다.
	2. 1.의 좁은 흡입구를 꺼낸 상태에서 돌출부를 시계 방향으로 돌리면 돌출부를 고정할 수 있습니다.
	3. 좁은 흡입구를 고정한 후 작동 버튼을 눌러 주세요.
	  (좁은 흡입구에는 솔이 함께 들어 있습니다)

카펫 청소	1. 별도의 돌기 청소구로 교체해 주세요. (기본형으로도 카펫 청소를 할 수 있으나, 청소 효율이 떨어집니다) 2. 작동 버튼을 눌러 주세요.

스팀 청소	1. 별도의 스팀 청소구로 교체해 주세요.
	2. 스팀 청소구의 물통에 물을 충분히 채운 후 뚜껑을 잠가 주세요.
	  ※ 반드시 전원을 분리한 상태에서 진행해 주세요.
	3. 걸레판에 걸레를 부착한 후 스팀 청소구의 노즐에 장착해 주세요.
	  ※ 반드시 전원을 분리한 상태에서 진행해 주세요.
	4. 스팀 청소 버튼을 누르고 안전 스위치를 눌러 주세요.
	  ※ 안전을 위해 안전 스위치를 누르는 동안에만 스팀이 발생합니다.
	  ※ 스팀 청소 작업 도중 및 완료 직후에 청소기를 거꾸로 세우거나 스팀 청소구를 눕히면 뜨거운
	    물이 새어 나와 화상을 입을 수 있습니다.
	5. 스팀 청소 완료 후 물이 충분히 식은 후 물통 및 스팀 청소구를 분리해 주세요.
	  ※ 충분히 식지 않은 상태에서 분리 시 뜨거운 물이 새어 나와 화상의 위험이 있습니다.

〈고장 유형별 확인 사항〉

유형	확인 사항
흡입력 약화	• 흡입구, 호스, 먼지통, 먼지분리기에 크기가 큰 이물질이 걸려 있는지 확인해 주세요. • 필터를 교체해 주세요. • 먼지통, 먼지분리기, 필터의 조립 상태를 확인해 주세요.
청소기 미작동	• 전원이 제대로 연결되어 있는지 확인해 주세요.
물 보충 램프 깜빡임	• 물통에 물이 충분한지 확인해 주세요. • 물이 충분히 채워졌어도 꺼질 때까지 시간이 다소 걸립니다. 잠시 기다려 주세요.
스팀 안 나옴	• 물통에 물이 충분한지 확인해 주세요. • 안전 스위치를 눌렀는지 확인해 주세요.
바닥에 물이 남음	• 스팀 청소구를 너무 자주 좌우로 기울이면 물이 소량 새어 나올 수 있습니다. • 걸레가 많이 젖었으므로 걸레를 교체해 주세요.
악취 발생	• 제품 기능상의 문제는 아니므로 고장이 아닙니다. • 먼지통 및 필터를 교체해 주세요. • 스팀 청소구의 물통 등 청결 상태를 확인해 주세요.
소음 발생	• 흡입구, 호스, 먼지통, 먼지분리기에 크기가 큰 이물질이 걸려 있는지 확인해 주세요. • 먼지통, 먼지분리기, 필터의 조립 상태를 확인해 주세요.

46 다음 중 청소 유형별 청소기 사용 방법에 대한 설명으로 옳지 않은 것은?

① 기본형 청소구로 카펫 청소가 가능하다.

② 스팀 청소 직후 통을 분리하면 화상의 위험이 있다.

③ 기본형 청소구를 이용하여 좁은 틈새를 청소할 수 있다.

④ 안전 스위치를 1회 누르면 별도의 외부 입력 없이 스팀을 지속하여 발생시킬 수 있다.

⑤ 스팀 청소 시 물 보충 및 걸레 부착 작업은 반드시 전원을 분리한 상태에서 진행해야 한다.

47 다음 중 고장 유형별 확인 사항이 바르게 연결되어 있지 않은 것은?

① 물 보충 램프 깜빡임 : 잠시 기다리기

② 악취 발생 : 스팀 청소구의 청결 상태 확인하기

③ 흡입력 약화 : 먼지통, 먼지분리기, 필터 교체하기

④ 바닥에 물이 남음 : 물통에 물이 너무 많이 있는지 확인하기

⑤ 소음 발생 : 흡입구, 호스, 먼지통, 먼지분리기의 이물질 걸림 확인하기

48 다음 중 동료의 피드백을 장려하기 위한 방안으로 적절하지 않은 것은?

① 행동과 수행을 관찰한다.

② 즉각적인 피드백을 제공한다.

③ 뛰어난 수행성과에 대해서는 인정한다.

④ 간단하고 분명한 목표와 우선순위를 설정한다.

⑤ 긍정적인 상황에서는 피드백을 자제하는 것도 나쁘지 않다.

49 다음 중 내적 동기를 유발하는 방법으로 적절하지 않은 것은?

① 변화를 두려워하지 않는다.

② 업무 관련 교육을 생략한다.

③ 주어진 일에 책임감을 갖는다.

④ 창의적인 문제해결법을 찾는다.

⑤ 새로운 도전의 기회를 부여한다.

50 다음은 갈등 정도와 조직 성과의 관계에 대한 그래프이다. 이에 대한 설명으로 옳지 않은 것은?

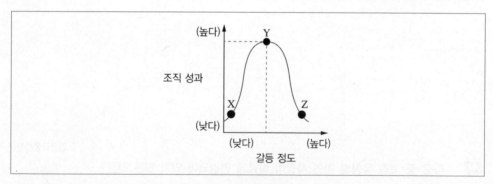

① 적절한 갈등이 있을 경우 가장 높은 조직 성과를 얻을 수 있다.

② 갈등이 없을수록 조직 내부가 결속되어 높은 조직 성과를 보인다.

③ Y점에서는 갈등의 순기능, Z점에서는 갈등의 역기능이 작용한다.

④ 갈등이 없을 경우 낮은 조직 성과를 얻을 수 있다.

⑤ 갈등이 잦을 경우 낮은 조직 성과를 얻을 수 있다.

01 | 경영

| HUG 주택도시보증공사

01 다음 중 기업의 형태에 대한 설명으로 옳지 않은 것은?

① 유한회사 : 2인 이상 100인 이하의 유한책임사원으로 구성된 회사를 말한다.

② 주식회사 : 소유와 경영이 분리된 법인 회사를 말한다.

③ 합자회사 : 무한책임을 지는 출자자가 기업을 경영하는 역할을 하는 회사를 말한다.

④ 합명회사 : 2인 이상의 무한책임사원이 공동 출자하는 구조의 회사를 말한다.

⑤ 유한책임회사 : 출자금액을 한도로 유한책임사원으로 구성된 회사를 말한다.

| HUG 주택도시보증공사

02 다음 중 막스 베버(Max Weber)가 제시한 관료제 이론의 주요 내용이 아닌 것은?

① 규정에 따른 직무 배정과 직무 수행

② 능력과 과업에 따른 선발과 승진

③ 상황적합적 관리

④ 계층에 의한 관리

⑤ 규칙과 분서에 의한 관리

| HUG 주택도시보증공사

03 다음 중 종업원들이 한 사람의 감독자에게 보고하는 작업집단에서의 조직 의사소통 유형은?

① 완전연결형   ② 수레바퀴형

③ Y자형   ④ 쇠사슬형

⑤ X자형

04 다음 중 노나카의 지식경영이론에 대한 설명으로 옳지 않은 것은?

① 내면화 단계는 형식적 지식을 암묵적 지식으로 변환하는 과정이다.

② 표출화 단계는 암묵적 지식을 형식적 지식으로 변환하는 과정이다.

③ 지식창출 과정은 데이터에서 정보를 추출하고, 정보에서 지식을 추출한다.

④ 명시적 지식이란 체계화된 지식으로, 고객목록, 법률계약, 비즈니스 프로세스 등 명확한 체계를 갖추고 있다.

⑤ 암묵적 지식이란 기업의 지적자본으로, 조직 구성원들의 머릿속에 존재하는 지식이며 기업 경쟁 우위 창출을 위한 핵심요소이다.

05 다음 중 근로자가 직무능력 평가를 위해 개인능력평가표를 활용하는 제도는?

① 자기신고제도
② 직능자격제도
③ 평가센터제도
④ 직무순환제도
⑤ 기능목록제도

06 다음 중 데이터베이스 마케팅에 대한 설명으로 옳지 않은 것은?

① 기업 규모와 관계없이 모든 기업에서 활용이 가능하다.

② 기존 고객의 재구매를 유도하며, 장기적인 마케팅 전략 수립이 가능하다.

③ 인구통계, 심리적 특성, 지리적 특성 등을 파악하여 고객별 맞춤 서비스가 가능하다.

④ 단방향 의사소통으로 고객과 1 : 1 관계를 구축하여 즉각적으로 반응을 확인할 수 있다.

⑤ 고객자료를 바탕으로 고객 및 매출 증대에 대한 마케팅 전략을 실행하는 데 목적이 있다.

07 다음 중 공정성 이론에서 절차적 공정성에 해당하지 않는 것은?

① 접근성
② 반응속도
③ 형평성
④ 유연성
⑤ 적정성

08 다음 중 e-비즈니스 기업의 장점으로 옳지 않은 것은?

① 빠른 의사결정을 진행할 수 있다.
② 양질의 고객서비스를 제공할 수 있다.
③ 배송, 물류비 등 각종 비용을 절감할 수 있다.
④ 소비자에게 더 많은 선택권을 부여할 수 있다.
⑤ 기업이 더 높은 가격으로 제품을 판매할 수 있다.

09 다음 중 조직시민행동에 대한 설명으로 옳지 않은 것은?

① 조직 구성원이 수행하는 행동에 대해 의무나 보상이 존재하지 않는다.
② 조직 구성원의 자발적인 참여가 바탕이 되며, 대부분 강제적이지 않다.
③ 조직 내 바람직한 행동을 유도하고, 구성원의 조직 참여도를 제고한다.
④ 조직 구성원의 처우가 좋지 않을수록 조직시민행동은 자발적으로 일어난다.
⑤ 조직의 리더가 구성원으로부터 신뢰를 받을 때 구성원의 조직시민행동이 크게 증가한다.

10 다음 중 전문품에 대한 설명으로 옳지 않은 것은?

① 가구, 가전제품 등이 해당된다.
② 제품의 가격이 상대적으로 비싼 편이다.
③ 특정 브랜드에 대한 높은 충성심이 나타난다.
④ 충분한 정보 제공 및 차별화가 중요한 요소로 작용한다.
⑤ 소비자가 해당 브랜드에 대한 충분한 지식이 없는 경우가 많다.

11 다음 글에서 설명하는 직무분석방법은?

> • 여러 직무활동을 동시에 기록할 수 있다.
> • 직무활동 전체의 모습을 파악할 수 있다.
> • 직무성과가 외형적일 때 적용이 가능하다.

① 관찰법 ② 면접법
③ 워크 샘플링법 ④ 질문지법
⑤ 연구법

12 다음 중 분배적 협상의 특징으로 옳지 않은 것은?

① 협상에 따른 이익을 정해진 비율로 분배한다.
② 정보를 숨겨 필요한 정보만 선택적으로 활용한다.
③ 협상을 통해 공동의 이익을 확대(Win – Win)한다.
④ 상호 목표 배치 시 자기의 입장을 명확히 주장한다.
⑤ 간부회의, 밀실회의 등을 통한 의사결정을 주로 진행한다.

13 다음 중 연속생산에 대한 설명으로 옳은 것은?

① 단위당 생산원가가 낮다.
② 운반비용이 많이 소요된다.
③ 제품의 수명이 짧은 경우 적합한 방식이다.
④ 제품의 수요가 다양한 경우 적합한 방식이다.
⑤ 작업자의 숙련도가 떨어질 경우 작업에 참여시키지 않는다.

14 다음 중 주식 관련 상품에 대한 설명으로 옳지 않은 것은?

① ELF : ELS와 ELD의 중간 형태로, ELS를 기초 자산으로 하는 펀드를 말한다.
② ELB : 채권, 양도성 예금증서 등 안전자산에 주로 투자하며, 원리금이 보장된다.
③ ELD : 수익률이 코스피200지수에 연동되는 예금으로, 주로 정기예금 형태로 판매한다.
④ ELS : 주가지수 또는 종목의 주가 움직임에 따라 수익률이 결정되며, 만기가 없는 증권이다.
⑤ ELT : ELS를 특정금전신탁 계좌에 편입하는 신탁상품으로, 투자자의 의사에 따라 운영한다.

15 다음 중 인사와 관련된 이론에 대한 설명으로 옳지 않은 것은?

① 로크는 인간이 합리적으로 행동한다는 가정에서 개인이 의식적으로 얻으려고 설정한 목표가 동기와 행동에 영향을 미친다고 주장하였다.
② 브룸은 동기 부여에 대해 기대이론을 적용하여 기대감, 적합성, 신뢰성을 통해 구성원의 직무에 대한 동기 부여를 결정한다고 주장하였다.
③ 매슬로는 욕구의 위계를 생리적 욕구, 안전의 욕구, 애정과 공감의 욕구, 존경의 욕구, 자아실현의 욕구로 나누어 단계별로 욕구가 작용한다고 설명하였다.
④ 맥그리거는 인간의 본성에 대해 부정적인 관점인 X이론과 긍정적인 관점인 Y이론이 있으며, 경영자는 조직목표 달성을 위해 근로자의 본성(X, Y)을 파악해야 한다고 주장하였다.
⑤ 허즈버그는 욕구를 동기요인과 위생요인으로 나누었으며, 동기요인에는 인정감, 성취, 성장 가능성, 승진, 책임감, 직무 자체가 해당되고, 위생요인에는 보수, 대인관계, 감독, 직무안정성, 근무환경, 회사의 정책 및 관리가 해당된다.

16 다음 글에 해당하는 마케팅 STP 단계는 무엇인가?

> • 서로 다른 욕구를 가지고 있는 다양한 고객들을 하나의 동질적인 고객집단으로 나눈다.
> • 인구, 지역, 사회, 심리 등을 기준으로 활용한다.
> • 전체시장을 동질적인 몇 개의 하위시장으로 구분하여 시장별로 차별화된 마케팅을 실행한다.

① 시장세분화　　　　　　　　　② 시장매력도 평가
③ 표적시장 선정　　　　　　　　④ 포지셔닝
⑤ 재포지셔닝

17 다음 중 BCG 매트릭스에 대한 설명으로 옳지 않은 것은?

① X축은 상대적 시장 점유율, Y축은 성장률을 의미한다.

② 1970년대 미국 보스턴컨설팅그룹에 의해 개발된 경영전략 분석기법이다.

③ 수익이 많고 안정적이어서 현상을 유지하는 것이 필요한 사업은 스타(Star)이다.

④ 물음표(Question), 스타(Star), 현금젖소(Cash Cow), 개(Dog)의 4개 영역으로 구성된다.

18 다음 중 변혁적 리더십의 구성요소에 해당하지 않는 것은?

① 감정적 치유 ② 카리스마

③ 영감적 동기화 ④ 지적 자극

19 다음 중 매트릭스 조직의 단점으로 옳지 않은 것은?

① 책임, 목표, 평가 등에 대한 갈등이 유발되어 혼란을 줄 수 있다.

② 관리자 및 구성원 모두에게 역할 등에 대한 스트레스를 유발할 수 있다.

③ 힘의 균형을 유지하기 어려워 경영자의 개입이 빈번하게 일어날 수 있다.

④ 구성원의 창의력을 저해하고, 문제해결에 필요한 전문지식이 부족할 수 있다.

20 다음 중 가치사슬 분석을 통해 얻을 수 있는 효과로 옳지 않은 것은?

① 프로세스 혁신 ② 원가 절감

③ 매출 확대 ④ 품질 향상

21 다음 K기업 재무회계 자료를 참고할 때, 기초부채를 계산하면 얼마인가?

- 기초자산 : 100억 원
- 기말자본 : 65억 원
- 총수익 : 35억 원
- 총비용 : 20억 원

① 30억 원　　　　　　　　　　② 40억 원
③ 50억 원　　　　　　　　　　④ 60억 원

22 다음 중 종단분석과 횡단분석의 비교가 옳지 않은 것은?

구분	종단분석	횡단분석
방법	시간적	공간적
목표	특성이나 현상의 변화	집단의 특성 또는 차이
표본 규모	큼	작음
횟수	반복	1회

① 방법　　　　　　　　　　② 목표
③ 표본 규모　　　　　　　　④ 횟수

23 다음 중 향후 채권이자율이 시장이자율보다 높아질 것으로 예상될 때 나타날 수 있는 현상으로 옳은 것은?

① 1년 만기 은행채, 장기신용채 등의 발행이 늘어난다.
② 만기에 가까워질수록 채권가격 상승에 따른 이익을 얻을 수 있다.
③ 채권가격이 액면가보다 높은 가격에 거래되는 할증채 발행이 증가한다.
④ 별도의 이자 지급 없이 채권발행 시 이자금액을 공제하는 방식을 선호하게 된다.

24 다음 중 BCG 매트릭스에 대한 설명으로 옳은 것은?

① 스타(Star) 사업 : 높은 시장점유율로 현금창출은 양호하나, 성장 가능성은 낮은 사업이다.

② 현금젖소(Cash Cow) 사업 : 성장 가능성과 시장점유율이 모두 낮아 철수가 필요한 사업이다.

③ 개(Dog) 사업 : 성장 가능성과 시장점유율이 모두 높아서 계속 투자가 필요한 유망 사업이다.

④ 물음표(Question Mark) 사업 : 신규 사업 또는 현재 시장점유율은 낮으나, 향후 성장 가능성이 높은 사업이다.

25 다음 중 테일러의 과학적 관리법의 특징에 대한 설명으로 옳지 않은 것은?

① 작업량에 따라 임금을 차등하여 지급한다.

② 작업능률을 최대로 높이기 위하여 노동의 표준량을 정한다.

③ 관리에 대한 전문화를 통해 노동자의 태업을 사전에 방지한다.

④ 작업에 사용하는 도구 등을 개별 용도에 따라 다양하게 제작하여 성과를 높인다.

| HUG 주택도시보증공사

01 다음 중 생산가능곡선에 대한 설명으로 옳지 않은 것은?

① 일반적으로 우하향하면서 원점에 대하여 오목하다.
② 생산가능곡선상에 존재하는 점들은 모두 생산의 효율성을 만족한다.
③ 생산가능곡선의 접선의 기울기는 기회비용을 의미한다.
④ X재 생산에서 기술 진보가 일어나면 생산가능곡선이 X재 쪽으로 확장된다.
⑤ 실업이 감소하면 생산가능곡선이 바깥쪽으로 이동한다.

| HUG 주택도시보증공사

02 다음 빈칸에 들어갈 경제 용어는?

> _____(이)란 물건에 소유권이 분명하게 설정되고 그 소유권 거래에서 비용이 들지 않는다면, 그 권리를 누가 가지든 효율적 배분에는 영향을 받지 않는다는 것을 보여주는 이론이다.

① 코즈의 정리
② 헥셔-올린 정리
③ 리카도의 대등 정리
④ 토빈의 이론
⑤ 불가능성 정리

| HUG 주택도시보증공사

03 다음 중 최저임금제가 고용에 미치는 부정적인 영향으로 인한 실업은?

① 계절적 실업   ② 기술적 실업
③ 구조적 실업   ④ 마찰적 실업
⑤ 경기적 실업

04 다음 중 상품시장을 가정할 때 완전경쟁시장의 균형점이 파레토 효율적인 이유로 옳지 않은 것은?

① 완전경쟁시장 균형점에서 사회적 잉여가 가장 크기 때문이다.

② 완전경쟁시장 균형점에서 사회적 형평성이 극대화되기 때문이다.

③ 완전경쟁시장 균형점에서 소비자는 효용 극대화를, 생산자는 이윤 극대화를 달성하기 때문이다.

④ 완전경쟁시장 균형점에서 재화 한 단위 생산에 따른 사회적 한계편익과 사회적 한계비용이 같기 때문이다.

⑤ 시장수요곡선의 높이는 사회적 한계편익을 반영하고, 시장공급곡선의 높이는 사회적 한계비용을 반영하기 때문이다.

05 다음 중 변동환율제도하에서 환율(원/달러 환율)을 하락시키는 요인이 아닌 것은?

① 미국 달러 자본의 국내 투자 확대

② 미국산 제품의 국내 수입 증가

③ 미국 달러 자본의 국내 부동산 매입

④ 국내산 제품의 수출 증가

⑤ 미국 달러 자본의 국내 주식 매입

06 다음 중 수요의 가격탄력성에 대한 설명으로 옳지 않은 것은?

① 수요의 가격탄력성은 가격의 변화에 따른 수요의 변화를 의미한다.

② 분모는 상품 가격의 변화량을 상품 가격으로 나눈 값이다.

③ 대체재가 많을수록 수요의 가격탄력성은 탄력적이다.

④ 가격이 1% 상승할 때 수요가 2% 감소하였으면 수요의 가격탄력성은 2이다.

⑤ 가격탄력성이 0보다 크면 탄력적이라고 할 수 있다.

07 다음 중 대표적인 물가지수인 GDP 디플레이터를 구하는 계산식으로 옳은 것은?

① (실질 GDP)÷(명목 GDP)×100
② (명목 GDP)÷(실질 GDP)×100
③ (실질 GDP)+(명목 GDP)÷2
④ (명목 GDP)−(실질 GDP)÷2
⑤ (실질 GDP)÷(명목 GDP)×2

08 다음 〈조건〉을 참고할 때, 한계소비성향(MPC) 변화에 따른 현재 소비자들의 소비 변화폭은?

> **조건**
> • 기존 소비자들의 연간 소득은 3,000만 원이며, 한계소비성향은 0.6을 나타내었다.
> • 현재 소비자들의 연간 소득은 4,000만 원이며, 한계소비성향은 0.7을 나타내었다.

① 700
② 1,100
③ 1,800
④ 2,500
⑤ 3,700

09 다음 중 빈칸에 들어갈 단어가 바르게 짝지어진 것은?

> • 환율이 ___㉠___ 하면 순수출이 증가한다.
> • 국내이자율이 높아지면 환율은 ___㉡___ 한다.
> • 국내물가가 오르면 환율은 ___㉢___ 한다.

	㉠	㉡	㉢
①	하락	상승	하락
②	하락	상승	상승
③	하락	하락	하락
④	상승	하락	상승
⑤	상승	하락	하락

10 다음 중 독점적 경쟁시장에 대한 설명으로 옳지 않은 것은?

① 독점적 경쟁시장은 완전경쟁시장과 독점시장의 중간 형태이다.

② 대체성이 높은 제품의 공급자가 시장에 다수 존재한다.

③ 시장진입과 퇴출이 자유롭다.

④ 독점적 경쟁기업의 수요곡선은 우하향하는 형태를 나타낸다.

⑤ 가격경쟁이 비가격경쟁보다 활발히 진행된다.

11 다음 중 고전학파와 케인스학파에 대한 설명으로 옳지 않은 것은?

① 케인스학파는 경기가 침체할 경우 정부의 적극적 개입이 바람직하지 않다고 주장하였다.

② 고전학파는 임금이 매우 신축적이어서 노동시장이 항상 균형상태에 이르게 된다고 주장하였다.

③ 케인스학파는 저축과 투자가 국민총생산의 변화를 통해 같아지게 된다고 주장하였다.

④ 고전학파는 실물경제와 화폐를 분리하여 설명한다.

⑤ 케인스학파는 단기적으로 화폐의 중립성이 성립하지 않는다고 주장하였다.

12 다음 사례에서 나타나는 현상으로 옳은 것은?

> • 물은 사용 가치가 크지만 교환 가치가 작은 반면, 다이아몬드는 사용 가치가 작지만 교환 가치는 크게 나타난다.
> • 한계효용이 작을수록 교환 가치가 작으며, 한계효용이 클수록 교환 가치가 크다.

① 매몰비용의 오류　　　　　　② 감각적 소비

③ 보이지 않는 손　　　　　　　④ 가치의 역설

⑤ 희소성

13 다음 자료를 참고하여 실업률을 구하면 얼마인가?

- 생산가능인구 : 50,000명
- 취업자 : 20,000명
- 실업자 : 5,000명

① 10%
② 15%
③ 20%
④ 25%
⑤ 30%

14 J기업이 다음 〈조건〉과 같이 생산량을 늘린다고 할 때, 한계비용은 얼마인가?

조건
- J기업의 제품 1단위당 노동가격은 4, 자본가격은 6이다.
- J기업은 제품 생산량을 50개에서 100개로 늘리려고 한다.
- 평균비용 $P=2L+K+\dfrac{100}{Q}$ (L : 노동가격, K : 자본가격, Q : 생산량)

① 10
② 12
③ 14
④ 16

15 다음은 A국과 B국이 노트북 1대와 TV 1대를 생산하는 데 필요한 작업 시간을 나타낸 자료이다. A국과 B국의 비교우위에 대한 설명으로 옳은 것은?

구분	노트북	TV
A국	6시간	8시간
B국	10시간	8시간

① A국이 노트북, TV 생산 모두 비교우위에 있다.
② B국이 노트북, TV 생산 모두 비교우위에 있다.
③ A국은 노트북 생산, B국은 TV 생산에 비교우위가 있다.
④ A국은 TV 생산, B국은 노트북 생산에 비교우위가 있다.

16 다음 중 다이내믹 프라이싱에 대한 설명으로 옳지 않은 것은?

① 동일한 제품과 서비스에 대한 가격을 시장 상황에 따라 변화시켜 적용하는 전략이다.
② 호텔, 항공 등의 가격을 성수기 때 인상하고, 비수기 때 인하하는 것이 대표적인 예이다.
③ 기업은 소비자별 맞춤형 가격을 통해 수익을 극대화할 수 있다.
④ 소비자 후생이 증가해 소비자의 만족도가 높아진다.

17 다음 〈보기〉 중 빅맥 지수에 대한 설명으로 옳은 것을 모두 고르면?

> **보기**
> ㉠ 빅맥 지수를 최초로 고안한 나라는 미국이다.
> ㉡ 각 나라의 물가수준을 비교하기 위해 고안된 지수로, 구매력 평가설을 근거로 한다.
> ㉢ 맥도날드 빅맥 가격을 기준으로 한 이유는 전 세계에서 가장 동질적으로 판매되고 있는 상품이기 때문이다.
> ㉣ 빅맥 지수를 구할 때 빅맥 가격은 제품 가격과 서비스 가격의 합으로 계산한다.

① ㉠, ㉡
② ㉠, ㉢
③ ㉡, ㉢
④ ㉡, ㉣

18 다음 중 확장적 통화정책의 영향으로 옳은 것은?

① 건강보험료가 인상되어 정부의 세금 수입이 늘어난다.

② 이자율이 하락하고, 소비 및 투자가 감소한다.

③ 이자율이 상승하고, 환율이 하락한다.

④ 은행이 채무불이행 위험을 줄이기 위해 더 높은 이자율과 담보 비율을 요구한다.

19 다음 중 노동의 수요공급곡선에 대한 설명으로 옳지 않은 것은?

① 노동 수요는 파생수요라는 점에서 재화시장의 수요와 차이가 있다.

② 상품 가격이 상승하면 노동 수요곡선은 오른쪽으로 이동한다.

③ 토지, 설비 등이 부족하면 노동 수요곡선은 오른쪽으로 이동한다.

④ 노동에 대한 인식이 긍정적으로 변화하면 노동 공급곡선은 오른쪽으로 이동한다.

20 다음 〈조건〉에 따라 S씨가 할 수 있는 최선의 선택은?

> **조건**
> • S씨는 퇴근 후 운동을 할 계획으로 헬스, 수영, 자전거, 달리기 중 하나를 고르려고 한다.
> • 각 운동이 주는 만족도(이득)는 헬스 5만 원, 수영 7만 원, 자전거 8만 원, 달리기 4만 원이다.
> • 각 운동에 소요되는 비용은 헬스 3만 원, 수영 2만 원, 자전거 5만 원, 달리기 3만 원이다.

① 헬스   ② 수영

③ 자전거   ④ 달리기

01 다음 중 노동법의 성질이 다른 하나는?

① 산업안전보건법
② 남녀고용평등법
③ 산업재해보상보험법
④ 근로자참여 및 협력증진에 관한 법
⑤ 고용보험법

02 다음 〈보기〉 중 용익물권에 해당하는 것을 모두 고르면?

> **보기**
>
> 가. 지상권　　　　　　　　　　나. 점유권
> 다. 지역권　　　　　　　　　　라. 유치권
> 마. 전세권　　　　　　　　　　바. 저당권

① 가, 다, 마　　　　　　　　② 가, 라, 바
③ 나, 라, 바　　　　　　　　④ 다, 라, 마
⑤ 라, 마, 바

03 다음 중 선고유예와 집행유예의 내용에 대한 분류가 옳지 않은 것은?

구분	선고유예	집행유예
실효	유예한 형을 선고	유예선고의 효력 상실
요건	1년 이하 징역·금고, 자격정지, 벌금	3년 이하 징역·금고, 500만 원 이하의 벌금형
유예기간	1년 이상 5년 이하	2년
효과	면소	형의 선고 효력 상실

① 실효   ② 요건

③ 유예기간   ④ 효과

⑤ 없음

04 다음 〈보기〉 중 형법상 몰수가 되는 것은 모두 몇 개인가?

> **보기**
> • 범죄행위에 제공한 물건
> • 범죄행위에 제공하려고 한 물건
> • 범죄행위로 인하여 생긴 물건
> • 범죄행위로 인하여 취득한 물건
> • 범죄행위의 대가로 취득한 물건

① 1개   ② 2개

③ 3개   ④ 4개

⑤ 5개

05 다음 중 상법상 법원이 아닌 것은?

① 판례   ② 조례

③ 상관습법   ④ 상사자치법

⑤ 보통거래약관

아이들이 답이 있는 질문을 하기 시작하면 그들이 성장하고 있음을 알 수 있다.

– 존 J. 플롬프 –

PART 1

직무적합평가

01

의사소통능력

합격 Cheat Key

의사소통능력은 평가하지 않는 공사·공단이 없을 만큼 필기시험에서 중요도가 높은 영역으로, 세부 유형은 문서 이해, 문서 작성, 의사 표현, 경청, 기초 외국어로 나눌 수 있다. 문서 이해·문서 작성과 같은 지문에 대한 주제 찾기, 내용 일치 문제의 출제 비중이 높으며, 문서의 특성을 파악하는 문제도 출제되고 있다.

1 문제에서 요구하는 바를 먼저 파악하라!

의사소통능력에서 가장 중요한 것은 제한된 시간 안에 빠르고 정확하게 답을 찾아내는 것이다. 의사소통능력에서는 지문이 아니라 문제가 주인공이므로 지문을 보기 전에 문제를 먼저 파악해야 하며, 문제에 따라 전략적으로 빠르게 풀어내는 연습을 해야 한다.

2 잠재되어 있는 언어 능력을 발휘하라!

세상에 글은 많고 우리가 학습할 수 있는 시간은 한정적이다. 이를 극복할 수 있는 방법은 다양한 글을 접하는 것이다. 실제 시험장에서 어떤 내용의 지문이 나올지 아무도 예측할 수 없으므로 평소에 신문, 소설, 보고서 등 여러 글을 접하는 것이 필요하다.

3 상황을 가정하라!

업무 수행에 있어 상황에 따른 언어 표현은 중요하다. 같은 말이라도 상황에 따라 다르게 해석될 수 있기 때문이다. 그런 의미에서 자신의 의견을 효과적으로 전달할 수 있는 능력을 평가하는 것이다. 업무를 수행하면서 발생할 수 있는 여러 상황을 가정하고 그에 따른 올바른 언어표현을 정리하는 것이 필요하다.

4 말하는 이의 입장에서 생각하라!

잘 듣는 것 또한 하나의 능력이다. 상대방의 이야기에 귀 기울이고 공감하는 태도는 업무를 수행하는 관계 속에서 필요한 요소이다. 그런 의미에서 다양한 상황에서 듣는 능력을 평가하는 것이다. 말하는 이가 요구하는 듣는 이의 태도를 파악하고, 이에 따른 판단을 할 수 있도록 언제나 말하는 사람의 입장이 되는 연습이 필요하다.

01 문서 내용 이해

| 유형분석 |

- 주어진 지문을 읽고 선택지를 고르는 전형적인 독해 문제이다.
- 지문은 주로 신문기사(보도자료 등)나 업무 보고서, 시사 등이 제시된다.
- 공사공단에 따라 자사와 관련된 내용의 기사나 법조문, 보고서 등이 출제되기도 한다.

G씨는 성장기인 아들의 수면습관을 바로 잡기 위해 수면습관에 관련된 글을 찾아보았다. 다음 글을 읽고 이해한 내용으로 적절하지 않은 것은?

> 수면은 비렘(Non - REM)수면과 렘수면으로 이뤄진 사이클이 반복되면서 이뤄지는 복잡한 신경계의 상호 작용이며, 좋은 수면이란 이 사이클이 끊어지지 않고 충분한 시간 동안 유지되도록 하는 것이다. 수면 패턴은 일정한 것이 좋으며, 깨는 시간을 지키는 것이 중요하다. 그리고 수면 패턴은 휴일과 평일 모두 일정하게 지키는 것이 성장하는 아이들의 수면 리듬을 유지하는 데 좋다. 수면 상태에서 깨어날 때 영향을 주는 자극들은 '빛, 식사 시간, 운동, 사회 활동' 등이 있으며, 이 중 가장 강한 자극은 '빛'이다. 침실을 밝게 하는 것은 적절한 수면 자극을 방해하는 것이다. 반대로 깨어날 때 강한 빛 자극을 주면 수면 상태에서 빠르게 벗어날 수 있다. 이는 뇌의 신경 전달 물질인 멜라토닌의 농도와 연관되어 나타나는 현상이다. 수면 중 최대치로 올라간 멜라토닌은 시신경이 강한 빛에 노출되면 빠르게 줄어들게 되는데, 이때 수면 상태에서 벗어나게 된다. 아침 일찍 일어나 커튼을 젖히고 밝은 빛이 침실 안으로 들어오게 하는 것은 매우 효과적인 각성 방법인 것이다.

① 잠에서 깨는 데 가장 강력한 자극을 주는 것은 빛이었구나.
② 멜라토닌의 농도에 따라 수면과 각성이 영향을 받는군.
③ 평일에 잠이 모자란 우리 아들은 잠을 보충해줘야 하니까 휴일에 늦게까지 자도록 둬야겠다.
④ 좋은 수면은 비렘수면과 렘수면의 사이클이 충분한 시간 동안 유지되도록 하는 것이구나.
⑤ 우리 아들 침실이 좀 밝은 편이니 충분한 수면을 위해 암막커튼을 달아줘야겠어.

정답 ③

수면 패턴은 휴일과 평일 모두 일정하게 지키는 것이 성장하는 아이들의 수면 리듬을 유지하는 데 좋다. 따라서 휴일에 늦잠을 자는 것은 적절하지 않다.

풀이 전략!

주어진 선택지에서 키워드를 체크한 후, 지문의 내용과 비교해가면서 내용의 일치 여부를 빠르게 판단한다.

01 다음 글의 내용으로 적절하지 않은 것은?

> 현재 전해지는 조선시대의 목가구는 대부분 조선 후기의 것들로 단단한 소나무, 느티나무, 은행나무 등의 곧은결을 기둥이나 쇠목으로 이용하고, 오동나무, 느티나무, 먹감나무 등의 늘결을 판재로 사용하여 자연스런 나뭇결의 재질을 살렸다. 또한 대나무 혹은 엇갈리거나 소용돌이 무늬를 이룬 뿌리 부근의 목재 등을 활용하여 자연스러운 장식이 되도록 하였다.
> 조선시대의 목가구는 대부분 한옥의 온돌에서 사용되었기에 온도와 습도 변화에 따른 변형을 최대한 방지할 수 있는 방법이 필요하였다. 그래서 단단하고 가느다란 기둥재로 면을 나누고, 기둥재에 홈을 파서 판재를 끼워 넣는 특수한 짜임과 이음의 방법을 사용하였으며, 꼭 필요한 부위에만 접착제와 대나무 못을 사용하여 목재가 수축·팽창하더라도 뒤틀림과 휘어짐이 최소화될 수 있도록 하였다. 조선시대 목가구의 대표적 특징으로 언급되는 '간결한 선'과 '명확한 면 분할'은 이러한 짜임과 이음의 방법에 기초한 것이다. 짜임과 이음은 조선시대 목가구 제작에 필수적인 방법으로, 겉으로 드러나는 아름다움은 물론 보이지 않는 내부의 구조까지 고려한 격조 높은 기법이었다.
> 한편 물건을 편리하게 사용할 수 있게 해 주며, 목재의 결합부위나 모서리에 힘을 보강하는 금속 장석은 장식의 역할도 했지만 기능상 반드시 필요하거나 나무의 질감을 강조하려는 의도에서 사용되어 조선 시대 목가구의 절제되고 간결한 특징을 잘 살리고 있다.

① 조선시대 목가구는 온도와 습도 변화에 따른 변형을 방지할 방법이 필요했다.
② 금속 장석은 장식의 역할도 했지만, 기능상 필요에 의해서도 사용되었다.
③ 나무의 곧은결을 기둥이나 쇠목으로 이용하고, 늘결을 판재로 사용하였다.
④ 접착제와 대나무 못을 사용하면 목재의 수축과 팽창이 발생하지 않게 된다.
⑤ 목재의 결합부위나 모서리에 힘을 보강하기 위해 금속 장석을 사용하였다.

02 다음 중 '셉테드(CPTED)'에 해당하는 내용으로 적절하지 않은 것은?

> 1970년대 초 미국의 도시계획가인 오스카 뉴먼은 뉴욕의 두 마을의 생활수준이 비슷한데도 불구하고 범죄 발생 수는 3배가량 차이가 난다는 것을 확인하고, 연구를 거듭하여 범죄 발생 빈도가 두 마을의 공간 디자인의 차이에서 나타난다는 것을 발견하여 대중적으로 큰 관심을 받았다.
> 이처럼 셉테드는 건축물 설계 시에 시야를 가리는 구조물을 없애 공공장소에서의 범죄에 대한 자연적 감시가 이뤄지도록 하고, 공적인 장소임을 표시하여 경각심을 일깨우고, 동선이 유지되도록 하여 일탈적인 접근을 거부하는 등 사전에 범죄를 차단할 수 있는 환경을 조성하는 데 그 목적이 있다.
> 우리나라에서는 2005년 처음으로 경기도 부천시가 일반주택단지를 셉테드 시범지역으로 지정하였고, 판교·광교 신도시 및 은평 뉴타운 일부 단지에 셉테드를 적용하였다. 또한 국토교통부에서 「범죄예방 건축기준 고시」를 2015년 4월 1일부터 제정해 시행하고 있다.

① 아파트 단지 내 놀이터 주변 수목을 낮은 나무 위주로 심는다.
② 지하주차장의 여성 전용 주차공간을 건물 출입구에 가깝게 배치한다.
③ 수도·가스 배관 등을 미끄러운 재질로 만든다.
④ 공공장소의 엘리베이터를 내부 확인이 가능하도록 유리로 설치한다.
⑤ 각 가정에서는 창문을 통한 침입을 방지하기 위해 방범창을 설치한다.

03 다음 글의 내용으로 가장 적절한 것은?

> 아파트를 분양받을 경우 전용면적, 공용면적, 공급면적, 계약면적, 서비스면적이라는 용어를 자주 접하게 된다.
> 전용면적은 아파트의 방이나 거실, 주방, 화장실 등을 모두 포함한 면적으로, 개별 세대 현관문 안쪽의 전용 생활공간을 말한다. 다만 발코니 면적은 전용면적에서 제외된다.
> 공용면적은 주거공용면적과 기타공용면적으로 나뉜다. 주거공용면적은 세대가 거주를 위하여 공유하는 면적으로 세대가 속한 건물의 공용계단, 공용복도 등의 면적을 더한 것을 말한다. 기타공용면적은 주거공용면적을 제외한 지하층, 관리사무소, 노인정 등의 면적을 더한 것이다.
> 공급면적은 통상적으로 분양에 사용되는 용어로 전용면적과 주거공용면적을 더한 것이다. 계약면적은 공급면적과 기타공용면적을 더한 것이다. 서비스면적은 발코니 같은 공간의 면적으로 전용면적과 공용면적에서 제외된다.

① 발코니 면적은 계약면적에 포함된다.
② 관리사무소 면적은 공급면적에 포함된다.
③ 계약면적은 전용면적, 주거공용면적, 기타공용면적을 더한 것이다.
④ 공용계단과 공용복도의 면적은 공급면적에 포함되지 않는다.
⑤ 개별 세대 내 거실과 주방의 면적은 주거공용면적에 포함된다.

04 다음 글을 읽고 이해한 내용으로 적절하지 않은 것은?

지대는 3가지 생산요소, 즉 토지, 자본, 노동의 소유자인 지주, 자본가, 노동자에게 돌아가는 정상적인 분배의 몫을 제외하고 남는 잉여 부분을 말한다. 가령 시장에서 인기가 많은 과일이 어느 특정 지역에서만 생산된다면 이곳에 땅을 가진 사람들은 자신들이 정상적으로 땅을 빌려주고 받을 수 있는 소득보다 훨씬 높은 잉여이익을 챙길 수 있을 것이다. 강남에 부동산을 가진 사람들은 그곳에 좋은 학군이 있고 좋은 사설학원들이 있기 때문에 다른 곳보다 훨씬 비싼 값에 부동산을 팔거나 임대할 수 있다. 정상적인 이익을 넘어서는 과도한 이익, 이것이 전통적인 지대 개념이다.

영국의 경제학자 앨프레드 마셜은 경제가 발전하고 복잡해짐에 따라 원래 땅에서 생겨난 이 지대 개념을 다른 산업분야로 확장하고, 땅으로부터의 잉여이익과 차별화하기 위해 '준지대'라는 이름을 붙였다. 즉, 특정 산업부문에 진입 장벽이나 규제가 있어 진입 장벽을 넘은 사람들이 실제보다 더 많은 잉여이익을 얻는 경우를 모두 총괄해서 준지대라고 하는 것이다. 가령 정부가 변호사와 의사 숫자를 대폭 제한하는 법이나 규제를 만들 경우 이미 진입 장벽을 넘은 변호사나 의사들은 자신들이 제공하는 전문적 서비스 이상으로 소득이 늘게 되는데 이것이 준지대가 되는 것이다. 또 특정 IT 기술자에 대한 수요가 급증했는데 자격을 가진 사람이 적어서 노동 공급이 한정된 경우 임금이 정상적 상태를 넘어서 대폭 상승한다. 이때의 임금상승은 생산요소의 한정적 공급에 따른 것으로 역시 준지대적 성격을 가진다.

원래 마셜이 생각했던 준지대는 일시적 현상으로, 시간이 지나면 해소되는 것이었다. 이를 테면 특정 IT 기술자에 대한 수요가 오랫동안 꾸준할 경우 이 기술을 배우려는 사람이 늘어나고 노동 공급이 증가해 임금이 하락하게 된다. 시간이 지나면서 준지대가 해소되는 것이다. 그러나 정부가 어떤 이유로든 규제 장치나 법률을 제정해서 장벽을 쌓으면 준지대는 계속 유지될 수 있을 것이다. 이렇게 특정 산업의 로비스트들이 준지대를 유지하기 위하여 정부에 로비하고 정치권에 영향력을 행사하는 행위를 '지대추구'라고 한다.

역사적으로 지대추구의 대표적인 사례는 길드조직이었다. 남들보다 먼저 도시에 자리잡은 수공업자들은 각종 길드를 만들어 업종 칸막이를 했다. 한 길드는 비슷한 품목을 만들어내는 다른 길드의 영역을 침범할 수 없었고 심지어 큰 포도주 통을 만드는 사람은 작은 포도주 통을 만들지 못하도록 금지되었다. 당시 길드의 가장 큰 목적은 새로운 인력의 진입을 봉쇄하는 것이었다.

중세 봉건사회가 해체되면서 도시로 몰려들고 있는 저임금 노동자들이 더 싼 임금으로 수공업에 진출하려고 하자 기득권을 지닌 도시 수공업자들이 귀족들의 비호 아래 길드조직을 법으로 보호해 저임금 신규인력 진출을 막고 자신들의 높은 이익을 보호하려 한 것이다.

① 지대는 토지와 자본, 노동의 대가를 제외한 나머지 부분을 일컫는다.
② 전통적으로 지대를 통해 비정상적으로 과도한 이익을 얻는 경우가 많았다.
③ 특정 농산물의 수요가 증가한다면, 그 지역의 지대는 평소보다 증가한다.
④ 준지대는 시간이 지나면 반드시 해소되는 것은 아니다.
⑤ 정부는 규제 장치나 법률 제정으로 지대추구 행위를 해소하려고 노력한다.

쿤이 말하는 과학혁명의 과정을 명확하게 하기 위해 세 가지 질문을 던져보자. 첫째, 새 이론을 제일 처음 제안하고 지지하는 소수의 과학자들은 어떤 이유에서 그렇게 하는가? 기존 이론이 이상 현상 때문에 위기에 봉착했다고 판단했기 때문이다. 기존 이론은 이미 상당한 문제 해결 능력을 증명한 바 있다. 다만 기존 이론이 몇 가지 이상 현상을 설명할 능력이 없다고 판단한 과학자들이 나타났을 뿐이다. 이런 과학자들 중 누군가가 새 이론을 처음 제안했을 때 기존 이론을 수용하고 있는 과학자 공동체는 새 이론에 호의적이지 않을 것이다. 당장 새 이론이 기존 이론보다 더 많은 문제를 해결할 리가 없기 때문이다. 그럼에도 불구하고 기존 이론이 설명하지 못하는 이상 현상을 새 이론이 설명한다는 것이 과학혁명의 출발점이다.

둘째, 다른 과학자들은 어떻게 기존 이론을 버리고 새로 제안된 이론을 선택하는가? 새 이론은 여전히 기존 이론보다 문제 해결의 성과가 부족하다. 하지만 선구적인 소수 과학자들의 연구활동과 그 성과에 자극을 받아 새 이론을 선택하는 과학자들은 그것이 앞으로 점점 더 많은 문제를 해결하리라고, 나아가 기존 이론의 문제 해결 능력을 능가하리라고 기대한다. 이러한 기대는 이론의 심미적 특성 같은 것에 근거한 주관적 판단이고, 그와 같은 판단은 개별 과학자의 몫이다. 물론 이러한 기대는 좌절될 수도 있고, 그 경우 과학혁명은 좌초된다.

셋째, 과학혁명이 일어날 때 과학자 공동체가 기존 이론을 버리고 새 이론을 선택하도록 하는 결정적인 요인은 무엇인가? 이 물음에서 선택의 주체는 더 이상 개별 과학자가 아니라 과학자 공동체이다. 하지만 과학자 공동체는 결국 개별 과학자들로 이루어져 있다. 그렇다면 문제는 과학자 공동체를 구성하는 과학자들이 어떻게 이론을 선택하는가이다. 하지만 이 단계에서 모든 개별 과학자들의 선택 기준은 더 이상 새 이론의 심미적 특성이나 막연한 기대가 아니다. 과학자들은 새 이론이 해결하는 문제의 수와 범위가 기존 이론의 그것보다 크다고 판단할 경우 새 이론을 선택할 것이다. 과학자 공동체의 대다수 과학자들이 이렇게 판단하게 되면 그것은 과학자 공동체가 새 이론을 선택한 것이고, 이로써 쿤이 말하는 과학 혁명이 완성된다.

① 과학혁명 초기 과정은 소수의 과학자들이 문제 해결의 성과가 큰 새 이론을 선택하는 것이다.
② 기존 이론과 새 이론이 어떤 현상을 모두 설명하면 과학자들은 새 이론을 선택할 확률이 높다.
③ 과학혁명의 계기는 기존의 이론이 설명하지 못하는 현상이 존재할 때이다.
④ 과학자들은 어떤 이론을 판단할 때 심미적 특성과 같은 주관적 판단을 철저히 배제한다.
⑤ 과학자 공동체의 움직임은 권위 있는 과학자들의 의견에 따른 것이기 때문에 개별 과학자들의 입장과 차이가 있다.

06 다음은 건축법 시행령에 의한 용도에 따른 주택의 구분을 설명하는 글이다. 이를 이해한 내용으로 가장 적절한 것은?

○ **단독주택**
[단독주택의 형태를 갖춘 가정어린이집·공동생활가정·지역아동센터 및 노인복지시설(노인복지주택 제외) 포함]
  – 단독주택
  – 다중주택
    ① 학생 또는 직장인 등 여러 사람이 장기간 거주할 수 있는 구조로 되어 있는 것
    ② 독립된 주거의 형태를 갖추지 아니한 것(실별로 욕실은 설치할 수 있으나, 취사시설은 설치하지 아니한 것)
    ③ 연면적이 $330m^2$ 이하이고 층수가 3층 이하인 것
  – 다가구주택
    ① 주택으로 쓰는 층수(지하층은 제외)가 3개 층 이하일 것. 다만, 1층 바닥 면적의 2분의 1 이상을 필로티 구조로 하여 주차장으로 사용하고 나머지 부분을 주택 외의 용도로 쓰는 경우에는 해당 층을 주택의 층수에서 제외
    ② 1개 동의 주택으로 쓰는 바닥면적(부설 주차장 면적 제외)의 합계가 $660m^2$ 이하일 것
    ③ 19세대 이하가 거주할 수 있을 것

○ **공동주택**
[공동주택형태를 갖춘 가정어린이집·공동생활가정·지역아동센터·노인복지시설(노인복지주택 제외) 및 주택법 시행령 제10조 제1항의 원룸형 주택 포함]
  – 아파트 : 주택으로 쓰는 층수가 5개 층 이상인 주택
  – 연립주택 : 주택으로 쓰는 1개 동의 바닥면적 합계가 $660m^2$를 초과하고 층수가 4개 층 이하인 주택(2개 이상의 동을 지하주차장으로 연결하는 경우에는 각각의 동으로 봄)
  – 다세대주택 : 주택으로 쓰는 1개 동의 바닥면적 합계가 $660m^2$ 이하이고 층수가 4개 층 이하인 주택(2개 이상의 동을 지하주차장으로 연결하는 경우에는 각각의 동으로 봄)
  – 기숙사 : 학교 또는 공장 등의 학생 또는 종업원 등을 위하여 쓰는 것으로 공동취사 등을 할 수 있는 구조이되, 독립된 주거의 형태를 갖추지 아니한 것(「교육기본법」 제27조 제2항에 따른 학생복지주택을 포함)
  ※ 층수 산정에 있어 아파트와 연립주택의 경우 1층 전부를 필로티 구조로 하여 주차장으로 사용하는 경우에는 필로티 부분을 층수에서 제외하고, 다세대주택의 경우 1층 바닥면적의 2분의 1 이상을 필로티 구조로 하여 주차장으로 사용하고 나머지 부분을 주택 외의 용도로 사용하는 경우에는 해당 층수를 주택의 층수에서 제외한다.

① 노인복지주택은 공동주택에 포함된다.
② 모든 단독주택은 3층 이하이다.
③ 연립주택과 다세대주택을 구분하는 기준은 1개 동의 바닥면적의 차이이다.
④ 1층의 층수 산정 제외 기준은 다세대주택이 아파트보다 더 엄격하다.
⑤ 1개 동의 주택용도 바닥면적이 $600m^2$이며 주차장이 $100m^2$인 경우 다가구주택에 해당되지 않는 사유가 된다.

| 유형분석 |

- 주어진 지문을 파악하여 전달하고자 하는 핵심 주제를 고르는 문제이다.
- 정보를 종합하고 중요한 내용을 구별하는 능력이 필요하다.
- 설명문부터 주장, 반박문까지 다양한 성격의 지문이 제시되므로 글의 성격별 특징을 알아두는 것이 좋다.

다음 글의 주제로 가장 적절한 것은?

> 표준화된 언어는 의사소통을 효과적으로 하기 위하여 의도적으로 선택해야 할 공용어로서의 가치가 있다. 반면에 방언은 지역이나 계층의 언어와 문화를 보존하고 드러냄으로써 국가 전체의 언어와 문화를 다양하게 발전시키는 토대로서의 가치가 있다. 이러한 의미에서 표준화된 언어와 방언은 상호 보완적인 관계에 있다. 표준화된 언어가 있기에 정확한 의사소통이 가능하며, 방언이 있기에 개인의 언어생활에서나 언어 예술 활동에서 자유롭고 창의적인 표현이 가능하다. 결국 우리는 표준화된 언어와 방언 둘 다의 가치를 인정해야 하며, 발화(發話) 상황(狀況)을 잘 고려해서 표준화된 언어와 방언을 잘 가려서 사용할 줄 아는 능력을 길러야 한다.

① 창의적인 예술 활동에서는 방언의 기능이 중요하다.
② 표준화된 언어와 방언에는 각각 독자적인 가치와 역할이 있다.
③ 정확한 의사소통을 위해서는 표준화된 언어가 꼭 필요하다.
④ 표준화된 언어와 방언을 구분할 줄 아는 능력을 길러야 한다.
⑤ 표준화된 언어는 방언보다 효용가치가 있다.

정답 ②

마지막 문장의 '표준화된 언어와 방언 둘 다의 가치를 인정'하고, '잘 가려서 사용할 줄 아는 능력을 길러야 한다.'는 내용을 바탕으로 ②와 같은 주제를 이끌어 낼 수 있다.

풀이 전략!

'결국', '즉', '그런데', '그러나', '그러므로' 등의 접속어 뒤에 주제가 드러나는 경우가 많다는 것에 주의하면서 지문을 읽는다.

01 다음 글의 제목으로 가장 적절한 것은?

> 일반적으로 소비자들은 합리적인 경제 행위를 추구하기 때문에 최소 비용으로 최대 효과를 얻으려 한다는 것이 소비의 기본 원칙이다. 그들은 '보이지 않는 손'이라고 일컬어지는 시장 원리 아래에서 생산자와 만난다. 그러나 이러한 일차적 의미의 합리적 소비가 언제나 유효한 것은 아니다. 생산보다는 소비가 화두가 된 소비 자본주의 시대에서 소비는 단순히 필요한 재화, 그리고 경제학적으로 유리한 재화를 구매하는 행위에 머물지 않는다. 최대 효과 자체에 정서적이고 사회 심리학적인 요인이 개입하면서, 이제 소비는 개인이 세계와 만나는 다분히 심리적인 방법이 되어버린 것이다. 즉, 인간의 기본적인 생존 욕구를 충족시켜 주는 합리적 소비 수준에 머물지 않고, 자신을 표현하는 상징적 행위가 된 것이다. 이처럼 오늘날의 소비문화는 물질적 소비 차원이 아닌 심리적 소비 형태를 띠게 된다.
>
> 소비 자본주의의 화두는 과소비가 아니라 '과시 소비'로 넘어간 것이다. 과시 소비의 중심에는 신분의 논리가 있다. 신분의 논리는 유용성의 논리, 나아가 시장의 논리로 설명되지 않는 것들을 설명해 준다. 혈통으로 이어지던 폐쇄적 계층 사회는 소비 행위에 대해 계급에 근거한 제한을 부여했다. 먼 옛날 부족 사회에서 수장들만이 걸칠 수 있었던 장신구에서부터 제아무리 권문세가의 정승이라도 아흔아홉 칸을 넘을 수 없던 집이 좋은 예이다. 권력을 가진 자는 힘을 통해 자기의 취향을 주위 사람들과 분리시킴으로써 경외감을 강요하고, 그렇게 자기 취향을 과시함으로써 잠재적 경쟁자들을 통제한 것이다.
>
> 가시적 신분 제도가 사라진 현대 사회에서도 이러한 신분의 논리는 여전히 유효하다. 이제 개인은 소비를 통해 자신의 물질적 부를 표현함으로써 신분을 과시하려 한다.

① '보이지 않는 손'에 의한 합리적 소비의 필요성
② 소득을 고려하지 않은 무분별한 과소비의 폐해
③ 계층별 소비 규제의 필요성
④ 신분사회에서 의복 소비와 계층의 관계
⑤ 소비가 곧 신분이 되는 과시 소비의 원리

02 다음 글의 주제로 가장 적절한 것은?

우리사회는 타의 추종을 불허할 정도로 빠르게 변화하고 있다. 가족정책도 4인 가족 중심에서 1 ~ 2인 가구 중심으로 변해야 하며, 청년실업율과 비정규직화, 독거노인의 증가를 더 이상 개인의 문제가 아닌 사회문제로 다뤄야 하는 시기이다. 여러 유형의 가구와 생애주기 변화, 다양해지는 수요에 맞춘 공동체 주택이야말로 최고의 주거복지사업이다. 공동체 주택은 공동의 목표와 가치를 가진 사람들이 커뮤니티를 이뤄 사회문제에 공동으로 대처해나가도록 돕고, 나아가 지역사회와도 연결시키는 작업을 진행하고 있다.

임대료 부담으로 작품활동이나 생계에 어려움을 겪는 예술인을 위한 공동주택, 1인 창업과 취업을 위해 골몰하는 청년을 위한 주택, 지속적인 의료서비스가 필요한 환자나 고령자를 위한 의료안심주택은 모두 시민의 삶의 질을 높이고 선별적 복지가 아닌 복지사회를 이루기 위한 노력의 일환이다. 혼자가 아닌 '함께 가는' 길에 더 나은 삶이 있기 때문에 오늘도 수요자 맞춤형 공공주택은 수요자에 맞게 진화하고 있다.

① 주거난에 대비하는 주거복지 정책　　② 4차 산업혁명과 주거복지
③ 선별적 복지 정책의 긍정적 결과　　④ 수요자 중심의 대출규제 완화
⑤ 다양성을 수용하는 주거복지 정책

03 다음 글의 제목으로 가장 적절한 것은?

주어진 개념에 포섭시킬 수 없는 대상을 만난 경우, 상상력은 처음에는 기지의 보편에 포섭시킬 수 있도록 직관의 다양성을 종합할 것이다. 말하자면 뉴턴의 절대 공간, 역학의 법칙 등의 개념(보편성)과 자신이 가지고 있는 빛의 휘어짐(특수성)이 일치하는가, 조화로운가를 비교할 것이다. 하지만 일치되는 것이 없으므로, 상상력은 또 다시 여행을 떠난다. 즉, 새로운 형태의 다양한 종합 활동을 수행해 볼 것이다. 이것은 미지의 세계로 향한 여행이다. 그리고 이 여행에는 주어진 목적지가 없기 때문에 자유롭다.

이런 자유로운 여행을 통해 예들 들어 상대 공간, 상대 시간, 공간의 만곡, 상대성 이론이라는 새로운 개념들을 가능하게 하는 새로운 도식들을 산출한다면, 그 여행은 종결될 것이다. 여기서 우리는 왜 칸트가 상상력의 자유로운 유희라는 표현을 사용하는지 이해할 수 있게 된다. '상상력의 자유로운 유희'란 이렇게 정해진 개념이나 목적이 없는 상황에서 상상력이 그 개념이나 목적을 찾는 과정을 의미한다고 볼 수 있다. 이는 게임이다. 그리고 그 게임에 있어서 반드시 성취해야 할 그 어떤 것이 없다면, 순수한 놀이(유희)가 성립할 수 있을 것이다.

① 상상력의 재발견
② 인식능력으로서의 상상력
③ 목적 없는 상상력의 활동
④ 자유로운 유희로서의 상상력의 역할
⑤ 과학적 발견의 원동력으로서의 상상력

※ 다음 글의 중심 내용으로 가장 적절한 것을 고르시오. [4~5]

04

발전된 산업 사회는 인간을 단순한 수단으로 지배하기 위해 새로운 수단을 발전시키고 있다. 여러 사회 과학과 심층 심리학이 이를 위해 동원되고 있다. 목적이나 이념의 문제를 배제하고 가치 판단 으로부터의 중립을 표방하는 사회 과학들은 인간 조종을 위한 기술적·합리적인 수단을 개발해 대 중 지배에 이바지한다. 마르쿠제는 이런 발전된 산업 사회에서의 도구화된 지성을 비판하면서 이것 을 '현대인의 일차원적 사유'라고 불렀다. 비판과 초월을 모르는 도구화된 사유라는 것이다.

발전된 산업 사회는 이처럼 사회 과학과 도구화된 지성을 동원해 인간을 조종하고 대중을 지배할 뿐만 아니라 향상된 생산력을 통해 인간을 매우 효율적으로 거의 완전하게 지배한다. 즉 발전된 산 업 사회는 높은 생산력을 통해 늘 새로운 수요들을 창조하고, 모든 선전 수단을 동원하여 이러한 새로운 수요들을 인간의 삶을 위해 불가결한 것으로 만든다. 그리하여 인간이 새로운 수요들을 지향 하지 않을 수 없게 한다. 이렇게 산업 사회는 늘 새로운 수요의 창조와 공급을 통해 인간의 삶을 지배하고 그의 인격을 사로잡아 버리는 것이다.

① 산업 사회에서 도구화된 지성의 문제점
② 산업 사회의 발전과 경제력 향상
③ 산업 사회의 특징과 문제점
④ 산업 사회의 대중 지배 양상
⑤ 산업 사회의 새로운 수요의 창조와 공급

05

통계는 다양한 분야에서 사용되며 막강한 위력을 발휘하고 있다. 그러나 모든 도구나 방법이 그렇듯 이, 통계 수치에도 함정이 있다. 함정에 빠지지 않으려면 통계 수치의 의미를 정확히 이해하고, 도 구와 방법을 올바르게 사용해야 한다. 친구 5명이 만나서 이야기를 나누다가 연봉이 화제가 되었다. 2천만 원이 4명, 7천만 원이 1명이었는데, 평균을 내면 3천만 원이다. 이 숫자에 대해 4명은 "나는 봉급이 왜 이렇게 적을까?"하며 한숨을 내쉬었다. 그러나 이 평균값 3천만 원이 5명의 집단을 대표 하는 데에 아무 문제가 없을까? 물론 계산 과정에는 하자가 없지만, 평균을 집단의 대푯값으로 사용 하는 데에 어떤 한계가 있을 수 있는지 깊이 생각해 보지 않는다면, 우리는 잘못된 생각에 빠질 수도 있다. 평균은 극단적으로 아웃라이어(비정상적인 수치)에 민감하다. 집단 내에 아웃라이어가 하나 만 있어도 평균이 크게 바뀐다는 것이다. 위의 예에서 1명의 연봉이 7천만 원이 아니라 100억 원이 었다고 하자. 그러면 평균은 20억 원이 넘게 된다.

나머지 4명은 자신의 연봉이 평균치의 100분의 1밖에 안 된다며 슬퍼해야 할까? 연봉 100억 원인 사람이 아웃라이어이듯이 처음의 예에서 연봉 7천만 원인 사람도 아웃라이어인 것이다. 두드러진 아웃라이어가 있는 경우에는 평균보다는 최빈값이나 중앙값이 대푯값으로서 더 나을 수 있다.

① 평균은 집단을 대표하는 수치로서는 매우 부적당하다.
② 통계는 숫자 놀음에 불과하므로 통계 수치에 일희일비할 필요가 없다.
③ 평균보다는 최빈값이나 중앙값이 대푯값으로서 더 적당하다.
④ 통계 수치의 의미와 한계를 정확히 인식하고 사용할 필요가 있다.
⑤ 통계는 올바르게 활용하면 다양한 분야에서 사용할 수 있는 도구이다.

| 유형분석 |

- 각 문단의 내용을 파악하고 논리적 순서에 맞게 배열하는 복합적인 문제이다.
- 전체적인 글의 흐름을 이해하는 것이 중요하며, 각 문장의 지시어나 접속어에 주의한다.

다음 문단을 논리적 순서대로 바르게 나열한 것은?

(가) 그중에서도 우리나라의 나전칠기는 중국이나 일본보다 단조한 편이지만, 옻칠의 질이 좋고 자개 솜씨가 뛰어나 우리나라 칠공예만의 두드러진 개성을 가진다. 전래 초기에는 주로 백색의 야광패를 사용하였으나, 후대에는 청록 빛깔을 띤 복잡한 색상의 전복껍데기를 많이 사용하였다. 우리나라의 나전칠기는 일반적으로 목제품의 표면에 옻칠을 하고 그것에다 한층 치레 삼아 첨가한다.

(나) 이러한 나전칠기는 특히 통영의 것이 유명하다. 이는 예로부터 통영에서는 나전의 원료가 되는 전복이 많이 생산되었으며, 인근 내륙 및 함안지역의 질 좋은 옻이 나전칠기가 발달하는 데 주요 원인이 되었기 때문이다. 이에 통영시는 지역 명물 나전칠기를 널리 알리기 위해 매년 10월 통영 나전칠기축제를 개최하여 400년을 이어온 통영지방의 우수하고 독창적인 공예법을 소개하고 작품도 전시하고 있다.

(다) 제작방식은 우선 전복껍데기를 얇게 하여 무늬를 만들고 백골에 모시 천을 바른 뒤, 칠과 호분을 섞어 표면을 고른다. 그 후 칠죽 바르기, 삼베 붙이기, 탄회 칠하기, 토회 칠하기를 통해 제조과정을 끝마친다. 문양을 내기 위해 나전을 잘라내는 방법에는 주름질(자개를 문양 형태로 오려낸 것), 이음질(문양구도에 따라 주름대로 문양을 이어가는 것), 끊음질(자개를 실같이 가늘게 썰어서 문양 부분에 모자이크 방법으로 붙이는 것)이 있다.

(라) 나전칠기는 기물에다 무늬를 나타내는 대표적인 칠공예의 장식기법 중 하나로, 얇게 간 조개껍데기를 여러 가지 형태로 오려내어 기물의 표면에 감입하여 꾸미는 것을 통칭한다. 우리나라는 목기와 더불어 칠기가 발달했는데, 이러한 나전기법은 중국 주대(周代)부터 이미 유행했고 당대(唐代)에 성행하여 한국과 일본에 전해진 것으로 보인다. 나전기법은 여러 나라를 포함한 아시아 일원에 널리 보급되어 있고 지역에 따라 독특한 성격을 가진다.

① (나) - (가) - (다) - (라)   ② (다) - (나) - (가) - (라)

③ (라) - (가) - (나) - (다)   ④ (라) - (가) - (다) - (나)

정답 ④

제시문은 나전칠기의 개념을 제시하고 우리나라 나전칠기의 특징, 제작방법 그리고 더 나아가 국내의 나전칠기 특산지에 대해 설명하고 있다. 따라서 (라) 나전칠기의 개념 → (가) 우리나라 나전칠기의 특징 → (다) 나전칠기의 제작방법 → (나) 나전칠기 특산지 소개의 순서대로 나열하는 것이 적절하다.

풀이 전략!

상대적으로 시간이 부족하다고 느낄 때는 선택지를 참고하여 문장의 순서를 생각해 본다.

※ 다음 문단을 논리적 순서대로 바르게 나열한 것을 고르시오. [1~3]

01

(가) 이때 보험금에 대한 기댓값은 사고가 발생할 확률에 사고 발생 시 받을 보험금을 곱한 값이다. 보험금에 대한 보험료의 비율을 보험료율이라 하는데, 보험료율이 사고 발생 확률보다 높으면 구성원 전체의 보험료 총액이 보험금 총액보다 더 많고, 그 반대의 경우에는 구성원 전체의 보험료 총액이 보험금 총액보다 더 적게 된다. 따라서 공정한 보험에서는 보험료율과 사고 발생 확률이 같아야 한다.

(나) 위험 공동체의 구성원이 내는 보험료와 지급받는 보험금은 그 위험 공동체의 사고 발생 확률을 근거로 산정된다. 특정 사고가 발생할 확률은 정확히 알 수 없지만, 그동안 발생한 사고를 바탕으로 그 확률을 예측한다면 관찰 대상이 많아짐에 따라 실제 사고 발생 확률에 근접하게 된다.

(다) 본래 보험 가입의 목적은 금전적 이득을 취하는 데 있는 것이 아니라 장래의 경제적 손실을 보상받는 데 있으므로, 위험 공동체의 구성원은 자신이 속한 위험 공동체의 위험에 상응하는 보험료를 내는 것이 공정할 것이다.

(라) 따라서 공정한 보험에서는 구성원 각자가 내는 보험료와 그가 지급받을 보험금에 대한 기댓값이 일치해야 하며 구성원 전체의 보험료 총액과 보험금 총액이 일치해야 한다.

① (가) – (나) – (다) – (라)
② (가) – (라) – (나) – (다)
③ (나) – (다) – (라) – (가)
④ (나) – (라) – (가) – (다)
⑤ (나) – (라) – (다) – (가)

02

(가) 좋은 체력은 하루 이틀 사이에 이루어지지 않으며 이를 위해서는 공부, 식사, 수면, 운동의 개인별 특성에 맞는 규칙적인 생활관리와 알맞은 영양공급이 필수적이다. 또 이 시기는 신체적으로도 급격한 성장과 성숙이 이루어지는 중요한 시기로 좋은 영양상태를 유지하는 것은 수험을 위한 체력의 기반을 다지는 것뿐만 아니라 건강하고 활기찬 장래를 위한 준비가 된다는 점을 간과해서는 안 된다.

(나) 우리나라의 중·고교생들은 많은 수가 입시전쟁을 치러야 하는 입장에 있다. 입시 준비 기간이라는 어려운 기간을 잘 이겨내어 각자가 지닌 목표를 달성하려면 꾸준한 노력과 총명한 두뇌가 중요하지만 마지막 승부수는 체력일 것이다.

(다) 그러나 학생들은 많은 학습량, 수험으로 인한 스트레스, 밤새우기 등 불규칙한 생활을 하기도 하고, 식생활에 있어서도 아침을 거르고, 제한된 도시락 반찬으로 인한 불충분한 영양소 섭취, 잦은 야식, 미용을 위하여 무리하게 식사를 거르거나 절식을 하여 건강을 해치기도 한다. 또한 집 밖에서 보내는 시간이 많아 주로 패스트푸드, 편의식품점, 자동판매기를 통해 식사를 대체하고 있다.

① (가) – (나) – (다)　　　② (가) – (다) – (나)
③ (나) – (가) – (다)　　　④ (나) – (다) – (가)
⑤ (다) – (가) – (나)

03

(가) 이들의 주장한 바로는 아이들의 언어 습득은 '자극 – 반응 – 강화'의 과정을 통해 이루어진다. 즉, 행동주의 학자들은 후천적인 경험이나 학습을 언어 습득의 요인으로 본다.

(나) 이러한 촘스키의 주장은 아이들이 선천적으로 지니고 태어나는 언어 능력에 주목함으로써 행동주의 학자들의 주장만으로는 설명할 수 없었던 복잡한 언어 습득 과정을 효과적으로 설명해 주고 있다.

(다) 그러나 이러한 행동주의 학자들의 주장은 아이들의 언어 습득 과정을 후천적인 요인으로만 파악하려 한다는 점에서 비판을 받는다.

(라) 아이들은 어떻게 언어를 습득하는 걸까? 이 물음에 대해 행동주의 학자들은 아이들이 다른 행동을 배울 때와 마찬가지로 지속적인 모방과 학습을 통해 언어를 습득한다고 주장한다.

(마) 미국의 언어학자 촘스키는 아이들이 의식적인 노력이나 훈련 없이도 모국어를 완벽하게 구사하는 이유가 태어나면서부터 두뇌 속에 '언어습득장치(LAD)'라는 것을 가지고 있기 때문이라고 주장한다.

① (나) – (가) – (마) – (다) – (라)
② (다) – (가) – (라) – (나) – (마)
③ (다) – (라) – (가) – (나) – (마)
④ (라) – (가) – (다) – (마) – (나)
⑤ (라) – (다) – (가) – (마) – (나)

04 다음 제시된 문단을 읽고 이어질 문단을 논리적 순서대로 바르게 나열한 것은?

> 우리는 자본주의 체제에서 살고 있다. '우리는 자본주의라는 체제의 종말보다 세계의 종말을 상상하는 것이 더 쉬운 시대에 살고 있다.'고 할 만큼 현재 세계는 자본주의의 논리 아래에 굴러가고 있다. 이러한 자본주의는 어떻게 발생하였을까?

> (가) 그러나 1920년대에 몰아친 세계 대공황은 자본주의가 완벽하지 않은 체제이며 수정이 필요함을 모든 사람에게 각인시켜줬다. 학문적으로 보자면 대표적으로 존 메이너드 케인스의『고용·이자 및 화폐에 관한 일반이론』등의 저작을 통해 수정자본주의가 꾀해졌다.
> (나) 애덤 스미스로부터 학문화된 자본주의는 데이비드 리카도의 비교우위론 등의 이론을 포섭해 나가며 자신의 영역을 공고히 했다. 자본의 폐해에 대한 마르크스 등의 경고가 있었지만, 자본주의는 그 위세를 계속 떨칠 것 같이 보였다.
> (다) 1950년대에는 중산층의 신화가 이루어지면서 수정자본주의 체제는 영원할 것 같이 보였지만, 오일 쇼크 등으로 인해서 수정자본주의 또한 그 한계를 보이게 되었고, 빈 학파로부터 파생된 신자유주의 이론이 가미되기 시작하였다.
> (라) 자본주의의 시작이라 하면 대부분 애덤 스미스의『국부론』을 떠올리겠지만, 역사학자인 페르낭 브로델에 의하면 자본주의는 16세기 이탈리아에서부터 시작된 것이라고 한다. 이를 학문적으로 정립한 최초의 저작이『국부론』이다.

① (나) – (라) – (가) – (다)　　　　② (나) – (라) – (다) – (가)
③ (다) – (나) – (가) – (라)　　　　④ (라) – (가) – (다) – (나)
⑤ (라) – (나) – (가) – (다)

04 내용 추론

| 유형분석 |

- 주어진 지문을 바탕으로 도출할 수 있는 내용을 찾는 문제이다.
- 선택지의 내용을 정확하게 확인하고 지문의 정보와 비교하여 추론하는 능력이 필요하다.

다음 글을 통해 추론할 수 없는 것은?

제약 연구원이란 제약 회사에서 약을 만드는 과정에 참여하는 사람을 말한다. 제약 연구원은 이러한 모든 단계에 참여하지만, 특히 신약 개발 단계와 임상 시험 단계에서 가장 중점적인 역할을 한다. 일반적으로 약을 만드는 과정은 새로운 약품을 개발하는 신약 개발 단계, 임상 시험을 통해 개발된 신약의 약효를 확인하는 임상 시험 단계, 식약처에 신약이 판매될 수 있도록 허가를 요청하는 약품 허가 요청 단계, 마지막으로 의료진과 환자를 대상으로 신약에 대해 홍보하는 영업 및 마케팅의 단계로 나눈다.

제약 연구원이 되기 위해서는 일반적으로 약학을 전공해야 한다고 생각하기 쉽지만, 약학 전공자 이외에도 생명 공학, 화학 공학, 유전 공학 전공자들이 제약 연구원으로 활발하게 참여하고 있다. 만일 신약 개발의 전문가가 되고 싶다면 해당 분야에서 오랫동안 연구한 경험이 필요하기 때문에 대학원에서 석사나 박사 학위를 취득하는 것이 유리하다.

제약 연구원이 되기 위해서는 전문적인 지식도 중요하지만, 사람의 생명과 관련된 일인 만큼, 무엇보다도 꼼꼼함과 신중함, 책임 의식이 필요하다. 또한 제약 회사라는 공동체 안에서 일을 하는 것이므로 원만한 일의 진행을 위해서 의사소통 능력도 필수적으로 요구된다. 오늘날 제약 분야가 빠르게 성장하고 있다는 점을 고려할 때, 일에 대한 도전 의식, 호기심과 탐구심 등도 제약 연구원에게 필요한 능력으로 꼽을 수 있다.

① 제약 연구원은 약품 허가 요청 단계에 참여한다.
② 오늘날 제약 연구원에게 요구되는 능력이 많아졌다.
③ 생명이나 유전 공학 전공자도 제약 연구원으로 일할 수 있다.
④ 신약 개발 전문가가 되려면 반드시 석사나 박사를 취득해야 한다.

정답 ④

제시문에 따르면 신약 개발의 전문가가 되기 위해서는 해당 분야에서 오랫동안 연구한 경험이 필요하므로 석사나 박사 학위를 취득하는 것이 유리하다고 하였다. 그러나 석사나 박사 학위는 신약 개발 전문가가 되는 데 도움을 준다는 것일 뿐이므로 반드시 필요한 필수 조건인지는 알 수 없다. 따라서 ④는 제시문을 통해 추론할 수 없다.

풀이 전략!

주어진 지문이 어떠한 내용을 다루고 있는지 파악한 후 선택지의 키워드를 확실하게 체크하고, 지문의 정보에서 도출할 수 있는 내용을 찾는다.

01 다음 중 (가)와 (나)의 예시로 적절하지 않은 것은?

> 사회적 관계에 있어서 상호주의란 '행위자 갑이 을에게 베푼 바와 같이 을도 갑에게 똑같이 행하라.'
> 라는 행위 준칙을 의미한다. 상호주의의 원형은 '눈에는 눈, 이에는 이'로 표현되는 탈리오의 법칙에
> 서 발견된다. 그것은 일견 피해자의 손실에 상응하는 가해자의 처벌을 정당화한다는 점에서 가혹하
> 고 엄격한 성격을 드러낸다. 만약 상대방의 밥그릇을 빼앗았다면 자신의 밥그릇도 미련 없이 내주어
> 야 하는 것이다. 그러나 탈리오 법칙은 온건하고도 합리적인 속성을 동시에 함축하고 있다. 왜냐하
> 면 누가 자신의 밥그릇을 발로 찼을 경우 보복의 대상은 밥그릇으로 제한되어야지 밥상 전체를 뒤엎
> 는 것으로 확대될 수 없기 때문이다. 이러한 일대일 방식의 상호주의를 (가) <u>대칭적 상호주의</u>라 부른
> 다. 하지만 엄밀한 의미의 대칭적 상호주의는 우리의 실제 일상생활에서 별로 흔하지 않다. 오히려
> '되로 주고 말로 받거나, 말로 주고 되로 받는' 교환 관계가 더 일반적이다. 이를 대칭적 상호주의와
> 대비하여 (나) <u>비대칭적 상호주의</u>라 일컫는다.
> 그렇다면 교환되는 내용이 양과 질의 측면에서 정확한 대등성을 결여하고 있음에도 불구하고, 교환
> 에 참여하는 당사자들 사이에 비대칭적 상호주의가 성행하는 이유는 무엇인가? 그것은 셈에 밝은
> 이른바 '경제적 인간(Homo Economicus)'들에게 있어서 선호나 기호 및 자원이 다양하기 때문이
> 다. 말하자면 교환에 임하는 행위자들이 각인각색인 까닭에 비대칭적 상호주의가 현실적으로 통용
> 될 수밖에 없으며, 어떤 의미에서는 그것만이 그들에게 상호 이익을 보장할 수 있는 것이다.

① (가) : A국과 B국 군대는 접경지역에서 포로를 5명씩 맞교환했다.
② (가) : 오늘 우리 아이를 옆집에서 맡아주는 대신 다음에 옆집 아이를 하루 맡아주기로 했다.
③ (가) : 동생이 내 발을 밟아서 볼을 꼬집어 주었다.
④ (나) : 필기노트를 빌려준 친구에게 고맙다고 밥을 샀다.
⑤ (나) : 옆집 사람이 우리 집 대문을 막고 차를 세웠기 때문에 타이어에 펑크를 냈다.

02 다음 글을 읽고 추론할 수 있는 내용으로 가장 적절한 것은?

조선이 임진왜란 중에도 필사적으로 보존하고자 한 서적이 바로 조선왕조실록이다. 실록은 원래 서울의 춘추관과 성주·충주·전주 4곳의 사고(史庫)에 보관되었으나, 임진왜란 이후 전주 사고의 실록만 온전한 상태였다. 전란이 끝난 후 단 1벌 남은 실록을 다시 여러 벌 등서하자는 주장이 제기되었다. 우여곡절 끝에 실록의 인쇄가 끝난 시기는 1606년이었다. 재인쇄 작업의 결과 원본을 포함해 모두 5벌의 실록을 갖추게 되었다. 원본은 강화도 마니산에 봉안하고 나머지 4벌은 서울의 춘추관과 평안도 묘향산, 강원도의 태백산과 오대산에 봉안했다.

이 5벌 중에서 서울 춘추관의 것은 1624년 이괄의 난 때 불에 타 없어졌고, 묘향산의 것은 1633년 후금과의 관계가 악화되자 전라도 무주의 적상산에 사고를 새로 지어 옮겼다. 강화도 마니산의 것은 1636년 병자호란 때 청군에 의해 일부 훼손되었던 것을 현종 때 보수하여 숙종 때 강화도 정족산에 다시 봉안했다. 결국 내란과 외적 침입으로 인해 5곳 가운데 1곳의 실록은 소실되었고, 1곳의 실록은 장소를 옮겼으며, 1곳의 실록은 손상을 입었던 것이다.

정족산, 태백산, 적상산, 오대산 4곳의 실록은 그 후 안전하게 지켜졌다. 그러나 일본이 다시 여기에 손을 대었다. 1910년 조선 강점 이후 일제는 정족산과 태백산에 있던 실록을 조선총독부로 이관하고, 적상산의 실록은 구황궁 장서각으로 옮겼으며, 오대산의 실록은 일본 동경제국대학으로 반출했다. 일본으로 반출한 것은 1923년 관동 대지진 때 거의 소실되었다. 정족산과 태백산의 실록은 1930년에 경성제국대학으로 옮겨져 지금까지 서울대학교에 보존되어 있다. 한편 장서각의 실록은 6·25 전쟁 때 북한으로 옮겨져 현재 김일성종합대학에 소장되어 있다.

① 재인쇄하였던 실록은 모두 5벌이다.
② 태백산에 보관하였던 실록은 현재 일본에 있다.
③ 현재 한반도에 남아 있는 실록은 모두 4벌이다.
④ 적상산에 보관하였던 실록은 일부가 훼손되었다.
⑤ 현존하는 실록 중에서 가장 오래된 것은 서울대학교에 있다.

03 다음 글에서 밑줄 친 ⊙이 높게 나타나는 상황으로 가장 적절한 것은?

사람들은 종종 미래의 행동을 결정할 때 매몰비용, 즉 이미 지출되었기 때문에 회수가 불가능한 비용에 집착하는 경우를 볼 수 있다. 합리적으로 의사 결정을 하기 위해서는 오직 추가적인 비용과 이익만 고려해야 한다. 그러나 많은 사람들은 매몰비용을 과대평가하여 결과적으로 이에 대한 투자를 지속하려는 경향을 보인다. 예를 들면, 공짜였다면 가지 않았을 농구 경기를 이미 지불한 티켓값이 아까워서 경기 당일 눈보라를 무릅쓰고 경기장에 간다는 것이다. 이와 같이 한 번 투자한 시간, 돈, 또는 노력에 대한 시도를 지속적으로 유지하려는 경향을 ⊙ '매몰비용효과'라 한다.

이러한 매몰비용효과는 '심적 회계 이론'으로 설명할 수 있다. 심적 회계 이론에서는 소비자들이 거래를 할 때, 지불한 비용과 얻게 될 이익 사이에서 손해를 보지 않으려는 심리가 있다고 본다. 이 이론에서는 비용과 이익의 심리적 연결인 '커플링'의 개념을 사용하는데, 이때 비용과 이익이 심리적으로 연결되는 경우를 '거래커플링'이라 하고, 반대로 비용과 이익이 심리적으로 분리되는 경우를 '디커플링'이라 한다. 비용과 이익이 심리적으로 명백하게 연결된 거래커플링의 경우, 소비자의 매몰비용에 대한 주의가 높아지게 된다. 따라서 남아 있는 이익을 소비하고자 하는 의지가 강하므로 매몰비용효과는 높게 나타난다. 즉, 위의 농구 경기 사례처럼 하나의 비용에 하나의 이익이 연결될 때는 거래커플링이 야기되어 눈보라를 무릅쓰고 경기를 관람하러 간다는 것이다.

반면 하나의 비용이 여러 이익과 연결될 때, 예를 들어 서로 기능이나 가격이 다른 상품을 묶어 파는 경우에는 총비용을 여러 개의 이익에 어떻게 나눠야 할지 모르는 어려움을 겪게 된다. 이때 소비자들에게는 심리적인 디커플링이 야기되어, 이미 지불한 비용에 대한 주의력이 낮아지게 되므로 매몰비용효과는 낮게 나타나는 것이다. 이외에도 선불이나 정액 요금같이, 지불한 시점과 소비 시점 간의 거리가 먼 경우 디커플링의 수준이 높아질 수 있다.

① 데이터 정액 요금제 가입자 중 데이터 사용량을 다 쓰지 못하는 사람은 90% 이상이지만, 같은 요금제를 계속 이용한다.

② 새로 산 구두가 신을 때마다 발이 아파 걷기가 힘들지만 비싸게 지불한 신발값이 아까워 버리지 못하고 계속 신고 다닌다.

③ 같은 월급을 받는 독신자들은 기혼자들에 비해 남는 돈이 많다고 생각해서 지갑을 여는 것에 과감한 경우가 많아 충동구매가 잦은 편이다.

④ 10만 원 이상 물건을 구입하면 5천 원에 해당하는 상품권을 지급한다는 A백화점의 추석맞이 이벤트 때문에 지금 당장 필요하지 않은 물건을 구입하게 되었다.

⑤ 5km 떨어져 있는 가게에서 11만 원의 옷을 10만 원에 판매할 경우에는 굳이 가지 않지만, 2만 원의 계산기를 1만 원에 판매할 경우에는 많은 사람들이 그 가게를 찾아간다.

05 문서 작성 · 수정

| 유형분석 |

- 기본적인 어휘력과 어법에 대한 지식을 필요로 하는 문제이다.
- 글의 내용을 파악하고 문맥을 읽을 줄 알아야 한다.

다음 글에서 ㉠ ~ ㉤의 수정 방안으로 적절하지 않은 것은?

행동경제학은 기존의 경제학과 ㉠ 다른 시선으로 인간을 바라본다. 기존의 경제학은 인간을 철저하게 합리적이고 이기적인 존재로 상정(想定)하여, 인간은 시간과 공간에 관계없이 일관된 선호를 보이며 효용을 극대화하는 선택을 한다고 본다. ㉡ 기존의 경제학자들은 인간의 행동이 예측 가능하다는 것을 전제(前提)로 경제 이론을 발전시켜 왔다. 반면 행동경제학에서는 인간이 제한적으로 합리적이고 감성적인 존재라고 보며, 처한 상황에 따라 선호가 바뀌기 때문에 그 행동을 예측하기 어렵다고 생각한다. 또한 인간은 효용을 ㉢ 극대화하기 보다는 어느 정도 만족하는 선에서 선택을 한다고 본다. 행동경제학은 기존의 경제학이 가정하는 인간관을 지나치게 이상적이고 비현실적이라고 비판한다. ㉣ 그러나 행동경제학은 인간이 때로는 이타적인 행동을 하고 비합리적인 행동을 하는 존재라는 점을 인정하며, 현실에 ㉤ 실제하는 인간을 연구 대상으로 한다.

① ㉠ : 문맥을 고려하여 '같은'으로 고친다.
② ㉡ : 문장을 자연스럽게 연결하기 위해 문장 앞에 '그러므로'를 추가한다.
③ ㉢ : 띄어쓰기가 올바르지 않으므로 '극대화하기보다는'으로 고친다.
④ ㉣ : 앞 문장과의 내용을 고려하여 '그래서'로 고친다.
⑤ ㉤ : 맞춤법에 어긋나므로 '실재하는'으로 고친다.

정답 ①

기존의 경제학에서는 인간을 철저하게 합리적이고 이기적인 존재로 보았지만, 행동경제학에서는 인간을 제한적으로 합리적이고 감성적인 존재로 보았다. 따라서 ㉠에는 '다른'이 적절하므로 ①은 수정 방안으로 적절하지 않다.

풀이 전략!

문장에서 주어와 서술어의 호응 관계가 적절한지 주어와 서술어를 찾아 확인해 보는 연습을 하며, 문서 작성의 원칙과 주의사항은 미리 알아 두는 것이 좋다.

01 다음 글에서 밑줄 친 ㉠~㉤의 수정 방안으로 적절하지 않은 것은?

> '오투오(O2O; Online to Off-line) 서비스'는 모바일 기기를 통해 소비자와 사업자를 유기적으로 이어주는 서비스를 말한다. 어디에서든 실시간으로 서비스가 가능하다는 편리함 때문에 최근 오투오 서비스의 이용자가 증가하고 있다. 스마트폰에 설치된 앱으로 택시를 부르거나 배달 음식을 주문하는 것 등이 대표적인 예이다.
>
> 오투오 서비스 운영 업체는 스마트폰에 설치된 앱을 매개로 소비자와 사업자에게 필요한 서비스를 ㉠ 제공받고 있다. 이를 통해 소비자는 시간이나 비용을 절약할 수 있게 되었고, 사업자는 홍보 및 유통 비용을 줄일 수 있게 되었다. 이처럼 소비자와 사업자 모두에게 경제적으로 유리한 환경이 조성되어 서비스 이용자가 ㉡ 증가함으로써, 오투오 서비스 운영 업체도 많은 수익을 낼 수 있게 되었다.
>
> ㉢ 게다가 오투오 서비스 시장이 성장하면서 여러 문제들이 발생하고 있다. ㉣ 또한 오투오 서비스 운영 업체의 경우에는 오프라인으로 유사한 서비스를 제공하는 기존 업체와의 갈등이 발생하고 있다. 소비자의 경우 신뢰성이 떨어지는 정보나 기대에 부응하지 못하는 서비스를 제공받는 사례가 늘어나고 있고, 사업자의 경우 관련 법규가 미비하여 수수료 문제로 오투오 서비스 운영 업체와 마찰이 생기는 사례도 증가하고 있다.
>
> 이를 해결하기 위해 소비자는 오투오 서비스에서 제공한 정보가 믿을 만한 것인지를 ㉤ 꼼꼼이 따져 합리적으로 소비하는 태도가 필요하고, 사업자는 수수료와 관련된 오투오 서비스 운영 업체와의 마찰을 해결하기 위한 다양한 방법을 강구해야 한다. 오투오 서비스 운영 업체 역시 기존 업체들과의 갈등을 조정하기 위한 구체적인 노력들이 필요하다.
>
> 스마트폰 사용자가 늘어나고 있는 추세를 고려할 때, 오투오 서비스 산업의 성장을 저해하는 문제점들을 해결해 나가면 앞으로 오투오 서비스 시장 규모는 더 커질 것으로 예상된다.

① ㉠ : 문맥을 고려하여 '제공하고'로 고친다.
② ㉡ : 격조사의 쓰임이 적절하지 않으므로 '증가함으로서'로 고친다.
③ ㉢ : 앞 문단과의 내용을 고려하여 '하지만'으로 고친다.
④ ㉣ : 글의 흐름을 고려하여 뒤의 문장과 위치를 바꾼다.
⑤ ㉤ : 맞춤법에 어긋나므로 '꼼꼼히'로 고친다.

02 다음 글의 밑줄 친 ㉠~㉤ 중 전체 흐름과 맞지 않는 곳을 찾아 수정하려고 할 때, 가장 적절한 것은?

우울증을 잘 초래하는 성향은 창조성과 결부되어 있기 때문에 생존에 유리한 측면이 있었다. 따라서 우울증과 관련이 있는 유전자는 오랜 역사를 거쳐 오면서도 사멸하지 않고 살아남아 오늘날 현대인에게도 그 유전자가 상당수 존재할 가능성이 있다. 베토벤, 뉴턴, 헤밍웨이 등 위대한 음악가, 과학자, 작가들의 상당수가 우울한 성향을 갖고 있었다. ㉠ 천재와 우울증은 어찌 보면 동전의 양면으로, 인류 문명의 진보를 이끈 하나의 동력이자 그 부산물이라 할 수 있을지도 모른다.

우울증은 일반적으로 자기 파괴적인 질환으로 인식되어 왔지만 실은 자신을 보호하고 미래를 준비하기 위한 보호 기제일 수도 있다. 달성할 수 없거나 달성하기 매우 어려운 목표에 도달하기 위해 엄청난 에너지를 소모하는 것은 에너지와 자원을 낭비할 뿐만 아니라, 정신과 신체를 소진시킴으로써 사회적 기능을 수행할 수 없게 한다. 또한 주위의 도움이 없으면 생명을 유지하기 어려운 상태에 ㉡ 이르게도 할 수 있다. 이를 막기 위한 기제가 스스로의 자존감을 낮추고 그 목표를 포기하게 만드는 것이다. 이를 통해 고갈된 에너지를 보충하고 다시 도전할 수 있는 기회를 모색할 수 있다. ㉢ 또한 지금과 같은 경쟁 사회는 새로운 기술이나 생각에 대한 사회적 요구가 커지기 때문에 정신적 소진 상태를 초래하기 쉬운 환경이 되고 있다.

오늘날 우울증은 왜 이렇게 급격하게 늘어나는 것일까? 창조성이란 그 사회에 존재하고 있는 기술이나 생각에 대한 도전이자 대안 제시이며, 기존의 기술이나 생각을 엮어서 새로운 조합을 만들어 내는 것이다. 과거에 비해 현대 사회는 경쟁이 심화되고 혁신들이 더 가치를 인정받기 때문에 창조성이 있는 사람은 상당히 큰 선택적 이익을 갖게 된다. ㉣ 그렇지만 현대 사회처럼 기존에 존재하는 기술이나 생각이 엄청나게 많아 우리의 뇌가 그것을 담기에도 벅찬 경우에는 새로운 조합을 만들어 내는 일은 무척이나 많은 에너지를 요한다. 결국 경쟁은 창조성을 ㉤ 발휘하게 하지만 지나친 경쟁은 정신적 소진을 초래하기 때문에 우울증이 많이 발생할 수 있다.

① ㉠ : 첫 번째 문단과 관련 없는 내용이므로 삭제한다.
② ㉡ : 문장의 주어와 호응되지 않으므로 '이른다'로 수정한다.
③ ㉢ : 두 번째 문단의 내용과 어울리지 않으므로 세 번째 문단으로 옮긴다.
④ ㉣ : 뒷 문장이 앞 문장의 결과이므로 '그리하여'로 수정한다.
⑤ ㉤ : 문맥상의 내용과 반대되는 내용이므로 '억제하지만'으로 수정한다.

03 다음 중 밑줄 친 ㉠~㉤의 수정 방안으로 적절하지 않은 것은?

> ㉠ 일반적인 사전적 의미의 '취미'는 '전문적으로 하는 것이 아니라 즐기기 위하여 하는 일'이지만 좀 더 철학적 관점에서 본다면 취미(Geschmack)는 주관적인 인간의 감정적 영역으로, 미적 대상을 감상하고 비판하는 능력이다. 발타사르 그라시안(Baltasar Gracian)에 따르면 취미는 충동과 자유, 동물성과 정신의 중간적인 것으로, 각종 일에 대해 거리를 취하고 구별하여 선택하는 능력으로 일종의 인식방식이다.
> 취미에 대한 정의와 관점은 다양하다. 취미를 감각 판단으로 바라볼 것인가에 대해 서로 맞서고 있는 감각주의 전통과 합리주의 전통의 논쟁이 있어 왔으며, 현대사회에서는 취미 연구를 심리학적, 사회적 두 가지 관점에서 본다. 심리학적인 관점에서 취미는 개인의 생애를 통해서 변화하며 동시에 개인, 시대, 민족, 지역 등에 따라 ㉡ 틀리다. 개인의 취미는 넓고 깊은 교양에 의한 것이며, 통속적으로는 여가나 오락을 뜻하는 것으로 쓰이기도 한다. ㉢ 하지만 이와 동시에 일정한 시대, 민족에 있어서는 공통된 취미가 '객관적 정신'으로 전체를 지배하기도 한다. ㉣ 따라서 취미는 그 누구도 '취미란 이런 것이다.'라고 정의내려서는 안 된다.
> 이 과정에서 우리는 '한 사회 내에서 일정 기간 동안 유사한 문화양식과 행동양식이 일정 수의 사람들에게 공유되는 사회적 동조 현상'인 유행과의 차이에 대해 의문을 가지게 된다. 유행은 취미와 아주 밀접하게 결부된 현상이다. ㉤ 그러나 유행은 경험적 일반성에 의존하는 공동체적 감각이고, 취미는 경험보다는 규범적 일반성에 의존하는 감각이다. 다시 말해 유행은 공동체 속에서 활동하고 또 그것에 종속되지만, 취미는 그것에 종속되지 않는다. 취미는 자신의 판단력에 의존한다는 점에서 유행과 구별된다.

① ㉠ : 문장이 너무 길어 호흡이 길어지므로 '…하는 일'이다. 하지만…'으로 수정한다.

② ㉡ : 의미상 '비교가 되는 대상이 서로 같지 아니하다.'라는 뜻의 '다르다'로 바꾼다.

③ ㉢ : 자연스러운 연결을 위해 '또한'으로 바꾼다.

④ ㉣ : 글의 전개상 불필요한 내용이므로 삭제한다.

⑤ ㉤ : 앞뒤 내용의 자연스러운 흐름을 위해 '그래서'로 바꾼다.

06 맞춤법 · 어휘

| 유형분석 |

- 맞춤법에 맞는 단어를 찾거나 주어진 지문의 내용에 어울리는 단어를 찾는 문제가 주로 출제된다.
- 단어 사이의 관계에 대한 문제가 출제되므로 뜻이 비슷하거나 반대되는 단어를 함께 학습하는 것이 좋다.
- 자주 출제되는 단어나 헷갈리는 단어에 대한 학습을 꾸준히 하는 것이 좋다.

다음 중 밑줄 친 단어와 바꿔 사용할 수 있는 것은?

최저임금법 시행령 제5조 제1항 제2호 및 제3호는 주 단위 또는 월 단위로 지급된 임금에 대해 1주 또는 월의 소정근로시간 수로 나눈 금액을 시간에 대한 임금으로 규정하고 있다. 그러나 최저임금 산정을 위한 소정근로시간 수에 대해 고용노동부와 대법원의 해석이 어긋나 눈길을 끈다. 고용노동부는 소정근로시간에 유급주휴시간을 포함하여 계산하여 통상임금 산정기준 근로시간 수와 동일하게 본 반면, 대법원은 최저임금 산정을 위한 소정근로시간 수에 유급주휴시간을 제외하고 산정하였다.

① 배치되어   ② 도치되어
③ 대두되어   ④ 전도되어
⑤ 발생되어

정답 ①
- 어긋나다 : 방향이 비껴서 서로 만나지 못하다.
- 배치하다 : 서로 반대로 되어 어그러지거나 어긋나다.

오답분석
② 도치하다 : 차례나 위치 따위를 서로 뒤바꾸다.
③ 대두하다 : 어떤 세력이나 현상이 새롭게 나타나다.
④ 전도하다 : 거꾸로 되거나 거꾸로 하다.
⑤ 발생하다 : 어떤 일이나 사물이 생겨나다.

풀이 전략!

문제에서 물어보는 단어를 정확히 확인해야 하고, 문제에서 다루고 있는 단어의 앞뒤 내용을 읽고 글의 전체적 흐름을 생각하며 문제에 접근해야 한다.

01 다음 밑줄 친 단어를 바꾸어 사용할 수 없는 것은?

> • 그가 하는 이야기는 ㉠ 당착이 심하여 도무지 이해할 수가 없었다.
> • 용하다고 소문난 점쟁이는 눈빛부터 ㉡ 용인과 달랐다.
> • 마산만은 숱한 ㉢ 매립으로 인해 대부분의 해변이 사라졌다.
> • 앞으로 국내에 6개월 이상 ㉣ 체류하는 외국인은 건강보험에 가입해야 한다.
> • 공정경제 문화 정착을 위해 공공기관부터 공정경제의 ㉤ 모범이 되어야 한다.

① ㉠ – 모순   ② ㉡ – 범인
③ ㉢ – 굴착   ④ ㉣ – 체재
⑤ ㉤ – 귀감

02 다음 중 밑줄 친 단어의 맞춤법이 옳지 않은 것은?

① 우리는 첨단산업을 <u>개발하고</u> 육성해야 한다.
② 기술자가 없어서 고가의 장비를 <u>썩이고</u> 있다.
③ 생선 장수들이 좌판을 <u>벌이고</u> 손님을 맞아들였다.
④ 메모지를 벽에 덕지덕지 <u>붙여</u> 놓아 지저분해 보인다.
⑤ 언제인지 모르게 그 아이가 자신과 <u>맞먹고</u> 있다는 걸 느꼈다.

03 다음 중 밑줄 친 ㉠과 ㉡의 관계와 가장 유사한 것은?

> 남성적 특성과 여성적 특성을 모두 가지고 있는 사람이 남성적 특성 혹은 여성적 특성만 지니고 있는 사람에 비하여 훨씬 더 다양한 ㉠<u>자극</u>에 대하여 다양한 ㉡<u>반응</u>을 보일 수 있다. 이렇게 여러 개의 반응 레퍼토리를 가지고 있다는 것은 다시 말하면, 그때그때 상황의 요구에 따라 적합한 반응을 보일 수 있다는 것이며, 이는 곧 사회적 환경에 더 유연하고 효과적으로 대처할 수 있다는 것을 의미한다.

① 개인 – 사회   ② 정신 – 육체
③ 물고기 – 물   ④ 입력 – 출력
⑤ 후보자 – 당선자

07 한자성어

| 유형분석 |

- 실생활에서 활용되는 한자성어를 이해할 수 있는지 평가한다.
- 제시된 상황과 일치하는 한자성어를 고르거나 한자의 훈음·독음을 맞히는 등 다양한 유형이 출제된다.

다음 상황과 가장 관련 있는 한자성어는?

> 대규모 댐 건설 사업 공모에 K건설회사가 참여하였다. 해당 사업은 막대한 자금과 고도의 건설 기술이 필요했기에 K건설회사가 감당하기 어려운 것이었다. 많은 사람들은 무리하게 공모에 참여한 K건설회사에 대해 무모하다고 여겼다.

① 각골난망(刻骨難忘)
② 난공불락(難攻不落)
③ 빈천지교(貧賤之交)
④ 당랑거철(螳螂拒轍)
⑤ 파죽지세(破竹之勢)

정답 ④

'당랑거철(螳螂拒轍)'은 제 '역량을 생각하지 않고 강한 상대나 되지 않을 일에 덤벼드는 무모한 행동거지'를 비유하는 말로, 댐 건설 사업 공모에 무리하게 참여한 K건설회사의 상황에 가장 적절한 한자성어이다.

오답분석

① 각골난망(刻骨難忘) : '은혜를 입은 고마움이 뼈에 깊이 새겨져 잊히지 않음'을 뜻한다.
② 난공불락(難攻不落) : '공격하기에 어려울 뿐 아니라 결코 함락되지 않음'을 뜻한다.
③ 빈천지교(貧賤之交) : '가난하고 어려울 때 사귄 사이 또는 벗'을 일컫는 말이다.
⑤ 파죽지세(破竹之勢) : '대나무를 쪼개는 기세'라는 뜻으로, 세력이 강대하여 대적을 거침없이 물리치고 쳐들어가는 기세를 말한다.

풀이 전략!

- 한자성어 관련 문제의 경우 일정 수준 이상의 사전지식을 요구하므로, 지원 기업 관련 기사 및 이슈를 틈틈이 찾아보며 한자성어에 대입하는 연습을 하면 효과적으로 대처할 수 있다.
- 문제에 제시된 한자성어의 의미를 파악하기 어렵다면, 먼저 알고 있는 한자가 있는지 확인한 후 글의 문맥과 상황에 대입하며 선택지를 하나씩 소거해 나가는 것이 효율적이다.

※ 다음 글을 읽고 가장 관련 있는 한자성어를 고르시오. [1~2]

01

> 사회 초년생인 A씨는 최근 많은 뉴스에서 주식으로 돈을 벌었다는 소식을 많이 듣고 자신도 주식하면 돈을 벌 수 있다는 확신을 가졌다. 아무런 지식도 없지만 남들이 다 샀다는 주식을 산 이후 오르기만을 기다렸다. 하지만 주식가격은 점점 내려갔고, 주변에서도 그 주식은 처분해야 된다는 말을 들었지만 A씨는 오를 거라 확신하며 기다렸다. 하지만 이후에도 주가는 오르지 않고 계속 내려갔으며, A씨는 그래도 오를 거라 믿으면서 주변의 만류에도 불구하고 그 주식만 쳐다보고 있다.

① 사필귀정(事必歸正)　　　　　　② 조삼모사(朝三暮四)
③ 수주대토(守株待兔)　　　　　　④ 새옹지마(塞翁之馬)
⑤ 호사다마(好事多魔)

02

> 기업과 정부는 국가 경제를 구성하는 핵심이다. 기업은 재화와 서비스를 만들어 부가가치를 창출하고, 임금과 세금을 지급한다. 임금과 세금으로 가계와 정부는 다시 재화와 서비스를 소비한다. 이 양이 늘어나면 국가 경제도 성장한다.
> 기업과 정부는 납세와 행정 서비스를 주고받는 관계이다. 기업의 매출과 이익, 그리고 그 숫자가 늘어야 정부의 재정도 풍성해질 수 있다. 활발해진 기업 활동으로 늘어난 일자리와 가계 소득은 정부의 서비스 제공 부담을 덜어주기도 한다. 반대로 기업과 정부가 갈등만 반복한다면, 경제 자체는 힘들어진다. 정부는 기업을 가로막고, 기업은 조세와 사회적 책임에서 도피와 회피만 거듭하게 된다.
> 세계는 지금 기업의 기 살리기 전쟁 중이다. 미국은 법인세를 절반 가까이 낮추겠다고 나섰고, 프랑스도 이 행렬에 동참했다. 2008년부터 2015년 사이 법인세율을 인하했거나 유지한 국가는 28개국에 달한다. 눈앞의 조세 한 푼 대신 전반적인 경제 활성화에 따른 중장기 경제 성장과 조세 확충의 길을 택한 것이다.
> 정경 유착은 당연히 사라져야 할 일이지만, 기술과 산업전략, 고용 등과 관련하여 정부와 기업의 충분한 의견 교환은 반드시 필요하다. 기업은 산업경쟁력 강화를 위해, 정부는 경제 정책의 성공을 위해 서로 대립이 아닌 협력의 관계를 구축해야 한다.

① 수복강녕(壽福康寧)　　　　　　② 괄목상대(刮目相對)
③ 순망치한(脣亡齒寒)　　　　　　④ 호사다마(好事多魔)
⑤ 권불십년(權不十年)

| 유형분석 |

- 주로 특정 상황을 제시한 뒤 올바른 경청 방법을 묻는 형태의 문제이다.
- 경청과 관련한 이론에 대해 묻거나 몇 개의 대화문 중에서 올바른 경청 자세로 이루어진 것을 고르는 유형으로도 출제된다.

다음 중 효과적인 경청방법으로 적절하지 않은 것은?

① 말하는 사람의 모든 것에 집중해서 적극적으로 들어야 한다.
② 상대방의 의견에 동조할 수 없더라도 일단 수용한다.
③ 질문에 대한 답이 즉각적으로 이루어질 때만 질문을 한다.
④ 대화의 내용을 주기적으로 요약한다.
⑤ 상대방이 전달하려는 메시지를 자신의 삶, 목적, 경험과 관련시켜 본다.

정답 ③

질문에 대한 답이 즉각적으로 이루어질 수 없는 상황이라고 하더라도 질문을 하면 경청하는 데 적극적인 자세가 되고 집중력 또한 높아진다.

풀이 전략!

별다른 암기 없이도 풀 수 있는 문제가 대부분이지만, 올바른 경청을 방해하는 요인이나 경청훈련 등에 대한 내용은 미리 숙지하고 있는 것이 좋다.

01   다음 대화에서 B사원의 문제점으로 가장 적절한 것은?

> A사원 : 배송 지연으로 인한 고객의 클레임을 해결하기 위해서는 일단 입고된 상품을 먼저 배송하고, 추가 배송료를 부담하더라도 나머지 상품은 입고되는 대로 다시 배송하는 방법이 나을 것 같습니다.
>
> B사원 : 글쎄요. A사원의 그간 업무 스타일로 보았을 때, 방금 제시한 그 처리 방법이 효율적일지 의문이 듭니다.

① 짐작하기   ② 판단하기

③ 조언하기   ④ 비위 맞추기

⑤ 대답할 말 준비하기

02   다음 중 경청 훈련 방법과 사례가 잘못 연결된 것은?

	방법	사례
①	주의 기울이기	A씨는 말을 하고 있는 B씨의 얼굴과 몸의 움직임뿐만 아니라 호흡하는 자세까지도 주의하여 관찰하고 있다. 또한 B씨의 어조와 억양, 소리 크기에도 귀를 기울이고 있다.
②	상대방의 경험을 인정하고 더 많은 정보 요청하기	C씨는 자신의 경험담을 이야기하고 있는 D씨에게 관심과 존경을 보이고 있으며, D씨가 계속해서 이야기를 할 수 있도록 질문을 던지기도 한다.
③	정확성을 위해 요약하기	E씨는 유치원에서 친구와 다투었다는 아이의 말을 듣고는 "친구와 간식을 두고 다툼을 해서 너의 기분이 좋지 않구나."라며 아이의 이야기를 자신의 말로 반복하여 표현하였다.
④	개방적인 질문	F씨는 G씨에 대한 이해의 정도를 높이기 위해 주말에 부산으로 여행을 간다는 G씨에게 이번 여행은 누구와 가는지 질문하고 있다.
⑤	'왜?'라는 질문 삼가기	H씨는 부정적・강압적인 표현의 '왜?'라는 질문을 사용하지 않으려고 노력하고 있다.

03   다음 중 팀 회의에서의 원활한 의사표현을 위한 방법으로 가장 적절한 것은?

① 상대방이 말하는 동안 어떤 답을 할지 미리 생각해놔야 한다.

② 공감을 보여주는 가장 쉬운 방법은 상대편의 말을 그대로 받아서 맞장구를 치는 것이다.

③ 핵심은 중요하므로 구체적으로 길게 표현해야 한다.

④ 이견이 있거나 논쟁이 붙었을 때는 앞뒤 말의 '논리적 개연성'만 따져보아야 한다.

⑤ 상대의 인정을 얻기 위해 자신의 단점이나 실패 경험보다 장점을 부각해야 한다.

수리능력

합격 Cheat Key

수리능력은 사칙 연산·통계·확률의 의미를 정확하게 이해하고 이를 업무에 적용하는 능력으로, 기초 연산과 기초 통계, 도표 분석 및 작성의 문제 유형으로 출제된다. 수리능력 역시 채택하지 않는 공사·공단이 거의 없을 만큼 필기시험에서 중요도가 높은 영역이다.

특히, 난이도가 높은 공사·공단의 시험에서는 도표 분석, 즉 자료 해석 유형의 문제가 많이 출제되고 있고, 응용 수리 역시 꾸준히 출제하는 공사·공단이 많기 때문에 기초 연산과 기초 통계에 대한 공식의 암기와 자료 해석 능력을 기를 수 있는 꾸준한 연습이 필요하다.

1   응용 수리의 공식은 반드시 암기하라!

응용 수리는 공사·공단마다 출제되는 문제는 다르지만, 사용되는 공식은 비슷한 경우가 많으므로 자주 출제되는 공식을 반드시 암기하여야 한다. 문제에서 묻는 것을 정확하게 파악하여 그에 맞는 공식을 적절하게 적용하는 꾸준한 노력과 공식을 암기하는 연습이 필요하다.

2 자료의 해석은 자료에서 즉시 확인할 수 있는 지문부터 확인하라!

수리능력 중 도표 분석, 즉 자료 해석 능력은 많은 시간을 필요로 하는 문제가 출제되므로, 증가 · 감소 추이와 같이 눈으로 확인이 가능한 지문을 먼저 확인한 후 복잡한 계산이 필요한 지문을 확인하는 방법으로 문제를 풀이한다면 시간을 조금이라도 아낄 수 있다. 또한, 여러 가지 보기가 주어진 문제 역시 지문을 잘 확인하고 문제를 풀이한다면 불필요한 계산을 생략할 수 있으므로 항상 지문부터 확인하는 습관을 들여야 한다.

3 도표 작성에서 지문에 작성된 도표의 제목을 반드시 확인하라!

도표 작성은 하나의 자료 혹은 보고서와 같은 수치가 표현된 자료를 도표로 작성하는 형식으로 출제되는데, 대체로 표보다는 그래프를 작성하는 형태로 많이 출제된다. 지문을 살펴보면 각 지문에서 주어진 도표에도 소제목이 있는 경우가 대부분이다. 이때, 자료의 수치와 도표의 제목이 일치하지 않는 경우 함정이 존재하는 문제일 가능성이 높으므로 도표의 제목을 반드시 확인하는 것이 중요하다.

01 응용 수리

| 유형분석 |

- 문제에서 제공하는 정보를 파악한 뒤, 사칙연산을 활용하여 계산하는 전형적인 수리문제이다.
- 문제를 풀기 위한 정보가 산재되어 있는 경우가 많으므로 주어진 조건 등을 꼼꼼히 확인해야 한다.

대학 서적을 도서관에서 빌리면 10일간 무료이고, 그 이상은 하루에 100원의 연체료가 부과되며 한 달 단위로 연체료는 두 배로 늘어난다. 1학기 동안 대학 서적을 도서관에서 빌려 사용하는 데 얼마의 비용이 드는가?(단, 1학기의 기간은 15주이고, 한 달은 30일로 정한다)

① 18,000원
② 20,000원
③ 23,000원
④ 25,000원
⑤ 28,000원

정답 ④

- 1학기의 기간 : $15 \times 7 = 105$일
- 연체료가 부과되는 기간 : $105 - 10 = 95$일
- 연체료가 부과되는 시점에서부터 한 달 동안의 연체료 : $30 \times 100 = 3,000$원
- 첫 번째 달부터 두 번째 달까지의 연체료 : $30 \times 100 \times 2 = 6,000$원
- 두 번째 달부터 세 번째 달까지의 연체료 : $30 \times 100 \times 2 \times 2 = 12,000$원
- 95일(3개월 5일) 연체료 : $3,000 + 6,000 + 12,000 + 5 \times (100 \times 2 \times 2 \times 2) = 25,000$원

따라서 1학기 동안 대학 서적을 도서관에서 빌려 사용한다면 25,000원의 비용이 든다.

풀이 전략!

문제에서 묻는 바를 정확하게 확인한 후, 필요한 조건 또는 정보를 구분하여 신속하게 풀어 나간다. 단, 계산에 착오가 생기지 않도록 유의한다.

01 0 ~ 4가 적힌 5장의 카드가 있다. A와 B는 이 중 3장의 카드를 뽑아 큰 숫자부터 나열하여 가장 큰 세 자리 숫자를 만든 사람이 이기는 게임을 하기로 했다. A가 0, 2, 3을 뽑았을 때, B가 이길 확률은 얼마인가?

① $\dfrac{5}{10}$ ② $\dfrac{6}{10}$

③ $\dfrac{7}{10}$ ④ $\dfrac{13}{20}$

⑤ $\dfrac{15}{20}$

02 농도가 10%인 소금물 200g에 농도가 15%인 소금물을 섞어서 농도가 13%인 소금물을 만들려고 한다. 이때, 농도가 15%인 소금물은 몇 g이 필요한가?

① 150g ② 200g

③ 250g ④ 300g

⑤ 350g

03 농도가 서로 다른 소금물 A, B가 있다. 소금물 A를 200g, 소금물 B를 300g 섞으면 농도가 9%인 소금물이 되고, 소금물 A를 300g, 소금물 B를 200g 섞으면 농도 10%인 소금물이 될 때, 소금물 B의 농도는?

① 7% ② 10%

③ 13% ④ 20%

⑤ 25%

04 둘레가 2,100m인 연못의 둘레를 형은 분당 80m의 속력으로, 동생은 분당 60m의 속력으로 돌고 있다. 어느 한 지점에서 서로 반대 방향으로 동시에 출발하였을 때, 두 번째로 만나는 것은 몇 분 후인가?

① 11분 후   ② 18분 후
③ 25분 후   ④ 30분 후
⑤ 37분 후

05 희철이는 전체 문항수가 30개이고 문항 배점이 각각 2, 3, 4점인 시험에서 8문제를 틀려 71점을 받았다. 맞힌 3점 문항의 개수가 맞힌 4점 문항의 개수보다 3개 더 많다고 할 때, 희철이가 맞힌 3점 문항의 개수는?

① 9개   ② 10개
③ 11개   ④ 12개
⑤ 13개

06 H공사는 야유회 준비를 위해 500mL 물과 2L 음료수를 총 330개 구입하였다. 야유회에 참가한 직원을 대상으로 500mL 물은 1인당 1개, 2L 음료수는 5인당 1개씩 지급했더니 남거나 모자라지 않았다면, H공사의 야유회에 참가한 직원은 모두 몇 명인가?

① 260명   ② 265명
③ 270명   ④ 275명
⑤ 280명

07 투자가 A ~ D는 각자 투자한 금액의 비율만큼 기업의 영업이익에 따라 배당금을 받는다. 2024년 상반기를 기준으로 영업이익이 3억 원이었고, 그중 B와 C가 받은 금액은 총 1억 원이었다. 또한, A가 받은 금액과 C가 받은 금액의 2배의 합은 $\frac{28}{9}$억 원이었다. C가 투자한 금액의 2배가 A가 투자한 금액과 같고, 하반기 영업이익이 2.7억 원일 때, B가 하반기에 받을 배당금은 얼마인가?

① 0.1억 원   ② 0.2억 원
③ 0.3억 원   ④ 0.4억 원
⑤ 0.5억 원

08 첫째와 둘째, 둘째와 셋째의 터울이 각각 3세인 A ~ C 삼형제가 있다. 3년 후면 막내 C의 나이는 첫째 A 나이의 $\frac{2}{3}$가 된다고 한다. A ~ C의 현재 나이를 모두 더하면 얼마인가?

① 33
② 36
③ 39
④ 45
⑤ 48

09 H서점에서는 책의 정가로 인쇄된 금액보다 10% 할인된 가격으로 판매하고 있다. 만약 책의 원가가 정가보다 20% 낮은 가격이라 한다면, H서점이 얻는 이윤은 몇 %인가?

① 10.5%
② 11%
③ 11.5%
④ 12%
⑤ 12.5%

10 철수의 한 달 용돈은 x원이다. 용돈 중 40%는 저축을 하고 나머지의 50%를 교통비에 사용하면 남는 돈이 60,000원일 때, 철수의 한 달 용돈은 얼마인가?

① 180,000원
② 200,000원
③ 220,000원
④ 240,000원
⑤ 250,000원

11 H공사는 조직 개편을 하려고 한다. 5명을 한 팀으로 개편하면 2명이 팀에 편성되지 않고, 6명을 한 팀으로 개편하면 팀에 편성되지 않는 사람은 없지만, 5명을 한 팀으로 개편했을 때보다 2팀이 줄어든다. 5명을 한 팀으로 조직을 개편했을 때, 만들어지는 팀은 총 몇 팀인가?

① 12팀
② 13팀
③ 14팀
④ 15팀
⑤ 16팀

| 유형분석 |

- 제시된 자료를 분석하여 선택지의 정답 여부를 판단하는 문제이다.
- 표의 수치 등을 통해 변화량이나 증감률, 비중 등을 비교하여 판단하는 문제가 자주 출제된다.
- 지원하고자 하는 기업이나 산업과 관련된 자료 등이 문제의 자료로 많이 다뤄진다.

다음은 A ~ E 5개국의 경제 및 사회 지표 자료이다. 이에 대한 설명으로 옳지 않은 것은?

〈주요 5개국의 경제 및 사회 지표〉

구분	1인당 GDP(달러)	경제성장률(%)	수출(백만 달러)	수입(백만 달러)	총 인구(백만 명)
A	27,214	2.6	526,757	436,499	50.6
B	32,477	0.5	624,787	648,315	126.6
C	55,837	2.4	1,504,580	2,315,300	321.8
D	25,832	3.2	277,423	304,315	46.1
E	56,328	2.3	188,445	208,414	24.0

※ (총 GDP)＝(1인당 GDP)×(총 인구)

① 경제성장률이 가장 큰 나라가 총 GDP는 가장 작다.
② 총 GDP가 가장 큰 나라의 GDP는 가장 작은 나라의 GDP보다 10배 이상 더 크다.
③ 5개국 중 수출과 수입에 있어서 규모에 따라 나열한 순위는 서로 일치한다.
④ A국이 E국보다 총 GDP가 더 크다.
⑤ 1인당 GDP에 따른 순위와 총 GDP에 따른 순위는 서로 일치한다.

정답 ⑤

1인당 GDP 순위는 E>C>B>A>D이다. 그런데 1인당 GDP가 가장 큰 E국은 1인당 GDP가 2위인 C국보다 1% 정도밖에 높지 않은 반면, 인구는 C국의 $\frac{1}{10}$ 이하이므로 총 GDP 역시 C국보다 작다. 따라서 1인당 GDP 순위와 총 GDP 순위는 일치하지 않는다.

풀이 전략!

평소 변화량이나 증감률, 비중 등을 구하는 공식을 알아두고 있어야 하며, 지원하는 기업이나 산업에 관한 자료 등을 확인하여 비교하는 연습을 한다.

01 다음은 기업 집중도에 대한 자료이다. 이에 대한 설명으로 옳지 않은 것은?

〈기업 집중도 현황〉

구분	2021년	2022년	2023년	
				전년 대비
상위 10대 기업	25.0%	26.9%	25.6%	▽ 1.3%p
상위 50대 기업	42.2%	44.7%	44.7%	-
상위 100대 기업	48.7%	51.2%	51.0%	▽ 0.2%p
상위 200대 기업	54.5%	56.9%	56.7%	▽ 0.2%p

① 2023년의 상위 10대 기업의 점유율은 전년도에 비해 낮아졌다.

② 2021년 상위 101 ~ 200대 기업이 차지하고 있는 비율은 5% 미만이다.

③ 전년 대비 2023년에는 상위 50대 기업을 제외하고 모두 점유율이 감소했다.

④ 전년 대비 2023년의 상위 100대 기업이 차지하고 있는 점유율은 약간 하락했다.

⑤ 2022 ~ 2023년까지 상위 10대 기업의 등락률과 상위 200대 기업의 등락률은 같은 방향을 보인다.

02 다음 중 그래프에 대한 설명으로 옳은 것은?

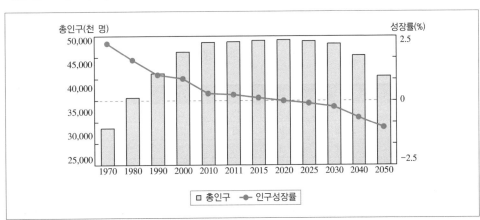

① 인구성장률은 2025년에 잠시 성장하다가 다시 감소할 것이다.

② 2011년부터 총인구는 감소하였을 것이다.

③ 2000 ~ 2010년 기간보다 2025 ~ 2030년 기간의 인구증가가 덜할 것이다.

④ 2040년의 총인구는 1990년의 총인구보다 적을 것이다.

⑤ 총인구는 2000년부터 계속해서 감소하는 모습을 보이고 있다.

03 다음은 항목별 상위 7개 동의 자산규모를 나타낸 자료이다. 이에 대한 설명으로 옳은 것은?

〈항목별 상위 7개 동의 자산규모〉

순위＼구분	총자산(조 원)		부동산자산(조 원)		예금자산(조 원)		가구당 총자산(억 원)	
	동명	규모	동명	규모	동명	규모	동명	규모
1	여의도동	24.9	대치동	17.7	여의도동	9.6	을지로동	51.2
2	대치동	23.0	서초동	16.8	태평로동	7.0	여의도동	26.7
3	서초동	22.6	압구정동	14.3	을지로동	4.5	압구정동	12.8
4	반포동	15.6	목동	13.7	서초동	4.3	도곡동	9.2
5	목동	15.5	신정동	13.6	역삼동	3.9	잠원동	8.7
6	도곡동	15.0	반포동	12.5	대치동	3.1	이촌동	7.4
7	압구정동	14.4	도곡동	12.3	반포동	2.5	서초동	6.4

※ (총자산)＝(부동산자산)＋(예금자산)＋(증권자산)
※ (가구 수)＝(총자산)÷(가구당 총자산)

① 압구정동의 가구 수는 여의도동의 가구 수보다 적다.
② 이촌동의 가구 수는 2만 가구 이상이다.
③ 대치동의 증권자산은 서초동의 증권자산보다 많다.
④ 여의도동의 증권자산은 최소 4조 원 이상이다.
⑤ 총자산 대비 부동산자산의 비율은 도곡동이 목동보다 높다.

04 다음은 암 발생률 추이에 대한 자료이다. 이에 대한 설명으로 옳은 것은?

〈암 발생률 추이〉

(단위 : %)

구분	2017년	2018년	2019년	2020년	2021년	2022년	2023년
위암	31.5	30.6	28.8	25.5	23.9	24.0	24.3
간암	24.1	23.9	23.0	21.4	20.0	20.7	21.3
폐암	14.4	17.0	18.8	19.4	20.6	22.1	24.4
대장암	4.5	4.6	5.6	6.3	7.0	7.9	8.9
유방암	1.7	1.9	1.9	2.2	2.1	2.4	4.9
자궁암	7.8	7.5	7.0	6.1	5.6	5.6	5.6

① 위암의 발생률은 점차 감소하는 추세를 보이고 있다.
② 폐암의 경우 전년 대비 2023년 암 발생률 증가폭이 다른 암에 비해서 크다.
③ 2017년 대비 2023년에 발생률이 증가한 암은 폐암, 대장암, 유방암이다.
④ 2023년에 위암으로 죽은 사망자 수가 가장 많으며, 이러한 추세는 지속될 것으로 보인다.
⑤ 자궁암의 발생률은 계속 감소하는 추세를 보이고 있다.

※ 다음은 공공체육시설 현황 및 1인당 체육시설 면적을 나타낸 자료이다. 이어지는 질문에 답하시오.
[5~7]

〈공공체육시설 현황 및 1인당 체육시설 면적〉

(단위 : 개소, m²)

구분		2020년	2021년	2022년	2023년
공공체육시설의 수	축구장	467	558	618	649
	체육관	529	581	639	681
	간이운동장	9,531	10,669	11,458	12,194
	테니스장	428	487	549	565
	기타	1,387	1,673	1,783	2,038
1인당 체육시설 면적		2.54	2.88	3.12	3.29

05 2022년에 전년 대비 시설이 가장 적게 늘어난 곳과 가장 많이 늘어난 곳의 2022년 시설 수의 합은 얼마인가?

① 10,197개소
② 11,197개소
③ 12,097개소
④ 11,097개소
⑤ 12,197개소

06 2020년 전체 공공체육시설 중 체육관이 차지하고 있는 비율은 얼마인가?(단, 소수점 둘째 자리에서 반올림한다)

① 4.4%
② 4.3%
③ 4.2%
④ 4.1%
⑤ 4.0%

07 다음 중 자료에 대한 설명으로 옳지 않은 것은?

① 테니스장은 2022년에 전년 대비 약 12.7% 증가했다.
② 2021년 간이운동장의 수는 같은 해 축구장 수의 약 19배이다.
③ 2023년 1인당 체육시설 면적은 2019년에 비해 약 1.3배 증가했다.
④ 2021년 축구장 수는 전년 대비 91개소 증가했다.
⑤ 2023년 공공체육시설의 수는 총 15,127개소이다.

08 다음은 청소년의 경제의식에 대한 설문조사 결과이다. 이에 대한 설명으로 옳은 것은?

〈경제의식에 대한 설문조사 결과〉

(단위 : %)

설문 내용	구분	전체	성별		학교별	
			남	여	중학교	고등학교
용돈을 받는지 여부	예	84.2	82.9	85.4	87.6	80.8
	아니오	15.8	17.1	14.6	12.4	19.2
월간 용돈 금액	5만 원 미만	75.2	73.9	76.5	89.4	60
	5만 원 이상	24.8	26.1	23.5	10.6	40
금전출납부 기록 여부	기록한다.	30	22.8	35.8	31	27.5
	기록 안 한다.	70	77.2	64.2	69.0	72.5

① 용돈을 받는 남학생의 비율이 용돈을 받는 여학생의 비율보다 높다.

② 월간 용돈을 5만 원 미만으로 받는 비율은 중학생이 고등학생보다 높다.

③ 고등학생 전체 인원을 100명이라 한다면, 월간 용돈을 5만 원 이상 받는 학생은 40명이다.

④ 금전출납부는 기록하는 비율이 기록 안 하는 비율보다 높다.

⑤ 용돈을 받지 않는 중학생 비율이 용돈을 받지 않는 고등학생 비율보다 높다.

09 다음은 어느 나라의 2022년과 2023년의 노동 가능인구 구성의 변화를 나타낸 자료이다. 2022년 대비 2023년의 상황에 대한 설명으로 옳은 것은?

〈노동 가능인구 구성의 변화〉

구분	취업자	실업자	비경제활동인구
2022년	55%	25%	20%
2023년	43%	27%	30%

※ [경제활동인구(%)]＝100−[비경제활동인구(%)]

① 자료에서 실업자의 수는 알 수 없다.

② 실업자의 비율은 감소하였다.

③ 경제활동인구의 비율은 증가하였다.

④ 취업자 비율의 증감폭이 실업자 비율의 증감폭보다 작다.

⑤ 비경제활동인구의 비율은 감소하였다.

10 다음은 모바일 뱅킹 서비스 이용 실적에 대한 분기별 자료이다. 이에 대한 설명으로 옳지 않은 것은?

〈모바일 뱅킹 서비스 이용 실적〉

(단위 : 천 건, %)

구분	2023년				2024년
	1분기	2분기	3분기	4분기	1분기
조회 서비스	817	849	886	1,081	1,106
자금이체 서비스	25	16	13	14	25
합계	842(18.6)	865(2.7)	899(3.9)	1,095(21.8)	1,131(3.3)

※ (   )는 전 분기 대비 증가율이다.

① 조회 서비스 이용 실적은 매 분기마다 계속 증가하였다.

② 2023년 2분기의 조회 서비스 이용 실적은 전 분기보다 3만 2천 건 증가하였다.

③ 자금이체 서비스 이용 실적은 2023년 2분기에 감소하였다가 다시 증가하였다.

④ 모바일 뱅킹 서비스 이용 실적의 전 분기 대비 증가율이 가장 높은 분기는 2023년 4분기이다.

⑤ 2023년 4분기의 조회 서비스 이용 실적은 자금이체 서비스 이용 실적의 약 77배이다.

11 다음은 A ~ C지역의 가구 구성비를 나타낸 자료이다. 이에 대한 설명으로 옳은 것은?

〈가구 구성비〉

(단위 : %)

구분	부부 가구	2세대 가구		3세대 이상 가구	기타 가구	소계
		부모+미혼자녀	부모+기혼자녀			
A지역	5	65	16	2	12	100
B지역	16	55	10	6	13	100
C지역	12	40	25	20	3	100

※ 기타 가구 : 1인 가구, 형제 가구, 비친족 가구

※ 핵가족 : 부부 또는 (한)부모와 그들의 미혼 자녀로 이루어진 가족

※ 확대가족 : (한)부모와 그들의 기혼 자녀로 이루어진 2세대 이상의 가족

① 핵가족 가구의 비중이 가장 높은 지역은 A이다.

② 1인 가구의 비중이 가장 높은 지역은 B이다.

③ 확대가족 가구 수가 가장 많은 지역은 C이다.

④ A, B, C지역 모두 핵가족 가구 수가 확대가족 가구 수보다 많다.

⑤ 부부 가구의 구성비는 C지역이 가장 높다.

12 다음은 기계 100대의 업그레이드 전·후 성능지수에 대한 자료이다. 이에 대한 설명으로 옳은 것은?

〈업그레이드 전·후 성능지수별 대수〉

(단위 : 대)

구분 \ 성능지수	65	79	85	100
업그레이드 전	80	5	0	15
업그레이드 후	0	60	5	35

※ 성능지수는 네 가지 값(65, 79, 85, 100)만 존재하고, 그 값이 클수록 성능지수가 향상됨을 의미한다.

〈성능지수 향상 폭 분포〉

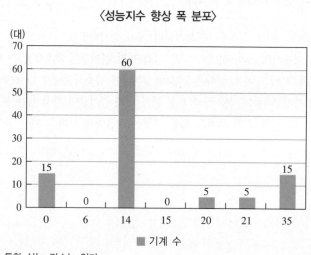

※ 업그레이드를 통한 성능 감소는 없다.
※ (성능지수 향상 폭)=(업그레이드 후 성능지수)-(업그레이드 전 성능지수)

① 업그레이드 후 1대당 성능지수는 20 이상 향상되었다.
② 업그레이드 전 성능지수가 65였던 기계의 15%가 업그레이드 후 성능지수 100이 되었다.
③ 업그레이드 전 성능지수가 79였던 모든 기계가 업그레이드 후 성능지수 100이 된 것은 아니다.
④ 업그레이드 전 성능지수가 100이 아니었던 기계 중 업그레이드를 통한 성능지수 향상 폭이 0인 기계가 있다.
⑤ 업그레이드를 통한 성능지수 향상 폭이 35인 기계 대수는 업그레이드 전 성능지수가 100이었던 기계 대수와 같다.

13 다음은 초·중·고교생 스마트폰 중독 현황에 대한 자료이다. 이에 대한 설명으로 옳지 않은 것을 〈보기〉에서 모두 고르면?

〈초·중·고생 스마트폰 중독 비율〉

(단위 : %)

구분		전체	초등학생 (9 ~ 11세)	중·고등학생 (12 ~ 17세)
전체		32.38	31.51	32.71
아동성별	남성	32.88	33.35	32.71
	여성	31.83	29.58	32.72
가구소득별	기초수급	30.91	30.35	31.05
	차상위	30.53	24.21	30.82
	일반	32.46	31.56	32.81
거주지역별	대도시	31.95	30.80	32.40
	중소도시	32.49	32.00	32.64
	농어촌	34.50	32.84	35.07
가족유형별	양부모	32.58	31.75	32.90
	한부모·조손	31.16	28.83	31.79

※ 각 항목의 전체 인원은 그 항목에 해당하는 초등학생 수와 중·고생 수의 합을 말한다.

> **보기**
>
> ㄱ. 초등학생과 중·고등학생 모두 남성의 스마트폰 중독 비율이 여성의 스마트폰 중독 비율보다 높다.
> ㄴ. 한부모·조손 가족의 스마트폰 중독 비율은 초등학생의 경우가 중·고등학생 중독 비율의 70% 이상이다.
> ㄷ. 조사대상 중 대도시에 거주하는 초등학생 수는 중·고등학생 수보다 많다.
> ㄹ. 초등학생과 중·고등학생 모두 기초수급가구가 일반가구보다 스마트폰 중독 비율이 높다.

① ㄴ
② ㄱ, ㄷ
③ ㄱ, ㄹ
④ ㄱ, ㄷ, ㄹ
⑤ ㄴ, ㄷ, ㄹ

03 자료 변환

| 유형분석 |

- 문제에 주어진 자료를 도표로 변환하는 문제이다.
- 주로 자료에 있는 수치와 그래프 또는 표에 있는 수치가 서로 일치하는지의 여부를 판단한다.

갑 ~ 무 5명의 직원을 대상으로 신년회를 위한 A ~ E장소에 대한 만족도 조사를 하였다. 5점 만점을 기준으로 장소별 직원들의 점수를 바르게 시각화한 것은?

〈장소별 만족도〉

(단위 : 점)

구분	갑	을	병	정	무	평균
A	2.5	5.0	4.5	2.5	3.5	3.6
B	3.0	4.0	5.0	3.5	4.0	3.9
C	4.0	4.0	3.5	3.0	5.0	3.9
D	3.5	3.5	3.5	4.0	3.0	3.5
E	5.0	3.0	1.0	1.5	4.5	3.0

①
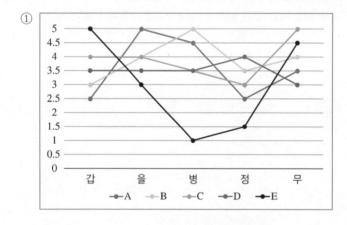

②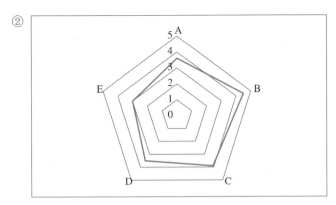

③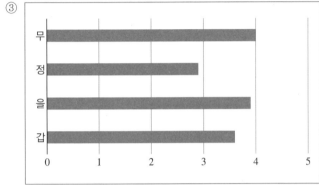

④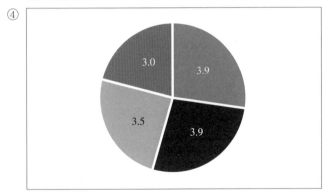

정답 ①

갑, 을, 병, 정, 무 5명의 직원들의 A ~ E장소에 대한 만족도 점수가 그래프에 바르게 나타나 있다.

오답분석

② B장소의 평균 만족도가 3.9점이지만 4.0점 이상으로 나타나 있다.

③ 병의 A ~ E장소에 대한 평균 만족도가 없고, 직원별 A ~ E장소 평균 만족도는 자료의 목적과는 거리가 멀다.

④ A ~ E장소에 대한 평균 만족도에서 표와의 수치를 비교해 보면 3.6점인 A장소가 없고, 수치가 각각 어느 장소의 평균 만족도를 나타내는지 알 수 없다.

풀이 전략!

각 선택지에 도표의 제목이 제시된 경우 제목을 먼저 확인한다. 그다음 어떠한 정보가 필요한지 확인한 후, 문제에서 주어진 자료를 빠르게 확인하여 일치 여부를 판단한다.

01 다음은 H국의 2013년도부터 2023년도까지 주식시장의 현황을 나타낸 자료이다. 종목당 평균 주식 수를 바르게 작성한 그래프는?

〈주식시장 현황〉

구분	2013년	2014년	2015년	2016년	2017년	2018년	2019년	2020년	2021년	2022년	2023년
종목 수 (종목)	958	925	916	902	884	861	856	844	858	885	906
주식 수 (억 주)	90	114	193	196	196	265	237	234	232	250	282

※ (종목당 평균 주식 수)=$\dfrac{(주식\ 수)}{(종목\ 수)}$

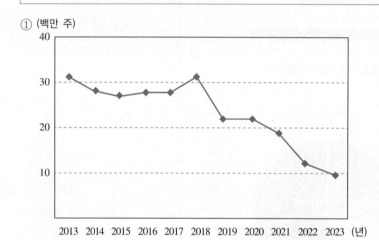

③ (백만 주)

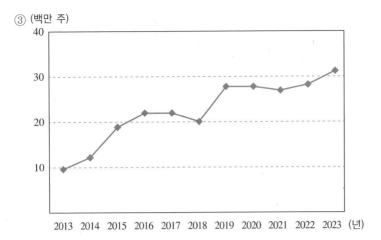

④ (백만 주)

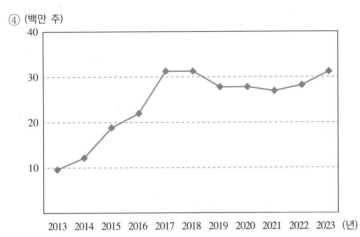

⑤ (백만 주)

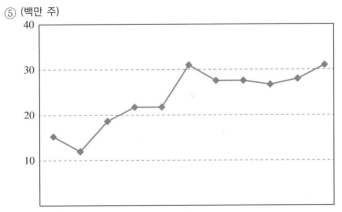

02 다음은 성별 및 연령대별 농가인구에 대한 자료이다. 2022년 대비 2023년 증감률을 바르게 나타낸 그래프는?

〈성별 및 연령대별 농가인구〉

(단위 : 천 명, %)

구분		농가 인구	10세 미만	10 ~ 19세	20 ~ 29세	30 ~ 39세	40 ~ 49세	50 ~ 59세	60 ~ 69세	70세 이상
2022년		3,187 (100.0)	154 (4.8)	267 (8.4)	220 (6.9)	209 (6.6)	368 (11.5)	584 (18.3)	699 (21.9)	686 (21.5)
2023년		3,116 (100.0)	142 (4.6)	256 (8.2)	209 (6.7)	201 (6.5)	338 (10.9)	577 (18.5)	682 (21.9)	711 (22.8)
	남자	1,509 (100.0)	75 (5.0)	138 (9.1)	109 (7.2)	115 (7.6)	165 (10.9)	263 (17.4)	324 (21.5)	320 (21.2)
	여자	1,607 (100.0)	67 (4.2)	118 (7.4)	100 (6.2)	86 (5.4)	174 (10.8)	314 (19.5)	357 (22.2)	391 (24.3)

①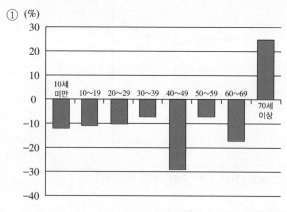

②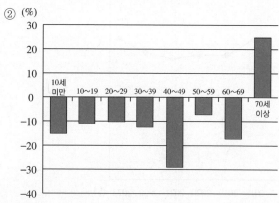

③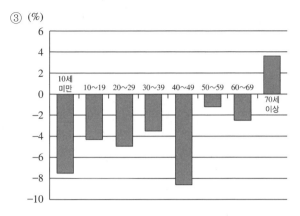

④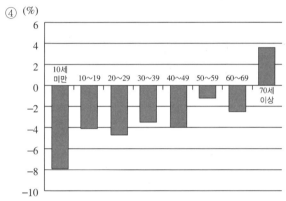

⑤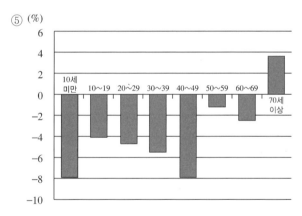

03 다음은 한국인의 주요 사망원인에 대한 자료이다. 인구 10만 명 중 사망원인에 따른 인원수를 나타 낸 그래프로 옳은 것은?(단, 모든 그래프의 단위는 '명'이다)

> 한국인 10만 명 중 무려 185명이나 암으로 사망한다는 통계를 바탕으로 암이 한국인 사망원인 1위로 알려진 가운데, 그 밖의 순위에 대한 관심도 뜨겁다. 2위와 3위는 각각 심장과 뇌 관련 질환으로 알려졌고, 또한 1위와의 차이는 20명 미만일 정도로 크게 차이를 보이지 않아 한국인 주요 3대 사망 원인으로 손꼽아진다. 특히 4위는 자살로 알려져 큰 충격을 더하고 있는데, 우리나라의 경우 20대ㆍ 30대 사망원인 1위가 자살이며, 인구 10만 명 당 50명이나 이로 인해 사망한다고 한다. 그 다음으로 는 당뇨, 치매, 고혈압의 순서이다.

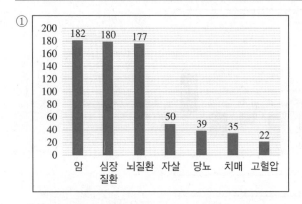

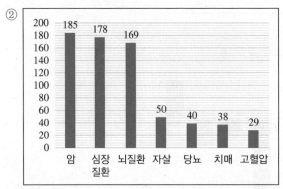

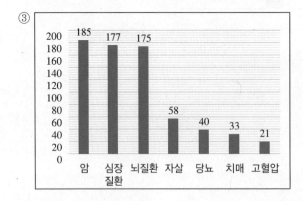

④

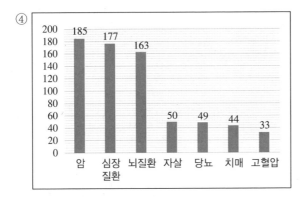

⑤

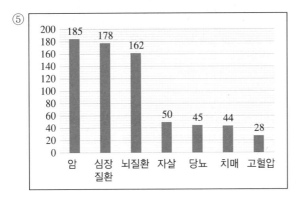

문제해결능력

합격 Cheat Key

문제해결능력은 업무를 수행하면서 여러 가지 문제 상황이 발생하였을 때, 창의적이고 논리적인 사고를 통하여 이를 올바르게 인식하고 적절히 해결하는 능력으로, 하위 능력에는 사고력과 문제처리능력이 있다.

문제해결능력은 NCS 기반 채용을 진행하는 대다수의 공사·공단에서 채택하고 있으며, 다양한 자료와 함께 출제되는 경우가 많아 어렵게 느껴질 수 있다. 특히, 난이도가 높은 문제로 자주 출제되기 때문에 다른 영역보다 더 많은 노력이 필요할 수는 있지만 그렇기에 차별화를 할 수 있는 득점 영역이므로 포기하지 말고 꾸준하게 노력해야 한다.

1 질문의 의도를 정확하게 파악하라!

문제해결능력은 문제에서 무엇을 묻고 있는지 정확하게 파악하여 먼저 풀이 방향을 설정하는 것이 가장 중요하다. 특히, 조건이 주어지고 답을 찾는 창의적·분석적인 문제가 주로 출제되고 있기 때문에 처음에 정확한 풀이 방향이 설정되지 않는다면 문제를 제대로 풀지 못하게 되므로 첫 번째로 출제 의도 파악에 집중해야 한다.

2 중요한 정보는 반드시 표시하라!

출제 의도를 정확히 파악하기 위해서는 문제의 중요한 정보를 반드시 표시하거나 메모하여 하나의 조건, 단서도 잊고 넘어가는 일이 없도록 해야 한다. 실제 시험에서는 시간의 압박과 긴장감으로 정보를 잘못 적용하거나 잊어버리는 실수가 많이 발생하므로 사전에 충분한 연습이 필요하다.

3 반복 풀이를 통해 취약 유형을 파악하라!

문제해결능력은 특히 시간관리가 중요한 영역이다. 따라서 정해진 시간 안에 고득점을 할 수 있는 효율적인 문제 풀이 방법을 찾아야 한다. 이때, 반복적인 문제 풀이를 통해 자신이 취약한 유형을 파악하는 것이 중요하다. 정확하게 풀 수 있는 문제부터 빠르게 풀고 취약한 유형은 나중에 푸는 효율적인 문제 풀이를 통해 최대한 고득점을 맞는 것이 중요하다.

명제 추론

| 유형분석 |

- 주어진 문장을 토대로 논리적으로 추론하여 참 또는 거짓을 구분하는 문제이다.
- 대체로 연역추론을 활용한 명제 문제가 출제된다.
- 자료를 제시하고 새로운 결과나 자료에 주어지지 않은 내용을 추론해 가는 형식의 문제가 출제된다.

어느 도시에 있는 병원의 공휴일 진료 현황은 다음과 같다. 공휴일에 진료하는 병원의 수는?

- B병원이 진료를 하지 않으면, A병원은 진료를 한다.
- B병원이 진료를 하면, D병원은 진료를 하지 않는다.
- A병원이 진료를 하면, C병원은 진료를 하지 않는다.
- C병원이 진료를 하지 않으면, E병원이 진료를 한다.
- E병원은 공휴일에 진료를 하지 않는다.

① 1곳　　　　　　　　　　　　② 2곳
③ 3곳　　　　　　　　　　　　④ 4곳
⑤ 5곳

정답　②

제시된 진료 현황을 각각의 명제로 보고 이들을 수식으로 설명하면 다음과 같다(단, 명제가 참일 경우 그 대우도 참이다).
- B병원이 진료를 하지 않으면 A병원이 진료한다(~B → A / ~A → B).
- B병원이 진료를 하면 D병원은 진료를 하지 않는다(B → ~D / D → ~B).
- A병원이 진료를 하면 C병원은 진료를 하지 않는다(A → ~C / C → ~A).
- C병원이 진료를 하지 않으면 E병원이 진료한다(~C → E / ~E → C).
이를 하나로 연결하면, D병원이 진료를 하면 B병원이 진료를 하지 않고, B병원이 진료를 하지 않으면 A병원은 진료를 한다. A병원이 진료를 하면 C병원은 진료를 하지 않고, C병원이 진료를 하지 않으면 E병원은 진료를 한다(D → ~B → A → ~C → E). 명제가 참일 경우 그 대우도 참이므로 ~E → C → ~A → B → ~D가 된다. E병원은 공휴일에 진료를 하지 않으므로 위의 명제를 참고하면 C와 B병원만이 진료를 하는 경우가 된다. 따라서 공휴일에 진료를 하는 병원은 2곳이다.

풀이 전략!

명제와 관련한 기본적인 논법에 대해서는 미리 학습해 두며, 이를 바탕으로 각 문장에 있는 핵심단어 또는 문구를 기호화하여 정리한 후, 선택지와 비교하여 참 또는 거짓을 판단한다.

01   B씨는 금융상품에 가입하고자 한다. 다음 〈조건〉이 모두 참일 때, 항상 거짓인 것은?

조건
- B는 햇살론, 출발적금, 희망예금, 미소펀드, 대박적금 중 세 개의 금융상품에 가입한다.
- 햇살론을 가입하면 출발적금에는 가입하지 않으며, 미소펀드에도 가입하지 않는다.
- 대박적금에 가입하지 않으면 햇살론에 가입한다.
- 미소펀드에 반드시 가입한다.
- 미소펀드에 가입하거나 출발적금에 가입하면, 희망예금에 가입한다.

① 희망예금에 가입한다.
② 대박적금에 가입한다.
③ 미소펀드와 햇살론 중 하나의 금융상품에만 가입한다.
④ 출발적금에 가입한다.
⑤ 햇살론에는 가입하지 않는다.

02   어떤 보안회사에서는 하루 동안 정확하게 A ~ G 7개 업체의 보안점검을 실시한다. 다음과 같은 〈조건〉에 따라 E가 3번째로 점검을 받는다면, 반드시 은행인 곳은?

조건
- 보안점검은 한 번에 한 업체만 실시하게 되며, 하루에 같은 업체를 중복해서 점검하지는 않는다.
- 7개의 업체는 은행 아니면 귀금속점이다.
- 귀금속점은 2회 이상 연속해서 점검하지 않는다.
- F는 B와 D를 점검하기 전에 점검한다.
- F를 점검하기 전에 점검하는 업체 가운데 정확히 두 곳은 귀금속점이다.
- A는 6번째로 점검한다.
- G는 C를 점검하기 전에 점검한다.

① A   ② B
③ C   ④ D
⑤ E

03 A ~ C상자에 금화 13개가 나뉘어 들어 있는데, 금화는 A상자에 가장 적게 있고, C상자에 가장 많이 있다. 각 상자에는 금화가 하나 이상 있으며, 개수가 서로 다르다는 사실을 알고 있는 갑, 을, 병이 다음과 같은 순서로 상자를 열어본 후 말했다. 이들의 말이 모두 참일 때, B상자에 들어 있는 금화의 개수는?

갑이 A상자를 열어본 후 말했다.
"B와 C에 금화가 각각 몇 개 있는지 알 수 없어."
을은 갑의 말을 듣고 C상자를 열어본 후 말했다.
"A와 B에 금화가 각각 몇 개 있는지 알 수 없어."
병은 갑과 을의 말을 듣고 B상자를 열어본 후 말했다.
"A와 C에 금화가 각각 몇 개 있는지 알 수 없어."

① 2개   ② 3개
③ 4개   ④ 5개
⑤ 6개

04 카드게임을 하기 위해 A ~ F 6명이 원형 테이블에 앉고자 한다. 다음 〈조건〉에 따라 이들의 좌석을 배치하고자 할 때, F와 이웃하여 앉을 사람은?(단, 좌우 방향은 원탁을 바라보고 앉은 상태를 기준으로 한다)

조건
• B는 C와 이웃하여 앉는다.
• A는 E와 마주보고 앉는다.
• C의 오른쪽에는 E가 앉는다.
• F는 A와 이웃하여 앉지 않는다.

① B, C   ② B, D
③ C, D   ④ C, E
⑤ D, E

05 A ~ D 네 사람은 한 아파트에 살고 있고, 이 아파트는 1층과 2층, 층별로 1호, 2호로 구성되어 있다. 다음 〈조건〉을 참고할 때, 〈보기〉 중 옳은 것을 모두 고르면?

조건

- 각 집에는 한 명씩만 산다.
- D는 2호에 살고, A는 C보다 위층에 산다.
- B와 C는 서로 다른 호수에 산다.
- A와 B는 이웃해 있다.

보기

ㄱ 1층 1호 – C 　　　　　　　ㄴ 1층 2호 – B
ㄷ 2층 1호 – A 　　　　　　　ㄹ 2층 2호 – D

① ㄱ, ㄴ 　　　　　　　　　　② ㄱ, ㄷ
③ ㄴ, ㄷ 　　　　　　　　　　④ ㄴ, ㄹ
⑤ ㄱ, ㄴ, ㄷ, ㄹ

PART 1

| 유형분석 |

- 주어진 상황과 규칙을 종합적으로 활용하여 풀어가는 문제이다.
- 일정, 비용, 순서 등 다양한 내용을 다루고 있어 유형을 한 가지로 단일화하기 어렵다.

갑은 다음 규칙을 참고하여 알파벳 단어를 숫자로 변환하고자 한다. 규칙을 적용한 〈보기〉의 ㈀ ~ ㉣ 단어에서 알파벳 Z에 해당하는 자연수들을 모두 더한 값은?

〈규칙〉

① 알파벳 'A'부터 'Z'까지 순서대로 자연수를 부여한다.

　예 A=2라고 하면 B=3, C=4, D=5이다.

② 단어의 음절에 같은 알파벳이 연속되는 경우 ①에서 부여한 숫자를 알파벳이 연속되는 횟수만큼 거듭제곱한다.

　예 A=2이고 단어가 'AABB'이면 AA는 '2^2'이고, BB는 '3^2'이므로 '49'로 적는다.

보기

㈀ AAABBCC는 100000010020110404로 변환된다.

㈁ CDFE는 3465로 변환된다.

㈂ PJJYZZ는 1712126729로 변환된다.

㈃ QQTSR은 625282726으로 변환된다.

---

① 154　　　　　　　　　　　　② 176

③ 199　　　　　　　　　　　　④ 212

⑤ 234

정답　④

㈀ A=100, B=101, C=102이다. 따라서 Z=125이다.

㈁ C=3, D=4, E=5, F=6이다. 따라서 Z=26이다.

㈂ P가 17임을 볼 때, J=11, Y=26, Z=27이다.

㈃ Q=25, R=26, S=27, T=28이다. 따라서 Z=34이다.

따라서 해당하는 Z값을 모두 더하면 125+26+27+34=212이다.

풀이 전략!

문제에 제시된 조건이나 규칙을 정확히 파악한 후, 선택지나 상황에 적용하여 문제를 풀어나간다.

01 다음 〈조건〉을 근거로 〈보기〉를 계산한 값은?

조건

연산자 A, B, C, D는 다음과 같이 정의한다.
- A : 좌우에 있는 두 수를 더한다. 단, 더한 값이 10 미만이면 좌우에 있는 두 수를 곱한다.
- B : 좌우에 있는 두 수 가운데 큰 수에서 작은 수를 뺀다. 단, 두 수가 같거나 뺀 값이 10 미만이면 두 수를 곱한다.
- C : 좌우에 있는 두 수를 곱한다. 단, 곱한 값이 10 미만이면 좌우에 있는 두 수를 더한다.
- D : 좌우에 있는 두 수 가운데 큰 수를 작은 수로 나눈다. 단, 두 수가 같거나 나눈 값이 10 미만이면 두 수를 곱한다.
※ 연산은 '( )', '[ ]'의 순으로 한다.

보기

$$[(1 A 5) B (3 C 4)] D 6$$

① 10 ② 12

③ 90 ④ 210

⑤ 360

02 A팀과 B팀은 보안등급 상에 해당하는 문서를 나누어 보관하고 있다. 이에 따라 두 팀은 보안을 위해 다음과 같은 규칙에 따라 각 팀의 비밀번호를 지정하였다. 다음 중 A팀과 B팀에 들어갈 수 있는 암호배열은?

〈규칙〉

- 1 ~ 9까지의 숫자로 (한 자릿수)×(두 자릿수)=(세 자릿수)=(두 자릿수)×(한 자릿수) 형식의 비밀번호로 구성한다.
- 가운데에 들어갈 세 자릿수의 숫자는 156이며 숫자는 중복 사용할 수 없다. 즉, 각 팀의 비밀번호에 1, 5, 6이란 숫자가 들어가지 않는다.

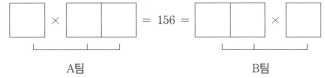

A팀   B팀

① 23 ② 27

③ 29 ④ 37

⑤ 39

03 귀하는 자동차도로 고유번호 부여 규정을 근거로 하여 도로에 노선번호를 부여할 계획이다. 다음 그림에서 점선은 '영토'를, 실선은 '고속국도'를 표시한 것이며, (가) ~ (라)는 '간선노선'을 (마), (바)는 '보조간선노선'을 나타낸 것이다. 다음 중 노선번호를 바르게 부여한 것은?

〈자동차도로 고유번호 부여 규정〉

자동차도로는 관리상 고속국도, 일반국도, 특별광역시도, 지방도, 시도, 군도, 구도의 일곱 가지로 구분된다. 이들 각 도로에는 고유번호가 부여되어 있고, 이는 지형도상의 특정 표지판 모양 안에 표시되어 있다. 그러나 군도와 구도는 구간이 짧고 노선 수가 많아 노선번호가 중복될 우려가 있어 표지상에 번호를 표기하지 않는다.

고속국도 가운데 간선노선의 경우 두 자리 숫자를 사용하며, 남북을 연결하는 경우는 서에서 동으로 가면서 숫자가 증가하는데 끝자리에 5를 부여하고, 동서를 연결하는 경우는 남에서 북으로 가면서 숫자가 증가하는데 끝자리에 0을 부여한다.

보조간선노선은 간선노선 사이를 연결하는 고속국도로, 이 역시 두 자리 숫자로 표기한다. 그런데 보조간선노선이 남북을 연결하는 모양에 가까우면 첫자리는 남쪽 시작점의 간선노선 첫자리를 부여하고 끝자리에는 5를 제외한 홀수를 부여한다. 한편 동서를 연결하는 모양에 가까우면 첫자리는 동서를 연결하는 간선노선 가운데 해당 보조간선노선의 바로 아래쪽에 있는 간선노선의 첫자리를 부여하며, 이때 끝자리는 0을 제외한 짝수를 부여한다.

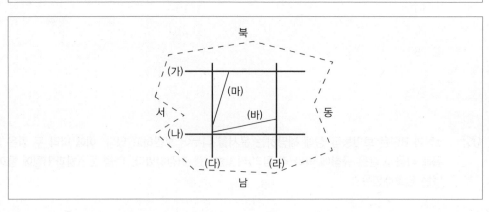

	(가)	(나)	(다)	(라)	(마)	(바)
①	25	15	10	20	19	12
②	20	10	15	25	18	14
③	25	15	20	10	17	12
④	20	10	15	25	17	12
⑤	20	15	15	25	17	14

04 다음은 규칙에 따라 2에서 10까지의 서로 다른 자연수의 관계를 나타낸 그림이다. 이때 A ~ C에 해당하는 수의 합은?

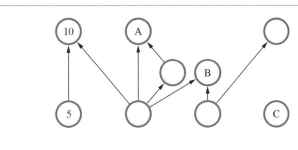

〈규칙〉

- 2에서 10까지의 자연수는 ◯ 안에 한 개씩만 사용되고, 사용되지 않는 자연수는 없다.
- 2에서 10까지의 서로 다른 임의의 자연수 3개를 x, y, z라고 할 때 다음과 같다.
  - x ⟶ y 는 y가 x의 배수임을 나타낸다.
  - 화살표로 연결되지 않은 z 는 z가 x, y와 약수나 배수 관계가 없음을 나타낸다.

① 20   ② 21

③ 22   ④ 23

⑤ 24

03 SWOT 분석

| 유형분석 |

- 상황에 대한 환경 분석 결과를 통해 주요 과제를 도출하는 문제이다.
- 주로 3C 분석 또는 SWOT 분석을 활용한 문제들이 출제되고 있으므로 해당 분석도구에 대한 사전 학습이 요구된다.

다음 설명을 참고하여 기사를 읽고 B자동차가 취할 수 있는 전략으로 가장 적절한 것은?

'SWOT'는 Strength(강점), Weakness(약점), Opportunity(기회), Threat(위협)의 머리글자를 따서 만든 단어로, 경영 전략을 세우는 방법론이다. SWOT로 도출된 조직의 내·외부 환경을 분석하고, 이 결과를 통해 대응전략을 구상할 수 있다. 'SO전략'은 기회를 활용하기 위해 강점을 사용하는 전략이고, 'WO전략'은 약점을 보완 또는 극복하여 시장의 기회를 활용하는 전략이다. 'ST전략'은 위협을 피하기 위해 강점을 활용하는 방법이며, 'WT전략'은 위협요인을 피하기 위해 약점을 보완하는 전략이다.

- 새로운 정권의 탄생으로 자동차 업계 내 새로운 바람이 불 것으로 예상된다. A당선인이 이번 선거에서 친환경차 보급 확대를 주요 공약으로 내세웠고, 공약에 따라 공공기관용 친환경차 비율을 70%로 상향시키기로 하고, 친환경차 보조금 확대 등을 통해 친환경차 보급률을 높이겠다는 계획을 세웠다. 또한 최근 환경을 생각하는 국민 의식의 향상과 친환경차의 연비 절감 부분이 친환경차 구매 욕구 상승에 기여하고 있다.
- B자동차는 기존에 전기자동차 모델들을 꾸준히 출시하여 성장세가 두드러지고 있는데다 고객들의 다양한 구매 욕구를 충족시킬 만한 전기자동차 상품의 다양성을 확보하였다. 또한, B자동차의 전기자동차 미국 수출이 증가하고 있는 만큼 앞으로의 전망도 밝을 것으로 예상된다.

① SO전략   ② WO전략

③ ST전략   ④ WT전략

정답 ①

- Strength(강점) : B자동차는 전기자동차 모델들을 꾸준히 출시하여 성장세가 두드러지고 있는데다 고객들의 다양한 구매 욕구를 충족시킬 만한 전기자동차 상품의 다양성을 확보하였다.
- Opportunity(기회) : 새로운 정권에서 친환경차 보급 확대에 적극 나설 것으로 보인다는 점과 환경을 생각하는 국민 의식의 향상과 친환경차의 연비 절감 부분이 친환경차 구매 욕구 상승에 기여하고 있다.

따라서 B자동차가 취할 수 있는 전략으로는 SO전략이 적절하다.

풀이 전략!

문제에 제시된 분석도구를 확인한 후, 분석 결과를 종합적으로 판단하여 각 선택지의 전략 과제와 일치 여부를 판단한다.

01 H공사에 근무 중인 L사원은 국내 금융 시장에 대한 보고서를 작성하면서 H공사에 대한 SWOT 분석을 진행하였다. 다음 중 L사원이 작성한 SWOT 분석의 위협 요인에 들어갈 내용으로 적절하지 않은 것은?

강점(Strength)	약점(Weakness)
• 지속적 혁신에 대한 경영자의 긍정적 마인드 • 고객만족도 1위의 높은 고객 충성도 • 다양한 투자 상품 개발	• 해외 투자 경험 부족으로 취약한 글로벌 경쟁력 • 타 은행에 비해 부족한 공사 금융
기회(Opportunity)	위협(Threat)
• 국내 유동자금의 증가 • 해외 금융시장 진출 확대 • 정부의 규제 완화 정책	

① 정부의 정책 노선 혼란 등으로 인한 시장의 불확실성 증가

② 경기 침체 장기화

③ 부족한 리스크 관리 능력

④ 금융업의 경계 파괴에 따른 경쟁 심화

⑤ 글로벌 금융사의 국내 시장 진출

02 H공사의 기획팀 B팀장은 C사원에게 H공사에 대한 마케팅 전략 보고서를 요청하였다. C사원이 B팀장에게 제출한 SWOT 분석 결과가 다음과 같을 때, 밑줄 친 ㉠~㉢ 중 SWOT 분석에 들어갈 내용으로 적절하지 않은 것은?

〈SWOT 분석 결과〉	
강점(Strength)	• 새롭고 혁신적인 서비스 • ㉠ 직원들에게 가치를 더하는 공사의 다양한 측면 • 특화된 마케팅 전문 지식
약점(Weakness)	• 낮은 품질의 서비스 • ㉡ 경쟁자의 시장 철수로 인한 시장 진입 가능성
기회(Opportunity)	• ㉢ 합작회사를 통한 전략적 협력 구축 가능성 • 글로벌 시장으로의 접근성 향상
위협(Threat)	• ㉣ 주력 시장에 나타난 신규 경쟁자 • ㉤ 경쟁 기업의 혁신적 서비스 개발 • 경쟁 기업과의 가격 전쟁

① ㉠

② ㉡

③ ㉢

④ ㉣

⑤ ㉤

03 다음은 경제자유구역사업에 대한 SWOT 분석 결과를 토대로 SWOT 분석에 의한 경영 전략에 따라 판단한 자료이다. 다음 〈보기〉 중 SWOT 분석에 의한 경영 전략에 따른 판단으로 적절하지 않은 것을 모두 고르면?

〈경제자유구역사업에 대한 SWOT 분석 결과〉

구분	분석 결과
강점(Strength)	• 성공적인 경제자유구역 조성 및 육성 경험 • 다양한 분야의 경제자유구역 입주희망 국내기업 확보
약점(Weakness)	• 과다하게 높은 외자금액 비율 • 외국계 기업과 국내기업 간의 구조 및 운영상 이질감
기회(Opportunity)	• 국제경제 호황으로 인하여 타국 사업지구 입주를 희망하는 해외시장부문의 지속적 증가 • 국내진출 해외기업 증가로 인한 동형화 및 협업 사례 급증
위협(Threat)	• 국내거주 외국인 근로자에 대한 사회적 포용심 부족 • 대대적 교통망 정비로 인한 기성 대도시의 흡수효과 확대

〈SWOT 분석에 의한 경영 전략〉

• SO전략 : 강점을 활용하여 기회를 선점하는 전략
• ST전략 : 강점을 활용하여 위협을 최소화하거나 극복하는 전략
• WO전략 : 기회를 활용하여 약점을 보완하는 전략
• WT전략 : 약점을 최소화하고 위협을 회피하는 전략

보기

ㄱ. 성공적인 경제자유구역 조성 노하우를 활용하여 타국 사업지구로의 진출을 희망하는 해외기업을 유인 및 유치하는 전략은 SO전략에 해당한다.
ㄴ. 다수의 풍부한 경제자유구역 성공 사례를 바탕으로 외국인 근로자를 국내주민과 문화적으로 동화시킴으로써 원활한 지역발전의 토대를 조성하는 전략은 ST전략에 해당한다.
ㄷ. 기존에 국내에 입주한 해외기업의 동형화 사례를 활용하여 국내기업과 외국계 기업의 운영상 이질감을 해소하여 생산성을 증대시키는 전략은 WO전략에 해당한다.
ㄹ. 경제자유구역 인근 대도시와의 연계를 활성화하여 경제자유구역 내 국내·외 기업 간의 이질감을 해소하는 전략은 WT전략에 해당한다.

① ㄱ, ㄴ
② ㄱ, ㄷ
③ ㄴ, ㄷ
④ ㄴ, ㄹ
⑤ ㄷ, ㄹ

04 H공사에 근무하는 A대리는 국내 자율주행자동차 산업에 대한 SWOT 분석 결과에 따라 국내 자율주행자동차 산업 발달을 위한 방안을 고안하는 중이다. A대리가 SWOT 분석에 의한 경영 전략에 따라 판단하였다고 할 때, 다음 〈보기〉 중 SWOT 분석에 의한 경영 전략에 따른 판단으로 적절하지 않은 것을 모두 고르면?

〈국내 자율주행자동차 산업에 대한 SWOT 분석 결과〉

구분	분석 결과
강점(Strength)	• 민간 자율주행기술 R&D지원을 위한 대규모 예산 확보 • 국내외에서 우수한 평가를 받는 국내 자동차기업 존재
약점(Weakness)	• 국내 민간기업의 자율주행기술 투자 미비 • 기술적 안전성 확보 미비
기회(Opportunity)	• 국가의 지속적 자율주행자동차 R&D 지원법안 본회의 통과 • 완성도 있는 자율주행기술을 갖춘 외국 기업들의 등장
위협(Threat)	• 자율주행차에 대한 국민들의 심리적 거부감 • 자율주행차에 대한 국가의 과도한 규제

〈SWOT 분석에 의한 경영 전략〉

• SO전략 : 기회를 이용해 강점을 활용하는 전략
• ST전략 : 강점을 활용하여 위협을 최소화하거나 극복하는 전략
• WO전략 : 기회를 활용하여 약점을 보완하는 전략
• WT전략 : 약점을 최소화하고 위협을 회피하는 전략

보기

ㄱ. 자율주행기술 수준이 우수한 외국 기업과의 기술이전협약을 통해 국내 우수 자동차기업들의 자율주행기술 연구 및 상용화 수준을 향상시키려는 전략은 SO전략에 해당한다.
ㄴ. 민간의 자율주행기술 R&D를 적극 지원하여 자율주행기술의 안전성을 높이려는 전략은 ST전략에 해당한다.
ㄷ. 자율주행자동차 R&D를 지원하는 법률을 토대로 국내 기업의 기술개발을 적극 지원하여 안전성을 확보하려는 전략은 WO전략에 해당한다.
ㄹ. 자율주행기술개발에 대한 국내기업의 투자가 부족하므로 국가기관이 주도하여 기술개발을 추진하는 전략은 WT전략에 해당한다.

① ㄱ, ㄴ   ② ㄱ, ㄷ
③ ㄴ, ㄷ   ④ ㄴ, ㄹ
⑤ ㄱ, ㄴ, ㄷ

04 자료 해석

| 유형분석 |

- 주어진 자료를 해석하고 활용하여 풀어가는 문제이다.
- 꼼꼼하고 분석적인 접근이 필요한 다양한 자료들이 출제된다.

H사 인사팀 직원인 A씨는 사내 설문조사를 통해 요즘 사람들이 연봉보다는 일과 삶의 균형을 더 중요시하고 직무의 전문성을 높이고 싶어 한다는 결과를 도출했다. 다음 중 설문조사 결과와 H사 임직원의 근무여건에 대한 자료를 참고하여 인사제도를 합리적으로 변경한 것은?

〈임직원 근무여건〉

구분	주당 근무 일수(평균)	주당 근무시간(평균)	직무교육 여부	퇴사율
정규직	6일	52시간 이상	○	17%
비정규직 1	5일	40시간 이상	○	12%
비정규직 2	5일	20시간 이상	×	25%

① 정규직의 연봉을 7% 인상한다.
② 정규직을 비정규직으로 전환한다.
③ 비정규직 1의 직무교육을 비정규직 2와 같이 조정한다.
④ 정규직의 주당 근무시간을 비정규직 1과 같이 조정하고 비정규직 2의 직무교육을 시행한다.
⑤ 비정규직 2의 근무 일수를 정규직과 같이 조정한다.

정답 ④

정규직의 주당 근무시간을 비정규직 1과 같이 줄여 근무여건을 개선하고, 퇴사율이 가장 높은 비정규직 2의 직무교육을 시행하여 퇴사율을 줄이는 것이 가장 합리적이다.

오답분석
① 설문조사 결과에서 연봉보다는 일과 삶의 균형을 더 중요시한다고 하였으므로 연봉이 상승하는 것은 퇴사율에 영향을 미치지 않음을 알 수 있다.
② 정규직을 비정규직으로 전환하는 것은 고용의 안정성을 낮추어 퇴사율을 더욱 높일 수 있다.
③ 직무교육을 하지 않는 비정규직 2보다 직무교육을 하는 정규직과 비정규직 1의 퇴사율이 더 낮기 때문에 적절하지 않다.
⑤ 비정규직 2의 주당 근무 일수를 정규직과 같이 조정하면 주 6일 20시간을 근무하게 되어 비효율적인 업무를 수행한다.

풀이 전략!

문제해결을 위해 필요한 정보가 무엇인지 먼저 파악한 후, 제시된 자료를 분석적으로 읽고 해석한다.

01 다음은 제품 생산에 따른 공정 관리를 나타낸 자료이다. 이에 대한 설명으로 옳은 것을 〈보기〉에서 모두 고르면?(단, 각 공정은 동시 진행이 가능하다)

공정 활동	선행 공정	시간(분)
A. 부품 선정	없음	2
B. 절삭 가공	A	2
C. 연삭 가공	A	5
D. 부품 조립	B, C	4
E. 전해 연마	D	3
F. 제품 검사	E	1

※ 공정 간 부품의 이동 시간은 무시하며, A공정부터 시작되어 공정별로 1명의 작업 담당자가 수행한다.

> **보기**
> ㄱ. 전체 공정을 완료하기 위해서는 15분이 소요된다.
> ㄴ. 첫 제품 생산 후부터 1시간마다 3개씩 제품이 생산된다.
> ㄷ. B공정이 1분 더 지연되어도 전체 공정 시간은 변화가 없다.

① ㄱ
② ㄴ
③ ㄱ, ㄷ
④ ㄴ, ㄷ
⑤ ㄱ, ㄴ, ㄷ

※ 귀하는 H외식업체에서 근무하고 있으며, 최근 개점한 한식 뷔페 K지점의 고객현황을 분석하여 다음과 같은 결과를 도출하였다. 이어지는 질문에 답하시오. **[2~4]**

〈한식 뷔페 K지점 고객현황〉

■ 일반현황
  • 운영시간 : 런치 11:00 ~ 15:00, 디너 16:00 ~ 20:00
  • 장소 : 서울 서초구 서초대로 ○○길
  • 직원 수 : 30명
  • 수용인원 : ___명

■ 주요 시간대별 고객출입현황
  • 런치

11:00 ~ 11:30	11:30 ~ 12:30	12:30 ~ 13:30	13:30 ~ 14:30
20명	2분당 +3명, 5분당 -1명	1분당 +2명, 6분당 -5명	5분당 +6명, 3분당 -2명

  • 디너

16:00 ~ 16:30	16:30 ~ 17:30	17:30 ~ 18:30	18:30 ~ 19:30
20명	2분당 +7명, 3분당 -7명	1분당 +3명, 5분당 -6명	5분당 +4명, 3분당 -3명

※ 주요 시간대별 개장 후 30분 동안은 고객의 추가 출입이 없다.
※ 주요 시간대별 마감 전 30분 동안은 고객을 받지 않는다.

---

02 12:00에 매장에서 식사하고 있는 고객 수는 총 몇 명인가?

① 58명 ② 59명
③ 60명 ④ 61명
⑤ 62명

03 런치가격이 10,000원이고, 디너가격이 15,000원이라면 하루 동안 벌 수 있는 매출액은 얼마인가?

① 6,850,000원 ② 7,700,000원
③ 9,210,000원 ④ 9,890,000원
⑤ 9,950,000원

04 고객현황 조사 당일에 만석이었던 적이 한 번 있었다고 한다면, 매장의 좌석은 모두 몇 석인가?

① 200석 ② 208석
③ 220석 ④ 228석
⑤ 240석

05 귀하는 점심식사 중 식당에 있는 TV에서 정부의 정책에 대한 뉴스가 나오는 것을 보았다. 함께 점심을 먹는 동료들과 뉴스를 보고 나눈 대화의 내용으로 적절하지 않은 것은?

〈뉴스〉

앵커 : 저소득층에게 법률서비스를 제공하는 정책을 구상 중입니다. 정부는 무료로 법률자문을 하겠다고 자원하는 변호사를 활용하는 자원봉사제도, 정부에서 법률 구조공단 등의 기관을 신설하고 변호사를 유급으로 고용하여 법률서비스를 제공하는 유급법률구조제도, 정부가 법률서비스의 비용을 대신 지불하는 법률보호제도 등의 세 가지 정책대안 중 하나를 선택할 계획입니다.

이 정책대안을 비교하는 데 고려해야 할 정책목표는 비용저렴성, 접근용이성, 정치적 실현가능성, 법률서비스의 전문성입니다. 정책대안과 정책목표의 상관관계는 화면으로 보여드립니다. 각 대안이 정책목표를 달성하는 데 유리한 경우는 (+)로, 불리한 경우는 (−)로 표시하였으며, 유·불리 정도는 같습니다. 정책목표에 대한 가중치의 경우, '0'은 해당 정책목표를 무시하는 것을, '1'은 해당 정책목표를 고려하는 것을 의미합니다.

〈정책대안과 정책목표의 상관관계〉

정책목표	가중치		정책대안		
	A안	B안	자원봉사제도	유급법률구조제도	법률보호제도
비용저렴성	0	0	+	−	−
접근용이성	1	0	−	+	−
정치적 실현가능성	0	0	+	−	+
전문성	1	1	−	+	−

① 비용저렴성을 달성하기에 가장 유리한 정책대안은 자원봉사제도로군.

② A안과 B안 중 어떤 것을 적용하더라도 정책대안 비교의 결과는 달라지지 않을 것으로 보여.

③ B안에 가중치를 적용할 경우 자원봉사제도가 가장 적절한 정책대안으로 평가받게 될 것 같아.

④ 아마도 전문성 면에서는 유급법률구조제도가 자원봉사제도보다 더 좋은 정책 대안으로 평가받게 되겠군.

⑤ A안에 가중치를 적용할 경우 유급법률구조제도가 가장 적절한 정책대안으로 평가받게 되지 않을까?

※ H공사에서는 임직원 해외연수를 추진하고 있다. 다음 자료를 보고 이어지는 질문에 답하시오. **[6~7]**

〈2024년 임직원 해외연수 공지사항〉

· 해외연수 국가 : 네덜란드, 일본
· 해외연수 일정 : 2024년 12월 20일 ~ 2024년 12월 30일(10일간)
· 해외연수 인원 : 나라별 2명씩 총 4명
· 해외연수 인원 선발 방법 : 2023년 업무평가 항목 평균 점수 상위 4명 선발

〈주택도시보증공사 임직원 2023년 업무평가〉

(단위 : 점)

성명	직급	2023년 업무평가		
		조직기여	대외협력	기획
유시진	팀장	58	68	83
최은서	팀장	79	98	96
양현종	과장	84	72	86
오선진	대리	55	91	75
이진영	대리	90	84	97
장수원	대리	78	95	85
김태균	주임	97	76	72
류현진	주임	69	78	54
강백호	사원	77	83	66
최재훈	사원	80	94	92

06 다음 중 해외연수 대상자가 될 수 있는 직원끼리 바르게 짝지어진 것은?

① 유시진, 최은서
② 양현종, 오선진
③ 이진영, 장수원
④ 김태균, 류현진
⑤ 강백호, 최재훈

07 H공사는 2024년 임직원 해외연수 인원을 나라별로 1명씩 늘려 총 6명으로 확대하려고 한다. 이때, 해외연수 대상자가 될 수 없는 직원은?

① 양현종
② 오선진
③ 이진영
④ 김태균
⑤ 최재훈

※ 다음은 음료의 메뉴판과 이번 주 일기예보이다. A사원은 그 날의 날씨와 평균기온을 고려하여 〈조건〉에 따라 자신이 마실 음료를 고른다. 이어지는 질문에 답하시오. [8~9]

〈메뉴판〉

(단위 : 원)

커피류			차 및 에이드류		
구분	작은 컵	큰 컵	구분	작은 컵	큰 컵
아메리카노	3,900	4,300	자몽에이드	4,200	4,700
카페라테	4,400	4,800	레몬에이드	4,300	4,800
바닐라라테	4,600	5,000	자두에이드	4,500	4,900
카페모카	5,000	5,400	밀크티	4,300	4,800

〈이번 주 일기예보〉

구분	7월 22일 일요일	7월 23일 월요일	7월 24일 화요일	7월 25일 수요일	7월 26일 목요일	7월 27일 금요일	7월 28일 토요일
날씨	흐림	맑음	맑음	흐림	비	비	맑음
평균기온	24℃	26℃	28℃	27℃	27℃	25℃	26℃

조건
- A사원은 맑거나 흐린 날에는 차 및 에이드류를 마시고, 비가 오는 날에는 커피류를 마신다.
- 평균기온이 26℃ 미만인 날에는 작은 컵으로, 26℃ 이상인 날은 큰 컵으로 마신다.
- 커피를 마시는 날 중 평균기온이 25℃ 미만인 날은 아메리카노를, 25℃ 이상, 27℃ 미만인 날은 바닐라라테를, 27℃인 날은 카페라테를, 28℃ 이상인 날은 카페모카를 마신다.
- 차 및 에이드류를 마시는 날 중 평균기온이 27℃ 미만인 날은 자몽에이드를, 27℃ 이상인 날은 자두에이드를 마신다. 단, 비가 오지 않는 화요일과 목요일에는 반드시 밀크티를 마신다.

08 오늘이 7월 26일이라고 할 때, A사원이 오늘 마실 음료는?

① 아메리카노 큰 컵
② 카페라테 큰 컵
③ 바닐라라테 작은 컵
④ 카페모카 큰 컵
⑤ 자두에이드 작은 컵

09 A사원은 24일에 직장동료인 B사원에게 음료를 사주고자 한다. B사원에게는 자신이 전날 마신 음료와 같은 종류의 음료를 사준다고 할 때, A사원이 음료 두 잔을 주문하며 지불할 금액은?

① 8,700원
② 9,000원
③ 9,200원
④ 9,500원
⑤ 9,700원

※ 다음은 H센터 운영 자료의 일부이다. 이어지는 질문에 답하시오. [10~12]

H센터는 농촌에 유·무상 인력을 종합하여 중개합니다. 일자리 참여자와 자원봉사자에게는 맞춤형 일자리를 공급하고 농업인(구인농가)에게는 꼭 필요한 일손을 찾아드립니다. 자원봉사자의 경우 구인농가에서 원하는 보수와 상관없이 중개할 수 있습니다.

농촌인력 중개 후 센터에서는 구인농가에는 현장실습교육비를 지원하고, 일자리 참여자(자원봉사자 제외)에게는 교통비와 숙박비를 제공합니다. 현장실습교육비를 작업 기간 중 최대 3일간 인력 1인당 2만 원씩 지급하고, 교통비는 작업 기간 중 일당 5천 원, 숙박비는 작업 기간에서 하루를 제외하고 일당 2만 원씩 제공합니다(단, 한 사람당 농가 한 곳만 배정받습니다).

〈구인농가별 세부사항〉

농가	작업	필요인력(명)	작업 기간	지역	보수
A	고추 수확 작업	1	2024. 08. 28. ~ 2024. 09. 02.	경기	일당 10만 원
B	감자 파종 작업	2	2024. 03. 20. ~ 2024. 03. 21.	강원	일당 10만 원
C	모내기 작업	2	2024. 05. 27. ~ 2024. 05. 28.	경기	일당 20만 원
D	양파 파종 작업	1	2024. 08. 25.	전북	일당 8만 원
E	고구마 수확 작업	1	2024. 10. 03. ~ 2024. 10. 08.	충남	일당 15만 원

〈농촌인력 신청현황〉

1. 일자리 참여자

성명	연령	희망 작업	작업 가능 기간	희망 지역	희망 보수
김정현	만 35세	파종 작업	2024년 8월	없음	일당 8만 원 이상
박소리	만 29세	없음	2024년 5월	경기	일당 10만 원 이상
이진수	만 38세	없음	2024년 7~9월	없음	일당 5만 원 이상
김동혁	만 31세	수확 작업	2024년 10월	충남	일당 10만 원 이상
한성훈	만 25세	파종 작업	2024년 3~4월	없음	일당 8만 원 이상

2. 자원봉사자

성명	연령	희망 작업	봉사 가능 기간	희망 지역
서수민	만 23세	수확 작업	2024년 3월	경기
최영재	만 28세	모내기 작업	2024년 4~6월	없음

10 다음 중 원하는 인력을 모두 공급받기 어려운 농가는 어디인가?

① A농가   ② B농가
③ C농가   ④ D농가
⑤ E농가

11 농촌인력 중개 후 가장 많은 보수를 지급해야 하는 농가는 어디인가?(단, 원하는 인력을 모두 공급받지 못했더라도 공급받은 인력에게는 보수를 지급한다)

① A농가   ② B농가
③ C농가   ④ D농가
⑤ E농가

12 농촌인력 중개 후 센터에서 구인농가와 일자리 참여자에게 지원할 금액은 총 얼마인가?(단, 원하는 인력을 모두 공급받지 못했더라도 공급받은 인력만큼의 금액을 지원한다)

① 21.5만 원   ② 25.4만 원
③ 48.4만 원   ④ 58.5만 원
⑤ 61.5만 원

| 유형분석 |

- 창의적 사고에 대한 개념을 묻는 문제가 출제된다.
- 창의적 사고 개발 방법에 대한 암기가 필요한 문제가 출제되기도 한다.

다음 글에서 설명하고 있는 사고력은 무엇인가?

> 정보에는 주변에서 발견할 수 있는 지식인 내적 정보와 책이나 밖에서 본 현상인 외부 정보의 두 종류가
> 있다. 이러한 정보를 조합하고 그 조합을 최종적인 해답으로 통합해야 한다.

① 분석적 사고   ② 논리적 사고

③ 비판적 사고   ④ 창의적 사고

⑤ 개발적 사고

정답 ④

창의적 사고란 정보와 정보의 조합이다. 여기에서 말하는 정보에는 주변에서 발견할 수 있는 지식(내적 정보)과 책이나 밖에서
본 현상(외부 정보)의 두 종류가 있다. 이러한 정보를 조합하고 그 조합을 최종적인 해답으로 통합해야 하는 것이 창의적 사고의
첫걸음이다.

풀이 전략!

모듈이론에 대한 전반적인 학습을 미리 해두어야 하며, 이를 주어진 문제에 적용하여 빠르게 풀이한다.

01 다음 글에서 설명하는 창의적 사고를 개발하는 방법으로 가장 적절한 것은?

> '신차 출시'라는 같은 주제에 대해서 판매방법, 판매대상 등의 힌트를 통해 사고 방향을 미리 정해서
> 발상한다. 이때, 판매방법이라는 힌트에 대해서는 '신규 해외 수출 지역을 물색한다.'라는 아이디어
> 를 떠올릴 수 있을 것이다.

① 자유 연상법   ② 강제 연상법
③ 비교 발상법   ④ 비교 연상법
⑤ 자유 발상법

02 논리적인 사고를 하기 위해서는 생각하는 습관, 상대 논리의 구조화, 구체적인 생각, 타인에 대한
이해, 설득의 5가지 요소가 필요하다. 다음 중 설득에 해당하는 것은?

> 논리적 사고의 구성요소 중 설득은 자신의 사상을 강요하지 않고, 자신이 함께 일을 진행하는 상대
> 와 의논하기도 하고 설득해 나가는 가운데 자신이 깨닫지 못했던 새로운 가치를 발견하고 발견한
> 가치에 대해 생각해 내는 과정을 의미한다.

① 아, 네가 아까 했던 말이 이거였구나. 그래, 지금 해보니 아까 했던 이야기가 무슨 말인지 이해가
될 것 같아.
② 네가 왜 그런 생각을 하게 됐는지 이해가 됐어. 그래, 너와 같은 경험을 했다면 나도 그렇게 생각
했을 것 같아.
③ 네가 하는 말이 이해가 잘 안 되는데, 내가 이해한 게 맞는지 구체적인 사례를 들어서 한번 얘기해
볼게.
④ 너는 지금처럼 불안정한 시장 상황에서 무리하게 사업을 확장할 경우 리스크가 너무 크게 발생할
수 있다는 거지?
⑤ 네가 말한 내용이 업무 개선에 좋을 것 같다고 하지만, 명확히 왜 좋은지 알 수 없어 생각해
봐야 할 거 같아.

CHAPTER 04

대인관계능력

합격 Cheat Key

대인관계능력은 직장생활에서 접촉하는 사람들과 원만한 관계를 유지하고 조직구성원들에게 도움을 줄 수 있으며 조직 내부 및 외부의 갈등을 원만히 해결하고 고객의 요구를 충족할 수 있는 능력을 의미한다. 또한, 직장생활을 포함한 일상에서 스스로를 관리하고 개발하는 능력을 말한다. 세부 유형은 팀워크, 갈등 관리, 협상, 고객 서비스로 나눌 수 있다.

1 일반적인 수준에서 판단하라!

일상생활에서의 대인관계를 생각하면서 문제에 접근하면 어렵지 않게 풀 수 있다. 그러나 수험생들 입장에서 직장 내에서의 상황, 특히 역할(직위)에 따른 대인관계를 묻는 문제는 까다롭게 느껴질 수 있고 일상과는 차이가 있을 수 있기 때문에 이런 유형에 대해서는 따로 알아둘 필요가 있다.

2 이론을 먼저 익혀라!

대인관계능력 이론을 접목한 문제가 종종 출제된다. 물론 상식 수준에서도 풀 수 있지만 정확하고 신속하게 해결하기 위해서는 이론을 정독한 후 자주 출제되는 부분들은 암기를 필수로 해야 한다. 자주 출제되는 부분은 리더십과 멤버십의 차이, 단계별 협상 과정, 고객 불만 처리 프로세스 등이 있다.

3   실제 업무에 대한 이해를 높여라!

출제되는 문제의 수는 많지 않으나, 고객과의 접점에 있는 서비스직군 시험에 출제될
가능성이 높은 영역이다. 특히 상황 제시형 문제들이 많이 출제되므로 실제 업무에 대한
이해를 높여야 한다.

4   애매한 유형의 빈출 문제, 선택지를 파악하라!

대인관계능력의 출제 문제들을 보면 이것도 맞고, 저것도 맞는 것 같은 선택지가 많다.
하지만 정답은 하나이다. 출제자들은 대인관계능력이란 공부를 통해 얻는 것이 아닌 본인
의 독립적인 성품으로부터 자연스럽게 나오는 것이라고 생각한다. 수험생들이 선택하는
보기로 그 수험생들을 파악한다. 그러므로 대인관계능력은 빈출 유형의 문제와 선택지를
파악하고 가는 것이 애매한 문제들의 정답률을 높이는 데 도움이 될 것이다. 내가 맞다고
생각하는 선택지가 답이 아닐 가능성이 있기 때문이다.

| 유형분석 |

- 하나의 조직 안에서 구성원 간의 관계, 즉 '팀워크'에 대한 이해를 묻는 문제이다.
- 직장 내 상황 중에서 구성원으로서 어떤 행동을 해야 하는지를 묻는 문제가 자주 출제된다.

다음 상황에서 K부장에게 조언할 수 있는 말로 가장 적절한 것은?

> K부장은 얼마 전에 자신의 부서에 들어온 두 명의 신입사원 때문에 고민 중이다. 신입사원 A씨는 꼼꼼하고 차분하지만 대인관계가 서투르며, 신입사원 B씨는 사람들과 금방 친해지는 친화력을 가졌지만 업무에 세심하지 못한 모습을 보여주고 있다. 이러한 성격으로 인해 A씨는 현재 영업 업무를 맡아 자신에게 어려운 대인관계로 인해 스트레스를 받고 있으며, B씨는 재고 관리 업무에 대해 재고 기록을 누락시키는 등의 실수를 반복하고 있다.

① 조직 구조를 이해시켜야 한다.
② 의견의 불일치를 해결해야 한다.
③ 개인의 강점을 활용해야 한다.
④ 주관적인 결정을 내려야 한다.
⑤ 팀의 풍토를 발전시켜야 한다.

정답 ③

팀 에너지를 최대로 활용하는 효과적인 팀을 위해서는 팀원들 개인의 강점을 인식하고 활용해야 한다. A씨의 강점인 꼼꼼하고 차분한 성격과 B씨의 강점인 친화력을 인식하여 A씨에게 재고 관리 업무를, B씨에게 영업 업무를 맡긴다면 팀 에너지를 향상시킬 수 있다.

오답분석

①·②·⑤ 효과적인 팀을 위해서 필요하지만, K부장의 상황에 적절한 조언은 아니다.
④ 효과적인 팀의 조건으로는 문제해결을 위해 모두가 납득할 수 있는 객관적인 결정이 필요하다.

풀이 전략!

제시된 상황을 자신의 입장이라고 생각해 본 후, 가장 모범적이라고 생각되는 것을 찾아야 한다. 이때, 지나치게 자신의 생각만 가지고 문제를 풀지 않도록 주의하며, 팀워크에 대한 이론과 연관 지어 답을 찾도록 해야 한다.

01 다음 〈보기〉 중 팀워크를 통한 조직목표 달성의 효과성 개선을 위한 노력으로 적절한 것을 모두 고르면?

> **보기**
> ㄱ. A부서는 외부 조직과의 협업에서 문제가 발생할 경우를 대비하여 절차상의 하자 제거를 최우선 시함으로써 책임소재를 명확히 한다.
> ㄴ. B부서는 추진사업 선정에 있어 부서 내 의견이 불일치하는 경우, 부서장의 의견에 따라 사안을 결정한다.
> ㄷ. C부서는 사업 계획단계에서 평가 지표를 미리 선정해 두고, 해당 지표에 따라 사업의 성패 여부를 판단한다.
> ㄹ. D부서는 비효율적인 결재 절차를 간소화하기 위해 팀을 수평적 구조로 재편하였다.

① ㄱ, ㄴ   ② ㄱ, ㄷ
③ ㄴ, ㄷ   ④ ㄴ, ㄹ
⑤ ㄷ, ㄹ

02 다음 대화를 읽고 A의 태도에서 나타난 문제점으로 가장 적절한 것은?

> A : 아, 이해를 못하겠네.
> B : 무슨 일 있어?
> A : C대리 말이야. 요즘 이래저래 힘들다고 너무 심각하길래 친구한테 들었던 웃긴 얘기를 해줬더니 오히려 화를 내는 거 있지? 지금까지 자기 얘기 들은 거 맞느냐고. 나는 기분 좀 풀라고 한 말인데.

① 상대의 말에 집중하지 않고 다른 생각을 했다.
② 상대의 입장보다 자신의 생각에 비추어 판단했다.
③ 다른 사람의 문제인데 지나치게 자신이 해결해 주려고 했다.
④ 분위기를 고려하지 않고 농담을 했다.
⑤ 내용에 대해 잘 생각하지 않고 너무 빨리 동의했다.

※ 다음 글을 읽고 이어지는 질문에 답하시오. [3~5]

> 나는 H산업에 입사한 지 석 달 정도 된 신입사원 A이다. 우리 팀에는 타 팀원들과 교류가 거의 없는 선임이 한 명 있다. 다른 상사나 주변 동료들이 그 선임에 대해 주로 좋지 않은 이야기들을 많이 한다. 나는 그냥 그런 사람인가보다 하고는 특별히 그 선임과 가까워지려는 노력을 하지 않았다.
>
> 그러던 어느 날 그 선임과 함께 일을 할 기회가 생겼다. 사실 주변에서 들어온 이야기들 때문에 같이 일을 하는 것이 싫었지만 입사 석 달 차인 내가 그 일을 거절할 수는 없었다. 그런데 일을 하면서 대화를 나누게 된 선임은 내가 생각했던 사람과는 너무나 달랐다. 그 선임은 주어진 일도 정확하게 처리했고, 마감기한도 철저히 지켰다. 그리고 내가 어려워하는 듯한 모습을 보이면 무엇이 문제인지 지켜보다가 조용히 조언을 해 주었다. 그 이후로 나는 그 선임에게 적극적으로 다가갔고 이전보다 훨씬 가까운 사이가 되었다.
>
> 오늘은 팀 전체 주간회의가 있었던 날이었다. 회의가 끝난 후 동료들 몇 명이 나를 불렀다. 그리고는 그 선임과 가깝게 지내지 않는 것이 좋을 것이라고 일러주며, 주변에서 나를 이상하게 보는 사람들이 생기기 시작했다는 말도 들려주었다. 내가 경험한 그 선임은 그렇게 나쁜 사람이 아니었는데, 주변 사람들은 내가 그 선임과 함께 어울리는 것을 바라지 않는 눈치였다. 나는 이런 상황이 한 개인의 문제로 끝나는 것이 아니라 우리 팀에도 그다지 좋지 않은 영향을 미칠 것이라는 생각이 들었다.

03 다음 중 윗글에서 신입사원 A가 선임과 가까워지게 된 핵심적인 계기는 무엇인가?

① 상대방에 대한 이해
② 사소한 일에 대한 관심
③ 진지한 사과
④ 언행일치
⑤ 칭찬하고 감사하는 마음

04 다음 중 윗글에서 신입사원 A가 지금의 상황이 팀의 효과성을 창출하는 데 좋지 않은 영향을 미칠 수 있다고 판단하게 된 근거는 무엇인가?

① 팀원들이 일의 결과에는 초점을 맞추지 않고 과정에만 초점을 맞추는 모습을 보였기 때문에
② 팀 내 규약이나 방침이 명확하지 않으며, 일의 프로세스도 조직화되어 있지 않기 때문에
③ 개방적으로 의사소통하거나 의견 불일치를 건설적으로 해결하려는 모습을 보이지 않기 때문에
④ 팀이 더 효과적으로 기능할 수 있도록 팀의 운영 방식을 점검하려는 모습을 보이지 않기 때문에
⑤ 팀의 리더의 역할이 부족한 상황에서 리더가 역량을 공유하고 구성원 상호 간에 지원을 아끼지 않는 상황을 만들려고 하지 않기 때문에

05 다음 중 윗글과 같은 상황에서 팀워크를 개발하기 위해 가장 먼저 실행해 볼 수 있는 팀워크 향상 방법은 무엇인가?

① 동료 피드백 장려하기
② 갈등을 해결하기
③ 창의력 조성을 위해 협력하기
④ 참여적으로 의사결정하기
⑤ 리더십 발휘하기

06 다음 두 사례를 보고 팀워크에 대해 바르지 않게 분석한 사람은?

〈H사의 사례〉

H사는 1987년부터 1992년까지 품질과 효율향상은 물론 생산 기간을 50%나 단축시키는 성과를 내었다. 모든 부서에서 품질 향상의 경쟁이 치열했고, 그 어느 때보다 좋은 팀워크가 만들어졌다고 평가되었다. 가장 성과가 우수하였던 부서는 미국의 권위 있는 볼드리지(Baldrige) 품질대상을 수상하기도 하였다. 그런데 이러한 개별 팀의 성과가 회사 전체의 성과나 주주의 가치로 잘 연결되지 못했던 것으로 분석되었다. 시장의 PC 표준 규격을 반영하지 않은 새로운 규격으로 인해 호환성 문제가 대두되었고, 대중의 외면을 받아야만 했다. 한 임원은 "아무리 빨리, 제품을 잘 만들어도 고객의 가치를 반영하지 못하거나, 시장에서 고객의 접촉이 제대로 이루어지지 않으면 의미가 없다는 점을 배웠다."라고 말했다.

〈E병원의 사례〉

가장 정교하고 효과적인 팀워크가 요구되는 의료 분야에서 E병원은 최고의 의료 수준과 서비스로 명성을 얻고 있다. E병원의 조직 운영 기본 원칙에는 '우리 지역과 국가, 세계의 환자들의 니즈에 집중하는 최고의 의사, 연구원 및 의료 전문가의 협력을 기반으로 병원을 운영한다.'라고 명시되어 있다. 팀 간의 협력은 물론 전 세계의 고객을 지향하는 웅대한 가치를 공유하고 있는 것이다. E병원이 최고의 명성과 함께 노벨상을 수상하는 실력을 갖출 수 있었던 데에는 이러한 팀워크가 중요한 역할을 하였다고 볼 수 있다.

---

① 재영 : 개별 팀의 팀워크가 좋다고 해서 반드시 조직의 성과로 이어지는 것은 아니군.
② 건우 : 팀워크는 공통된 비전을 공유하고 있어야 해.
③ 수정 : 개인의 특성을 이해하고 개인 간의 차이를 중시해야 해.
④ 유주 : 팀워크를 지나치게 강조하다 보면 외부에 배타적인 자세가 될 수 있어.
⑤ 바위 : 역시 팀워크는 성과를 만드는 데 중요한 역할을 하네.

| 유형분석 |

- 리더십의 개념을 비교하는 문제가 자주 출제된다.
- 리더의 역할에 대한 문제가 출제되기도 한다.

다음 상황에서 B팀장이 부하직원 A씨에게 할 수 있는 효과적인 코칭 방법으로 가장 적절한 것은?

> H사 관리팀에 근무하는 B팀장은 최근 부하직원 A씨 때문에 고민 중이다. B팀장이 보기에 A씨의 업무 방법은 업무의 성과를 내기에 부적절해 보이지만, 자존감이 강하고 자기결정권을 중시하는 A씨는 자기 자신이 스스로 잘하고 있다고 생각하며 B팀장의 조언이나 충고에 대해 반발심을 표현하고 있다.

① 징계를 통해 B팀장의 조언을 듣도록 유도한다.
② 대화를 통해 스스로 자신의 잘못을 인식하도록 유도한다.
③ A씨에 대한 칭찬을 통해 업무 성과를 극대화시킨다.
④ A씨를 더 강하게 질책하여 업무 방법을 개선시키도록 한다.
⑤ 스스로 업무 방법을 고칠 때까지 믿어주고 기다려준다.

정답 ②

대화를 통해 부하직원인 A씨 스스로 업무 성과가 떨어지고 있고, 업무 방법이 잘못되었음을 인식시켜서 이를 해결할 방법을 스스로 생각하도록 해야 한다. 이후 B팀장이 조언하며 A씨를 독려한다면, B팀장은 A씨의 자존감과 자기결정권을 침해하지 않으면서도 A씨 스스로 책임감을 느끼고 문제를 해결할 가능성이 높아지게 할 수 있다.

오답분석

① 징계를 통해 억지로 조언을 듣도록 하는 것은 자존감과 자기결정권을 중시하는 A씨에게 적절하지 않다.
③ 칭찬은 A씨로 하여금 자신의 잘못을 인식하지 못하도록 할 수 있어 적절하지 않다.
④ 자존감과 자기결정권을 중시하는 A씨에게 강한 질책은 효과적이지 못하다.
⑤ A씨가 자기 잘못을 인식하지 못한 상태로 시간만 흘러갈 수 있다.

풀이 전략!

리더십의 개념을 비교하는 문제가 자주 출제되기 때문에 관련 개념을 정확하게 암기해야 하고, 조직 내에서의 리더의 역할에 대한 이해가 필요하다.

01   다음 글을 읽고 K팀장에게 할 수 있는 조언으로 적절하지 않은 것은?

> K팀장은 팀으로 하여금 기존의 틀에 박힌 업무 방식에서 벗어나게 하고, 변화를 통해 효과적인 업무 방식을 도입하고자 한다. 하지만 변화에 대한 팀원들의 걱정이 염려스럽다. 변화가 일어나면 모든 팀원들이 눈치를 채기 마련이며, 이들은 변화에 대한 소문이 돌거나 변화 내용에 대한 설명을 하기도 전에 그것을 알아차림으로써 불확실하고 의심스러운 분위기가 조성될 수 있기 때문이다. 이로 인해 직원들은 두려움과 스트레스에 시달리며, 사기는 땅으로 떨어질 수 있다.

① 주관적인 자세를 유지한다.
② 개방적인 분위기를 조성한다.
③ 변화의 긍정적인 면을 강조한다.
④ 직원들의 감정을 세심하게 살핀다.
⑤ 변화에 적응할 시간을 준다.

02   다음 중 리더와 관리자를 비교한 내용으로 적절하지 않은 것은?

	리더	관리자
①	계산된 리스크(위험)를 수용한다.	리스크(위험)를 최대한 피한다.
②	'어떻게 할까'를 생각한다.	'무엇을 할까'를 생각한다.
③	사람을 중시한다.	체제·기구를 중시한다.
④	새로운 상황을 만든다.	현재 상황에 집중한다.
⑤	내일에 초점을 둔다.	오늘에 초점을 둔다.

03   다음은 리더십 유형 중 변혁적 리더에 대한 설명이다. 변혁적 리더의 특징으로 적절하지 않은 것은?

> 변혁적 리더는 전체 조직이나 팀원들에게 변화를 가져오는 원동력이다. 즉, 변혁적 리더는 개개인과 팀이 유지해 온 이제까지의 업무수행 상태를 뛰어넘고자 한다.

① 카리스마   ② 정보 독점
③ 풍부한 칭찬   ④ 감화(感化)
⑤ 자기 확신

04 다음 글에서 설명하고 있는 리더십은 무엇인가?

> 로버트 그린리프(Robert K. Greenleaf)는 조직은 조직을 위해 존재하는 사람들을 위해 존재하는 것이라고 생각하였고, '동방으로의 여행'이라는 책에 등장하는 레오라는 인물을 통해 새로운 리더십 모델을 제시하였다. 레오는 순례단에서 허드렛일을 도맡아 하던 하인 같은 인물로, 갑자기 레오가 사라지자 순례단은 혼란 속에서 여행을 중단하게 된다. 이후 하인 같던 레오가 그 순례단의 훌륭한 리더였음을 깨닫게 되는 부분에서 이 리더십 개념을 고안하였다.

① 지시적 리더십
② 파트너십 리더십
③ 슈퍼 리더십
④ 변혁적 리더십
⑤ 서번트 리더십

05 리더십의 핵심 개념 중의 하나인 '임파워먼트(Empowerment)'는 조직 현장의 구성원에게 업무 재량을 위임하고 자주적이고 주체적인 체제 속에서 구성원들의 의욕과 성과를 이끌어 내기 위한 '권한 부여', '권한 이양'을 의미한다. 다음 중 임파워먼트를 통해 나타나는 특징으로 적절하지 않은 것은?

① 구성원들 스스로 일에 대한 흥미를 느끼도록 해 준다.
② 구성원들이 자신의 업무가 존중받고 있음을 느끼게 해 준다.
③ 구성원들이 현상을 유지하고 조직에 순응하는 모습을 기대할 수 있다.
④ 구성원들 간의 긍정적인 인간관계 형성에 도움을 줄 수 있다.
⑤ 구성원들로 하여금 업무에 대해 계속해서 도전하고 성장하도록 유도할 수 있다.

06 다음 중 '터크만 팀 발달 단계'에 필요한 리더십으로 옳은 것은?

	형성기	혼란기	규범기	성취기
①	참여	코치	위임	지시
②	코치	지시	참여	위임
③	코치	위임	참여	지시
④	지시	참여	코치	위임
⑤	지시	코치	참여	위임

07 H회사의 관리팀 팀장으로 근무하는 B과장은 최근 팀장 회의에서 '관리자가 현상을 유지한다면, 리더는 세상을 바꾼다.'는 리더와 관리자의 차이에 대한 설명을 듣게 되었다. 이와 관련하여 관리자가 아닌 진정한 리더가 되기 위한 B과장의 다짐으로 적절하지 않은 것은?

① 위험을 회피하기보다는 계산된 위험을 취하도록 하자.
② 사람을 관리하기보다는 사람의 마음에 불을 지피도록 하자.
③ 상황에 수동적인 모습보다는 새로운 상황을 창조하도록 하자.
④ 기계적인 모습보다는 정신적으로 따뜻한 모습을 보이자.
⑤ 내일에 초점을 맞추기보다는 오늘에 초점을 맞추도록 하자.

08 다음은 멤버십 유형별 특징을 정리한 자료이다. 이를 참고하여 각 유형의 멤버십을 가진 사원에 대한 리더의 대처방안으로 가장 적절한 것은?

<멤버십 유형별 특징>

소외형	순응형
• 조직에서 자신을 인정해 주지 않음 • 적절한 보상이 없음 • 업무 진행에 있어 불공정하고 문제가 있음	• 기존 질서를 따르는 것이 중요하다고 생각함 • 리더의 의견을 거스르는 것은 어려운 일임 • 획일적인 태도와 행동에 익숙함
실무형	수동형
• 조직에서 규정준수를 강조함 • 명령과 계획을 빈번하게 변경함	• 조직이 나의 아이디어를 원치 않음 • 노력과 공헌을 해도 아무 소용이 없음 • 리더는 항상 자기 마음대로 함

① 소외형 사원은 팀에 협조하는 경우에 적절한 보상을 주도록 한다.
② 소외형 사원은 팀을 위해 업무에서 배제시킨다.
③ 순응형 사원에 대해서는 조직을 위해 순응적인 모습을 계속 권장한다.
④ 실무형 사원에 대해서는 징계를 통해 규정준수를 강조한다.
⑤ 수동형 사원에 대해서는 자신의 업무에 대해 자신감을 주도록 한다.

03 갈등 관리

| 유형분석 |

- 갈등의 개념이나 원인, 해결방법을 묻는 문제가 자주 출제된다.
- 실제 사례에 적용할 수 있는지를 확인하는 문제가 출제되기도 한다.
- 일반적인 상식으로 해결할 수 있는 문제가 출제되기도 하지만, 자의적인 판단에 주의해야 한다.

다음 〈보기〉 중 갈등 해결 방법으로 옳은 것을 모두 고르면?

> **보기**
>
> ㉠ 사람들이 당황하는 모습을 보는 것은 되도록 피한다.
> ㉡ 사람들과 눈을 자주 마주친다.
> ㉢ 어려운 문제는 피하지 말고 맞선다.
> ㉣ 논쟁을 통해 해결한다.
> ㉤ 어느 한쪽으로 치우치지 않는다.

① ㉠, ㉡, ㉣   ② ㉠, ㉢, ㉤

③ ㉡, ㉢, ㉣   ④ ㉡, ㉢, ㉤

⑤ ㉢, ㉣, ㉤

정답 ④

올바른 갈등 해결 방법
- 다른 사람들의 입장을 이해한다.
- 어려운 문제는 피하지 말고 맞선다.
- 자신의 의견을 명확하게 밝히고 지속적으로 강화한다.
- 사람들과 눈을 자주 마주친다.
- 마음을 열어놓고 적극적으로 경청한다.
- 타협하려 애쓴다.
- 어느 한쪽으로 치우치지 않는다.
- 논쟁하고 싶은 유혹을 떨쳐낸다.
- 존중하는 자세로 사람들을 대한다.

풀이 전략!

문제에서 물어보는 내용을 정확하게 파악한 뒤, 갈등 관련 이론과 대조해 본다. 특히 자주 출제되는 갈등 해결방법에 대한 이론을 암기해 두면 문제 푸는 속도를 줄일 수 있다.

01 다음은 갈등을 최소화하기 위한 방안에 대한 팀원들 간의 대화 내용이다. 빈칸에 들어갈 내용으로 적절하지 않은 것은?

> A팀원 : 요즘 들어 팀 분위기가 심상치 않아. 어제 팀장님은 회의 중에 한숨까지 쉬시더라고.
> B팀원 : 그러게 말야. 요즘 들어 서로 간의 갈등이 너무 많은 것 같은데, 어떻게 해야할지 모르겠어.
> C팀원 : 갈등을 최소화하기 위해 지켜야 할 기본 원칙들을 팀 게시판에 올려서 서로 간의 갈등 원인을 생각해 보게 하는 것은 어떨까?
> A팀원 : 좋은 생각이야. 기본 원칙으로는 _____는 내용이 들어가야 해.

① 여러분이 받기를 원하지 않는 형태로 남에게 작업을 넘겨주지 말라

② 자신의 책임이 어디서부터 어디까지인지를 명확히 하라

③ 불일치하는 쟁점이나 사항이 있다면 다른 사람이 아닌 당사자에게 직접 말하라

④ 의견의 차이를 인정하지 말고 하나의 의견으로 통일하라

⑤ 조금이라도 의심이 들 때에는 분명하게 말해 줄 것을 요구하라

02 다음은 접경도로 개선에 대하여 조정합의가 이루어진 사례이다. H시에서 취한 방법으로 가장 적절한 것은?

> H시와 B시의 경계 부근에 위치한 C중소기업의 사장이 민원을 제기하였다. H시와 B시의 접경지역에는 8개의 중소기업 및 인근 경작지 $300,000\text{m}^2$의 통행을 위한 농로가 존재하였으나, 도로폭이 좁아서 차량사고의 위험이 높고, 기업 운영에 애로가 크니 이에 대한 대책을 마련해 달라는 내용이었다.
> H시의 위원회에서는 3차례의 현지 조사를 통해 8개 중소기업의 기업 활동에 애로가 많다고 판단하고 문제의 해결을 위해 H시에서 도로 정비 및 개선에 필요한 부지를 B시와 2분의 1씩 나누어 부담하고, H시에서는 도로 정비 및 개선에 필요한 설계 및 확장·포장 공사를 맡아서 진행하기로 했다. B시는 이에 대해 공사비 60% 부담하는 것을 대안으로 제시하였다. 이후 수십 차례 문제해결 방안을 협의하고, 세 차례의 업무 회의 등을 거쳐 피신청기관의 의견을 계속적으로 조율한 결과, H시 위원회가 작성한 조정서의 내용대로 접경도로 개선을 추진하기로 의견이 모아졌고, H시 위원회가 현지 조정회의를 개최하여 조정서를 작성하고 조정 합의하였다.

① 갈등상황을 회피하면서 위협적인 상황을 피하는 데 사용하는 방법

② 나는 지고 너는 이기는 방법

③ 서로 간에 정보를 교환하면서 모두의 목표를 달성할 수 있는 방법

④ 서로가 받아들일 수 있는 결정을 하기 위하여 타협적으로 주고받는 방법

⑤ 나는 이기고 너는 지는 방법

03 다음 중 조직에서 갈등을 증폭시키는 행위로 적절하지 않은 것은?

① 팀원 간에 서로 상대보다 더 높은 인사고과를 얻기 위해 경쟁한다.

② 팀의 공동목표 달성보다는 본인의 승진이 더 중요하다고 생각한다.

③ 혼자 돋보이려고 지시받은 업무를 다른 팀원에게 전달하지 않는다.

④ 갈등이 발견되면 바로 갈등 문제를 즉각적으로 다루려고 한다.

⑤ 다른 팀원이 중요한 프로젝트를 맡은 경우에 그 프로젝트에 대해 자신이 알고 있는 노하우를 알려주지 않는다.

04 다음 〈보기〉 중 갈등을 해소하기 위한 방법으로 옳지 않은 행동을 모두 고르면?

> **보기**
> ㉠ A는 H와 사업 방향을 두고 갈등이 생기자 자신의 의견을 명확하게 말하였다.
> ㉡ A는 C와 의견을 나누다 갈등이 생기자 그냥 넘어가면 안 되겠다 싶어 문제에 대해 논쟁을 하였다.
> ㉢ A는 B와의 어려운 문제로 갈등이 생기자 싸우고 싶지 않아 회피하였다.
> ㉣ F와 G가 이번 신상품 개발을 두고 갈등이 생긴 것을 본 A는 F와 G 한쪽 편을 들지 않고 중립을 유지하였다.

① ㉠, ㉡　　　　　　　　　　② ㉠, ㉢

③ ㉡, ㉢　　　　　　　　　　④ ㉡, ㉣

④ ㉢, ㉣

05 다음 팀원들의 대화에서 팀원 간 갈등 관계에 있는 사람은 모두 몇 명인가?

> 박팀장 : 오늘은 그동안 논의해 온 의견을 종합하여 기존 제품을 계속 판매할지 아니면 기존 제품
> 을 철수하고 새로운 상품을 출시할지를 결정해야 합니다.
> 김대리 : 조주임이 얘기했던 신제품 사업안은 현실성이 떨어집니다. 신제품 부문도 이미 과잉경쟁
> 상태라 수익을 내기 어렵습니다. 더군다나 얼마 전에 징계를 받은 사람이 완성도 높은 사
> 업안을 구상하기란 쉽지 않습니다.
> 변주임 : 신제품 사업안은 초기비용 측면에서 추진이 무척 어렵습니다. 특히나 전염병으로 인해 소
> 비가 침체되어 있는 상황에서 자칫하면 기존 사업과 신사업 모두 잃을 수도 있습니다.
> 안주임 : 신제품 사업안은 단순히 시장을 옮겨가는 것이 아니라, 새로운 시장을 개척하는 것입니
> 다. 김대리님은 새로운 사업안의 핵심을 모르고 계시네요.
> 최대리 : 변주임이야 김대리의 동문이니 신제품 사업안에 반대하겠지만, 저는 가능성이 무궁무진
> 한 사업이라고 생각합니다.
> 조주임 : 기존 시장에서의 수익성이 점점 하락하고 있습니다. 수익성을 상실하기 전에 새로운 제품
> 으로의 도전을 시작해야 합니다.

① 1명
② 2명
③ 3명
④ 4명
⑤ 5명

06 다음 중 갈등의 두 가지 유형과 쟁점에 대한 설명으로 옳지 않은 것은?

① 절차 혹은 책임에 대한 인식의 불일치로 발생하는 갈등은 핵심 문제에 해당한다.
② 문제를 바라보는 시각의 차이에서 발생하는 갈등은 해결할 수 있는 갈등 유형에 해당한다.
③ 상호 간에 인식하는 정보의 차이로 인해 발생하는 갈등은 불필요한 갈등 유형에 해당한다.
④ 동료에 대한 편견에서 생긴 적대적 감정은 해결 불가능한 갈등 유형에 해당한다.
⑤ 욕망 혹은 가치의 차이에 의한 갈등은 서로에 대한 이해를 통해 해결할 수 있다.

04 협상 전략

| 유형분석 |

- 문제에서 특징을 제시하고 이에 해당하는 협상이 무엇인지 묻는 단순한 형태도 나오지만, 대부분 상황이 주어지는 경우가 더 많다.

다음은 헤밍웨이의 일화이다. 위스키 회사 간부가 헤밍웨이와의 협상을 실패한 이유로 가장 적절한 것은?

> 어느 날 미국의 한 위스키 회사 간부가 헤밍웨이를 찾아왔다. 헤밍웨이의 비서를 따라 들어온 간부는 헤밍웨이의 턱수염을 보고서 매우 감탄하며 말했다.
> "선생님은 세상에서 가장 멋진 턱수염을 가지셨군요! 우리 회사에서 선생님의 얼굴과 이름을 빌려 광고하는 조건으로 4천 달러와 평생 마실 수 있는 술을 제공하려는데 허락해 주시겠습니까?"
> 그 말을 들은 헤밍웨이는 잠시 생각에 잠겼다. 그 정도 조건이면 훌륭하다고 판단했던 간부는 기다리기 지루한 듯 대답을 재촉했다.
> "무얼 그리 망설이십니까? 얼굴과 이름만 빌려주면 그만인데….."
> 그러자 헤밍웨이는 무뚝뚝하게 말했다.
> "유감이지만 그럴 수 없으니 그만 당신의 회사로 돌아가 주시기 바랍니다."
> 헤밍웨이의 완강한 말에 간부는 당황해하며 돌아가 버렸다. 그가 돌아가자 비서는 헤밍웨이에게 왜 허락하지 않았는지를 물었고, 헤밍웨이는 대답했다.
> "그의 무책임한 말을 믿을 수 없었지. 얼굴과 이름을 대수롭지 않게 생각하는 회사에 내 얼굴과 이름을 빌려준다면 어떤 꼴이 되겠나?"

① 잘못된 사람과 협상을 진행하였다.
② 자신의 특정 입장만을 고집하였다.
③ 상대방에 대해 너무 많은 염려를 하였다.
④ 협상의 통제권을 갖지 못하였다.
⑤ 협상의 대상을 분석하지 못하였다.

정답 ⑤

마지막 헤밍웨이의 대답을 통해 위스키 회사 간부가 협상의 대상인 헤밍웨이를 분석하지 못하였음을 알 수 있다. 헤밍웨이의 특징, 성격 등을 파악하고 헤밍웨이로 하여금 신뢰감을 느낄 수 있도록 협상을 진행하였다면 협상의 성공률은 올라갔을 것이다.

풀이 전략!

사례를 읽으면서 키워드를 찾는 것이 중요하다. 협상전략마다 특징이 있기 때문에 이를 바탕으로 적절한 협상전략을 찾아야 한다. 또한 전략 명칭과 각각의 예시가 섞여서 선택지로 제시되는 경우도 있으니 미리 관련 이론을 숙지해야 한다.

01 다음은 동네 가게 주인 B씨에 대한 협상 사례이다. 옆 가게 주인과 비교하여 B씨에게 나타나는 협상의 문제점으로 가장 적절한 것은?

> B씨는 동네 가게 주인이다. 어느 날 한 청년이 헐레벌떡 들어와 "목이 마르니 콜라를 주세요."라고 말하였다. 하지만 며칠 동안 콜라 도매상이 들리지 않는 바람에 콜라가 다 떨어진 것을 확인한 B씨는 "죄송합니다. 지금 콜라가 다 떨어졌네요."하고 대답했다. 그러자 그 청년은 밖으로 나가더니 바로 옆 가게로 들어가는 것이 아닌가? B씨는 그 모습을 보고 옆 가게에도 도매상이 들리지 않았으니 청년이 빈손으로 나올 것이라고 예상했다. 하지만 예상과 달리 청년은 콜라 대신에 사이다를 가지고 나왔다. B씨는 어떻게 사이다를 팔았는지 궁금해서 옆 가게 주인에게 물어보자, 옆 가게 주인은 "난 그저 콜라가 없지만 사이다를 대신 마시는 것은 어떤지 물어본 걸세."하고 대답했다.

① 협상 당사자의 주장을 적극적으로 경청하지 않았다.
② 협상에 대해 자신이 원하는 바에 대한 주장을 제시하지 못했다.
③ 협상을 위해 상대방이 제시하는 것을 일방적으로 수용하지 않았다.
④ 협상 당사자가 실제로 원하는 것을 확인하지 못했다.
⑤ 협상 당사자와의 인간관계를 중요하게 여기지 않았다.

02 다음은 협상전략의 유형에 대한 설명이다. (A) ~ (D)에 해당하는 용어가 바르게 짝지어진 것은?

> (A) : 상대방이 제시하는 것을 일방적으로 수용하여 협상의 가능성을 높이려는 전략이다. 즉, 상대방의 욕구와 주장에 자신의 욕구와 주장을 조정하고 순응시켜 굴복한다.
> (B) : 자신이 상대방보다 힘에 있어서 우위를 점유하고 있을 때 자신의 이익을 극대화하기 위한 공격적 전략이다. 즉, 상대방의 주장을 무시하고 자신의 힘으로 일방적으로 밀어붙여 상대방에게 자신의 입장을 강요하는 전략이다.
> (C) : 무행동전략이며, 협상으로부터 철수하는 철수전략이다. 협상을 피하거나 잠정적으로 중단하거나 철수하는 전략이다.
> (D) : 협상 참여자들이 협동과 통합으로 문제를 해결하고자 하는 협력적 문제해결전략이다. 문제를 해결하는 합의에 이르기 위해서 협상 당사자들이 서로 협력하는 것이다.

	(A)	(B)	(C)	(D)
①	유화전략	협력전략	강압전략	회피전략
②	회피전략	강압전략	유화전략	협력전략
③	유화전략	강압전략	협력전략	회피전략
④	회피전략	협력전략	강압전략	유화전략
⑤	유화전략	강압전략	회피전략	협력전략

서희는 국서를 가지고 소손녕의 영문(營門)으로 갔다. 기를 꺾어 놓을 심산이었던 듯 소손녕은 "나는 대국의 귀인이니 그대가 나에게 뜰에서 절을 해야 한다."고 우겼다. 거란의 군사가 가득한 적진에서 서희는 침착하게 대답했다. "신하가 임금에게 대할 때는 절하는 것이 예법이나, 양국의 대신들이 대면하는 자리에서 어찌 그럴 수 있겠는가?" 소손녕이 계속 고집을 부리자 서희는 노한 기색을 보이며 숙소로 들어와 움직이지 않았다. 거란이 전면전보다 화의를 원하고 있다는 판단에 가능했던 행동이었다. 결국 소손녕이 서로 대등하게 만나는 예식 절차를 수락하면서 첫 번째 기싸움은 서희의 승리로 돌아갔다.

본격적인 담판이 시작되었다. 먼저 소손녕이 물었다. "당신네 나라는 옛 신라 땅에서 건국하였다. 고구려의 옛 땅은 우리나라에 소속되었는데, 어째서 당신들이 침범하였는가?" 광종이 여진의 땅을 빼앗아 성을 쌓은 일을 두고 하는 말이었다.

이 물음은 이번 정벌의 명분에 관한 것으로 고구려 땅을 차지하는 정당성에 관한 매우 중요한 논점이었다. 서희는 조목조목 반박했다. "그렇지 않다. 우리나라는 바로 고구려의 후예이다. 그러므로 나라 이름을 고려라 부르고, 평양을 국도로 정한 것 아닌가. 오히려 귀국의 동경이 우리 영토 안에 들어와야 하는데 어찌 거꾸로 침범했다고 하는가?" 한 치의 틈도 없는 서희의 논리에 소손녕의 말문이 막히면서 고구려 후계론 논쟁은 일단락 지어졌다.

마침내 소손녕이 정벌의 본래 목적을 얘기했다. "우리나라와 국경을 접하고 있으면서 바다 건너에 있는 송나라를 섬기고 있는 까닭에 이번에 정벌하게 된 것이다. 만일 땅을 떼어 바치고 국교를 회복한다면 무사하리라." 송과 손을 잡고 있는 고려를 자신들의 편으로 돌아 앉혀 혹시 있을 송과의 전면전에서 배후를 안정시키는 것, 그것이 거란의 본래 목적이었다.

"압록강 안팎도 우리 땅인데, 지금 여진이 그 중간을 점거하고 있어 육로로 가는 것이 바다를 건너는 것보다 왕래하기가 더 곤란하다. 그러니 국교가 통하지 못하는 것은 여진 탓이다. 만일 여진을 내쫓고 우리의 옛 땅을 회복하여 거기에 성과 보를 쌓고 길을 통하게 한다면 어찌 국교가 통하지 않겠는가." 그들이 원하는 것을 알았지만, 서희는 바로 답을 주지 않고 이와 같이 돌려 말했다. 국교를 맺기 위해서는 여진을 내쫓고 그 땅을 고려가 차지해야 가능하다며 조건을 내건 것이다. 소손녕이 회담의 내용을 거란의 임금에게 보내자 고려가 이미 화의를 요청했으니 그만 철군하라는 답이 돌아왔다. 그리고 고려가 압록강 동쪽 280여 리의 영토를 개척하는 데 동의한다는 답서도 보내왔다.

비록 그들의 요구대로 국교를 맺어 이후 일시적으로 사대의 예를 갖추지만, 싸우지 않고 거란의 대군을 돌려 보내고, 오히려 이를 전화위복 삼아 영토까지 얻었으니 우리 역사상 가장 실리적으로 성공한 외교라 칭찬받을 만하다.

03 다음 중 윗글의 내용으로 알 수 있는 협상진행 5단계를 순서대로 바르게 나열한 것은?

① 협상 시작 → 상호 이해 → 실질 이해 → 해결 대안 → 합의

② 협상 시작 → 실질 이해 → 상호 이해 → 해결 대안 → 합의

③ 협상 시작 → 상호 이해 → 실질 이해 → 합의 → 해결 대안

④ 협상 시작 → 실질 이해 → 상호 이해 → 합의 → 해결 대안

⑤ 협상 시작 → 상호 이해 → 해결 대안 → 실질 이해 → 합의

04 다음 중 서희의 협상전략으로 옳지 않은 것은?

① 적진에서 한 협상에서 기선을 제압하였다.

② 상대방의 숨은 의도를 이끌어 내었다.

③ 상대방과의 명분 싸움에서 논리적으로 대응하였다.

④ 상대방의 요구를 거부하되, 대안을 제시하였다.

⑤ 자신의 요구를 이유와 함께 설명하였다.

05 다음은 협상의 의미를 설명하는 5가지 차원이다. 〈보기〉의 사례는 협상의 5가지 차원 중 어느 유형에 해당하는가?

- 의사소통 차원에서 볼 때, 협상이란 이해당사자들이 자신들의 욕구를 충족시키기 위해 상대방으로부터 최선의 것을 얻어내기 위해 상대방을 설득하는 커뮤니케이션 과정이다.
- 갈등해결차원에서 볼 때, 협상이란 갈등관계에 있는 이해당사자들이 대화를 통해서 갈등을 해결하고자 하는 상호작용과정이다.
- 지식과 노력의 차원에서 볼 때, 협상이란 우리가 얻고자 하는 것을 가진 사람의 호의를 쟁취하기 위한 것에 대한 지식이며 노력의 분야이다.
- 의사결정차원에서 볼 때, 협상이란 둘 이상의 이해당사자들이 여러 대안들 가운데서 이해당사자들 모두가 수용 가능한 대안을 찾기 위한 의사결정과정이라고도 볼 수 있고, 공통적인 이익을 추구하나 서로 입장의 충돌 때문에 이해당사자들 모두에게 수용 가능한 이익의 조합을 찾으려는 개인, 조직, 또는 국가의 상호작용과정이라고도 볼 수 있다.
- 교섭의 차원에서 볼 때, 협상이란 선호가 서로 다른 협상 당사자들이 합의에 도달하기 위해 공동으로 의사결정하는 과정이라고 할 수 있다.

> **보기**
>
> K대리는 다른 사람들보다 빠른 승진과 곧 있을 연봉 협상을 위해 부서장의 신임을 받으려 노력하고 있다.

① 의사소통의 차원   ② 갈등해결의 차원

③ 지식과 노력의 차원   ④ 의사결정의 차원

⑤ 교섭의 차원

05 고객 서비스

| 유형분석 |

- 고객불만을 효과적으로 처리하기 위한 과정이나 방법에 대한 문제이다.
- 고객불만 처리 프로세스에 대한 숙지가 필요하다.

다음과 같은 상황에서 대응방안으로 가장 적절한 것은?

> 고객이 상품을 주문했는데 배송이 일주일이 걸렸다. 상품을 막상 받아보니 사이즈가 작아 반품을 했으나,
> 주문처에서 갑자기 반품 배송비용을 청구하였다. 고객은 반품 배송비용을 고객이 부담해야 한다는 공지를
> 받은 적이 없어 당황해했으며 기분 나빠했다.

① 배송을 빨리 하도록 노력하겠습니다.
② 사이즈를 정확하게 기재하겠습니다.
③ 반품 배송비가 있다는 항목을 제대로 명시하겠습니다.
④ 주문서를 다시 한 번 확인하겠습니다.
⑤ 고객에게 사이즈를 교환해 드리겠습니다.

정답 ③

제시문은 고객에게 사전에 반품 배송비가 있다는 것을 공지하지 않아서 발생한 상황이다. 따라서 반품 배송비가 있다는 항목을
명시하겠다는 내용이 가장 적절하다.

풀이 전략!

> 제시된 상황이나 고객 유형을 정확하게 파악해야 하고, 고객불만 처리 프로세스를 토대로 갈등을 해결해야 한다.

01 다음 상황에서 나타난 고객 유형에 대한 대처 방법으로 가장 적절한 것은?

> 직원 : 반갑습니다. 고객님, 찾으시는 제품 있으실까요?
> 고객 : 아이가 에어드레서가 필요하다고 해서요, 제품 좀 보러왔어요.
> 직원 : 그렇군요. 그럼 고객님, K제품 한번 보시겠어요? 이번에 나온 신제품인데요, 기존 제품들이 살균과 미세먼지제거기능 및 냄새분해기능만 있었다면, 이 제품은 그 기능에 더하여 바이러스 제거 기능이 추가되었습니다.
> 고객 : 가격이 얼마인가요?
> 직원 : 가격은 기존 제품의 약 1.8배 정도로 ×××만 원이지만, 이번에 저희 매장에서 2024년도 신제품은 5%의 할인이 적용되기 때문에 지금 타사 대비 최저가로 구매가 가능합니다.
> 고객 : 아, 비싸네요. 근데 바이러스가 눈에 안 보이는데 정말 제거되는지 믿을 수 있나요? 그냥 신제품이라고 좀 비싸게 파는 건 아닐까 생각이 드네요.

① 잠자코 고객의 의견을 경청하고 사과를 하도록 한다.
② 고객의 이야기를 경청하고, 맞장구치고, 추켜세우고, 설득한다.
③ 분명한 증거나 근거를 제시하여 고객이 확신을 갖도록 유도한다.
④ 과시욕이 충족될 수 있도록 고객의 언행을 제지하지 않고 인정해 준다.
⑤ 의외로 단순하게 생각하는 면이 있으므로 고객의 호감을 얻기 위해 노력한다.

02 A사원은 H닷컴에서 근무하고 있다. 하루는 같은 팀 B사원이 자료를 보여주면서 보완할 것이 없는지 검토해 달라고 부탁했다. 다음 중 B사원에게 조언해 줄 수 있는 말로 적절하지 않은 것은?

① 고객 보고 후 피드백이 이루어지면 좋겠어요.
② 대책 수립 후 재발 방지 교육을 실시한 뒤 고객 보고가 이루어지면 좋겠어요.
③ 고객 불만 접수, 고객 보고 단계에 '사과'를 추가하면 좋겠어요.
④ 1단계에서는 고객의 불만을 경청하는 태도가 중요할 것 같아요.
⑤ 단계별로 진행 상황을 고객에게 통보해 준다면 좋겠어요.

03 다음 중 '고객만족관리'의 필요성에 대한 설명으로 옳지 않은 것은?

① 고객만족은 기업의 단골 증대로 이어지며 공생의 개념과 관계가 있다.

② 경제성장으로 인해 고객의 욕구는 더욱 진화하였으며, 기대수준 또한 높아졌다.

③ 기업의 제품이나 서비스에 대해 만족한 고객의 구전이 신규고객의 창출로 이어진다.

④ 기업의 제품이나 서비스의 불만족은 고객이탈로 이어지지 않으나 기업 이미지에 큰 영향을 미친다.

⑤ 불만족 고객의 대부분은 회사가 적극적인 자세로 신속하게 해결해 줄 경우 재거래율이 높아진다.

04 프랜차이즈 커피숍에서 바리스타로 근무하고 있는 귀하는 종종 "가격을 깎아달라."는 고객 때문에 고민이 이만저만이 아니다. 이를 본 선배가 귀하에게 도움이 될 만한 몇 가지 조언을 해주었다. 다음 중 선배가 귀하에게 한 조언으로 가장 적절한 것은?

① "절대로 안 된다."고 딱 잘라 거절하는 태도가 필요합니다.

② 이번이 마지막이라고 말하면서 한 번만 깎아 주세요.

③ 못 본 체하고 다른 손님의 주문을 받으면 됩니다.

④ 규정상 임의로 깎아줄 수 없다는 점을 친절하게 설명해 드리세요.

⑤ 다음에 오실 때 깎아 드리겠다고 약속드리고 지키면 됩니다.

05 다음 중 고객 만족도를 향상시키고 지속적인 상품 구매를 유도하기 위한 상담원의 고객 응대 자세로 적절하지 않은 것은?

① 수익을 많이 올릴 수 있는 고부가가치의 상품을 중심으로 설명하고 판매하도록 노력한다.

② 상품의 장점과 지속구매 시 이점을 고객에게 충분히 이해시켜 고객의 니즈를 충족시킨다.

③ 자신 있는 태도와 음성으로 전문적인 상담을 진행해 고객의 신뢰를 획득해야 한다.

④ 설득력 있는 대화와 유용한 정보 제공을 통해 고객의 구매 결정에 도움을 주어야 한다.

⑤ 고객 관리를 위해 고객 정보나 취향을 데이터 시트에 기록하고, 지속적인 관계 유지를 위해 노력한다.

06 H통신회사에서 상담원으로 근무하는 K씨는 다음과 같은 문의 전화를 받게 되었다. 다음 상황에 대해서 K씨가 고객을 응대하는 방법으로 적절하지 않은 것은?

> K사원 : 안녕하세요. H통신입니다. 무엇을 도와드릴까요?
> 고객 : 인터넷이 갑자기 안 돼서 너무 답답해요. 좀 빨리 해결해 주세요. 지금 당장요!
> K사원 : 네, 고객님 최대한 빠르게 처리해 드리겠습니다.
> 고객 : 확실해요? 언제 해결 가능하죠? 빨리 좀 부탁합니다.

① 현재 업무 절차에 대해 설명해 주면서 시원스럽게 업무를 처리하는 모습을 보여준다.
② 고객이 문제해결에 대해 의심하지 않도록 확신감을 가지고 말한다.
③ "글쎄요.", "아마"와 같은 표현으로 고객이 흥분을 가라앉힐 때까지 시간을 번다.
④ 정중한 어조를 통해 고객의 흥분을 가라앉히도록 노력한다.
⑤ 고객의 이야기에 경청하고, 공감해 주면서 업무 진행을 위한 고객의 협조를 유도한다.

07 다음 중 빈칸에 대한 설명으로 옳지 않은 것은?

> _____(이)란 고객과 서비스 요원 사이의 15초 동안의 짧은 순간에서 이루어지는 서비스로, 이 순간을 진실의 순간(MOT; Moment Of Truth) 또는 결정적 순간이라고 한다.

① 짧은 순간에 고객으로 하여금 우리 회사를 선택한 것이 좋은 선택이었다는 것을 입증해야 한다.
② 서비스 직원은 찰나의 순간에 모든 역량을 동원하여 고객을 만족시켜야 한다.
③ 고객과 상호작용에 의해서 서비스가 순발력 있게 제공될 수 있는 시스템이 갖추어져야 한다.
④ 서비스 직원의 용모와 복장보다는 따뜻한 미소와 친절한 한마디가 서비스의 핵심이다.
⑤ 여러 번의 결정적인 순간에서 단 한 번의 0점 서비스를 받는다면 모든 서비스가 0점이 되어버릴 수 있다.

05

조직이해능력

합격 Cheat Key

조직이해능력은 업무를 원활하게 수행하기 위해 조직의 체제와 경영을 이해하고 국제적인 추세를 이해하는 능력이다. 현재 많은 공사·공단에서 출제 비중을 높이고 있는 영역이기 때문에 미리 대비하는 것이 중요하다. 실제 업무 능력에서 조직이해능력을 요구하기 때문에 중요도는 점점 높아질 것이다.

세부 유형은 조직 체제 이해, 경영 이해, 업무 이해, 국제 감각으로 나눌 수 있다. 조직도를 제시하는 문제가 출제되거나 조직의 체계를 파악해 경영의 방향성을 예측하고, 업무의 우선순위를 파악하는 문제가 출제된다.

1 문제 속에 정답이 있다!

경력이 없는 경우 조직에 대한 이해가 낮을 수밖에 없다. 그러나 문제 자체가 실무적인 내용을 담고 있어도 문제 안에는 해결의 단서가 주어진다. 부담을 갖지 않고 접근하는 것이 중요하다.

2 경영·경제학원론 정도의 수준은 갖추도록 하라!

지원한 직군마다 차이는 있을 수 있으나, 경영·경제이론을 접목시킨 문제가 꾸준히 출제되고 있다. 따라서 기본적인 경영·경제이론은 익혀 둘 필요가 있다.

3 **지원하는 공사·공단의 조직도를 파악하라!**

출제되는 문제는 각 공사·공단의 세부내용일 경우가 많기 때문에 지원하는 공사·공단의 조직도를 파악해 두어야 한다. 조직이 운영되는 방법과 전략을 이해하고, 조직을 구성하는 체제를 파악하고 간다면 조직이해능력에서 조직도가 나올 때 단기간에 문제를 풀수 있을 것이다.

4 **실제 업무에서도 요구되므로 이론을 익혀라!**

각 공사·공단의 직무 특성상 일부 영역에 중요도가 가중되는 경우가 있어서 많은 취업준비생들이 일부 영역에만 집중하지만, 실제 업무 능력에서 직업기초능력평가 10개 영역이 골고루 요구되는 경우가 많고, 현재는 필기시험에서도 조직이해능력을 출제하는 기관의 비중이 늘어나고 있기 때문에 미리 이론을 익혀 둔다면 모듈형 문제에서 고득점을 노릴수 있다.

| 유형분석 |

- 경영 전략에서 대표적으로 출제되는 문제는 마이클 포터(Michael Porter)의 본원적 경쟁 전략이다.
- 경쟁 전략의 기본적인 이해와 구조를 물어보는 문제가 자주 출제되므로 전략별 특징 및 개념에 대한 이론 학습이 요구된다.

경영이 어떻게 이루어지냐에 따라 조직의 생사가 결정된다고 할 만큼 경영은 조직에 있어서 핵심이다. 다음 중 경영 전략을 추진하는 과정에 대한 설명으로 옳지 않은 것은?

① 경영 전략은 조직 전략, 사업 전략, 부문 전략으로 분류된다.
② 환경 분석을 할 때는 조직의 내부환경뿐만 아니라 외부환경에 대한 분석도 필수이다.
③ 전략 목표는 비전과 미션으로 구분되는데, 둘 다 있어야 한다.
④ 경영 전략이 실행됨으로써 세웠던 목표에 대한 결과가 나오는데, 그것에 대한 평가 및 피드백 과정도 생략되어서는 안 된다.
⑤ '환경 분석 → 전략 목표 설정 → 경영 전략 도출 → 경영 전략 실행 → 평가 및 피드백'의 과정을 거쳐 이루어진다.

정답 ⑤
전략목표를 먼저 설정하고 환경을 분석해야 한다.

풀이 전략!

대부분의 기업들은 마이클 포터의 본원적 경쟁 전략을 사용하고 있다. 각 전략에 해당하는 대표적인 기업을 연결하고, 그들의 경영 전략을 상기하며 문제를 풀어보도록 한다.

01   H회사는 새롭게 개발한 립스틱을 대대적으로 홍보하고 있다. 다음 중 H회사의 사례에 대한 대안으로 가장 적절한 것은?

> H회사 립스틱의 특징은 지속력과 선명한 색상, 그리고 20대 여성을 타깃으로 한 아기자기한 디자인이다. 하지만 립스틱의 홍보가 안 되고 있어 매출이 좋지 않다. 조사결과 저가 화장품이라는 브랜드 이미지 때문인 것으로 드러났다.

① 블라인드 테스트를 통해 제품의 질을 인정받는다.
② 홍보비를 두 배로 늘려 더 많이 광고한다.
③ 브랜드 이름을 최대한 감추고 홍보한다.
④ 무료 증정 이벤트를 연다.
⑤ 타깃을 30대 여성으로 바꾼다.

02   다음 밑줄 친 법칙에 해당하는 사례로 가장 적절한 것은?

> 돈이 되는 20%의 고객이나 상품만 있으면 80%의 수익이 보장된다는 파레토 법칙이 그간 진리로 여겨졌다. 그런데 최근 롱테일(Long tail) 법칙이라는 새로운 개념이 자리를 잡고 있다. 이는 하위 80%가 상위 20%보다 더 많은 수익을 낸다는 법칙이다. 한마디로 '티끌 모아 태산'이 가능하다는 것이다.

① A은행은 VIP전용 창구를 확대하였다.
② B기업은 생산량을 늘려 단위당 생산비를 낮추었다.
③ C인터넷 서점은 극소량만 팔리는 책이라도 진열한다.
④ D극장은 주말 요금을 평일 요금보다 20% 인상하였다.
⑤ E학원은 인기가 없는 과목은 더는 강의를 열지 않도록 했다.

03 다음 〈보기〉 중 경영활동을 이루는 구성요소를 고려할 때 '경영' 활동을 수행하고 있다고 볼 수 없는 것은?

> **보기**
>
> (가) 다음 시즌 우승을 목표로 해외 전지훈련에 참여하여 열심히 구슬땀을 흘리고 있는 선수단과 이를 운영하는 구단 직원들
> (나) 자발적인 참여로 뜻을 같이한 동료들과 함께 매주 어려운 이웃을 찾아다니며 봉사활동을 펼치고 있는 S씨
> (다) 교육지원대대장으로서 사병들의 교육이 원활히 진행될 수 있도록 훈련장 관리와 유지에 최선을 다하고 있는 원대령과 참모진
> (라) 영화 촬영을 앞두고 시나리오와 제작 콘셉트을 회의하기 위해 모인 감독 및 스태프와 출연 배우들
> (마) 대기업을 그만두고 가족들과 함께 조그만 무역회사를 차려 손수 제작한 밀짚 가방을 동남아로 수출하고 있는 B씨

① (가)   ② (나)
③ (다)   ④ (라)
⑤ (마)

04 다음은 경영 전략 추진과정을 나타낸 자료이다. (A)에 대한 사례 중 그 성격이 다른 것은?

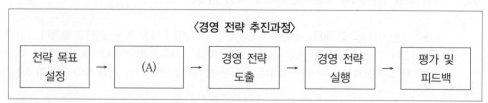

〈경영 전략 추진과정〉

전략 목표 설정 → (A) → 경영 전략 도출 → 경영 전략 실행 → 평가 및 피드백

① 제품 개발을 위해 H사가 가진 예산의 현황을 파악해야 한다.
② H사 제품의 시장 개척을 위해 법적으로 문제가 없는지 확인해야 한다.
③ H사가 공급받고 있는 원재료들의 원가를 확인해야 한다.
④ 신제품 출시를 위해 경쟁사들의 동향을 파악해야 한다.
⑤ 이번에 발표된 정부의 정책으로 H사 제품이 어떠한 영향을 받을 수 있는지 확인해야 한다.

05 다음 중 내부 벤치마킹에 대한 설명으로 옳은 것은?

① 벤치마킹 대상의 적대적 태도로 인해 자료 수집에 어려움을 겪을 수 있다.

② 다각화된 우량기업의 경우 효과를 보기 어렵다.

③ 경쟁 기업을 통해 경영 성과와 관련된 정보를 획득할 수 있다.

④ 같은 기업 내의 타 부서 간 유사한 활용을 비교 대상으로 삼을 수 있다.

⑤ 문화 및 제도적인 차이로 발생할 수 있는 효과에 대한 검토가 필요하다.

PART 1

06 C는 취업스터디에서 기업 분석을 하다가 〈보기〉에서 제시하고 있는 기업의 경영 전략을 정리하였다. 다음 중 〈보기〉의 내용과 경영 전략이 바르게 짝지어진 것은?

- 차별화 전략 : 가격 이상의 가치로 브랜드 충성심을 이끌어 내는 전략
- 원가우위 전략 : 업계에서 가장 낮은 원가로 우위를 확보하는 전략
- 집중화 전략 : 특정 세분시장만 집중공략하는 전략

보기

ㄱ H기업은 S/W에 집중하기 위해 H/W의 한글전용 PC분야를 한국계기업과 전략적으로 제휴하고 회사를 설립해 조직체에 위양하였으며 이후 고유분야였던 S/W에 자원을 집중하였다.

ㄴ B마트는 재고 네트워크를 전산화해 원가를 절감하고 양질의 제품을 최저가격에 판매하고 있다.

ㄷ A호텔은 5성급 호텔로 하루 숙박비용이 상당히 비싸지만, 환상적인 풍경과 더불어 친절한 서비스를 제공하고 객실 내 제품이 모두 최고급으로 비치되어 있어 이용객들에게 높은 만족도를 준다.

	차별화 전략	원가우위 전략	집중화 전략
①	㉠	㉡	㉢
②	㉠	㉢	㉡
③	㉡	㉠	㉢
④	㉢	㉡	㉠
⑤	㉢	㉠	㉡

| 유형분석 |

- 조직구조 유형에 대한 특징을 물어보는 문제가 자주 출제된다.
- 기계적 조직과 유기적 조직의 차이점과 사례 등을 숙지하고 있어야 한다.
- 조직구조 형태에 따라 기능적 조직, 사업별 조직으로 구분하여 출제되기도 한다.

다음 〈보기〉 중 조직구조에 대한 설명으로 옳지 않은 것을 모두 고르면?

보기

ㄱ. 기계적 조직은 구성원들의 업무분장이 명확하게 이루어져 있는 편이다.
ㄴ. 기계적 조직은 조직 내 의사소통이 비공식적 경로를 통해 활발히 이루어진다.
ㄷ. 유기적 조직은 의사결정 권한이 조직 하부 구성원들에게 많이 위임되어 있으며, 업무내용이 명확히 규정되어 있는 것이 특징이다.
ㄹ. 유기적 조직은 기계적 조직에 비해 조직의 형태가 가변적이다.

① ㄱ, ㄴ   ② ㄱ, ㄷ
③ ㄴ, ㄷ   ④ ㄴ, ㄹ
⑤ ㄷ, ㄹ

정답   ③

ㄴ. 기계적 조직 내 의사소통은 비공식적 경로가 아닌 공식적 경로를 통해 주로 이루어진다.
ㄷ. 유기적 조직은 의사결정 권한이 조직 하부 구성원들에게 많이 위임되어 있으나, 업무내용은 기계적 조직에 비해 가변적이다.

오답분석

ㄱ. 기계적 조직은 위계질서 및 규정, 업무분장이 모두 명확하게 확립되어 있는 조직이다.
ㄹ. 유기적 조직에서는 비공식적인 상호 의사소통이 원활히 이루어지며, 규제나 통제의 정도가 낮아 변화에 따라 쉽게 변할 수 있는 특징을 가진다.

풀이 전략!

조직구조는 유형에 따라 기계적 조직과 유기적 조직으로 나눌 수 있다. 기계적 조직과 유기적 조직은 서로 상반된 특징을 가지고 있으며, 기계적 조직이 관료제의 특징과 비슷함을 파악하고 있다면, 이와 상반된 유기적 조직의 특징도 수월하게 파악할 수 있다.

01   H공사는 경영진과 직원의 자유로운 소통, 부서 간 화합 등을 통해 참여와 열린 소통의 조직문화를 조성하고자 노력한다. 이러한 조직문화는 조직의 방향을 결정하고 조직을 존속하게 하는 데 중요한 요인 중의 하나이다. 다음 중 조직문화에 대한 설명으로 적절하지 않은 것은?

① 조직 구성원들에게 일체감과 정체성을 부여하고, 결속력을 강화시킨다.
② 조직 구성원들의 조직몰입을 높여준다.
③ 조직 구성원의 사고방식과 행동양식을 규정한다.
④ 조직 구성원들의 생활양식이나 가치를 의미한다.
⑤ 대부분의 조직들은 서로 비슷한 조직문화를 만들기 위해 노력한다.

02   다음 중 조직목표의 기능에 대한 설명으로 적절하지 않은 것은?

① 조직이 나아갈 방향을 제시해 주는 기능을 한다.
② 조직 구성원의 의사결정 기준의 기능을 한다.
③ 조직 구성원의 행동에 동기를 유발시키는 기능을 한다.
④ 조직을 운영하는 데에 융통성을 제공하는 기능을 한다.
⑤ 조직구조나 운영과정과 같이 조직 체제를 구체화할 수 있는 기준이 된다.

03   다음 글에 나타난 조직의 특성으로 가장 적절한 것은?

> H공사의 사내 봉사 동아리에 소속된 70여 명의 임직원이 연탄 나르기 봉사 활동을 펼쳤다. 이날 임직원들은 지역 주민들이 보다 따뜻하게 겨울을 날 수 있도록 연탄 총 3,000장과 담요를 직접 전달했다. 사내 봉사 동아리에 소속된 김대리는 "매년 진행하는 연말 연탄 나눔 봉사활동을 통해 지역사회에 도움의 손길을 전할 수 있어 기쁘다."며 "오늘의 작은 손길이 큰 불씨가 되어 많은 분들이 따뜻한 겨울을 보내길 바란다."고 말했다.

① 인간관계에 따라 형성된 자발적인 조직
② 이윤을 목적으로 하는 조직
③ 규모와 기능 그리고 규정이 조직화되어 있는 조직
④ 조직 구성원들의 행동을 통제할 장치가 마련되어 있는 조직
⑤ 공익을 요구하지 않는 조직

04 다음 중 조직문화의 구성요소에 대한 설명으로 적절하지 않은 것은?

① 공유가치는 가치관과 이념, 조직관, 전통가치, 기본목적 등을 포함한다.
② 조직 구성원은 인력구성뿐만 아니라 그들의 가치관과 신념, 동기, 태도 등을 포함한다.
③ 관리기술은 조직경영에 적용되는 목표관리, 예산관리, 갈등관리 등을 포함한다.
④ 관리시스템으로는 리더와 부하 간 상호관계를 볼 수 있다.
⑤ 조직의 전략은 조직운영에 필요한 장기적인 틀을 제공한다.

05 다음 중 기계적 조직과 유기적 조직에 대한 설명으로 적절하지 않은 것은?

① 유기적 조직은 의사결정권한이 조직의 하부 구성원들에게 많이 위임되어 있다.
② 기계적 조직은 소량생산 기술, 유기적 조직은 대량생산 기술에 적합하다.
③ 기계적 조직은 구성원들의 업무가 분명하게 규정되어 있다.
④ 유기적 조직은 비공식적인 상호 의사소통이 원활히 이루어진다.
⑤ 기계적 조직에는 군대, 정부 등이 있고, 유기적 조직에는 권한 위임을 받은 사내 벤처팀 등이 있다.

06 다음 중 조직변화의 과정을 순서대로 바르게 나열한 것은?

| ㄱ. 환경변화 인지 | ㄴ. 변화결과 평가 |
| ㄷ. 조직변화 방향 수립 | ㄹ. 조직변화 실행 |

① ㄱ - ㄷ - ㄹ - ㄴ
② ㄱ - ㄹ - ㄷ - ㄴ
③ ㄴ - ㄷ - ㄹ - ㄱ
④ ㄹ - ㄱ - ㄷ - ㄴ
⑤ ㄹ - ㄷ - ㄱ - ㄴ

07 다음 〈보기〉 중 비영리조직으로 적절한 것을 모두 고르면?

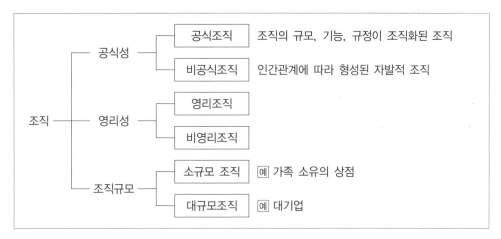

보기

ㄱ 사기업
ㄴ 정부조직
ㄷ 병원
ㄹ 대학
ㅁ 시민단체

① ㄱ, ㄷ   ② ㄴ, ㅁ

③ ㄱ, ㄷ, ㄹ   ④ ㄴ, ㄹ, ㅁ

⑤ ㄴ, ㄷ, ㄹ, ㅁ

| 유형분석 |

- 부서별 주요 업무에 대해 묻는 문제이다.
- 부서별 특징과 담당 업무에 대한 이해가 필요하다.

다음은 기업의 각 부서에서 하는 일이다. 일반적인 상황에서 부서와 그 업무가 바르게 연결된 것은?

ㄱ. 의전 및 비서업무	ㄴ. 업무분장 및 조정
ㄷ. 결산 관련 업무	ㄹ. 임금제도
ㅁ. 소모품의 구입 및 관리	ㅂ. 법인세, 부가가치세
ㅅ. 판매 예산 편성	ㅇ. 보험가입 및 보상 업무
ㅈ. 견적 및 계약	ㅊ. 국내외 출장 업무 협조
ㅋ. 외상매출금 청구 및 회수	ㅌ. 직원수급 계획 및 관리

① 총무부 : ㄱ, ㅁ, ㅅ
② 영업부 : ㅅ, ㅈ, ㅋ
③ 회계부 : ㄷ, ㅇ, ㅋ
④ 인사부 : ㄱ, ㄴ, ㄹ

정답 ②

영업부의 업무로는 판매 계획, 판매 예산의 편성(ㅅ), 견적 및 계약(ㅈ), 외상매출금의 청구 및 회수(ㅋ), 시장조사, 판매원가 및 판매가격의 조사 검토 등이 있다.

오답분석

① 총무부 : ㄱ, ㅁ, ㅊ
③ 회계부 : ㄷ, ㅂ, ㅇ
④ 인사부 : ㄴ, ㄹ, ㅌ

풀이 전략!

조직은 목적의 달성을 위해 업무를 효과적으로 분배하고 처리할 수 있는 구조를 확립해야 한다. 조직의 목적이나 규모에 따라 업무의 종류는 다양하지만, 대부분의 조직에서는 총무, 인사, 기획, 회계, 영업으로 부서를 나누어 업무를 담당하고 있다. 따라서 5가지 업무 종류에 대해서는 미리 숙지해야 한다.

01 직무 전결 규정상 전무이사가 전결인 '과장의 국내출장 건'의 결재를 시행하고자 한다. 박기수 전무이사가 해외출장으로 인해 부재중이어서 직무대행자인 최수영 상무이사가 결재하였다. 다음 〈보기〉 중 옳지 않은 것을 모두 고르면?

> **보기**
>
> ㄱ. 최수영 상무이사가 결재한 것은 전결이다.
> ㄴ. 공문의 결재표상에는 '과장 최경옥, 부장 김석호, 상무이사 전결, 전무이사 최수영'이라고 표시되어 있다.
> ㄷ. 박기수 전무이사가 출장에서 돌아와서 해당 공문을 검토하는 것은 후결이다.
> ㄹ. 위임 전결받은 사항에 대해서는 원결재자인 대표이사에게 후결을 받는 것이 원칙이다.

① ㄱ, ㄴ　　　　　　　　　　　② ㄱ, ㄹ
③ ㄱ, ㄴ, ㄹ　　　　　　　　　④ ㄴ, ㄷ, ㄹ
⑤ ㄱ, ㄴ, ㄷ, ㄹ

02 김부장과 박대리는 H공사의 고객지원실에서 근무하고 있다. 다음 상황에서 김부장이 박대리에게 지시할 사항으로 가장 적절한 것은?

> • 부서별 업무분장
> 　– 인사혁신실 : 신규 채용, 부서/직무별 교육계획 수립/시행, 인사고과 등
> 　– 기획조정실 : 조직문화 개선, 예산사용계획 수립/시행, 대외협력, 법률지원 등
> 　– 총무지원실 : 사무실, 사무기기, 차량 등 업무지원 등
>
> 〈상황〉
>
> 박대리 : 고객지원실에서 사용하는 A4 용지와 볼펜이 부족해서 비품을 신청해야 할 것 같습니다. 그리고 지난번에 말씀하셨던 고객 상담 관련 사내 교육 일정이 이번에 확정되었다고 합니다. 고객지원실 직원들에게 관련 사항을 전달하려면 교육 일정 확인이 필요할 것 같습니다.

① 박대리, 기획조정실에 가서 교육 일정 확인하고, 인사혁신실에 가서 비품 신청하고 오도록 해요.
② 박대리, 총무지원실에 가서 교육 일정 확인하고, 간 김에 비품 신청도 하고 오세요.
③ 박대리, 인사혁신실에 전화해서 비품 신청하고, 전화한 김에 교육 일정도 확인해서 나한테 알려 줘요.
④ 박대리, 총무지원실에 전화해서 비품 신청하고, 기획조정실에서 교육 일정 확인해서 나한테 알려 줘요.
⑤ 박대리, 총무지원실에 전화해서 비품 신청하고, 인사혁신실에서 교육 일정 확인해서 나한테 알려 줘요.

03 귀하는 H회사 인사총무팀에 근무하는 T사원이다. 귀하는 다음과 같은 업무 리스트를 작성한 뒤 우선순위에 맞게 재배열하려고 한다. 업무 리스트를 보고 귀하가 한 생각으로 옳지 않은 것은?

■ 2024년 8월 26일 인사총무팀 사원 T의 업무 리스트
- 인사총무팀 회식(9월 4일) 장소 예약 확인
- 회사 창립 기념일(9월 13일) 행사 준비
- 영업1팀 비품 주문 [월요일에 배송될 수 있도록 오늘 내 반드시 발주할 것]
- 이번주 토요일(8월 27일) 당직 근무자 명단 확인 [업무 공백 생기지 않도록 주의]
- 9월 3일자 신입사원 면접 날짜 유선 안내 및 면접 가능 여부 확인

---

① 내일 당직 근무자 명단 확인을 가장 먼저 해야겠다.

② 영업1팀 비품 주문 후 회식장소 예약을 확인해야겠다.

③ 신입사원 면접 안내는 여러 변수가 발생할 수 있으니 서둘러 준비해야겠다.

④ 신입사원 면접 안내 통보 후 연락이 안 된 면접자들을 따로 추려서 다시 연락을 취해야겠다.

⑤ 회사 창립 기념일 행사는 전 직원이 다 참여하는 큰 행사인 만큼 가장 첫 번째 줄에 배치해야겠다.

04 다음 상황에서 팀장의 지시를 수행하기 위하여 오대리가 거쳐야 할 부서명을 순서대로 바르게 나열한 것은?

오대리, 내가 내일 출장 준비 때문에 무척 바빠서 그러는데 자네가 좀 도와줘야 할 것 같군. 우선 박비서한테 가서 오후 사장님 회의 자료를 좀 가져다 주게나. 오는 길에 지난주 기자단 간담회 자료 정리가 되었는지 확인해 보고 완료됐으면 한 부 챙겨 오고. 다음 주에 승진자 발표가 있을 것 같은데 우리 팀 승진 대상자 서류가 잘 전달되었는지 그것도 확인 좀 해 줘야겠어. 참, 오후에 바이어가 내방하기로 되어 있는데 공항 픽업 준비는 잘 해 두었지? 배차 예약 상황도 다시 한 번 점검해 봐야할 거야. 그럼 수고 좀 해 주게.

---

① 기획팀 – 홍보팀 – 총무팀 – 경영관리팀

② 비서실 – 홍보팀 – 인사팀 – 총무팀

③ 인사팀 – 법무팀 – 총무팀 – 기획팀

④ 경영관리팀 – 법무팀 – 총무팀 – 인사팀

⑤ 회계팀 – 경영관리팀 – 인사팀 – 총무팀

※ 다음은 H공사 조직도의 일부이다. 이어지는 질문에 답하시오. [5~6]

05 다음 중 H공사의 각 부서와 업무 간의 연결이 적절하지 않은 것은?

① ㉠ : 수입·지출 예산 편성 및 배정 관리

② ㉡ : 공단사업 관련 연구과제 개발 및 추진

③ ㉢ : 복무관리 및 보건·복리 후생

④ ㉣ : 임직원 인사, 상훈, 징계

⑤ ㉤ : 예산집행 조정, 통제 및 결산 총괄

06 다음 중 정보보안전담반의 업무로 적절하지 않은 것은?

① 정보보안기본지침 및 개인정보보호지침 제·개정 관리

② 직원 개인정보보호 의식 향상 교육

③ 개인정보종합관리시스템 구축·운영

④ 정보보안 및 개인정보보호 계획수립

⑤ 전문자격 출제정보시스템 구축·운영

04 국제 동향

| 유형분석 |

- 국제동향을 파악하는 방법에 대해 묻는 문제이다.
- 국제적 식견을 평가하기 위해 다른 문화에 대한 이해 및 커뮤니케이션 방법에 대한 문제도 자주 출제된다.

다음 중 국제 동향을 파악하는 방법으로 적절하지 않은 것은?

① 신문, 인터넷 등 각종 매체를 통해 국제적 동향을 파악한다.
② 업무와 관련된 국제적 법규나 규정을 숙지한다.
③ 특정 국가의 관련 업무에 대한 동향을 점검한다.
④ 국제적인 상황 변화에 관심을 두도록 한다.
⑤ 현지인의 의견보다는 국내 전문가의 의견에 따른다.

정답 ⑤

국제동향의 파악 방법
- 관련 분야의 해외사이트를 방문하여 최신 이슈를 확인한다.
- 매일 신문의 국제면을 읽는다.
- 업무와 관련된 국제잡지를 정기 구독한다.
- 고용노동부, 한국산업인력공단, 산업통상자원부, 중소벤처기업부, 상공회의소, 산업별인적자원개발협의체 등의 사이트를 방문해 국제동향을 확인한다.
- 국제학술대회에 참석한다.
- 업무과 관련된 주요 용어의 외국어를 알아둔다.
- 해외서점 사이트를 방문해 최신 서적 목록과 주요 내용을 파악한다.
- 외국인 친구를 사귀고 대화를 자주 나눈다.

풀이 전략!

활동범위가 세계로 확대되는 글로벌화를 위해서 조직은 세계시장에서 경쟁하고 살아남아야 한다. 이때 필요한 능력이 국제적 식견이다. 따라서 국제동향을 파악하는 방법을 숙지하고 실천하여 다른 문화에 대해 열린 자세로 수용하는 자세가 필요하다.

01 다음과 같은 비즈니스 에티켓 특징을 가지고 있는 국가로 가장 적절한 것은?

> • 인사 : 중국계의 경우 악수로 시작하는 일반적인 비즈니스 문화를 가지고 있으며, 말레이계의 경우 이성과 악수를 하지 않는 것이 일반적이다. 인도계 역시 이성끼리 악수를 하지 않고 목례를 한다.
> • 약속 : 약속 없이 방문하는 것은 실례이므로 업무상 필수적으로 방문해야 하는 경우에는 약속을 미리 잡아 일정 등에 대한 확답을 받은 후 방문한다. 미팅에서는 부수적인 이야기를 거의 하지 않으며 바로 업무에 관한 이야기를 한다. 이때 상대방의 말을 끝까지 경청해야 한다. 명함을 받을 때도 두 손으로 받는 것이 일반적이다.

① 미국
② 싱가포르
③ 인도네시아
④ 필리핀
⑤ 태국

02 언어적 커뮤니케이션과 달리 상대국의 문화적 배경의 생활양식, 행동규범, 가치관 등을 이해하여 서로 다른 문화적 배경을 지닌 사람과 소통하는 것을 비언어적 커뮤니케이션이라고 한다. 다음 중 비언어적 커뮤니케이션을 위한 행동으로 적절하지 않은 것은?

① 스페인에서는 악수할 때 손을 강하게 잡을수록 반갑다는 의미를 가지고 있다. 따라서 스페인 사람과 첫 협상 시에는 강하게 악수하여 반가움을 표현하는 것이 적절하다.

② 이탈리아에서는 연회 시 소금이나 후추 등이 다른 사람 손에 거치면 좋지 않다는 풍습이 있다. 따라서 이탈리아에서 연회 참가 시 소금과 후추가 필요할 때는 웨이터를 부르도록 한다.

③ 일본에서 칼은 관계의 단절을 의미한다. 따라서 일본인에게 선물할 때 칼은 피하는 것이 좋다.

④ 중국에서는 상대방이 선물을 권할 때 선뜻 받기보다는 세 번 정도 거절하는 것이 예의라고 생각한다. 따라서 중국인에게 선물할 때 세 번 거절당하더라도 한 번 더 받기를 권하는 것이 좋다.

⑤ 키르키즈스탄에서는 왼손을 더러운 것으로 느끼는 풍습이 있다. 따라서 키르키즈스탄인에게 명함을 건넬 경우에는 반드시 오른손으로 주도록 한다.

많이 보고 많이 겪고 많이 공부하는 것은 배움의 세 기둥이다.

– 벤자민 디즈라엘리 –

PART 2

전공필기

01 다음 중 재무제표에 대한 설명으로 옳지 않은 것은?

① 재무제표는 재무상태표, 포괄손익계산서, 자본변동표, 현금흐름표, 주석으로 구성된다.

② 재무제표는 적어도 1년에 한 번은 작성한다.

③ 현금흐름에 대한 정보를 제외하고는 발생기준의 가정하에 작성한다.

④ 재무제표 요소의 측정기준은 역사적원가와 현행가치 등으로 구분된다.

⑤ 기업이 경영활동을 청산 또는 중단할 의도가 있더라도, 재무제표는 계속기업의 가정하에 작성한다.

02 다음 중 특정 기업이 자사 제품을 경쟁제품과 비교하여 유리하고 독특한 위치를 차지하도록 하는 마케팅 전략은?

① 관계마케팅

② 포지셔닝

③ 표적시장 선정

④ 일대일 마케팅

⑤ 시장세분화

03 다음 중 동종 또는 유사업종의 기업들이 법적, 경제적 독립성을 유지하면서 협정을 통해 수평적으로 결합하는 형태는?

① 지주회사(Holding Company)

② 카르텔(Cartel)

③ 컨글로메리트(Conglomerate)

④ 트러스트(Trust)

⑤ 콘체른(Concern)

04 다음 중 평가센터법(Assessment Center)에 대한 설명으로 옳지 않은 것은?

① 평가에 대한 신뢰성이 양호하다.
② 승진에 대한 의사결정에 유용하다.
③ 교육훈련에 대한 타당성이 높다.
④ 평가센터에 초대받지 못한 종업원의 심리적 저항이 예상된다.
⑤ 다른 평가기법에 비해 상대적으로 비용과 시간이 적게 소요된다.

05 다음 중 최저임금제의 필요성으로 옳지 않은 것은?

① 계약자유의 원칙의 한계 보완
② 저임금 노동자 보호
③ 임금인하 경쟁 방지
④ 유효수요 창출
⑤ 소비자 부담 완화

06 다음 인사평가방법 중 피평가자의 능력, 태도, 작업, 성과 등에 관련된 표준행동들을 제시하고 평가자가 해당 서술문을 대조하여 평가하는 방법은?

① 서열법   ② 평정척도법
③ 체크리스트법   ④ 중요사건기술법
⑤ 목표관리법

07 다음 중 회사에 관한 용어와 개념에 대한 설명으로 옳지 않은 것은?

① 주식회사 : 주식을 소유하고 있는 주주가 그 회사의 주인이 되는 형태이다.
② 협동조합 : 경제활동으로 지역사회에 이바지하기 위해 설립된 단체이다.
③ 합명회사 : 무한책임사원으로 이루어지는 회사로, 무한책임사원이 경영하고 사업으로부터 생기는 이익의 분배에 참여한다.
④ 합자회사 : 유한책임사원과 무한책임사원으로 이루어지는 회사로, 유한책임사원이 사업을 경영하고 집행하며, 양도 시 유한책임사원의 동의가 필요하다.
⑤ 유한회사 : 유한회사의 주인은 사원으로, 이때 사원은 출자액의 한도 내에서만 회사의 채무에 대해 변제책임을 진다.

08 맥그리거(D. McGregor)의 X – Y 이론은 인간에 대한 기본 가정에 따라 동기부여방식이 달라진다는 것이다. 다음 중 Y이론에 해당하는 가정 또는 동기부여방식이 아닌 것은?

① 문제해결을 위한 창조적 능력 보유

② 직무수행에 대한 분명한 지시

③ 조직목표 달성을 위한 자기 통제

④ 성취감과 자아실현 추구

⑤ 노동에 대한 자연스러운 수용

09 다음 중 서번트(Servant) 리더의 특성으로 옳지 않은 것은?

① 부하의 성장을 위해 헌신한다.

② 부하의 감정에 공감하고 이해하려고 노력한다.

③ 권력이나 지시보다는 설득으로 부하를 대한다.

④ 조직의 구성원들에게 공동체 정신을 심어준다.

⑤ 비전 달성을 위해 위험감수 등 비범한 행동을 보인다.

10 다음 설명에 해당하는 제도는?

> • 기업이 주어진 인건비로 평시보다 더 많은 부가가치를 창출하였을 경우, 이 초과된 부가가치를 노사협동의 산물로 보고 기업과 종업원 간에 배분하는 제도이다.
> • 노무비 외 원재료비 및 기타 비용의 절감액도 인센티브 산정에 반영한다.

① 연봉제   ② 개인성과급제

③ 임금피크제   ④ 러커 플랜

⑤ 스캔런 플랜

11 다음 설명에 해당하는 소비재는?

> • 특정 브랜드에 대한 고객 충성도가 높다.
> • 제품마다 고유한 특성을 지니고 있다.
> • 브랜드마다 차이가 크다.
> • 구매 시 많은 시간과 노력을 필요로 한다.

① 편의품(Convenience Goods)　　　② 선매품(Shopping Goods)
③ 전문품(Speciality Goods)　　　④ 자본재(Capital Items)
⑤ 원자재(Raw Materials)

12 다음 중 신제품 가격결정방법에서 초기고가전략(Skimming Pricing)을 채택하기 어려운 경우는?

① 수요의 가격탄력성이 높은 경우
② 생산 및 마케팅 비용이 높은 경우
③ 경쟁자의 시장진입이 어려운 경우
④ 제품의 혁신성이 큰 경우
⑤ 독보적인 기술이 있는 경우

13 다음 중 효과적인 시장세분화를 위한 요건으로 옳지 않은 것은?

① 측정가능성　　　　　　② 충분한 시장 규모
③ 접근가능성　　　　　　④ 세분시장 간의 동질성
⑤ 실행가능성

14 다음 중 촉진믹스(Promotion Mix) 활동에 해당하지 않는 것은?

① 옥외광고　　　　　　② 방문판매
③ 홍보　　　　　　④ 가격할인
⑤ 개방적 유통

15 다음 중 앨더퍼(Alderfer)의 ERG 이론에 대한 설명으로 옳지 않은 것은?

① 인간의 욕구를 존재욕구, 관계욕구, 성장욕구로 나누었다.

② 하위욕구가 충족될수록 상위욕구에 대한 욕망이 커진다고 주장하였다.

③ 상위욕구의 행위에 영향을 미치기 전에 하위욕구가 먼저 충족되어야만 한다.

④ 매슬로(Maslow)의 욕구단계 이론의 한계점을 극복하고자 제시되었다.

⑤ 앨더퍼에 의해 주장된 욕구단계 이론으로, 한 가지 이상의 욕구가 동시에 작용될 수도 있다고 주장하였다.

16 자본예산은 투자로 인한 수익이 1년 이상에 걸쳐 장기적으로 실현될 투자결정에 대한 일련의 과정을 말한다. 다음 중 투자안의 평가방법에 해당하지 않는 것은?

① 유동성분석법   ② 수익성지수법

③ 순현재가치법   ④ 내부수익률법

⑤ 회수기간법

17 H기업은 2023년 1월 1일에 150만 원을 투자하여 2023년 12월 31일과 2024년 12월 31일에 각각 100만 원을 회수하는 투자안을 고려하고 있다. H기업의 요구수익률이 연 10%일 때, 이 투자안의 순현재가치(NPV)는 약 얼마인가?(단, 연 10% 기간이자율에 대한 2기간 단일현가계수와 연금현가계수는 각각 0.8264, 1.7355이다)

① 90,910원   ② 173,550원

③ 182,640원   ④ 235,500원

⑤ 256,190원

18 다음 중 조직 내 갈등이 발생하는 원인으로 볼 수 없는 것은?

① 희소한 자원   ② 낮은 상호의존도

③ 모호한 업무 책임   ④ 성과 보상의 차이

⑤ 의사소통의 부족

19 다음 중 최종품목 또는 완제품의 주생산일정계획(Master Production Schedule)을 기반으로 제품 생산에 필요한 각종 원자재, 부품, 중간조립품의 주문량과 주문시기를 결정하는 재고관리방법은?

① 자재소요계획(MRP)

② 적시생산시스템

③ 린 생산

④ 공급사슬관리

⑤ 칸반 시스템

20 다음 중 재고품목을 가치나 상대적 중요도에 따라 차별화하여 관리하는 ABC 재고관리에 대한 설명으로 옳은 것은?

① A등급은 재고가치가 낮은 품목들이 속한다.

② A등급 품목은 로트 크기를 크게 유지한다.

③ C등급 품목은 재고유지비가 높다.

④ ABC등급 분석을 위해 롱테일(Long Tail) 법칙을 활용한다.

⑤ 가격, 사용량 등을 기준으로 등급을 구분한다.

21 시산표는 재무상태표의 구성요소와 포괄손익계산서의 구성요소를 한 곳에 집계한 표이다. 다음 시산표 등식에서 빈칸에 들어갈 항목으로 옳은 것은?

(자산)＋(비용)＝(부채)＋(   )＋(수익)

① 매출액

② 자본

③ 법인세

④ 미지급금

⑤ 감가상각비

22 다음 〈보기〉 중 당좌자산에 해당하는 것을 모두 고르면?

> **보기**
> ㄱ. 현금 　　　　　　　　　　 ㄴ. 보통예금
> ㄷ. 투자부동산 　　　　　　　 ㄹ. 단기금융상품

① ㄱ, ㄴ　　　　　　　　　　　 ② ㄷ, ㄹ
③ ㄱ, ㄴ, ㄹ　　　　　　　　　 ④ ㄴ, ㄷ, ㄹ
⑤ ㄱ, ㄴ, ㄷ, ㄹ

23 다음 중 재무상태표의 항목에 해당하지 않는 것은?

① 차입금　　　　　　　　　　　 ② 이익잉여금
③ 매출채권　　　　　　　　　　 ④ 판매비
⑤ 재고자산

24 다음 중 행동기준고과법(BARS)에 대한 설명으로 옳지 않은 것은?

① 전통적인 인사평가 방법에 비해 평가의 공정성이 증가하는 장점이 있다.
② 어떤 행동이 목표달성과 관련이 있는지 인식하여 목표관리의 일환으로 사용이 가능하다.
③ 다양하고 구체적인 직무에 적용이 가능하다는 장점이 있다.
④ 평정척도법과 중요사건기록법을 혼용하여 평가직무에 직접 적용되는 행동패턴을 척도화하여 평가하는 방법이다.
⑤ 점수를 통해 등급화하기보다는 개별행위를 빈도를 나눠서 측정하기 때문에 풍부한 정보를 얻을 수 있지만 종업원의 행동 변화를 유도하기 어렵다는 단점이 있다.

25 다음 중 마이클 포터(Michael Porter)의 가치사슬 모형(Value Chain Model)에 대한 설명으로 옳지 않은 것은?

① 기업이 가치를 창출하는 활동을 본원적 활동과 지원적 활동으로 구분하였다.
② 물류 투입 및 산출 활동은 본원적 활동에 해당한다.
③ 마케팅 활동은 지원적 활동에 해당한다.
④ 기술 개발은 지원적 활동에 해당한다.
⑤ 지원적 활동에 해당하는 활동도 기업의 핵심 역량이 될 수 있다.

26 다음 중 제품 / 시장 매트릭스(Product / Market Matrix)에서 신제품을 가지고 신시장에 진출하는 성장전략은?

① 다각화 전략
② 제품개발 전략
③ 집중화 전략
④ 시장침투 전략
⑤ 시장개발 전략

27 다음 중 유형자산에 대한 설명으로 옳은 것은?

① 유형자산의 공정가치가 장부금액을 초과하면 감가상각액을 인식하지 아니한다.
② 기계장치는 감가상각의 대상이지만, 토지는 감가상각의 대상이 아니다.
③ 자산의 장부금액이 재평가로 인하여 증가된 경우에 그 증가액은 당기손익으로 인식하고, 재평가 잉여금의 과목으로 자산에 가산한다.
④ 유형자산별로 선택적 재평가를 하거나 서로 다른 기준일의 평가금액이 혼재된 재무보고를 하는 것을 방지하기 위하여 동일한 유형 내의 유형자산은 분기별로 재평가한다.
⑤ 유형자산이 손상된 경우 장부금액과 회수가능액의 차액은 기타포괄손익으로 처리하고, 유형자산 에서 직접 차감한다.

28 다음 중 생산수량과 일정을 토대로 필요한 자재조달 계획을 수립하는 관리시스템은?

① CIM
② FMS
③ MRP
④ SCM
⑤ TQM

29 다음 설명에 해당하는 조직이론은?

- 조직의 환경요인들은 상호의존적인 관계를 형성하여야 한다.
- 조직 생존의 핵심적인 요인은 자원을 획득하고 유지할 수 있는 능력이다.
- 조직은 자율성과 독립성을 유지하기 위하여 환경에 대한 영향력을 행사해야 한다.

---

① 제도화 이론   ② 자원의존 이론
③ 조직군 생태학 이론   ④ 거래비용 이론
⑤ 학습조직 이론

30 다음 설명에 해당하는 직무설계는?

- 직무성과가 경제적 보상보다는 개인의 심리적 만족에 있다고 전제한다.
- 종업원에게 직무의 정체성과 중요성을 높여주고 일의 보람과 성취감을 느끼게 한다.
- 종업원에게 많은 자율성과 책임을 부여하여 직무경험의 기회를 제공한다.

---

① 직무 순환   ② 직무 전문화
③ 직무 특성화   ④ 수평적 직무확대
⑤ 직무 충실화

01 개방경제의 소국 H에서 수입관세를 부과하였다. 이때 나타나는 효과로 옳지 않은 것은?

① 국내가격이 상승한다.　　　　　② 소비량이 감소한다.

③ 생산량이 감소한다.　　　　　　④ 사회적 후생손실이 발생한다.

⑤ 교역조건은 변하지 않는다.

02 다음 중 다른 조건이 일정할 때, 국내통화 가치를 하락시키는 요인으로 옳은 것은?

① 외국 투자자들이 국내 주식을 매수한다.

② 한국은행이 기준금리 인상을 실시한다.

③ 수입 가전제품에 대한 관세가 인상된다.

④ 해외여행에 대한 수요가 급감한다.

⑤ 국내 H기업이 해외에 생산 공장을 건설한다.

03 다음 중 완전경쟁시장에서 기업의 장기적 시장공급곡선에 대한 설명으로 옳지 않은 것은?

① 완전경쟁시장의 장기적 시장공급곡선의 도출은 단기 공급곡선과 달리 진입과 퇴출을 고려한다.

② 장기적 시장공급곡선은 비용 증가 산업, 비용 불변 산업, 비용 감소 산업으로 분류한다.

③ 시장의 총생산량과 장기 균형 가격의 궤적을 이은 곡선이 장기 공급곡선이다.

④ 비용 증가 산업은 산업 전체의 총생산량이 증가함에 따라 비용곡선이 하향 이동한다.

⑤ 비용 불변 산업은 장기 공급곡선이 수평선으로 그려진다.

04 복숭아 시장에서 다음 그래프와 같은 변화를 가져올 수 있는 요인이 아닌 것은?

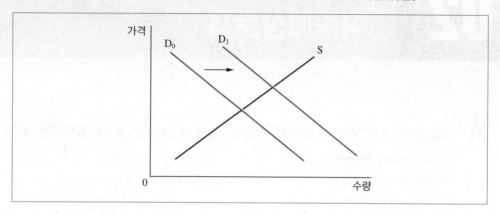

① 복숭아 가격의 하락
② 복숭아가 정상재인 경우 소비자의 소득 증가
③ 복숭아가 위장기능을 개선시킨다는 연구결과 발표
④ 복숭아 가격이 점점 상승할 것이라는 소비자들의 예상
⑤ 황도 복숭아와 대체관계에 있는 천도 복숭아 가격의 상승

05 다음 〈보기〉 중 자본이동이 완전히 자유로운 소규모 개방경제의 IS - LM - BP 모형에서 화폐수요가 감소할 경우 고정환율제도와 변동환율제도하에서 발생하는 변화에 대한 설명으로 옳지 않은 것을 모두 고르면?

> **보기**
> ㄱ. 변동환율제도하에서 화폐수요가 감소하면 LM곡선이 오른쪽으로 이동한다.
> ㄴ. 변동환율제도하에서 이자율 하락으로 인한 자본유출로 외환수요가 증가하면 환율이 상승한다.
> ㄷ. 변동환율제도하에서 평가절하가 이루어지면 순수출이 증가하고 LM곡선이 우측으로 이동하여 국민소득은 감소하게 된다.
> ㄹ. 고정환율제도하에서 외환에 대한 수요증가로 환율상승 압력이 발생하면 중앙은행은 외환을 매각한다.
> ㅁ. 고정환율제도하에서 화폐수요가 감소하여 LM곡선이 오른쪽으로 이동하더라도 최초의 위치로는 복귀하지 않는다.

① ㄱ, ㄴ   ② ㄴ, ㄷ
③ ㄷ, ㄹ   ④ ㄷ, ㅁ
⑤ ㄹ, ㅁ

06 한 국가의 명목 GDP는 1,650조 원이고, 통화량은 2,500조 원이다. 이 국가의 물가수준이 2% 상승하고, 실질 GDP는 3% 증가할 경우에 적정 통화공급 증가율은 얼마인가?(단, 유통속도 변화 $\Delta V = 0.0033$이다)

① 2.5%   ② 3.0%
③ 3.5%   ④ 4.0%
⑤ 4.5%

07 다음 〈보기〉 중 IS – LM 모형에 대한 설명으로 옳은 것을 모두 고르면?

> **보기**
> ㄱ. 투자의 이자율탄력성이 클수록 IS곡선과 총수요곡선은 완만한 기울기를 갖는다.
> ㄴ. 소비자들의 저축성향 감소는 IS곡선을 왼쪽으로 이동시키며, 총수요곡선도 왼쪽으로 이동시킨다.
> ㄷ. 화폐수요의 이자율 탄력성이 클수록 LM곡선과 총수요곡선은 완만한 기울기를 갖는다.
> ㄹ. 물가수준의 상승은 LM곡선을 왼쪽으로 이동시키지만 총수요곡선을 이동시키지는 못한다.
> ㅁ. 통화량의 증가는 LM곡선을 오른쪽으로 이동시키며 총수요곡선도 오른쪽으로 이동시킨다.

① ㄱ, ㄷ, ㄹ   ② ㄱ, ㄹ, ㅁ
③ ㄴ, ㄷ, ㅁ   ④ ㄴ, ㄹ, ㅁ
⑤ ㄱ, ㄴ, ㄷ, ㅁ

08 다음 〈보기〉 중 수요와 공급의 가격탄력성에 대한 설명으로 옳은 것을 모두 고르면?

> **보기**
> ㄱ. 어떤 재화에 대한 소비자의 수요가 비탄력적이라면, 가격이 상승할 경우 그 재화에 대한 지출액은 증가한다.
> ㄴ. 수요와 공급의 가격탄력성이 커질수록 단위당 일정한 생산보조금 지급에 따른 자중손실 (Deadweight Loss)은 커진다.
> ㄷ. 독점력이 강한 기업일수록 공급의 가격탄력성이 작아진다.
> ㄹ. 최저임금이 인상되었을 때, 최저임금이 적용되는 노동자들의 총임금은 노동의 수요보다는 공급의 가격탄력성에 따라 결정된다.

① ㄱ, ㄴ   ② ㄱ, ㄷ
③ ㄴ, ㄹ   ④ ㄱ, ㄴ, ㄷ
⑤ ㄱ, ㄴ, ㄷ, ㄹ

09 다음 〈보기〉 중 독점기업의 제3급 가격차별에 대한 설명으로 옳지 않은 것을 모두 고르면?

> **보기**
>
> ㉠ 가격차별을 하기 위해서는 시장분리비용이 시장분리에 따른 이윤증가분보다 작아야 한다.
> ㉡ 상품의 소비자 간 재판매가 가능해야 가격차별이 가능하다.
> ㉢ 생산량에 관계없이 한계비용이 일정할 경우, 독점기업이 이윤극대화를 위해서는 차별화된 각 시장에서의 한계수입이 동일하도록 판매량을 결정해야 한다.
> ㉣ 제3급 가격차별의 경우 수요의 가격탄력성이 높은 집단에게 높은 가격을, 가격탄력성이 낮은 집단에게 낮은 가격을 설정해야 한다.

① ㉠, ㉡   ② ㉠, ㉢

③ ㉡, ㉢   ④ ㉡, ㉣

⑤ ㉢, ㉣

10 어떤 경제의 총수요곡선은 $P_t = -Y_t + 2$, 총공급곡선은 $P_t = P_t^e + (Y_t - 1)$이다. 이 경제가 현재 $P = \frac{3}{2}$, $Y \frac{1}{2}$에서 균형을 이루고 있다고 할 때, 다음 중 옳은 것은?(단, P_t^e는 예상물가이다)

① 이 경제는 장기균형 상태에 있다.

② 현재 상태에서 P_t^e는 $\frac{1}{2}$이다.

③ 현재 상태에서 P_t^e는 $\frac{3}{2}$이다.

④ 개인들이 합리적 기대를 한다면 P_t^e는 1이다.

⑤ 개인들이 합리적 기대를 한다면 P_t^e는 2이다.

11 어느 나라 경제의 구직률은 40%이고, 실직률은 40%일 때, 이 경제의 실업률은 얼마인가?

① 10%   ② 15%

③ 20%   ④ 25%

⑤ 50%

12 다음 중 어떤 기업에 대하여 〈조건〉을 가정할 때, 이 기업의 가치에 대한 설명으로 옳지 않은 것은?

> **조건**
> - 이 기업의 초기 이윤은 $\pi_0 = 100$이다.
> - 이 기업의 이윤은 매년 $g = 5\%$씩 성장할 것으로 기대된다.
> - 이 기업이 자금을 차입할 경우, 금융시장에서는 $i = 10\%$의 이자율을 적용한다.

① 이 기업의 가치는 $PV = \pi_0 \dfrac{1+g}{i-g}$ 로 계산된다.

② 이 기업의 가치는 2,200이다.

③ 이 기업의 가치는 i가 상승하면 감소한다.

④ 이 기업의 가치는 g가 커지면 증가한다.

⑤ 초기 이윤을 모두 배당으로 지급하면 이 기업의 가치는 2,100이 된다.

13 어떤 국가의 인구가 매년 1%씩 증가하고 있고, 국민들의 연평균 저축률은 20%로 유지되고 있으며, 자본의 감가상각률은 10%로 일정하다. 다음 중 솔로우(Solow) 모형에 따른 이 경제의 장기균형의 변화에 대한 설명으로 옳은 것은?

① 기술이 매년 진보하는 상황에서 이 국가의 1인당 자본량은 일정하게 유지된다.

② 이 국가의 기술이 매년 2%씩 진보한다면, 이 국가의 전체 자본량은 매년 2%씩 증가한다.

③ 인구증가율의 상승은 1인당 산출량의 증가율에 영향을 미치지 못한다.

④ 저축률이 높아지면 1인당 자본량의 증가율이 상승한다.

⑤ 감가상각률이 높아지면 1인당 자본량의 증가율이 상승한다.

14 어떤 기업의 비용함수가 $C(Q)=100+2Q^2$ 이다. 이 기업이 완전경쟁시장에서 제품을 판매하며 시장가격은 20일 때, 다음 중 옳지 않은 것은?(단, Q는 생산량이다)

① 이 기업이 직면하는 수요곡선은 수평선이다.

② 이 기업의 고정비용은 100이다.

③ 이윤극대화 또는 손실최소화를 위한 최적산출량은 5이다.

④ 최적산출량 수준에서 이 기업의 손실은 100이다.

⑤ 이 기업의 최적산출량 수준에서 $P \geq AVC$를 만족한다(단, P는 시장가격이고, AVC는 평균가변비용이다).

15 다음 중 투자이론에 대한 설명으로 옳지 않은 것은?

① 투자는 토빈(Tobin) q의 증가함수이다.

② 자본의 한계생산이 증가하면 토빈(Tobin) q값이 커진다.

③ 신고전학파에 따르면 실질이자율 하락은 자본의 한계편익을 증가시켜 투자의 증가를 가져온다.

④ 재고투자모형은 수요량 변화에 따른 불확실성의 증가가 재고투자를 증가시킬 수도 있다는 점을 설명한다.

⑤ 투자옵션모형에 따르면 상품가격이 정상이윤을 얻을 수 있는 수준으로 상승하더라도 기업이 바로 시장에 진입하여 투자하지 못하는 이유는 실물부문의 투자가 비가역성을 갖고 있기 때문이다.

16 다음 〈보기〉 중 균형경기변동이론(Equilibrium Business Cycle Theory)에 대한 설명으로 옳은 것을 모두 고르면?

보기
> ㄱ. 흉작이나 획기적 발명품의 개발은 영구적 기술 충격이다.
> ㄴ. 기술충격이 일시적일 때 소비의 기간 간 대체효과는 크다.
> ㄷ. 기술충격이 일시적일 때 실질이자율은 경기순행적이다.
> ㄹ. 실질임금은 경기역행적이다.
> ㅁ. 노동생산성은 경기와 무관하다.

① ㄱ, ㄴ   ② ㄱ, ㄹ

③ ㄴ, ㄷ   ④ ㄷ, ㄹ

⑤ ㄹ, ㅁ

17 다음은 국내 통화의 실질절하(Real Depreciation)가 t_0에 발생한 이후의 무역수지 추이를 보여주는 그래프이다. 이에 대한 설명으로 옳지 않은 것은?(단, 초기 무역수지는 균형으로 0이다)

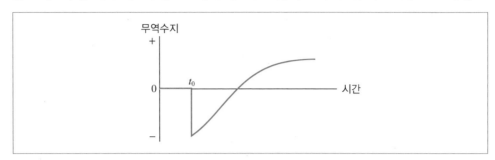

① 그림과 같은 무역수지의 조정과정을 J-곡선(J-Curve)이라 한다.
② 실질절하 초기에 수출과 수입이 모두 즉각 변화하지 않아 무역수지가 악화된다.
③ 실질절하 후 시간이 흐름에 따라 수출과 수입이 모두 변화하므로 무역수지가 개선된다.
④ 수출수요탄력성과 수입수요탄력성의 합이 1보다 작다면 장기적으로 실질절하는 무역수지를 개선한다.
⑤ 마샬 – 러너 조건(Marshall – Lerner condition)이 만족되면 장기적으로 실질절하는 무역수지를 개선한다.

18 다음 중 실업의 유형에 대한 설명으로 옳지 않은 것은?
① 구조적 실업이란 경제구조의 변화로 인해 노동수요 구조가 변화함에 따라 발생하는 실업이다.
② 구조적 실업은 실업기간이 장기화되는 경향이 있다.
③ 마찰적 실업은 정보망의 확충 등을 통해 완전히 제거하는 것이 가능하다.
④ 경기적 실업은 경기침체로 인해 기업이 생산을 줄이면서 일부 노동자 해고와 신규채용 감소로 인해 발생하는 실업이다.
⑤ 자발적 실업은 일을 할 능력은 있지만, 현재의 임금수준에서는 일을 할 의사가 없기 때문에 발생하는 실업이다.

19 다음 〈보기〉 중 완전경쟁시장에서 물품세가 부과될 때 시장에서 나타나는 현상들에 대한 설명으로 옳은 것을 모두 고르면?

보기

ㄱ. 소비자에게 종가세가 부과되면 시장수요곡선은 아래로 평행이동한다.
ㄴ. 수요곡선이 수평선으로 주어져 있는 경우 물품세의 조세부담은 모두 공급자에게 귀착된다.
ㄷ. 소비자에게 귀착되는 물품세 부담의 크기는 공급의 가격탄력성이 클수록 증가한다.
ㄹ. 소비자와 공급자에게 귀착되는 물품세의 부담은 물품세가 소비자와 공급자 중 누구에게 부과되는가와 상관없이 결정된다.
ㅁ. 물품세 부과에 따라 감소하는 사회후생의 크기는 세율에 비례하여 증가한다.

① ㄴ, ㄷ   ② ㄱ, ㄴ, ㄹ
③ ㄱ, ㄷ, ㅁ   ④ ㄴ, ㄷ, ㄹ
⑤ ㄷ, ㄹ, ㅁ

20 다음 〈보기〉 중 현시선호이론에 대한 설명으로 옳은 것을 모두 고르면?

보기

ㄱ. 소비자의 선호체계에 이행성이 있다는 것을 전제로 한다.
ㄴ. 어떤 소비자의 선택행위가 현시선호이론의 공리를 만족시킨다면, 이 소비자의 무차별곡선은 우하향하게 된다.
ㄷ. $P_0 Q_0 \geq P_0 Q_1$일 때, 상품묶음 Q_0가 선택되었다면, Q_0가 Q_1보다 현시선호되었다고 말한다 (단, P_0는 가격벡터를 나타낸다).
ㄹ. 강공리가 만족된다면 언제나 약공리는 만족된다.

① ㄱ, ㄴ   ② ㄴ, ㄷ
③ ㄴ, ㄹ   ④ ㄱ, ㄴ, ㄷ
⑤ ㄴ, ㄷ, ㄹ

21 쿠르노(Cournot) 복점기업 1과 2의 수요함수가 $P = 10 - (Q_1 + Q_2)$이고 생산비용은 0일 때, 다음 중 옳지 않은 것은?(단, P는 시장가격, Q_1는 기업 1의 산출량, Q_2는 기업 2의 산출량이다)

① 기업 1의 한계수입곡선은 $MR_1 = 10 - 2Q_1 - Q_2$이다.

② 기업 1의 반응함수는 $Q_1 = 5 - \dfrac{1}{2}Q_2$이다.

③ 기업 1의 쿠르노 균형산출량은 $Q_1 = \dfrac{10}{3}$이다.

④ 산업전체의 산출량은 $Q = \dfrac{20}{3}$이다.

⑤ 쿠르노 균형산출량에서 균형가격은 $P = \dfrac{20}{3}$이다.

22 노동시장에서 현재 고용상태인 개인이 다음 기에도 고용될 확률을 P_{11}, 현재 실업상태인 개인이 다음 기에 고용될 확률을 P_{21}이라고 하자. 이 확률이 모든 기간에 항상 동일하다고 할 때, 다음 중 이 노동시장에서의 균형실업률은?

① $P_{21} \div (1 - P_{21})$

② $P_{21} \div P_{11}$

③ $(1 - P_{11}) \div (1 - P_{11} + P_{21})$

④ $(1 - P_{11}) \div (P_{11} + P_{21})$

⑤ $(1 - P_{11}) \div (1 - P_{21})$

23 다음 중 통화공급에 대한 설명으로 옳은 것은?

① 신용창조가 이루어지면 경기 전체의 유동성은 감소한다.

② 본원통화는 중앙은행의 통화성자산이다.

③ 본원통화에는 지급준비금은 포함되지만, 현금은 포함되지 않는다.

④ 재할인율을 인상하면 통화 공급이 증가한다.

⑤ 통화승수란 본원통화가 1단위 증가하였을 때 통화량이 몇 단위 증가하는지를 나타낸 것이다.

24 어떤 국가의 통신시장은 2개의 기업(A와 B)이 복점의 형태로 수량경쟁을 하며 공급을 담당하고 있다. 기업 A의 한계비용은 $MC_A = 2$, 기업 B의 한계비용은 $MC_B = 4$이고, 시장수요곡선은 $P = 36 - 2Q$이다. 다음 〈보기〉 중 옳은 것을 모두 고르면?(단, P는 시장가격, Q는 시장의 총공급량이다)

ㄱ. 균형 상태에서 기업 A의 생산량은 6이고 기업 B의 생산량은 4이다.
ㄴ. 균형가격은 14이다.
ㄷ. 균형 상태에서 이 시장의 사회후생은 243이다.
ㄹ. 균형 상태에서 이 시장의 소비자잉여는 100이다.
ㅁ. 균형 상태에서 이 시장의 생산자잉여는 122이다.

① ㄱ, ㄹ   ② ㄴ, ㄷ
③ ㄱ, ㄹ, ㅁ   ④ ㄴ, ㄷ, ㅁ
⑤ ㄴ, ㄹ, ㅁ

25 두 폐쇄경제 A국과 B국의 총생산함수는 모두 $Y = EK^{0.5}L^{0.5}$와 같은 형태로 나타낼 수 있다고 하자. A국은 상대적으로 K가 풍부하고 B국은 상대적으로 L이 풍부하며, A국은 기술수준이 높지만 B국은 기술수준이 낮다. 만약 현재 상태에서 두 경제가 통합된다면 B국의 실질임금률과 실질이자율은 통합 이전에 비하여 어떻게 변화하는가?(단, Y, K, L은 각각 총생산, 총자본, 총노동을 나타내며, E는 기술수준을 나타낸다)

① 임금률은 상승하고 이자율은 하락할 것이다.
② 임금률은 하락하고 이자율은 상승할 것이다.
③ 임금률과 이자율 모두 상승할 것이다.
④ 임금률은 상승하지만 이자율의 변화는 알 수 없다.
⑤ 이자율은 하락하지만 임금률의 변화는 알 수 없다.

26 다음 중 이자율이 소비에 미치는 영향에 대한 설명으로 옳지 않은 것은?

① 이자율이 상승하면 현재소비의 기회비용은 증가한다.
② 이자율이 상승하면 정상재의 경우 소득효과에 의해 현재소비가 증가한다.
③ 이자율이 상승하면 대체효과에 의해 현재소비가 감소한다.
④ 이자율이 상승하면 대체효과에 의해 미래소비가 증가한다.
⑤ 이자율이 상승하면 현재소비는 증가하지만 미래소비는 증가하거나 감소할 수 있다.

27 의류 판매업자인 A씨는 다음과 같은 최대지불용의 금액을 갖고 있는 두 명의 고객에게 수영복, 수영모자, 샌들을 판매하려고 한다. 판매전략으로 묶어팔기(Bundling)를 하는 경우, 수영복과 묶어 팔 때가 따로 팔 때보다 이득이 더 생기는 품목과 해당상품을 수영복과 묶어 팔 때 얻을 수 있는 최대 수입은?

구분	최대지불용의금액		
	수영복	수영모자	샌들
고객 ㄱ	400	250	150
고객 ㄴ	600	300	150

① 수영모자 1,300
② 수영모자 1,400
③ 샌들 1,000
④ 샌들 1,100
⑤ 샌들 1,200

28 다음 〈보기〉 중 코즈의 정리(Coase Theorem)에 대한 설명으로 옳은 것을 모두 고르면?

보기
㉠ 외부효과를 발생시키는 재화에 대해 시장을 따로 개설해 주면 시장의 문제가 해결된다.
㉡ 외부효과를 발생시키는 재화에 대해 조세를 부과하면 시장의 문제가 해결된다.
㉢ 외부효과를 발생시키는 재화의 생산을 정부가 직접 통제하면 시장의 문제가 해결된다.
㉣ 외부효과를 발생시키는 재화에 대해 소유권을 인정해 주면 이해당사자들의 협상을 통하여 시장의 문제가 해결된다.
㉤ 코즈의 정리와 달리 현실에서는 민간주체들이 외부효과 문제를 항상 해결할 수 있는 것은 아니다.

① ㉠, ㉢
② ㉣, ㉤
③ ㉠, ㉡, ㉣
④ ㉡, ㉢, ㉤
⑤ ㉢, ㉣, ㉤

29 반도체 시장은 완전경쟁시장이며 개별 기업의 장기평균비용곡선은 $AC(q_i) = 40 - q_i + \dfrac{1}{100}q_i^2$ 으로 동일하다고 가정하자(단, q_i는 개별 기업의 생산량이다). 반도체 시장수요는 $Q = 25,000 - 1,000P$이다. 반도체 시장에서 장기균형 가격과 장기균형하에서의 기업의 수는 얼마인가?(단, Q 는 시장수요량, P는 시장가격이다)

	장기균형 가격	기업의 수
①	5	200
②	10	150
③	10	300
④	15	100
⑤	15	200

30 다음 〈보기〉 중 효용함수가 $U(X, Y) = \sqrt{XY}$인 소비자의 소비 선택에 대한 설명으로 옳은 것을 모두 고르면?

> **보기**
>
> ㄱ. 전체 소득에서 X재에 대한 지출이 차지하는 비율은 항상 일정하다.
> ㄴ. X재 가격변화는 Y재 소비에 영향을 주지 않는다.
> ㄷ. X재는 정상재이다.
> ㄹ. Y재는 수요의 법칙을 따른다.

① ㄱ, ㄴ
② ㄴ, ㄷ
③ ㄱ, ㄷ, ㄹ
④ ㄴ, ㄷ, ㄹ
⑤ ㄱ, ㄴ, ㄷ, ㄹ

CHAPTER
03

법
적중예상문제

정답 및 해설 p.066

01 다음 중 민법과 상법에 대한 설명으로 옳지 않은 것은?

① 상법은 민법에 대하여 특별법이다.

② 채권의 소멸시효의 경우 민법의 경우 10년간 행사하지 않으면 소멸시효가 완성된다.

③ 상인과 비상인 간의 상거래에 있어서 상인인 당사자와 비상인인 당사자에게 모두 상법이 적용된다.

④ 금전거래의 원인이 상행위로 인한 경우에 채권의 소멸시효는 상법의 경우 5년간 행사하지 않으면 소멸시효가 완성된다.

⑤ 당사자 간에 채권의 이자율을 약정하지 않았을 경우, 민법의 경우 연 6%의 이율이 적용되지만, 상법의 경우 연 5%의 이율을 적용한다.

02 다음 〈보기〉 중 근대민법의 기본원리에 해당하는 것을 모두 고르면?

> **보기**
>
> ㉠ 소유권 절대의 원칙   ㉡ 계약 공정의 원칙
> ㉢ 계약 자유의 원칙   ㉣ 과실 책임의 원칙
> ㉤ 권리 남용 금지의 원칙

① ㉠, ㉡, ㉢   ② ㉠, ㉢, ㉣

③ ㉠, ㉣, ㉤   ④ ㉡, ㉢, ㉣

⑤ ㉡, ㉣, ㉤

03 다음 중 제한능력자에 대한 설명으로 옳지 않은 것은?

① 특정후견은 본인의 의사에 반하여 할 수 없다.

② 가정법원은 성년후견개시의 심판을 할 때 본인의 의사를 고려해야 한다.

③ 미성년자가 법정대리인으로부터 허락을 얻은 특정한 영업에 관하여는 성년자와 동일한 행위능력이 있다.

④ 가정법원이 피성년후견인에 대하여 한정후견개시의 심판을 할 때에는 종전의 성년후견의 종료 심판을 한다.

⑤ 가정법원은 질병, 장애, 노령, 그 밖의 사유로 인한 정신적 제약으로 사무를 처리할 능력이 부족한 사람에 대하여 일정한 자의 청구로 성년후견개시의 심판을 한다.

04 다음 중 권리의 객체에 대한 설명으로 옳지 않은 것은?(단, 다툼이 있는 경우 판례에 따른다)

① 주물 자체의 효용과 직접 관계없는 물건은 종물이 아니다.

② 주물에 설정된 저당권의 효력은 특별한 사정이 없으면 종물에 미친다.

③ 입목에 관한 법률에 의하여 입목등기를 한 수목의 집단은 토지와 별개의 부동산이다.

④ 종물은 주물의 처분에 따르므로, 당사자의 특약에 의하여 종물만을 별도로 처분할 수 없다.

⑤ 법정과실은 수취할 권리의 존속기간일수의 비율로 취득한다.

05 다음 중 민법 제104조의 불공정한 법률행위에 대한 설명으로 옳은 것은?(단, 다툼이 있는 경우 판례에 따른다)

① '무경험'이란 일반적인 생활체험의 부족이 아니라 어느 특정영역에서의 경험부족을 의미한다.

② '궁박'에는 정신적 또는 심리적 원인에 기인한 것은 포함되지 않는다.

③ 급부와 반대급부 사이의 '현저한 불균형'은 당사자의 주관적 가치가 아닌 거래상의 객관적 가치에 의하여 판단한다.

④ 불공정한 법률행위가 성립하기 위해서는 피해자에게 궁박, 경솔, 무경험 요건이 모두 구비되어야 한다.

⑤ 법률행위가 현저하게 공정을 잃은 경우, 그 행위는 궁박, 경솔, 무경험으로 이루어진 것으로 추정된다.

06 다음 중 민법상 법인에 대한 설명으로 옳지 않은 것은?

① 법인은 이사를 두어야 한다.

② 사단법인의 사원의 지위는 양도 또는 상속할 수 없다.

③ 법인은 정관 또는 총회의 결의로 감사를 둘 수 있다.

④ 주무관청은 이해관계인의 청구에 의하여 임시이사를 선임할 수 있다.

⑤ 이사의 대표권에 대한 제한은 등기하지 않으면 제3자에게 대항하지 못한다.

07 다음 중 주식회사의 감사에 대한 설명으로 옳지 않은 것은?(단, 다툼이 있는 경우 판례에 따른다)

① 감사는 주주총회에서 선임한다.

② 감사의 선임과 종임에 관한 사항은 등기사항이다.

③ 자본금의 총액이 10억 원 미만인 회사의 경우에는 감사를 선임하지 아니할 수 있다.

④ 감사는 언제든지 주주총회의 특별결의로 이를 해임할 수 있다.

⑤ 감사의 임기는 취임 후 5년 내의 최종의 결산기에 관한 정기총회의 종결시까지로 할 수 있다.

08 다음 중 상법상 사채의 발행에 대한 설명으로 옳은 것은?

① 사채의 상환청구권은 5년간 행사하지 아니하면 소멸시효가 완성한다.

② 사채관리회사는 사채를 발행한 회사의 동의를 받아 사임할 수 있다.

③ 채권은 사채일부의 납입이 완료한 후가 아니면 이를 발행하지 못한다.

④ 사채의 모집에 응하고자 하는 자는 사채청약서 2통에 그 인수할 사채의 수와 주소를 기재하고 기명날인 또는 서명하여야 한다.

⑤ 사채의 모집이 완료한 때에는 이사는 30일 내로 인수인에 대하여 각 사채의 전액 또는 제1회의 납입을 시켜야 한다.

09 다음 중 무권대리행위의 추인에 대한 설명으로 옳지 않은 것은?(단, 다툼이 있는 경우 판례에 따른다)

① 본인이 무권대리인에게 추인한 경우, 상대방은 추인이 있었음을 주장할 수 있다.

② 무권대리행위의 일부에 대한 추인은 상대방의 동의를 얻지 못하는 한 무효이다.

③ 추인은 무권대리행위로 인한 권리 또는 법률관계의 승계인에게도 할 수 있다.

④ 추인은 제3자의 권리를 해하지 않는 한, 다른 의사표시가 없으면 계약시에 소급하여 그 효력이 생긴다.

⑤ 무권대리행위가 범죄가 되는 경우에 본인이 그 사실을 알고도 장기간 형사고소를 하지 않은 것만으로 묵시적 추인이 된다.

10 다음 중 법률행위의 조건에 대한 설명으로 옳지 않은 것은?(단, 다툼이 있는 경우 판례에 따른다)

① 정지조건이 법률행위 당시 이미 성취된 경우에는 그 법률행위는 무효이다.

② 해제조건 있는 법률행위는 조건이 성취한 때로부터 그 효력을 잃는다.

③ 조건의 성취가 미정한 권리의무는 일반규정에 의하여 처분, 상속, 보존 또는 담보로 할 수 있다.

④ 당사자가 합의한 경우에는 조건성취의 효력을 소급시킬 수 있다.

⑤ 정지조건부 법률행위에서 조건성취의 사실은 권리를 취득하는 자가 증명책임을 진다.

11 사용자 甲이 의사능력이 없는 상태에서 乙과 근로계약을 체결하였다. 다음 중 이에 대한 설명으로 옳은 것은?(단, 다툼이 있는 경우 판례에 따른다)

① 甲은 乙과의 근로계약을 취소할 수 있다.

② 甲이 의사무능력 상태에서 乙과의 근로계약을 추인하더라도 그 계약은 무효이다.

③ 甲이 의사무능력을 회복한 후에 추인하면, 다른 약정이 없더라도 그 근로계약은 소급하여 유효하다.

④ 甲과 乙의 근로계약은 추인여부와 상관없이 甲이 의사능력을 회복한 때로부터 유효하다.

⑤ 甲이 의사능력을 회복한 후에 상당한 기간 내에 취소하지 않으면 근로계약은 유효하다.

12 다음 중 소멸시효에 대한 설명으로 옳지 않은 것은?(단, 다툼이 있는 경우 판례에 따른다)

① 주채무자가 소멸시효 이익을 포기하면, 보증인에게도 그 효력이 미친다.

② 시효중단의 효력 있는 승인에는 상대방의 권리에 대한 처분의 능력이나 권한 있음을 요하지 않는다.

③ 소멸시효의 기간만료 전 6개월 내에 제한능력자에게 법정대리인이 없는 경우에는 그가 능력자가 되거나 법정대리인이 취임한 때부터 6개월 내에는 시효가 완성되지 않는다.

④ 채무자가 제기한 소에 채권자인 피고가 응소하여 권리를 주장하였으나, 그 소가 각하된 경우에 6개월 이내에 재판상 청구를 하면 응소시에 소급하여 시효중단의 효력이 있다.

⑤ 당사자가 주장하는 소멸시효 기산일이 본래의 기산일보다 뒤의 날짜인 경우에는 당사자가 주장하는 기산일을 기준으로 소멸시효를 계산해야 한다.

13 다음 중 지명채권의 양도에 대한 설명으로 옳은 것은?(단, 다툼이 있는 경우 판례에 따른다)

① 채권양도의 대항요건인 채무자의 승낙에는 조건을 붙일 수 있다.

② 채권양도에 대한 채무자의 승낙은 양도인에게 하여야 하며, 양수인에게 한 경우에는 효력이 없다.

③ 근로자가 그 임금채권을 양도한 경우, 양수인은 사용자에 대하여 임금의 지급을 청구할 수 있다.

④ 채권양도행위가 사해행위에 해당하지 않는 경우에도 양도통지가 별도로 채권자취소권 행사의 대상이 된다.

⑤ 채무자는 채권양도를 승낙한 후에도 양도인에 대한 채권을 새로 취득한 경우에 이를 가지고 양수인에 대하여 상계할 수 있다.

14 다음 중 법인이 아닌 사단의 사원이 집합체로서 물건을 소유할 때의 소유 형태는?

① 단독소유　　　　　　　　　　② 공유

③ 총유　　　　　　　　　　　　④ 합유

⑤ 구분소유

15 다음 중 손해배상액의 예정에 대한 설명으로 옳은 것은?(단, 다툼이 있는 경우 판례에 따른다)

① 특별손해는 예정액을 초과하더라도 원칙적으로 청구할 수 있다.

② 계약체결시 손해배상액 예정을 한 경우, 그 예정은 그 계약과 관련된 불법행위로 인한 손해배상까지 예정한 것으로 볼 수 있다.

③ 손해배상 예정액이 부당하게 과다한 경우에는 법원은 당사자의 주장이 없더라도 직권으로 이를 감액할 수 있다.

④ 채권자가 예정된 손해배상액을 청구하기 위하여 손해배상액을 증명할 필요는 없으나 적어도 손해의 발생은 증명하여야 한다.

⑤ 손해배상액 예정이 있어도 손해의 발생에 있어서 채권자의 과실이 있으면, 공평의 원칙상 과실상계를 한다.

16 甲은 乙에게 변제기가 도래한 1억 원의 금전채권을 가지고 있다. 乙은 현재 무자력 상태에 있고 丙에 대하여 변제기가 도래한 5,000만 원의 금전채권을 가지고 있다. 이에 대한 설명으로 옳지 않은 것은?(단, 다툼이 있는 경우 판례에 따른다)

① 乙이 반대하는 경우에도 甲은 丙에 대하여 채권자대위권을 행사할 수 있다.

② 甲이 채권자대위권을 행사하는 경우에 丙은 乙에 대해 가지는 모든 항변사유로써 甲에게 대항할 수 있다.

③ 甲은 丙에게 5,000만 원을 乙에게 이행할 것을 청구할 수 있을 뿐만 아니라, 직접 자기에게 이행할 것을 청구할 수 있다.

④ 甲이 丙으로부터 5,000만 원을 대위수령한 경우, 甲은 상계적상에 있는 때에는 상계함으로써 사실상 우선변제를 받을 수 있다.

⑤ 甲이 丙에게 채권자대위소송을 제기한 경우, 乙은 소송당사자가 아니므로 乙의 丙에 대한 채권은 소멸시효가 중단되지 않는다.

17 다음 중 A가 B를 상대로 대여금반환청구의 소를 서울지방법원에 제기한 뒤 이 소송의 계속 중 동일한 소를 부산지방법원에 제기한 경우 저촉되는 민사소송법상의 원리는?

① 변론주의 ② 당사자주의

③ 재소의 금지 ④ 중복제소의 금지

⑤ 처분권주의

18 다음 중 상계에 대한 설명으로 옳지 않은 것은?(단, 다툼이 있는 경우 판례에 따른다)

① 채무의 이행지가 서로 다른 채권은 상계할 수 없다.

② 소멸시효가 완성된 채권이 그 완성 전에 상계할 수 있었던 것이면 채권자는 상계할 수 있다.

③ 채권이 압류하지 못할 것인 때에는 그 채무자는 상계로 채권자에게 대항하지 못한다.

④ 지급을 금지하는 명령을 받은 제3채무자는 그 후에 취득한 채권에 의한 상계로 그 명령을 신청한 채권자에게 대항하지 못한다.

⑤ 쌍방의 채무가 상계적상에 있었으나 상계 의사표시를 않는 동안에 일방의 채무가 변제로 소멸한 후에는 상계할 수 없다.

19 甲은 자신의 X건물을 매매대금 1억 원, 계약금 1,000만 원으로 정하여 乙에게 매도하는 계약을 체결하고, 乙로부터 계약금을 수령하였다. 甲이 乙에게 X건물의 인도 및 소유권이전등기를 마쳐 주기 전에 제3자 丙의 과실로 인한 화재로 X건물이 전부 멸실되었다. 이에 대한 설명으로 옳지 않은 것은?(단, 다툼이 있는 경우 판례에 따른다)

① 乙은 丙에게 불법행위로 인한 손해배상을 청구할 수 있다.

② 乙은 甲에게 X건물에 관한 소유권이전등기를 청구할 수 없다.

③ 乙은 甲에게 채무불이행으로 인한 손해배상을 청구할 수 없다.

④ 乙은 甲에게 지급한 계약금에 대해 부당이득반환을 청구할 수 있다.

⑤ 乙은 甲에게 대상청구권의 행사로써 丙에 대한 손해배상채권의 양도를 청구할 수 있다.

20 다음 중 매도인의 담보책임에 대한 설명으로 옳지 않은 것은?(단, 다툼이 있는 경우 판례에 따른다)

① 경매절차에서 취득한 물건에 하자가 있는 경우, 그에 대하여 담보책임을 물을 수 없다.

② 수량을 지정한 매매의 목적물이 부족한 경우, 악의의 매수인은 대금감액을 청구할 수 있다.

③ 매매의 목적인 권리의 전부가 타인에게 속한 경우, 매도인이 그 권리를 취득하여 매수인에게 이전할 수 없는 때에는 악의의 매수인은 매매계약을 해제할 수 있다.

④ 매매목적물의 하자로 인한 매수인의 매도인에 대한 하자담보책임에 기한 손해배상청구권에는 채권의 소멸시효에 관한 규정이 적용된다.

⑤ 매매의 목적인 부동산에 설정된 저당권의 행사로 인하여 매수인이 그 소유권을 취득할 수 없게 된 경우, 악의의 매수인은 계약을 해제할 수 있다.

21 다음 중 임대차에 대한 설명으로 옳은 것은?(단, 다툼이 있는 경우 판례에 따른다)

① 토지임차인이 지상물만을 타인에게 양도하더라도 임대차가 종료하면 그 임차인이 매수청구권을 행사할 수 있다.

② 건물임차인이 임대인의 동의 없이 건물의 소부분을 전대한 경우, 임대인은 임대차계약을 해지할 수 있다.

③ 임차인의 채무불이행으로 임대차계약이 해지된 경우, 임차인은 부속물매수청구권을 행사할 수 있다.

④ 임대인은 보증금반환채권에 대한 전부명령이 송달된 후에 발생한 연체차임을 보증금에서 공제할 수 없다.

⑤ 건물소유를 위한 토지임대차의 경우, 임차인의 차임연체액이 2기의 차임액에 이른 때에는 임대인은 계약을 해지할 수 있다.

22 다음 중 민법상 계약의 해지 · 해제에 대한 설명으로 옳지 않은 것은?

① 당사자의 일방 또는 쌍방이 수인인 경우에는 계약의 해지나 해제는 그 일인에 대하여도 가능하다.

② 계약의 해지 또는 해제는 손해배상의 청구에 영향을 미치지 아니한다.

③ 채무자의 책임 있는 사유로 이행이 불능하게 된 때에는 채권자는 계약을 해제할 수 있다.

④ 계약 또는 법률의 규정에 의하여 당사자의 일방이나 쌍방이 해지 또는 해제의 권리가 있는 때에는 그 해지 또는 해제는 상대방에 대한 의사표시로 한다.

⑤ 당사자 일방이 계약을 해제한 때에는 각 당사자는 그 상대방에 대하여 원상회복의 의무가 있다. 그러나 제삼자의 권리를 해하지 못한다.

23 다음 중 불법행위에 대한 설명으로 옳은 것은?(단, 다툼이 있는 경우 판례에 따른다)

① 민법 제758조의 공작물의 소유자책임은 과실책임이다.

② 불법행위에서 고의 또는 과실의 증명책임은 원칙적으로 가해자가 부담한다.

③ 여럿이 공동의 불법행위로 타인에게 손해를 가한 때에는 분할하여 그 손해를 배상할 책임이 있다.

④ 중과실의 불법행위자는 피해자에 대한 채권을 가지고 피해자의 손해배상채권을 상계할 수 있다.

⑤ 명예훼손의 경우, 법원은 피해자의 청구가 없더라도 직권으로 명예회복에 적합한 처분을 명할 수 있다.

24 다음 중 부당이득에 대한 설명으로 옳은 것은?(단, 다툼이 있는 경우 판례에 따른다)

① 선의의 수익자가 패소한 때에는 그 판결이 확정된 때부터 악의의 수익자로 본다.

② 악의의 비채변제라도 변제를 강제당한 경우 등 그 변제가 자유로운 의사에 반하여 이루어진 때에는 반환을 청구할 수 있다.

③ 임차인이 동시이행의 항변권에 기하여 임차목적물을 사용·수익한 경우에는 부당이득이 성립하지 않는다.

④ 무효인 명의신탁약정에 의하여 타인 명의의 등기가 마쳐졌다는 이유만으로 그것이 불법원인급여에 해당한다.

⑤ 채무 없는 자가 착오로 변제한 경우에 그 변제가 도의관념에 적합한 때에도 그 반환을 청구할 수 있다.

25 甲은 자신의 X건물을 공인노무사 乙에게 임대하였다. 乙이 X건물에서 사무소를 운영하고 있던 중 乙의 사무직원 丙의 과실로 X건물이 화재로 멸실되었다. 이에 대한 설명으로 옳지 않은 것은? (단, 다툼이 있는 경우 판례에 따른다)

① 甲은 乙에게 사용자책임을 주장할 수 있다.

② 甲은 乙에게 채무불이행으로 인한 손해배상을 청구할 수 있다.

③ 甲은 丙에게 채무불이행으로 인한 손해배상을 청구할 수 없다.

④ 甲은 동시에 乙과 丙에 대하여 손해배상 전부의 이행을 청구할 수 없다.

⑤ 乙이 甲에게 손해를 배상한 경우, 乙은 丙에게 구상권을 행사할 수 있다.

26 다음 중 반사회질서 또는 불공정한 법률행위에 대한 설명으로 옳은 것은?(단, 다툼이 있는 경우 판례에 따른다)

① 소송사건에 증인으로서 증언에 대한 대가를 약정하였다면 그 자체로 반사회질서행위로서 무효이다.

② 민사사건에 관한 변호사의 성공보수약정은 선량한 풍속 기타 사회질서에 위배되어 무효이다.

③ 급부 간 현저한 불균형이 있더라도 폭리자가 피해 당사자 측의 사정을 알면서 이를 이용하려는 의사가 없다면 불공정한 법률행위가 아니다.

④ 경매 목적물이 시가에 비해 현저하게 낮은 가격으로 매각된 경우 불공정한 법률행위로 무효가 될 수 있다.

⑤ 반사회질서 법률행위에 해당되는 매매계약을 원인으로 한 소유권이전등기명의자의 물권적 청구권 행사에 대하여 상대방은 법률행위의 무효를 주장할 수 없다.

27 다음 중 민법 제108조의 통정허위표시에 대한 내용으로 옳지 않은 것은?(단, 다툼이 있는 경우 판례에 따른다)

① 甲이 乙로 하여금 금융기관에 대해 乙을 주채무자로 하는 금전소비대차계약을 체결하도록 하고 甲이 그 원리금을 상환하기로 한 경우, 특별한 사정이 없는 한 위 소비대차계약은 통정허위표시이다.

② 甲이 통정허위표시로 乙에게 전세권설정등기를 마친 후 丙이 이러한 사정을 알면서도 전세권근저당권설정등기를 마쳤다. 위 사실을 모르는 丁이 丙의 전세권근저당권부 채권을 압류하면 甲은 丁에게 대항할 수 없다.

③ 채권양도인과 채무자 사이의 허위표시에 의해 성립한 지명채권을 선의로 양수한 채권양수인이 채무자에게 채권을 행사하기 위하여 양도에 관한 합의 외에 채권양도의 대항요건을 갖추어야 한다.

④ 파산자가 상대방과 통정하여 허위의 의사표시를 통해 가장채권을 보유하고 있다가 파산선고를 받은 경우, 파산관재인은 민법 제108조 제2항의 제3자에 해당된다.

⑤ 민법 제108조 제2항에서 규정하고 있는 제3자에 대한 무효의 대항력 유무는 제3자의 선의만이 판단기준이며, 무과실은 요구되지 않는다.

28 다음 중 지상권에 대한 설명으로 옳지 않은 것은?(단, 다툼이 있는 경우 판례에 따른다)

① 약정 지상권의 존속기간 중에는 지상물이 멸실되어도 지상권은 소멸하지 않는다.

② 약정 지상권의 지료에 대한 합의가 없는 경우 지료는 당사자의 청구에 의하여 법원이 이를 정한다.

③ 지상권설정자는 특별한 사정이 없는 한 토지의 불법점유자에 대해 임료 상당의 손해배상을 청구할 수 없다.

④ 지료연체를 이유로 한 지상권소멸청구에 의해 지상권이 소멸한 경우, 지상권자는 지상물에 대한 매수청구권을 행사할 수 없다.

⑤ 법정지상권이 붙은 건물이 양도된 경우 특별한 사정이 없는 한 토지소유자는 건물의 양수인을 상대로 건물의 철거를 청구할 수 없다.

29 다음 중 민법에서 규정하는 법률행위의 취소권자로 옳지 않은 것은?

① 미성년자

② 피특정후견인

③ 피성년후견인

④ 사기·강박에 의하여 의사표시를 한 자

⑤ 착오로 인하여 의사표시를 한 자

30 다음 〈보기〉 중 상법상 상인과 상인자격에 대한 설명으로 옳은 것을 모두 고르면?(단, 다툼이 있는 경우 판례에 의한다)

> **보기**
> ㉠ 영업을 위한 준비행위를 하는 자연인은 영업으로 상행위를 할 의사를 실현하는 것이므로 그 준비행위를 한 때 상인자격을 취득한다.
> ㉡ 판례에 따르면 농업협동조합법에 의하여 설립된 조합이 사업의 일환으로 조합원이 생산하는 물자의 판매사업을 하는 경우 상법상의 상인으로 볼 수 있다.
> ㉢ 자기명의로 신용카드, 전자화폐 등을 이용한 지급결제 업무의 인수를 영업으로 하는 자는 상법상의 당연상인이다.
> ㉣ 판례에 의하면 새마을금고가 상인인 회원에게 영업자금을 대출한 경우 그 대출금채권의 소멸시효에 관해서는 상법이 적용된다.

① ㉠

② ㉠, ㉡

③ ㉠, ㉡, ㉣

④ ㉠, ㉢, ㉣

⑤ ㉠, ㉡, ㉢, ㉣

진실은 반드시 따르는 자가 있고, 정의는 반드시 이루는 날이 있다.

– 안창호 –

PART 3

최종점검 모의고사

제1회
최종점검 모의고사

■ 취약영역 분석

번호	O/×	영역	번호	O/×	영역	번호	O/×	영역
1		의사소통능력	16		수리능력	31		대인관계능력
2			17			32		
3			18		문제해결능력	33		조직이해능력
4			19			34		
5			20			35		
6			21			36		
7			22			37		
8			23			38		
9		수리능력	24			39		
10			25			40		
11			26					
12			27		대인관계능력			
13			28					
14			29					
15			30					

평가문항	40문항	평가시간	60분
시작시간	:	종료시간	:
취약영역			

🕐 응시시간 : 60분 　📋 문항 수 : 40문항 　　　　　　　　　　정답 및 해설 p.074

01 다음 글과 가장 관련 있는 한자성어는?

> 서로 다른 산업 분야의 기업 간 협업이 그 어느 때보다 절실해진 상황에서 기업은 '협업'과 '소통'을 고민하지 않을 수 없다. 협업과 소통의 중요성은 기업의 경쟁력 강화를 위해 항상 강조되어 왔지만, 한 기업 내에서조차 성공적으로 운영하기가 쉽지 않았다. 그런데 이제는 서로 다른 산업 분야에서 기업 간의 원활한 협업과 소통까지 이뤄내야 하니, 기업의 고민은 깊어질 수밖에 없다.
> 협업과 소통의 문화 및 환경을 성공적으로 정착시키는 길은 결코 쉽게 갈 수 없다. 하지만 그 길을 가기 위해 첫걸음을 내디딜 수만 있다면 절반의 성공은 담보할 수 있다. 우선 직원 개인에게 '혼자서 큰일을 할 수 있는 시대는 끝이 났음'을 명확하게 인지시키고, 협업과 소통을 통한 실질적 성공 사례들을 탐구하여 그 가치를 직접 깨닫게 해야 한다.
> 그런 다음에는 협업과 소통을 위한 시스템을 갖추는 데 힘을 쏟아야 한다. 당장 협업 시스템을 전사 차원에서 적용하라는 것은 결코 아니다. 작은 변화를 통해 직원들 간 또는 협력업체 간, 고객들 간의 협업과 소통을 조금이나마 도울 수 있는 노력을 시작하라는 것이다. 동시에 시스템을 십분 활용할 수 있도록 독려하는 노력도 간과하지 말아야 한다.

① 장삼이사(張三李四)　　　　　　　② 하석상대(下石上臺)
③ 등고자비(登高自卑)　　　　　　　④ 주야장천(晝夜長川)
⑤ 내유외강(內柔外剛)

02 다음 글에서 밑줄 친 ㉠~㉤의 수정 방안으로 적절하지 않은 것은?

> 심리학자들은 학습 이후 망각이 생기는 심리적 이유를 다음과 같이 설명하고 있다. 앞서 배운 내용이 나중에 공부한 내용을 밀어내는 순행 억제, 뒤에 배운 내용이 앞에서 배운 내용을 기억의 저편으로 밀어내는 역행 억제, 또한 공부한 두 내용이 서로 비슷해 간섭이 일어나는 유사 억제 등이 작용해 기억을 방해했기 때문이라는 것이다. 이러한 망각을 뇌 속에서 어떤 기억을 잃어버린 것으로 이해해서는 ㉠ <u>안된다</u>. 기억을 담고 있는 세포들은 내용물을 흘려버리지 않는다. 기억들은 여전히 ㉡ <u>머리 속에</u> 있는 것이다. 우리가 뭔가 기억해 내려고 애쓰는데도 찾지 못하는 것은 기억들이 ㉢ <u>혼재해</u> 있기 때문이다. ㉣ <u>그리고</u> 학습한 내용을 일정한 원리에 따라 ㉤ <u>짜임새 있게 체계적으로</u> 잘 정리한다면 학습한 내용을 어렵지 않게 기억해 낼 수 있다.

① ㉠ : 띄어쓰기가 올바르지 않으므로 '안 된다'로 고친다.
② ㉡ : 맞춤법에 어긋나므로 '머릿속에'로 고친다.
③ ㉢ : 문맥에 어울리지 않으므로 '잠재'로 고친다.
④ ㉣ : 앞 문장과의 관계를 고려하여 '그러므로'로 고친다.
⑤ ㉤ : 의미가 중복되므로 '체계적으로'를 삭제한다.

03 다음 중 밑줄 친 부분의 맞춤법이 옳은 것은?

① 언니는 상냥한데 동생은 너무 <u>냉냉하다</u>.
② 추석에는 <u>햅쌀</u>로 송편을 빚는다.
③ <u>요컨데</u>, 행복은 마음 먹기에 달렸다는 것이다.
④ 올해는 모두 건강하리라는 작은 <u>바램</u>을 가져본다.
⑤ 회의에서 나온 의견을 <u>뭉뚱거려</u> 말하지 않도록 해야 한다.

카셰어링이란 차를 빌려 쓰는 방법의 하나로, 기존의 방식과는 다르게 시간 또는 분 단위로 필요한 만큼만 자동차를 빌려 사용할 수 있다. 이러한 카셰어링은 비용 절감 효과와 더불어 환경적·사회적 측면에서 현재 세계적으로 주목받고 있는 사업 모델이다.

호주 멜버른시의 조사 자료에 따르면 카셰어링 차 한 대당 도로상의 개인 소유 차량 9대를 줄이는 효과가 있으며, 실제 카셰어링을 이용하는 사람은 해당 서비스 가입 이후 자동차 사용을 50%까지 줄였다고 한다. 또한 자동차 이용량이 줄어들면 주차 문제를 해결할 수 있으며, 카셰어링 업체에서 제공하는 친환경 차량을 통해 온실가스의 배출을 감소시키는 효과도 기대할 수 있다. 호주 카셰어링 업체 차량의 60% 정도는 경차 또는 하이브리드 차량인 것으로 조사되었다.

호주의 카셰어링 시장규모는 8,360만 호주 달러로 지난 5년간 연평균 21.7%의 급격한 성장률을 보이고 있다. 전문가들은 호주 카셰어링 시장이 앞으로도 가파르게 성장해 5년 후에는 현재보다 약 2.5배 증가한 2억 1,920만 호주 달러에 이를 것이며, 이용자 수도 10년 안에 150만 명까지 폭발적으로 늘어날 것이라고 예측한다. 이처럼 호주에서 카셰어링 서비스가 많은 회원을 확보하며 급격한 성장세를 나타내는 데는 비용 측면의 이유가 가장 크다고 볼 수 있다. 호주에서 차량을 소유할 경우 주유비, 서비스비, 보험료, 주차비 등의 부담이 크기 때문이다. 발표 자료에 의하면 차량 2대를 소유한 가족이 구매 금액을 비롯하여 차량 유지비에만 쓰는 비용은 연간 12,000호주 달러에서 18,000호주 달러에 이른다고 한다.

호주 자동차 산업에서 경제적·환경적·사회적인 변화에 따라 호주 카셰어링 시장이 폭발적인 성장세를 보이는 것에 주목할 필요가 있다. 전문가들은 카셰어링으로 인해 자동차 산업에 나타나는 변화의 정도를 '위험한 속도'로까지 비유하기도 한다. 카셰어링 차량의 주차공간을 마련하기 위해서 정부의 역할이 매우 중요한 만큼 호주는 정부 차원에서도 카셰어링 서비스를 지원하는 데 적극적으로 움직이고 있다. 호주는 카셰어링 서비스가 발달한 미국, 캐나다, 유럽 대도시에 비하면 아직 뒤처져 있지만, 성장 가능성이 높아 국내기업에서도 차별화된 서비스와 플랫폼을 개발한다면 진출을 시도해 볼 수 있다.

04 다음 중 윗글의 제목으로 가장 적절한 것은?

① 호주의 카셰어링 성장배경과 전망
② 호주 카셰어링 서비스의 장·단점
③ 카셰어링 사업의 세계적 성장 가능성
④ 카셰어링 사업의 성공을 위한 호주 정부의 노력
⑤ 호주에서 카셰어링 서비스가 성공하기 어려운 이유

05 다음 중 윗글의 내용으로 적절하지 않은 것은?

① 호주에서 카셰어링 서비스를 이용하는 사람의 경우 가입 이후 자동차 사용률이 50% 감소하였다.

② 호주의 카셰어링 업체가 소유한 차량의 약 60%는 경차 또는 하이브리드 자동차이다.

③ 미국, 캐나다, 유럽 대도시에는 이미 카셰어링 서비스가 발달해 있다.

④ 호주의 한 가족이 1년간 카셰어링 서비스를 이용할 경우 최대 18,000호주 달러가 사용된다.

⑤ 호주의 카셰어링 시장은 지난 5년간 급격하게 성장하여 현재 8,360만 호주 달러의 규모를 이루고 있다.

06 다음 문단을 논리적 순서대로 바르게 나열한 것은?

(가) 이는 대부분의 족보가 처음 편찬된 조선 중기나 후기까지는 적어도 '단군'이라는 공통의 조상을 모신 단일 민족이라는 의식이 별로 없었다는 증거가 된다.

(나) 우리는 한 명의 조상으로부터 퍼져 나온 단일 민족일까? 고대부터 고려 초에 이르기까지 대규모로 인구가 유입된 사례는 수없이 많다.

(다) 각 성씨의 족보를 보더라도 자기 조상이 중국으로부터 도래했다고 주장하는 귀화 성씨가 적지 않다. 또 한국의 토착 성씨인 김씨나 박씨를 보더라도 그 시조는 알에서 태어났지 단군의 후손임을 표방하지는 않는다.

(라) 또한 엄격한 신분제가 유지된 전통 사회에서 천민과 지배층이 같은 할아버지의 자손이라는 의식은 존재할 여지가 없다.

① (가) – (나) – (라) – (다)　　　　② (나) – (가) – (다) – (라)

③ (나) – (다) – (가) – (라)　　　　④ (나) – (라) – (다) – (가)

⑤ (다) – (라) – (나) – (가)

07 다음 글을 읽고 추론한 내용으로 적절하지 않은 것은?

비만 환자의 경우 식사 조절을 통한 섭취량 감소가 중요하므로 적절한 식이요법이 필요하다. 먼저 환자의 표준 체중에 대한 기초대사량과 활동대사량을 파악하고, 이에 따라 3대 영양소인 단백질과 지방, 탄수화물의 섭취량을 조절해야 한다.

표준 체중은 남성의 경우 {키(m)}^{2}×22kg으로 계산하고, 여성의 경우에는 {키(m)}^{2}×21kg으로 계산한다. 성인의 하루 기초대사량은 1kcal×(표준 체중)×24로 계산하고, 활동대사량은 활동의 정도에 따라 기초대사량에 0.2(정적 활동), 0.4(보통 활동), 0.8(격심한 활동)을 곱한다. 기초대사량에 활동대사량을 합한 값이 성인이 하루에 필요로 하는 칼로리가 된다.

필요한 칼로리가 정해지면 우선 단백질의 섭취량을 계산하고, 나머지를 지방과 탄수화물로 배분한다. 성인의 하루 단백질 섭취량은 표준 체중을 기준으로 0.8~1.2g/kg(평균 1.13g/kg)이며, 비만 환자가 저열량 식이 조절을 하는 경우에는 1.2~1.5g/kg(평균 1.35g/kg)으로 계산한다. 지방은 전체 필요 칼로리 중 20% 이하로 섭취하는 것이 좋으며, 콜레스테롤은 하루 300mg 이하로 제한하는 것이 좋다. 탄수화물의 경우 섭취량이 부족하면 단백질을 분해하여 포도당을 생성하게 되므로 케톤산증을 유발할 수 있다. 따라서 총 섭취 칼로리의 55~60% 정도의 섭취를 권장하며, 반드시 최소 100g 정도의 탄수화물을 섭취해야 한다.

① 신장 178cm인 성인 남성의 표준 체중은 약 69.7kg이 된다.

② 주로 정적 활동을 하는 남성의 표준 체중이 73kg이라면 하루에 필요한 칼로리는 2,102.4kcal이다.

③ 표준 체중이 55kg인 성인 여성의 경우 하루 평균 62.15g의 단백질을 섭취하는 것이 좋다.

④ 주로 보통 활동을 하는 비만 환자의 경우에도 하루에 반드시 최소 100g 정도의 탄수화물을 섭취해야 한다.

⑤ 주로 보통 활동을 하는 성인 남성의 하루 기초대사량이 1,728kcal라면 하루 500g 이하의 지방을 섭취하는 것이 좋다.

08 다음 글에서 나타나는 경청의 방해요인은?

내 친구는 한 번도 약속을 지킨 적이 없던 것 같다. 작년 크리스마스 때의 약속, 지난 주말에 했던 약속 모두 늦게 오거나 당일에 문자로 취소 통보를 했었다. 그 친구가 오늘 학교에서 나에게 다음 주 주말에 개봉하는 영화를 함께 보러 가자고 했고, 나는 당연히 다음 주에는 그 친구와 만날 수 없을 것이라고 생각했다.

① 판단하기   ② 조언하기
③ 언쟁하기   ④ 걸러내기
⑤ 비위 맞추기

09 다음은 최근 5년 동안 아동의 비만율을 나타낸 자료이다. 이에 대한 설명으로 옳은 것을 〈보기〉에서 모두 고르면?

〈연도별 아동 비만율〉

구분	2019년	2020년	2021년	2022년	2023년
유아(만 6세 미만)	11%	10.8%	10.2%	7.4%	5.8%
어린이 (만 6세 이상 만 13세 미만)	9.8%	11.9%	14.5%	18.2%	19.7%
청소년 (만 13세 이상 만 19세 미만)	18%	19.2%	21.5%	24.7%	26.1%

보기

ㄱ. 모든 아동의 비만율은 전년 대비 증가하고 있다.
ㄴ. 어린이 비만율은 유아 비만율보다 크고, 청소년 비만율보다 작다.
ㄷ. 2019년 대비 2023년 청소년 비만율의 증가율은 45%이다.
ㄹ. 2023년과 2021년의 비만율 차이가 가장 큰 아동은 어린이이다.

① ㄱ, ㄷ
② ㄱ, ㄹ
③ ㄴ, ㄷ
④ ㄴ, ㄹ
⑤ ㄷ, ㄹ

10 A에서 B지점까지의 거리는 120km이다. 상희는 자전거를 타고 A에서 B지점까지 시속 30km의 속도로 갔다가, 시속 60km의 속도로 돌아왔다. 상희가 A에서 B지점에 갔다가, 다시 A지점에 올 때까지의 평균 시속은 얼마인가?

① 30km/h
② 35km/h
③ 40km/h
④ 45km/h
⑤ 50km/h

11 농도 8%의 소금물 600g이 있다. 여기에 소금을 더 넣어 농도 18%의 소금물을 만들려고 한다. 필요한 소금의 양은?(단, 소수점 둘째 자리에서 반올림한다)

① 72.7g
② 73.2g
③ 73.8g
④ 74.2g
⑤ 74.5g

12 흰색 탁구공 7개와 노란색 탁구공 5개가 들어 있는 주머니에서 4개의 탁구공을 동시에 꺼낼 때, 흰색 탁구공이 노란색 탁구공보다 많을 확률은?

① $\dfrac{10}{33}$

② $\dfrac{14}{33}$

③ $\dfrac{17}{33}$

④ $\dfrac{20}{33}$

⑤ $\dfrac{23}{33}$

13 다음은 경제활동 참가율에 대한 자료이다. 이에 대한 설명으로 옳지 않은 것은?

〈경제활동 참가율〉

(단위 : %)

구분	2019년	2020년	2021년	2022년	2023년					2024년
					연간	1분기	2분기	3분기	4분기	1분기
경제활동 참가율	61.8	61.5	60.8	61.0	61.1	59.9	62.0	61.5	61.1	60.1
남성	74.0	73.5	73.1	73.0	73.1	72.2	73.8	73.3	73.2	72.3
여성	50.2	50.0	49.2	49.4	49.7	48.1	50.8	50.1	49.6	48.5

① 2024년 1분기 경제활동 참가율은 60.1%로 전년 동기 대비 0.2%p 상승했다.

② 남녀 모두 경제활동 참가율이 가장 높았던 때와 가장 낮았던 때의 차이는 2%p 이하이다.

③ 남녀 경제활동 참가율의 합이 가장 높았던 때는 2023년 2분기이다.

④ 조사기간 중 경제활동 참가율이 가장 낮은 때는 여성경제활동 참가율이 가장 낮은 때이다.

⑤ 2024년 1분기 여성경제활동 참가율은 남성에 비해 낮은 수준이나, 전년 동기에 비해 0.4%p 상승했다.

14 다음은 어느 지역에서 세대 간 직업 이동성을 알아보기 위하여 임의로 표본 추출하여 조사한 자료이고, 직업은 편의상 A~C로 구분하였다. 〈보기〉 중 이에 대한 설명으로 옳은 것을 모두 고르면?

〈세대 간 직업이동성 비율〉

(단위 : %)

부모의 직업＼자녀의 직업	A	B	C
A	45	48	7
B	5	70	25
C	1	50	49

※ 전체 부모 세대의 직업은 A가 10%, B가 40%, C가 50%이고, 조사한 부모당 자녀 수는 한 명이다.

보기

ㄱ. 자녀의 직업이 C일 확률은 $\dfrac{81}{100}$이다.

ㄴ. 자녀의 직업이 B인 경우에 부모의 직업이 C일 확률은 구할 수 없다.

ㄷ. 부모와 자녀의 직업이 모두 A일 확률은 $0.1 \times \dfrac{45}{100}$이다.

ㄹ. 자녀의 직업이 A일 확률은 부모의 직업이 A일 확률보다 낮다.

① ㄱ, ㄷ   ② ㄱ, ㄹ

③ ㄴ, ㄷ   ④ ㄴ, ㄹ

⑤ ㄷ, ㄹ

15 다음은 2019년부터 2023년까지 H기업의 매출액과 원가 및 판관비에 대한 자료이다. 이를 나타낸 그래프로 옳은 것은?(단, 영업이익률은 소수점 둘째 자리에서 반올림한다)

〈H기업의 매출액과 원가·판관비〉

(단위 : 억 원)

구분	2019년	2020년	2021년	2022년	2023년
매출액	1,485	1,630	1,410	1,860	2,055
매출원가	1,360	1,515	1,280	1,675	1,810
판관비	30	34	41	62	38

※ (영업이익)=(매출액)−[(매출원가)+(판관비)]
※ (영업이익률)=(영업이익)÷(매출액)×100

① 2019 ~ 2023년 영업이익

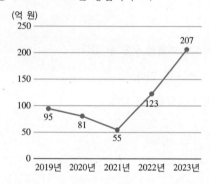

② 2019 ~ 2023년 영업이익

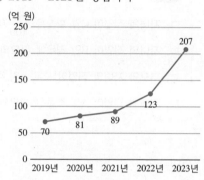

③ 2019 ~ 2023년 영업이익률

④ 2019 ~ 2023년 영업이익률

⑤ 2019 ~ 2023년 영업이익률

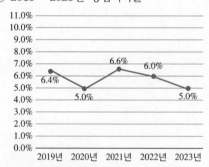

16 진희는 월 이자율 15%의 현금서비스를 받았다. 진희의 이달 카드 청구금액이 97,750원이었다면, 이자는 얼마인가?

① 9,000원 ② 11,350원
③ 12,100원 ④ 12,750원
⑤ 13,200원

17 H회사의 영업팀과 홍보팀에서 근무 중인 총 9명(A~I)의 사원은 워크숍을 가려고 하는데, 한 층당 4개의 객실로 이루어져 있는 호텔을 1층부터 3층까지 사용한다. 다음 〈조건〉을 참고할 때, 항상 옳은 것은?(단, 직원 한 명당 하나의 객실을 사용하며, 2층 이상의 객실은 반드시 엘리베이터를 이용해야 한다)

> **조건**
> • 202호는 현재 공사 중이라 사용할 수 없다.
> • 영업팀 A사원은 홍보팀 B, E사원과 같은 층에 묵는다.
> • 3층에는 영업팀 직원 C, D, F가 묵는다.
> • 홍보팀 G사원은 같은 팀 H사원의 바로 아래층 객실에 묵는다.
> • I사원은 101호에 배정받았다.

① 영업팀은 총 5명의 직원이 워크숍에 참석했다.
② 홍보팀 G사원은 2층에 묵는다.
③ 영업팀 C사원의 객실 바로 아래층은 빈 객실이다.
④ 엘리베이터를 이용해야 하는 사람의 수는 영업팀보다 홍보팀이 더 많다.
⑤ 홍보팀 E사원이 객실에 가기 위해서는 반드시 엘리베이터를 이용해야 한다.

18 다음 〈조건〉을 바탕으로 할 때, 〈보기〉에 대한 판단으로 옳은 것은?

- 사각 테이블에 사장과 A, B, C부서의 임원이 2명씩 앉아 있다.
- 사장은 사각 테이블의 어느 한 면에 혼자 앉아 있다.
- A부서의 임원들은 나란히 앉아 있다.
- C부서의 임원은 서로 마주보고 있으며, 그중 한 임원은 B부서의 임원 사이에 있다.
- 사각 테이블의 한 면에는 최대 4명이 앉을 수 있다.

A : C부서의 한 임원은 어느 한 면에 혼자 앉아 있다.
B : 테이블의 어느 한 면은 항상 비어있다.

① A만 옳다.
② B만 옳다.
③ A, B 모두 옳다.
④ A, B 모두 틀리다.
⑤ A, B 모두 옳은지 틀린지 판단할 수 없다.

19 다음은 논리적 사고를 개발하기 위한 방법을 그림으로 나타낸 자료이다. 이에 대한 설명으로 옳은 것은?

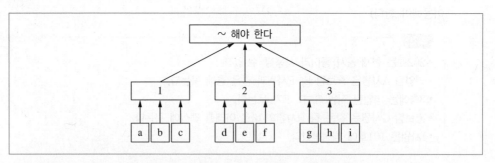

① 눈앞에 있는 정보로부터 의미를 찾아내어 가치 있는 정보를 이끌어 낸다.
② 논리적으로 분해한 문제의 원인을 나무 모양으로 나열하여 문제를 해결한다.
③ 하위의 사실이나 현상부터 사고하여 상위의 주장을 만들어간다.
④ 내·외부적으로 발생되는 장점 및 단점을 종합적으로 고려하여 해결방안을 찾는다.
⑤ '중복 없이, 누락 없이'를 통해 상위의 개념을 하위의 개념으로 논리적으로 분해한다.

20 다음 SWOT 분석에 대한 설명을 읽고 추론한 내용으로 가장 적절한 것은?

> SWOT 분석에서 강점은 경쟁기업과 비교하여 소비자로부터 강점으로 인식되는 것이 무엇인지, 약점은 경쟁기업과 비교하여 소비자로부터 약점으로 인식되는 것이 무엇인지, 기회는 외부환경에서 유리한 기회요인은 무엇인지, 위협은 외부환경에서 불리한 위협요인은 무엇인지를 찾아내는 것이다. SWOT 분석의 가장 큰 장점은 기업의 내부 및 외부 환경의 변화를 동시에 파악할 수 있다는 것이다.

① 제품의 우수한 품질은 SWOT 분석의 기회 요인으로 볼 수 있다.
② 초고령화 사회는 실버산업에 있어 기회 요인으로 볼 수 있다.
③ 기업의 비효율적인 업무 프로세스는 SWOT 분석의 위협 요인으로 볼 수 있다.
④ 살균제 달걀 논란은 빵집에게 있어 약점 요인으로 볼 수 있다.
⑤ 근육운동 열풍은 헬스장에게 있어 강점 요인으로 볼 수 있다.

PART 3

21 다음은 업무 수행 과정에서 발생하는 문제의 유형 3가지를 소개한 자료이다. 유형별로 〈보기〉의 사례가 바르게 연결된 것은?

〈문제의 유형〉	
발생형 문제	현재 직면한 문제로, 어떤 기준에 대하여 이탈 또는 미달함으로써 발생하는 문제이다.
탐색형 문제	탐색하지 않으면 나타나지 않는 문제로, 현재 상황을 개선하거나 효율을 더 높이기 위해 발생하는 문제이다.
설정형 문제	미래지향적인 새로운 과제 또는 목표를 설정하면서 발생하는 문제이다.

보기

(가) A회사는 초콜릿 과자에서 애벌레로 보이는 곤충 사체가 발견되어 과자 제조과정에 대해 고민하고 있다.
(나) B회사는 점차 다가오는 초고령사회에 대비하여 노인들을 위한 애플리케이션을 개발하기로 했다.
(다) C회사는 현재의 충전지보다 더 많은 전압을 회복시킬 수 있는 충전지를 연구하고 있다.
(라) D회사는 발전하고 있는 드론시대를 위해 드론센터를 건립하기로 결정했다.
(마) E회사는 업무 효율을 높이기 위해 근로시간을 단축하기로 결정했다.
(바) F회사는 올해 개발한 침대에서 방사능이 검출되어 안전기준에 부적합 판정을 받았다.

	발생형 문제	탐색형 문제	설정형 문제
①	(가), (바)	(다), (마)	(나), (라)
②	(가), (마)	(나), (라)	(다), (바)
③	(가), (나)	(다), (바)	(라), (마)
④	(가), (나)	(마), (바)	(다), (라)
⑤	(가), (바)	(나), (다)	(라), (마)

※ 유통업체인 H회사는 유통대상의 정보에 따라 다음과 같이 12자리로 구성된 분류코드를 부여하여 관리하고 있다. 이어지는 질문에 답하시오. [22~23]

〈분류코드 생성 방법〉

• 분류코드는 한 개 상품당 하나가 부과된다.
• 분류코드는 '발송코드 – 배송코드 – 보관코드 – 운송코드 – 서비스코드'가 순서대로 연속된 12자리 숫자로 구성되어 있다.
• 발송지역

발송지역	발송코드	발송지역	발송코드	발송지역	발송코드
수도권	a1	강원	a2	경상	b1
전라	b2	충청	c4	제주	t1
기타	k9	–	–	–	–

• 배송지역

배송지역	배송코드	배송지역	배송코드	배송지역	배송코드
서울	011	인천	012	강원	021
경기	103	충남	022	충북	203
경남	240	경북	304	전남	350
전북	038	제주	040	광주	042
대구	051	부산	053	울산	062
대전	071	세종	708	기타	009

• 보관구분

보관구분	보관코드	보관구분	보관코드	보관구분	보관코드
냉동	FZ	냉장	RF	파손주의	FG
고가품	HP	일반	GN	–	–

• 운송수단

운송수단	운송코드	운송수단	운송코드	운송수단	운송코드
5톤 트럭	105	15톤 트럭	115	30톤 트럭	130
항공운송	247	열차수송	383	기타	473

• 서비스 종류

배송서비스	서비스코드	배송서비스	서비스코드	배송서비스	서비스코드
당일 배송	01	지정일 배송	02	일반 배송	10

※ 수도권은 서울, 경기, 인천 지역이다.

22 다음 분류코드로 확인할 수 있는 정보로 옳지 않은 것은?

c4304HP11501

① 해당 제품은 충청지역에서 발송되어 경북지역으로 배송되는 제품이다.
② 냉장보관이 필요한 제품이다.
③ 15톤 트럭에 의해 배송될 제품이다.
④ 당일 배송 서비스가 적용된 제품이다.
⑤ 해당 제품은 고가품이다.

23 다음 〈조건〉에 따라 제품 A에 부여될 분류코드로 옳은 것은?

> **조건**
> • A는 Q업체가 7월 5일에 경기도에서 울산지역에 위치한 구매자에게 발송한 제품이다.
> • 수산품인 만큼 냉동 보관이 필요하며, 발송자는 택배 도착일을 7월 7일로 지정하였다.
> • A는 5톤 트럭을 이용해 배송된다.

① k9062RF10510
② a1062FZ10502
③ a1062FZ11502
④ a1103FZ10501
⑤ a1102FZ10502

24 다음 자료와 상황을 근거로 판단할 때, 〈보기〉에서 옳은 것을 모두 고르면?

H국에서는 모든 법인에 대하여 다음과 같이 구분하여 주민세를 부과하고 있다.

구분	세액(원)
• 자본금액 100억 원을 초과하는 법인으로서 종업원 수가 100명을 초과하는 법인	500,000
• 자본금액 50억 원 초과 100억 원 이하 법인으로서 종업원 수가 100명을 초과하는 법인	350,000
• 자본금액 50억 원을 초과하는 법인으로서 종업원 수가 100명 이하인 법인 • 자본금액 30억 원 초과 50억 원 이하 법인으로서 종업원 수가 100명을 초과하는 법인	200,000
• 자본금액 30억 원 초과 50억 원 이하 법인으로서 종업원 수가 100명 이하인 법인 • 자본금액 10억 원 초과 30억 원 이하 법인으로서 종업원 수가 100명을 초과하는 법인	100,000
• 그 밖의 법인	50,000

〈상황〉

법인	자본금액(억 원)	종업원 수(명)
갑	200	?
을	20	?
병	?	200

보기

ㄱ. 갑이 납부해야 할 주민세 최소 금액은 20만 원이다.
ㄴ. 을의 종업원이 50명인 경우 10만 원의 주민세를 납부해야 한다.
ㄷ. 병이 납부해야 할 주민세 최소 금액은 10만 원이다.
ㄹ. 갑, 을, 병이 납부해야 할 주민세 금액의 합계는 최대 110만 원이다.

① ㄱ, ㄴ   ② ㄱ, ㄷ
③ ㄱ, ㄹ   ④ ㄴ, ㄷ
⑤ ㄴ, ㄹ

25 다음 중 거래적 리더십과 변혁적 리더십의 차이점에 대한 설명으로 옳지 않은 것은?

> 거래적 리더십은 '규칙을 따르는' 의무에 관계되어 있기 때문에 거래적 리더들은 변화를 촉진하기보다는 조직의 안정을 유지하는 것을 중시한다. 그리고 거래적 리더십에는 리더의 요구에 부하가 순응하는 결과를 가져오는 교환 과정이 포함되지만, 조직원들이 과업목표에 대해 열의와 몰입까지는 발생시키지 않는 것이 일반적이다.
> 변혁적 리더십은 거래적 리더십과 대조적이다. 리더가 조직원들에게 장기적 비전을 제시하고 그 비전을 향해 매진하도록 하고, 조직원들로 하여금 자신의 정서·가치관·행동 등을 바꾸어 목표달성을 위한 성취의지와 자신감을 고취시킨다. 즉, 거래적 리더십은 교환에 초점을 맞춰 단기적 목표를 달성하고 이에 따른 보상을 받고, 변혁적 리더십은 장기적으로 성장과 발전을 도모하며 조직원들이 소속감, 몰입감, 응집력, 직무만족 등을 발생시킨다.

① 거래적 리더십의 보상체계는 규정에 맞게 성과 달성 시 인센티브와 보상이 주어진다.
② 변혁적 리더십은 기계적 관료제에 적합하고, 거래적 리더십은 단순구조나 임시조직에 적합하다.
③ 거래적 리더십은 안전을 지향하고 폐쇄적인 성격을 가지고 있다.
④ 변혁적 리더십은 공동목표를 추구하고 리더가 교육적 역할을 담당한다.
⑤ 변혁적 리더십은 업무 등의 과제의 가치와 당위성을 주시하여 성공에 대한 기대를 제공한다.

26 다음 중 고객만족도 조사에 대한 설명으로 적절하지 않은 것은?

① 고객만족도를 조사하기 위한 설문지는 고객들이 쉽게 이해할 수 있는 문항으로 구성해야 한다.
② 특정 대상을 추출하여 조사하는 것보다 모든 고객을 대상으로 임의로 추출하여 조사하는 것이 더욱더 효율적이다.
③ 고객만족도 조사에 사용되는 심층 면접법은 비교적 긴 시간이 소요되지만, 심층적인 정보를 얻을 수 있어 고객의 동기·태도 등을 발견할 수 있다.
④ 단순히 한 번 실시하는 조사보다 연속해서 시행하는 조사를 통해 더 정확한 조사 결과를 얻을 수 있다.
⑤ 조사 결과를 어떻게 활용할 것인지 활용 계획을 설정해 놓으면 조사 방향에 일관성을 가질 수 있다.

27 다음은 자신의 소속 부서에 대한 최주임의 생각을 나타낸 글이다. 이를 바탕으로 멤버십 유형을 판단할 때, 최주임에 대한 설명으로 옳지 않은 것은?

> 조직은 항상 나에게 규정을 준수할 것을 강조한다. 리더와 조직 구성원 간의 인간관계에는 비인간적 풍토가 자리 잡고 있으며, 조직의 계획과 리더의 명령은 빈번하게 변경된다.

① 동료들은 최주임에 대하여 평범한 수완으로 업무를 수행한다고 평가할 것이다.
② 리더는 최주임에게 업무를 맡길 경우 감독이 필수적이라고 생각할 것이다.
③ 최주임은 조직의 운영방침에 매우 민감할 것이다.
④ 리더는 최주임이 자기 이익을 극대화하기 위한 흥정에 능하다고 볼 것이다.
⑤ 최주임은 다른 유형의 직원에 비해 균형적 시각에서 사건을 판단할 것이다.

28 다음은 팀워크(Teamwork)와 응집력의 정의를 나타낸 글이다. 팀워크의 사례로 적절하지 않은 것은?

> 팀워크(Teamwork)란 '팀 구성원이 공동의 목적을 달성하기 위하여 상호관계성을 가지고 협력하여 업무를 수행하는 것'으로 볼 수 있다. 반면 응집력은 '사람들로 하여금 집단에 머물도록 느끼게끔 만들고, 그 집단의 멤버로서 계속 남아 있기를 원하게 만드는 힘'으로 볼 수 있다.

① 다음 주 조별 발표 준비를 위해 같은 조원인 A와 C는 각자 주제를 나누어 조사하기로 했다.
② K사의 S사원과 C사원은 내일 진행될 행사 준비를 위해 함께 야근을 할 예정이다.
③ D고등학교 학생인 A와 B는 내일 있을 시험 준비를 위해 도서관에서 공부하기로 했다.
④ 같은 배에서 활약 중인 D와 E는 곧 있을 조정경기 시합을 위해 열심히 연습하고 있다.
⑤ 연구원 G와 S는 효과적인 의약품을 개발하기 위해 함께 연구하기로 했다.

29 H사에 근무하는 귀하는 최근 매주 금요일 업무시간이 끝나고 한 번씩 진행해야 하는 바닥 청소 당번 문제를 두고 동료인 A사원과 갈등 중에 있다. 둘 중 한 명은 매주 바닥 청소를 해야 하는데, 금요일에 일찍 퇴근하기를 원하는 귀하와 A사원 모두 청소 당번에서 빠지고 싶어 하기 때문이다. 이러한 상황에서 갈등의 해결방법 중 하나인 'Win – Win 관리법'으로 갈등을 해결하고자 할 때, 다음 중 A사원에게 제시할 수 있는 귀하의 제안으로 가장 적절한 것은?

① 우리 둘 다 청소 당번을 피할 수는 없으니, 그냥 공평하게 같이 하죠.

② 제가 그냥 A사원 몫까지 매주 청소를 맡아서 할게요.

③ 저와 A사원이 번갈아가면서 청소를 맡도록 하죠.

④ 우선 금요일 업무시간 전에 청소를 할 수 있는지 확인해 보도록 하죠.

⑤ 저는 절대 양보할 수 없으니, A사원이 그냥 맡아서 해 주세요.

PART 3

30 다음 상황에서 나타나는 협상 전략으로 가장 적절한 것은?

> H먹자골목에 있는 상가들은 수십 년간 역사를 이어온 상가들이 대부분이다 보니 서로 부모님은 물론 조부모님까지 아는 사이들이 대다수이다. 이로 인해 상가들끼리는 관계가 매우 돈독해 손님들이 지나가도 과도한 고객행위를 하지 않고 영업을 하는 비교적 조용한 골목이었다. 하지만 최근에 근처에 신도시가 들어서면서 많은 상가들이 들어와 H먹자골목에는 손님들이 눈에 띄게 줄어들었다. 이에 대부분의 상가들이 적자를 보는 상황임에도 불구하고 타지역처럼 손님들에게 과도한 호객행위를 하는 대신 상가들끼리 힘을 합쳐 H먹자골목 거리를 손님들이 방문하고 싶도록 새롭게 바꾸기로 하였다.

① 협력전략   ② 유화전략

③ 회피전략   ④ 무행동전략

⑤ 경쟁전략

31 다음은 고객 불만 처리 프로세스 8단계를 나타낸 자료이다. (A) ~ (E)에 대한 설명으로 적절하지 않은 것은?

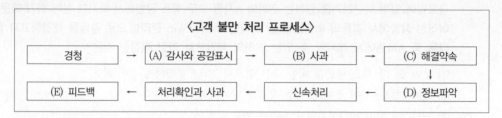

〈고객 불만 처리 프로세스〉

경청 → (A) 감사와 공감표시 → (B) 사과 → (C) 해결약속
↓
(E) 피드백 ← 처리확인과 사과 ← 신속처리 ← (D) 정보파악

① (A)의 경우 고객이 일부러 시간을 내서 해결의 기회를 준 것에 대한 감사를 표시한다.
② (B)의 경우 고객의 이야기를 듣고 문제점에 대한 인정과 잘못된 부분에 대해 사과한다.
③ (C)의 경우 고객이 납득할 수 있도록 신중하고 천천히 문제를 해결할 것임을 약속한다.
④ (D)의 경우 문제해결을 위해 꼭 필요한 질문만 하여 정보를 얻는다.
⑤ (E)의 경우 고객 불만 사례를 회사 및 전 직원에게 알려 다시는 동일한 문제가 발생하지 않도록 한다.

32 다음 중 새로운 과제를 추진하기 위한 팀워크 활성화 방안에 대한 토의에서 적절하지 않은 말을 한 사람은?

A대리 : 서로에 대한 활발한 피드백은 팀워크 개선에 큰 도움이 됩니다.
B주임 : 세부사항에 대한 의사결정을 할 때에도 적극적인 참여가 필요합니다.
C사원 : 업무수행 과정에 있어서도 다른 구성원의 적극적인 동참이 필요합니다.
D대리 : 내부에서 갈등이 발생한 경우에는 소모적인 논쟁을 피하기 위해 당사자에게 해결을 맡기는 것이 좋습니다.
E사원 : 불필요한 절차를 최소화하여 팀워크를 활성화할 수 있는 환경을 조성하여야 합니다.

① A대리
② B주임
③ C사원
④ D대리
⑤ E사원

33 다음은 조직의 문화를 기준을 통해 4가지 문화로 구분한 자료이다. (가) ~ (라)에 대한 설명으로 옳지 않은 것은?

```
                              유연성, 자율성 강조
                          (Flexibility & Discretion)
  내부지향성, 통합 강조            (가)  │  (나)        외부지향성, 차별 강조
  (Internal Focus & Integration)  ──────┼──────      (External Focus & Differentiation)
                                 (다)  │  (라)
                              안정, 통제 강조
                           (Stability & Control)
```

① (가)는 조직 구성원 간 인화단결, 협동, 팀워크, 공유가치, 사기, 의사결정과정에 참여 등을 중요시한다.
② (나)는 규칙과 법을 준수하고, 관행과 안정, 문서와 형식, 명확한 책임소재 등을 강조하는 관리적 문화의 특징을 가진다.
③ (다)는 조직내부의 통합과 안정성을 확보하고, 현상유지 차원에서 계층화되는 조직문화이다.
④ (라)는 실적을 중시하고, 직무에 몰입하며, 미래를 위한 계획을 수립하는 것을 강조한다.
⑤ (가)는 개인의 능력개발에 대한 관심이 높고, 조직 구성원에 대한 인간적 배려와 가족적인 분위기를 만들어내는 특징을 가진다.

34 같은 말이나 행동도 나라에 따라서 다르게 받아들여질 수 있기 때문에 직업인은 국제 매너를 갖춰야 한다. 다음 〈보기〉 중 국제 매너에 대한 설명으로 옳은 것을 모두 고르면?

> **보기**
>
> ㉠ 미국 바이어와 악수를 할 때는 눈이나 얼굴을 보면서 손끝만 살짝 잡거나 왼손으로 상대방의 왼손을 힘주어서 잡았다가 놓아야 한다.
> ㉡ 이라크 사람들은 시간을 돈과 같이 생각해서 시간엄수를 중요하게 생각하므로 약속 시간에 늦지 않게 주의해야 한다.
> ㉢ 러시아와 라틴아메리카 사람들은 친밀함의 표시로 포옹을 한다.
> ㉣ 명함은 받으면 구기거나 계속 만지지 않고, 한 번 보고 나서 탁자 위에 보이는 채로 대화를 하거나 명함집에 넣는다.
> ㉤ 수프는 바깥쪽에서 몸 쪽으로 숟가락을 사용한다.
> ㉥ 생선요리는 뒤집어 먹지 않는다.
> ㉦ 빵은 아무 때나 먹어도 관계없다.

① ㉠, ㉢, ㉣
② ㉡, ㉢, ㉣
③ ㉢, ㉣, ㉥
④ ㉢, ㉤, ㉦
⑤ ㉣, ㉥, ㉦

35 다음 글에 나타난 조직의 정의를 토대로 할 때, 조직의 사례로 적절하지 않은 것은?

> 조직은 두 사람 이상이 공동의 목표를 달성하기 위해 의식적으로 구성된 상호작용과 조정을 행하는 행동의 집합체이다. 그러나 단순히 사람들이 모였다고 해서 조직이라고 하지는 않는다. 조직은 목적을 가지고 있고, 구조가 있으며, 목적을 달성하기 위해 구성원들은 서로 협동적인 노력을 하고, 외부 환경과도 긴밀한 관계를 가지고 있다. 조직은 일반적으로 재화나 서비스의 생산이라는 경제적 기능과 조직구성원들에게 만족감을 주고 협동을 지속시키는 사회적 기능을 갖는다.

① 병원에서 일하고 있는 의사와 간호사
② 유기견을 구조하고 보호하는 시민단체
③ 백화점에 모여 있는 직원과 고객
④ 편의점을 운영 중인 가족
⑤ 다문화 가정을 돕고 있는 종교단체

36 다음은 개인화 마케팅에 대한 글이다. 개인화 마케팅의 사례로 적절하지 않은 것은?

> 소비자들의 요구가 점차 다양해지고 복잡해짐에 따라 개인별로 맞춤형 제품과 서비스를 제공하며 '개인화 마케팅'을 펼치는 기업이 늘어나고 있다. 개인화 마케팅이란 각 소비자의 이름, 관심사, 구매이력 등의 데이터를 기반으로 특정 고객에 대한 개인화 서비스를 제공하는 활동을 의미한다. 이러한 개인화 마케팅은 개별적 커뮤니케이션 실현을 통한 효율성 증대 및 기업 이윤 창출을 목적으로 하고 있다.
> 이러한 개인화 마케팅은 기업들의 지속적인 투자를 통해 다양한 방식으로 계속되고 있다. 빠르게 변화하고 있는 마케팅 시장에서 개인화된 서비스 제공을 통해 소비자 만족도를 끌어낼 수 있다는 점은 충분히 매력적일 수 있기 때문이다.

① 고객들의 사연을 받아 지하철역 에스컬레이터 벽면에 광고판을 만든 A배달업체는 고객들로 하여금 자신의 사연이 뽑히지 않았는지 관심을 갖도록 유도하여 광고 효과를 톡톡히 보고 있다.
② 최근 B전시관은 시각적인 시원한 민트색 벽지와 그에 어울리는 시원한 음향, 상쾌한 민트 향기, 민트맛 사탕을 나눠주며 민트에 대한 다섯 가지 감각을 이용한 미술관 전시로 화제가 되었다.
③ C위생용품회사는 자사의 인기 상품에 대한 단종으로 사과의 뜻을 담은 뮤직비디오를 제작했다. 고객들은 뮤직비디오를 보기 전에 자신의 이름을 입력하면, 뮤직비디오에 자신의 이름이 노출되어 자신이 직접 사과를 받는 듯한 효과를 느낄 수 있다.
④ 참치캔을 생산하는 D사는 최근 소외계층에게 힘이 되는 응원 메시지를 댓글로 받아 77명을 추첨하여 댓글 작성자의 이름으로 소외계층들에게 참치캔을 전달하는 이벤트를 진행하였다.
⑤ 커피전문점 E사는 고객이 자사 홈페이지에서 회원 가입 후 이름을 등록한 경우, 음료 주문 시 "○○○ 고객님, 주문하신 아메리카노 나왔습니다."와 같이 고객의 이름을 불러주는 서비스를 제공하고 있다.

37 H회사 총무부에서 근무하는 P대리는 다음 업무를 처리해야 한다. 각 업무들의 기한과 P대리의 업무처리 정보가 다음과 같을 때, P대리가 업무들에 착수할 순서로 가장 적절한 것은?

〈업무처리 정보〉

- P대리는 동시에 최대 두 가지 업무를 수행할 수 있다.
- P대리는 중요한 일보다 긴급한 일에 먼저 착수하고자 한다.
- 현재는 2월 17일이다.
- 같은 날에 하는 업무라도 업무 착수 순서는 구별한다.

〈처리필요 업무 리스트〉

- 본부에서 이번 분기에 가장 중요한 사업으로 지정한 A사업안의 계획안을 2월 24일까지 검토하여야 하며, 검토에는 6일이 소요된다.
- 총무부 내 업무분장 갱신안 B를 2월 19일까지 제출하여야 하며, 갱신안 구상에는 3일이 소요된다.
- B대리는 개인적 부탁 C를 2월 22일까지 해줄 것을 부탁하였으며, 일 완료에는 3일이 소요된다.
- 총무부 내 비품을 2월 19일까지 파악하여 보고서 D를 작성하여야 하며, 비품 파악에 1일, 이후 보고서 작성에 1일이 소요된다.

---

① A – B – D – C   ② B – A – C – D

③ B – D – A – C   ④ C – A – D – B

⑤ C – D – A – B

38 다음 중 업무상 미국인 C씨와 만나야 하는 B대리가 알아 두어야 할 예절로 적절하지 않은 것은?

A부장 : B대리, ○○기업 C씨를 만날 준비는 다 되었습니까?

B대리 : 네, 부장님. 필요한 자료는 다 준비했습니다.

A부장 : 그래요. 우리 회사는 해외 진출이 경쟁사에 비해 많이 늦었는데 ○○기업과 파트너만 된다면 큰 도움이 될 겁니다. 아, 그런데 업무 관련 자료도 중요하지만 우리랑 문화가 다르니까 실수하지 않도록 준비 잘하세요.

B대리 : 네, 알겠습니다.

---

① 무슨 일이 있어도 시간은 꼭 지켜야 한다.

② 악수를 할 때 눈을 똑바로 보는 것은 실례이다.

③ 어떻게 부를 것인지 상대방에게 미리 물어봐야 한다.

④ 명함은 악수를 한 후 교환한다.

⑤ 인사하거나 이야기할 때 어느 정도의 거리를 두어야 한다.

39 다음과 같은 H기업의 상황을 고려할 때, 경영활동과 활동의 사례가 적절하지 않은 것은?

〈상황〉

- H기업은 국내 자동차 제조업체이다.
- H기업은 최근 인도네시아의 자동차 판매업체와 계약을 하여, 내년부터 인도네시아로 차량을 수출할 계획이다.
- H기업은 중국의 자동차 부품 제조업체와 협력하고 있는데, 최근 중국 내 전염병 확산으로 현지 업체들의 가동률이 급락하였다.
- H기업은 최근 내부 설문조사를 실시한 결과, 사내 유연근무제 도입을 희망하는 직원의 비율은 72%, 희망하지 않는 직원의 비율이 20%, 무응답이 8%였다.
- H기업의 1분기 생산라인 피드백 결과, 엔진 조립 공정에서 진행속도를 20% 개선할 경우 생산성이 12% 증가하는 것으로 나타났다.

	경영활동	사례
①	외부경영활동	인도네시아 시장의 자동차 구매성향 파악
②	내부경영활동	국내 자동차 부품 제조업체와의 협력안 검토
③	내부경영활동	인도네시아 현지 자동차 법규 및 제도 조사
④	내부경영활동	엔진 조립 공정 개선을 위한 공정 기술 연구개발
⑤	내부경영활동	생산라인에 부분적 탄력근무제 도입

40 다음은 한 부서의 분장업무를 나타낸 자료이다. 이를 토대로 유추할 수 있는 부서로 가장 적절한 것은?

분장업무	
• 판매방침 및 계획	• 외상매출금의 청구 및 회수
• 판매예산의 편성	• 제품의 재고 조절
• 시장조사	• 견본품, 반품, 지급품, 예탁품 등의 처리
• 판로의 개척, 광고 선전	• 거래처로부터의 불만처리
• 거래처의 신용조사와 신용한도의 신청	• 제품의 애프터서비스
• 견적 및 계약	• 판매원가 및 판매가격의 조사 검토
• 제조지시서의 발행	－

① 총무부   ② 인사부
③ 기획부   ④ 영업부
⑤ 자재부

배우기만 하고 생각하지 않으면 얻는 것이 없고,
생각만 하고 배우지 않으면 위태롭다.

- 공자 -

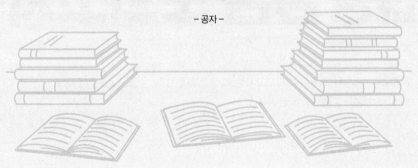

제2회
최종점검 모의고사

※ 주택도시보증공사 최종점검 모의고사는 최신 필기후기 및 채용공고를 기준으로 구성한 것으로 실제 시험과 다를 수 있습니다.

■ 취약영역 분석

번호	O/×	영역	번호	O/×	영역	번호	O/×	영역
1		의사소통능력	16		수리능력	31		대인관계능력
2			17		문제해결능력	32		
3			18			33		조직이해능력
4			19			34		
5			20			35		
6			21			36		
7			22			37		
8			23			38		
9		수리능력	24			39		
10			25			40		
11			26					
12			27		대인관계능력			
13			28					
14			29					
15			30					

평가문항	40문항	평가시간	60분
시작시간	:	종료시간	:
취약영역			

🕐 응시시간 : 60분 　 📋 문항 수 : 40문항 　　　　　　　　　　　　　　　　정답 및 해설 p.084

01 다음 글을 〈보기〉와 같은 순서로 재구성하려고 할 때, 논리적 순서대로 바르게 나열한 것은?

> (가) 최근 전자 상거래 시장에서 소셜 커머스 열풍이 거세게 불고 있다. 할인율 50%라는 파격적인 조건으로 검증된 상품을 구매할 수 있다는 입소문이 나면서 국내 소셜 커머스 시장의 규모가 급성장하고 있다. 시장 규모가 커지다 보니 개설된 소셜 커머스 사이트가 수백 개에 달하고, 소셜 커머스 모임 사이트까지 등장할 정도로 소셜 커머스의 인기가 날로 높아지고 있다.
> (나) 현재 국내 소셜 커머스는 일정 수 이상의 구매자가 모일 경우 파격적인 할인가로 상품을 판매하는 방식의 소셜 쇼핑이 주를 이루고 있다. 그러나 소셜 쇼핑 외에도 SNS상에 개인화된 쇼핑 환경을 만들거나 상거래 전용 공간을 여는 방식의 소셜 커머스도 등장하고 있다. 소셜 커머스의 소비자는 판매자(생산자)의 상품을 사는 데서 그치지 않고 판매자들로 하여금 자신들이 원하는 물건을 판매하도록 유도할 수 있으며, 자신들 스스로가 새로운 소비자를 끌어 모을 수도 있다. 이러한 소비자의 변모는 소비자의 역할뿐만 아니라 상거래 지형이 크게 변화할 것임을 시사한다. 소셜 커머스 시대에는 소비자가 상거래의 주도권을 잡는 일이 가능할 것이다.
> (다) 소셜 커머스란 소셜 네트워크 서비스(SNS)를 통하여 이루어지는 전자 상거래를 가리키는 말이다. 소셜 커머스는 상품의 구매를 원하는 사람들이 할인을 성사하기 위하여 공동 구매자를 모으는 과정을 주로 SNS를 이용하는 데서 그 명칭이 유래되었다. 소셜 커머스는 2005년 '야후(Yahoo)'의 장바구니 공유 서비스인 '쇼퍼스피어(Shopersphere)'같은 사이트를 통하여 처음 소개되었다.

> **보기**
>
> 국내 소셜 커머스의 현황 → 소셜 커머스의 명칭의 유래 및 등장 배경 → 소셜 커머스의 유형 및 전망

① (가) – (나) – (다)　　　　　　　② (가) – (다) – (나)
③ (나) – (가) – (다)　　　　　　　④ (나) – (다) – (가)
⑤ (다) – (가) – (나)

02 다음 글의 밑줄 친 ㉠~㉤ 중 쓰임이 적절하지 않은 것은?

> 현행 수입화물의 프로세스는 ㉠ 적하(積荷) 목록 제출, 입항, 하선, 보세운송, 보세구역 반입, 수입신고, 수입신고 수리, ㉡ 반출(搬出)의 절차를 이행하고 있다. 입항 전 수입신고는 5% 내외에 머무르고, 대부분의 수입신고가 보세구역 반입 후에 행해짐에 따라 보세운송 절차와 보세구역 반입 절차가 반드시 ㉢ 인도(引導)되어야 했다. 하지만 새로운 제도가 도입되면 해상화물의 적하 목록 제출 시기가 ㉣ 적재(積載) 24시간 전(근거리 출항 전)으로 앞당겨져 입항 전 수입신고가 일반화될 수 있는 여건이 조성될 것이다. 따라서 수입화물 프로세스가 적하 목록 제출, 수입신고, 수입신고 수리, 입항, 반출의 절차를 거침에 따라 화물반출을 위한 세관 절차가 입항 전에 종료되므로 보세운송, 보세구역 반입이 생략되어 수입화물을 신속하게 ㉤ 화주(貨主)에게 인도할 수 있게 된다.

① ㉠ 적하(積荷)　　　　　　② ㉡ 반출(搬出)
③ ㉢ 인도(引導)　　　　　　④ ㉣ 적재(積載)
⑤ ㉤ 화주(貨主)

03 다음 글과 가장 관련 있는 한자성어는?

> 정부는 호화생활을 누리면서도 세금을 내지 않는 악의적 고액·상습 체납자에 대해 제재를 강화하기로 하였다. 정부가 추진하는 방안에 따르면 정당한 사유 없이 국세를 상습적으로 체납할 경우 최대 30일간 유치장에 가둘 수 있다. 여권 미발급자에게는 출국 금지 조치가 취해질 수 있고, 당사자뿐 아니라 가까운 친인척에 대해서도 금융거래정보 조회가 이뤄질 수 있다. 이는 악성 체납자의 뿌리를 뽑겠다는 정부의 강력한 의지 표시이다.
> 국세청에 따르면 고가 아파트에 살고 외제차를 몰면서 2억 원 이상의 세금 납부를 미루고 있는 고액 체납자는 3만 5,000명이 넘는다. 이들의 체납액은 102조 6,000억 원에 달하지만, 추적 실적은 1조 1,555억 원으로 징수율이 1.1%에 불과하다.
> 이처럼 호화생활을 누리는 고액·상습 체납자는 강력한 제재로 다스려야 마땅하다. 성실하게 세금을 납부하는 대다수 국민에게 상대적 박탈감을 주고, 계층 간의 위화감으로 사회 통합에 걸림돌이 될 수 있기 때문이다.

① 일벌백계(一罰百戒)　　　　② 유비무환(有備無患)
③ 일목파천(一目破天)　　　　④ 가정맹어호(苛政猛於虎)
⑤ 오십보백보(五十步百步)

세계 표준시가 정해지기 전 사람들은 태양이 가장 높게 뜬 시간을 정오로 정하고, 이를 해당 지역의 기준 시간으로 삼았다. 그러다 보니 수많은 정오 시간(자오 시간)이 생겨 시간의 통일성을 가질 수 없었고, 다른 지역과 시간을 통일해야 한다는 필요성도 느끼지 못했다. 그러나 이 세계관은 철도의 출현으로 인해 무너졌다. 1969년 미국 최초의 대륙 횡단 철도가 개통되었다. 당시 미 대륙 철도역에서 누군가가 현재 시각을 물으면 대답하는 사람은 한참 망설여야 했다. 각기 다른 여러 시간이 공존했기 때문이다. 시간의 혼란은 철도망이 확장될수록 점점 더 심각해졌다. 이에 따라 캐나다 태평양 철도 건설을 진두지휘한 샌퍼드 플레밍은 자신의 고국인 영국에서 철도 시간 때문에 겪었던 불합리한 경험을 토대로 세계 표준시를 정하는 데 온 힘을 쏟았다. 지구를 경도에 따라 15도씩 나눠 15도마다 1시간씩 시간 간격을 두고, 이를 24개 시차 구역으로 구별한 플레밍의 제안은 1884년 미국 전역에 도입되었다. 이는 다시 1884년 10월 워싱턴에서 열린 '국제자오선 회의'로 이어졌고, 각국이 영국 그리니치 천문대를 통과하는 자오선을 본초자오선으로 지정하는 데 동의했다.

워싱턴에서 열린 회의의 주제는 본초자오선, 즉 전 세계 정오의 기준선이 되는 자오선을 어디로 설정해야 하는가에 대한 것이었다. 3주간의 일정으로 시작된 본초자오선 회의는 영국과 프랑스의 대결이었다. 어떻게든 그리니치가 세계 표준시의 기준으로 채택되는 것을 관철하려는 영국, 그리고 이를 막고 파리 본초자오선을 세계기준으로 삼으려는 프랑스의 외교 전쟁이 불꽃을 튀겼다. 마침내 지루한 회의와 협상 끝에 1884년 10월 13일 그리니치가 세계 표준시로 채택되었다. 지구상의 경도마다 창궐했던 각각의 지역 표준시들이 사라지고 하나의 시간 틀에 인류가 속하게 된 것이다.

우리나라는 대한제국 때인 1908년 세계 표준시를 도입했다. 한반도 중심인 동경 127.5도 기준으로, 세계 표준시의 기준인 영국보다 8시간 30분 빨랐다. 하지만 일제강점기인 1912년, 일본의 총독부는 우리의 표준시를 동경 135도를 기준으로 하는 일본 표준시로 변경하였다. 광복 후 1954년에는 주권 회복 차원에서 127.5도로 환원했다가 1961년 박정희 정부 때 다시 국제 교역 문제로 인해 135도로 변경되었다.

04 다음 중 윗글의 서술상 특징으로 가장 적절한 것은?

① 구체적인 사례를 들어 세계 표준시에 대한 이해를 돕고 있다.

② 세계 표준시에 대한 여러 가지 견해를 소개하고 이를 비교, 평가하고 있다.

③ 세계 표준시가 등장하게 된 배경을 구체적으로 소개하고 있다.

④ 세계 표준시의 변화 과정과 그것의 문제점을 언급하고 있다.

⑤ 권위 있는 학자의 견해를 들어 세계 표준시의 정당성을 입증하고 있다.

05 다음 중 윗글의 내용으로 적절하지 않은 것은?

① 표준시가 정해지기 전에는 수많은 시간이 존재하였다.

② 철도의 출현이 세계 표준시 정립에 결정적인 역할을 하였다.

③ 영국과 프랑스는 본초자오선 설정을 두고 치열하게 대립했다.

④ 현재 우리나라의 시간은 대한제국 때 지정한 시각보다 30분 느리다.

⑤ 우리나라의 표준시는 도입 이후 총 3번의 변화를 겪었다.

06 다음 글의 제목으로 가장 적절한 것은?

시장경제는 국민 모두가 잘살기 위한 목적을 달성하기 위한 수단으로서 선택한 나라 살림의 운영 방식이다. 그러나 최근에 재계, 정계, 그리고 경제 관료 사이에 벌어지고 있는 시장경제에 대한 논쟁은 마치 시장경제 그 자체가 목적인 것처럼 왜곡되고 있다. 국민들이 잘살기 위해서는 경제가 성장해야 한다. 그러나 경제가 성장했는데도 다수의 국민들이 잘사는 결과를 가져오지 못하고 경제적 강자들의 기득권을 확대 생산하는 결과만을 가져온다면 국민들은 시장경제를 버리고 대안적 경제 체제를 찾을 것이다. 그렇기 때문에 시장경제를 유지하기 위해서는 성장과 분배의 균형이 중요하다. 시장경제는 경쟁을 통해서 효율성을 높이고 성장을 달성한다. 경쟁의 동기는 사적인 이익을 추구하는 인간의 이기적 속성에 기인한다. 국민 각자는 모두가 함께 잘살기 위해서가 아니라 내가 잘살기 위해서 경쟁을 한다. 모두가 함께 잘살기 위한 공동의 목적을 달성하기 위한 수단으로 시장경제를 선택한 것이지만 개개인은 이기적인 동기로 시장에 참여하는 것이다. 이와 같이 시장경제는 개인과 공동의 목적이 서로 상반되는 모순을 갖는 것이 그 본질이다. 그래서 시장경제가 제대로 운영되기 위해서는 국가의 소임이 중요하다.

시장경제에서 국가가 해야 할 일을 크게 세 가지로 나누어 볼 수 있다. 첫째는 경쟁을 유도하는 시장 체제를 만드는 것이고, 둘째는 공정한 경쟁이 이루어지도록 시장 질서를 세우는 것이며, 셋째는 경쟁의 결과로 얻은 성과가 모두에게 공평하게 분배되도록 조정하는 것이다. 최근에 벌어지고 있는 시장경제의 논쟁은 세 가지 국가의 역할 중에서 논쟁의 주체들이 자신의 이해관계에 따라서 선택적으로 시장경제를 왜곡하고 있다. 경쟁에서 강자의 위치를 확보한 재벌들은 경쟁 촉진을 주장하면서 공정 경쟁이나 분배를 말하는 것은 반시장적이라고 매도한다. 정치권은 인기 영합의 수단으로, 그리고 일부 노동계는 이기적 동기에서 분배를 주장하면서 분배의 전제가 되는 성장을 위해서 필요한 경쟁을 훼손하는 모순된 주장을 한다. 경제 관료들은 자신의 권력을 강화하기 위한 부처의 이기적인 관점에서 경쟁촉진과 공정 경쟁 사이에서 줄타기 곡예를 하며 분배에 대해서 말하는 것은 금기시한다. 모두가 자신들의 기득권을 위해서 선택적으로 왜곡하고 있다.

경쟁은 원천적으로 공정성을 보장하지 못한다. 서로 다른 능력이 주어진 천부적인 차이는 물론이고, 물려받는 재산과 환경의 차이로 인하여 출발선에서부터 불공정한 경쟁이 시작된다. 그럼에도 불구하고 경쟁은 창의력을 가지고 노력하는 사람에게 성공을 가져다주는 체제이다. 그래서 출발점이 다를지라도 노력과 능력에 따라서 성공의 기회가 제공되도록 보장하기 위해서 공정 경쟁이 중요하다. 경쟁은 또한 분배의 공평성을 보장하지 못한다. 경쟁의 결과는 경쟁에 참여한 모든 사람들의 노력의 결과로 이루어진 것이지, 승자만의 노력으로 이루어진 것은 아니다. 경쟁의 결과가 승자에 의해서 독점된다면 국민들은 경쟁의 참여를 거부할 수밖에 없다. 그래서 경쟁에 참여한 모두에게 공평한 분배가 이루어지는 것이 중요하다.

① 시장경제에서의 개인과 경쟁의 상호 관계
② 시장경제에서의 국가의 역할
③ 시장경제에서의 개인 상호 간의 경쟁
④ 시장경제에서의 경쟁의 양면성과 그 한계
⑤ 시장경제에서의 경쟁을 통한 개개인의 관계

콩나물의 가격 변화에 따라 콩나물의 수요량이 변하는 것은 일반적인 현상이다. 그러나 콩나물 가격은 변하지 않는데도 콩나물의 수요량이 변할 수 있다. 예를 들어, 시금치 가격이 상승하면 소비자들은 시금치를 콩나물로 대체한다. 그러면 콩나물 가격은 변하지 않는데도 시금치 가격의 상승으로 인해 콩나물의 수요량이 증가할 수 있다. 또는 콩나물이 몸에 좋다는 내용의 방송이 나가면 콩나물 가격은 변하지 않았음에도 불구하고 콩나물의 수요량이 급증한다. 이와 같이 특정한 상품의 가격은 변하지 않는데도 다른 요인으로 인하여 그 상품의 수요량이 변하는 현상을 수요의 변화라고 한다. 수요의 변화는 소비자의 소득 변화에 의해서도 발생한다. 예를 들어, 스마트폰 가격에 변동이 없음에도 불구하고 소득이 증가하면 스마트폰에 대한 수요량이 증가한다. 반대로 소득이 감소하면 수요량이 감소한다. 이처럼 소득의 증가에 따라 수요량이 증가하는 재화를 '정상재'라고 한다. 우리 주위에 있는 대부분의 재화들은 정상재이다. 그러나 소득이 증가하면 오히려 수요량이 감소하는 재화가 있는데 이를 '열등재'라고 한다. 예를 들어, 용돈을 받아 쓰던 학생 때는 버스를 이용하다 취직해서 소득이 증가하여 자가용을 타게 되면 버스에 대한 수요는 감소한다. 이 경우 버스는 열등재라고 할 수 있다.

정상재와 열등재는 수요의 소득탄력성으로도 설명할 수 있다. 수요의 소득탄력성이란 소득이 1% 변할 때 수요량이 변하는 정도를 말한다. 수요의 소득탄력성이 양수인 재화는 소득이 증가할 때 수요량도 증가하므로 정상재이다. 반대로 수요의 소득탄력성이 음수인 재화는 소득이 증가할 때 수요량이 감소하므로 열등재이다. 정상재이면서 소득탄력성이 1보다 큰, 즉 소득이 증가하는 것보다 수요량이 더 크게 증가하는 경우가 있다. 경제학에서는 이를 '사치재'라고 한다. 반면에 정상재이면서 소득탄력성이 1보다 작은 재화를 '필수재'라고 한다.

정상재와 열등재는 가격이나 선호도 등 다른 모든 조건이 변하지 않는 상태에서 소득만 변했을 때 재화의 수요가 어떻게 변했는지를 분석한 개념이다. 하지만 특정 재화를 명확하게 정상재나 열등재로 구별하기는 어렵다. 동일한 재화가 소득수준이나 생활환경에 따라 열등재가 되기도 하고 정상재가 되기도 하기 때문이다. 패스트푸드점의 햄버거는 일반적으로 정상재로 볼 수 있지만 소득이 아주 높아져서 취향이 달라지면 햄버거에 대한 수요가 줄어들어 열등재가 될 수도 있다. 이처럼 재화의 수요 변화는 재화의 가격뿐만 아니라 그 재화를 대체하거나 보완하는 다른 재화의 가격, 소비자의 소득, 취향, 장래에 대한 예상 등의 여러 요인에 의하여 결정된다.

① 사치재는 수요의 소득탄력성으로 설명할 수 있는가?
② 사치재와 필수재의 예로는 어떤 것이 있는가?
③ 수요의 변화가 발생하는 이유는 무엇인가?
④ 정상재와 열등재의 차이점은 무엇인가?
⑤ 수요의 변화란 무엇인가?

08 다음 글을 읽고 진리론에 대해 비판하였을 때, 적절하지 않은 것은?

> 우리는 일상생활이나 학문 활동에서 '진리' 또는 '참'이라는 말을 자주 사용한다. 예를 들어 '그 이론은 진리이다.'라고 말하거나 '그 주장은 참이다.'라고 말한다. 그렇다면 우리는 무엇을 '진리'라고 하는가? 이 문제에 대한 대표적인 이론에는 대응설, 정합설, 실용설이 있다.
>
> 대응설은 어떤 판단이 사실과 일치할 때 그 판단을 진리라고 본다. 감각을 사용하여 확인했을 때 그 말이 사실과 일치하면 참이고, 그렇지 않으면 거짓이라는 것이다. 대응설은 일상생활에서 참과 거짓을 구분할 때 흔히 취하고 있는 관점으로 우리가 판단과 사실의 일치 여부를 알 수 있다고 여긴다. 우리는 특별한 장애가 없는 한 대상을 있는 그대로 정확하게 지각한다고 생각한다. 예를 들어 책상이 네모 모양이라고 할 때 감각을 통해 지각된 '네모 모양'이라는 표상은 책상이 지니고 있는 객관적 성질을 그대로 반영한 것이라고 생각한다. 그래서 '그 책상은 네모이다.'라는 판단이 지각 내용과 일치하면 그 판단은 참이 되고, 그렇지 않으면 거짓이 된다는 것이다.
>
> 정합설은 어떤 판단이 기존의 지식 체계에 부합할 때 그 판단을 진리라고 본다. 진리로 간주하는 지식 체계가 이미 존재하며, 그것에 판단이나 주장이 들어맞으면 참이고 그렇지 않으면 거짓이라는 것이다. 예를 들어 어떤 사람이 '물체의 운동에 관한 그 주장은 뉴턴의 역학의 법칙에 어긋나니까 거짓이다.'라고 말했다면, 그 사람은 뉴턴의 역학의 법칙을 진리로 받아들여 그것을 기준으로 삼아 진위를 판별한 것이다.
>
> 실용설은 어떤 판단이 유용한 결과를 낳을 때 그 판단을 진리라고 본다. 어떤 판단을 실제 행동으로 옮겨 보고 그 결과가 만족스럽거나 유용하다면 그 판단은 참이고 그렇지 않다면 거짓이라는 것이다. 예를 들어 어떤 사람이 '자기 주도적 학습 방법은 창의력을 기른다.'라고 판단하여 자기 주도적 학습 방법을 실제로 적용해 보았다고 하자. 만약 자기 주도적 학습 방법이 실제로 창의력을 기르는 등 만족스러운 결과를 낳았다면 그 판단은 참이 되고, 그렇지 않다면 거짓이 된다.

① 대응설에서는 수학이나 논리학에서 경험적으로 확인하기 어렵지만 참인 명제가 진리임을 입증하기 힘들다는 문제가 발생한다.

② 정합설에서는 판단의 근거가 될 수 있는 이론 체계가 아직 존재하지 않을 경우에 그 판단의 진위를 판별하기 어렵다는 문제가 발생한다.

③ 정합설에서는 새로운 주장의 진리 여부를 기존의 이론 체계를 기준으로 판단할 때, 기존 이론 체계의 진리 여부는 어떻게 판단할 수 있는지의 문제가 발생한다.

④ 실용설에서는 감각으로 검증할 수 없는 존재에 대한 관념은 그것의 실체를 확인할 수 없기 때문에 거짓으로 보아야 하는 문제가 발생한다.

⑤ 실용설에서는 실제 생활에서의 유용성은 사람이나 상황에 따라 다르기 때문에 어떤 지식의 진리 여부가 사람이나 상황에 따라 달라지는 문제가 발생한다.

09 다음 상황을 근거로 판단할 때, 짜장면 1그릇의 가격은?

- K중식당의 테이블별 주문 내역과 총액은 아래 표와 같다.
- 각 테이블에서는 음식을 주문 내역별로 1그릇씩 주문하였다.

테이블	주문 내역	총액(원)
1	짜장면, 탕수육	17,000
2	짬뽕, 깐풍기	20,000
3	짜장면, 볶음밥	14,000
4	짬뽕, 탕수육	18,000
5	볶음밥, 깐풍기	21,000

① 4,000원   ② 5,000원
③ 6,000원   ④ 7,000원
⑤ 8,000원

10 H회사의 마케팅부, 영업부, 영업지원부에서 2명씩 대표로 회의에 참석하기로 하였다. 자리배치는 원탁 테이블에 같은 부서 사람이 옆자리로 앉는다고 할 때, 6명이 앉을 수 있는 경우의 수는?

① 15가지   ② 16가지
③ 17가지   ④ 18가지
⑤ 19가지

11 K씨가 이달 초 가격이 40만 원인 물건을 할부로 구매하고 이달 말부터 매달 일정한 금액을 12개월에 걸쳐 갚는다면 매달 얼마씩 갚아야 하는가?(단, $1.015^{12}=1.2$, 월 이율은 1.5%, 1개월마다 복리로 계산한다)

① 3만 2천 원   ② 3만 5천 원
③ 3만 6천 원   ④ 3만 8천 원
⑤ 4만 2천 원

12 1부터 9까지의 자연수가 하나씩 적힌 9장의 카드가 있다. 갑은 숫자 2, 5, 9가 적힌 카드를, 을은 숫자 1, 7, 8이 적힌 카드를, 병은 숫자 3, 4, 6이 적힌 카드를 각각 가지고 있다. 갑, 을, 병 세 사람이 동시에 카드를 한 장씩 꺼낼 때, 카드에 적힌 숫자가 가장 큰 사람이 갑이 되는 경우의 수는?

① 8가지   ② 9가지

③ 10가지   ④ 11가지

⑤ 12가지

13 다음은 어느 도서관의 도서 대여건수에 대하여 일정기간 동안 작성한 자료이다. 이에 대한 설명으로 옳지 않은 것은?

〈도서 대여건수〉

(단위 : 권)

구분	비소설		소설	
	남자	여자	남자	여자
40세 미만	520	380	450	600
40세 이상	320	400	240	460

① 소설의 전체 대여건수가 비소설의 전체 대여건수보다 많다.

② 40세 미만보다 40세 이상이 대여건수가 더 적다.

③ 소설을 대여한 남자의 수가 소설을 대여한 여자의 수의 70% 이상이다.

④ 전체 40세 미만 대여 수에서 비소설 대여 수가 차지하는 비율은 40%를 넘는다.

⑤ 전체 40세 이상 대여 수에서 소설 대여 수가 차지하는 비율은 50% 미만이다.

※ 다음은 공장 규모별 시설면적 및 등록현황 비율에 대한 자료이다. 이어지는 질문에 답하시오. [14~15]

<표 제목>공장 규모별 시설면적 비율</표 제목>

(단위 : %)

구분		2023년 상반기	2023년 하반기	2024년 상반기
공장용지	대기업	24.7	24.6	23.4
	중기업	22.0	21.5	20.9
	소기업	53.3	53.9	55.7
	합계	100.0	100.0	100.0
제조시설	대기업	20.1	20.4	21.5
	중기업	27.9	26.3	22.7
	소기업	52.0	53.3	55.8
	합계	100.0	100.0	100.0
부대시설	대기업	24.4	24.5	38.2
	중기업	23.8	22.9	20.0
	소기업	51.8	52.6	41.8
	합계	100.0	100.0	100.0

<표 제목>공장 규모별 등록현황 비율</표 제목>

(단위 : %)

구분		2022년 상반기	2022년 하반기	2023년 상반기	2023년 하반기	2024년 상반기
등록완료	대기업	0.6	0.5	0.5	0.5	0.5
	중기업	5.3	5.3	5.3	5.3	5.3
	소기업	94.1	94.2	94.2	94.2	94.2
	합계	100.0	100.0	100.0	100.0	100.0
부분등록	대기업	3.5	3.5	3.4	2.8	2.8
	중기업	8.7	9.2	8.8	9.2	8.6
	소기업	87.8	87.3	87.8	88.0	88.6
	합계	100.0	100.0	100.0	100.0	100.0
휴업	대기업	0.0	0.0	0.0	0.0	0.0
	중기업	3.2	3.1	2.9	2.8	2.7
	소기업	96.8	96.9	97.1	97.2	97.3
	합계	100.0	100.0	100.0	100.0	100.0

14 다음 〈보기〉 중 2023년 상반기부터 2024년 상반기까지의 공장 규모별 시설면적 비율에 대한 설명으로 옳은 것을 모두 고르면?

> **보기**
>
> ㄱ. 면적 비율이 큰 순으로 순위를 매길 때, 공장용지면적 비율의 순위는 2023년 상반기와 2024년 상반기 모두 동일하다.
> ㄴ. 2023년 하반기 제조시설면적은 소기업이 중기업의 2배 이상이다.
> ㄷ. 2023년 상반기에 소기업은 부대시설면적보다 제조시설면적을 더 많이 보유하고 있다.
> ㄹ. 제시된 기간 동안 대기업이 차지하는 공장용지면적 비율과 소기업의 부대시설면적 비율의 증감추이는 동일하다.

① ㄱ, ㄴ   ② ㄱ, ㄹ
③ ㄴ, ㄷ   ④ ㄴ, ㄹ
⑤ ㄷ, ㄹ

15 다음 중 2022년 상반기부터 2024년 상반기까지의 공장 규모별 등록현황 비율에 대한 설명으로 옳지 않은 것은?

① 휴업 중인 공장 중 소기업의 비율은 2022년 상반기부터 계속 증가하였다.
② 등록완료된 중기업 공장의 수는 2022년 상반기부터 2024년 상반기까지 동일하다.
③ 2024년 상반기에 부분등록된 기업 중 대기업의 비율은 중기업 비율의 30% 이상이다.
④ 부분등록된 공장 중 대기업과 중기업의 비율의 차는 2022년 상반기보다 2023년 상반기에 더 크게 증가하였다.
⑤ 2022년 상반기부터 2023년 하반기까지 부분등록된 중기업과 휴업 중인 중기업의 증감추이는 다르다.

16 다음은 2017년부터 2023년까지 영·유아 사망률에 대한 그래프이다. 이를 작성한 그래프로 옳은 것은?(단, 모든 그래프의 단위는 '%'이다)

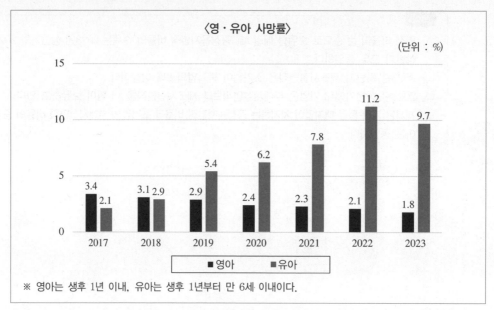

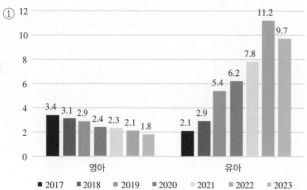

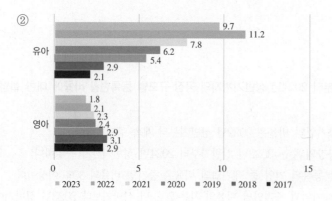

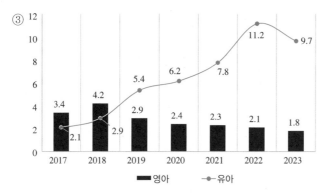

③

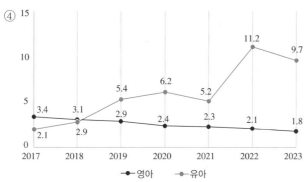

④

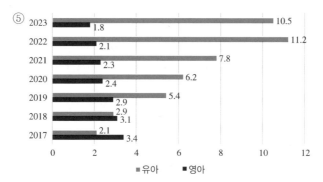

⑤

※ 다음은 H공사의 감사위원회에 대한 자료이다. 이어지는 질문에 답하시오. [17~19]

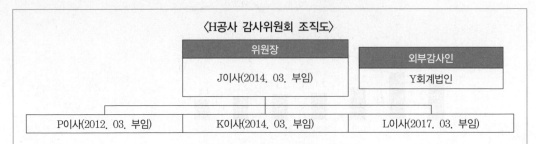

〈H공사 감사위원회 조직도〉

위원장	외부감사인
J이사(2014. 03. 부임)	Y회계법인

P이사(2012. 03. 부임)	K이사(2014. 03. 부임)	L이사(2017. 03. 부임)

〈H공사 감사위원회 운영규정〉

제2장 구성

구성(제5조)

① 위원회 위원(이하 "위원"이라 한다)은 주주총회 결의에 의하여 선임한다.

② 위원은 경제, 경영, 재무, 법률 또는 관련 기술 등에 관한 전문적인 지식이나 경험이 있는 자 또는 기타 자격이 있다고 주주총회에서 인정하는 자로서 상법, 기타 관련 법령 및 정관에서 정하여진 결격 요건에 해당하지 않는 자이어야 한다.

③ 위원회에는 최소 1인 이상의 재무전문가를 포함하여야 한다.

④ 위원이 사임, 사망 등의 사유로 인하여 3인에 미달하게 된 때 또는 제3항의 규정에 의한 감사위원회의 구성요건에 미달하게 된 때에는 그 사유가 발생한 후 최초로 소집되는 주주총회에서 위원회의 구성요건에 충족되도록 하여야 한다.

위원장(제6조)

① 위원회는 제11조 규정에 의한 결의로 위원회를 대표할 위원장을 선정하여야 한다.

② 위원장은 위원회를 대표하고 위원회의 업무를 총괄하며, 위원회의 효율적인 운영을 위하여 위원별로 업무를 분장할 수 있다.

③ 위원장의 유고 시에는 소속위원 중 선임자, 연장자 순서로 그 직무를 대행한다.

제3장 회의

종류(제7조)

① 위원회는 정기회의와 임시회의를 개최한다.

② 정기회의는 매 분기 1회 개최하는 것을 원칙으로 한다.

③ 임시회의는 필요할 경우 개최할 수 있다.

소집권자(제8조)

위원회는 위원장이 소집한다. 위원장 이외에 회장 또는 위원의 요구가 있는 경우 위원장은 위원회를 소집하여야 한다.

소집절차(제9조)

① 위원회를 소집할 때에는 회의일 3일 전까지 회의 개최 일시, 장소 및 부의할 안건을 각 위원에 대하여 모사전송, 전보, 등기우편 또는 전자적 방법으로 통지해야 한다.

② 위원회는 위원 전원의 동의가 있는 때에는 제1항의 절차 없이 언제든지 회의를 열 수 있다.

결의방법(제11조)

① 위원회의 결의는 재적위원 과반수의 출석과 출석위원 과반수의 찬성으로 한다. 이 경우 위원회는 위원의 전부 또는 일부가 직접 회의에 출석하지 아니하고 모든 위원이 동영상 또는 음성을 동시에 송·수신하는 통신수단에 의하여 결의에 참가하는 것을 허용할 수 있으며, 이 경우 당해 위원은 위원회에 직접 출석한 것으로 본다.

② 위원회의 안건과 관련하여 특별한 이해관계가 있는 위원은 의결권을 행사하지 못한다. 이 경우 행사가 제한되는 의결권의 수는 출석한 위원의 의결권 수에 산입하지 아니한다.

〈H공사 감사위원 선정 기준〉

1. **감사위원 자격 요건**
   - 경제, 경영, 재무, 법률 계열 학위 보유자
   - 범죄 전과 이력 등의 결격 요건에 해당하지 않는 자
2. **감사위원 선정 방식**
   - 다음 항목에 따른 점수를 합산하여 선발 점수를 산정함
   - 학위 점수(50점)

학위	학사	석사	박사
점수	31	38	45

   ※ 재무 계열 학위 보유자의 경우 학위와 관계없이 가산점 5점이 부여됨
   - 경제, 경영, 재무, 법률 계열 근무 경력(50점)

근무 경력	5년 미만	5년 이상 10년 미만	10년 이상 15년 미만	15년 이상
점수	35	44	48	50

〈H공사 감사위원 후보자 현황〉

구분	학위	근무 경력
후보자 A	경영학 박사	4년
후보자 B	기계공학 박사	17년
후보자 C	법학 석사	9년
후보자 D	회계학 석사	11년
후보자 E	금융재무학 학사	8년

〈H공사 주요 재무 성과표〉

(단위 : 백만 원)

구분	2019년	2020년	2021년	2022년	2023년
유동자산	9,968,449	8,750,934	8,583,176	9,643,306	9,522,130
비유동자산	24,878,084	25,024,568	20,758,009	20,944,427	20,058,498
자산총계	34,846,533	33,775,502	29,341,185	30,587,733	29,580,628
유동부채	11,187,738	9,992,244	8,639,906	9,466,147	9,458,104
비유동부채	10,793,885	11,992,970	8,535,814	8,326,807	7,046,148
부채총계	21,981,623	21,985,214	17,175,720	17,792,954	16,504,252
자본금	1,564,499	1,564,499	1,564,499	1,564,499	1,564,499
주식발행초과금	1,440,258	1,440,258	1,440,258	1,440,258	1,440,258
이익잉여금	10,046,883	8,571,130	9,059,305	9,656,544	9,854,172
기타포괄 손익누계액	24,538	25,790	13,870	−1,432	30,985
기타자본 구성요소	−1,320,943	−1,260,709	−1,232,863	−1,217,934	−1,205,302
비지배지분	1,109,675	1,449,320	1,320,396	1,352,844	1,391,764
자본총계	12,864,910	11,790,288	12,165,465	12,794,779	13,076,376

17 다음 중 H공사의 감사위원회 운영규정을 토대로 추론한 내용으로 옳지 않은 것은?

① 감사위원회의 모든 위원은 주주총회에서 주주들의 결의를 통해 선임되었을 것이다.

② 만약 J이사에게 부득이한 사정이 생긴다면 P이사가 J이사의 직무를 대신할 것이다.

③ 위원회의 정기회의는 매 분기 반드시 1회 개최되어야 한다.

④ 임시회의는 J이사가 필요하다고 생각하는 경우에만 개최될 수 있다.

⑤ 위원회 소집 시 위원 전원의 동의를 얻지 못한 회의의 경우 J이사는 회의일 3일 전까지 회의에 대한 정보를 통지해야 한다.

18 H공사의 감사위원 선정 기준에 따라 감사위원을 새로 선정하려고 한다. 5명의 후보자 중 점수가 가장 높은 후보자를 선정할 때, 다음 중 감사위원으로 선정될 후보자는?

① 후보자 A   ② 후보자 B

③ 후보자 C   ④ 후보자 D

⑤ 후보자 E

19 다음은 H공사의 감사위원회가 주요 재무 성과를 검토한 후 서로 나눈 대화이다. 다음 중 H공사의 주요 재무 성과표를 이해한 내용으로 적절하지 않은 것은?(단, 부채비율은 소수점 둘째 자리에서 반올림한다)

① J이사 : 아쉽게도 우리 회사의 2023년 자산의 총합은 전년 대비 3% 이상 감소하였군요.

② K이사 : 그러나 2022년에 비해 부채의 총합은 줄고, 자본의 총합은 늘어났으니 아쉬울 일이 아닙니다.

③ P이사 : 네, 맞습니다. 2023년 자본에 대한 부채비율은 약 126.2%로, 약 139.1%였던 2022년보다 감소하였습니다.

④ J이사 : 그렇군요. 자본에 대한 부채비율은 2019년부터 2023년까지 계속해서 줄어들었네요.

⑤ L이사 : 자본의 총합도 2020년부터 2023년까지 계속 증가하는 추세에 있군요.

20 H기업의 가대리, 나사원, 다사원, 라사원, 마대리 중 1명이 어제 출근하지 않았다. 이와 관련하여 5명의 직원이 다음과 같이 말했다. 이들 중 2명이 거짓말을 한다고 할 때, 출근하지 않은 직원은 누구인가?(단, 출근을 하였어도, 결근 사유를 듣지 못할 수도 있다)

가대리 : 나는 출근했고, 마대리도 출근했다. 누가 왜 출근하지 않았는지는 알지 못한다.
나사원 : 다사원은 출근하였다. 가대리님의 말은 모두 사실이다.
다사원 : 라사원은 출근하지 않았다.
라사원 : 나사원의 말은 모두 사실이다.
마대리 : 출근하지 않은 사람은 라사원이다. 라사원이 개인 사정으로 인해 출석하지 못한다고 가대리에게 전했다.

① 가대리   ② 나사원
③ 다사원   ④ 라사원
⑤ 마대리

21 다음 상황에서 논리적 사고를 개발하는 방법 중 'So what?' 기법을 사용한 예로 옳은 것은?

• 우리 회사의 자동차 판매대수가 사상 처음으로 전년 대비 마이너스를 기록했다.
• 우리나라의 자동차 업계 전체는 일제히 적자 결산을 발표했다.
• 주식 시장은 몇 주간 조금씩 하락하는 상황에 있다.

① 자동차 판매가 부진하다.
② 자동차 관련 기업의 주식을 사서는 안 된다.
③ 자동차 산업과 주식시장의 상황이 복잡하다.
④ 자동차 산업의 미래가 좋지 않다.
⑤ 자동차 판매를 높이기 위해 가격을 낮춘다.

22 다음은 H공사의 국내 신재생에너지 산업에 대한 SWOT 분석 결과이다. 이를 토대로 〈보기〉와 같이 경영 전략을 세웠을 때, 적절하지 않은 것을 모두 고르면?

<국내 신재생에너지 산업에 대한 SWOT 분석 결과>

구분	분석 결과
강점(Strength)	• 해외 기관과의 협업을 통한 풍부한 신재생에너지 개발 경험 • 에너지 분야의 우수한 연구개발 인재 확보
약점(Weakness)	• 아직까지 화석연료 대비 낮은 전력 효율성 • 도입 필요성에 대한 국민적 인식 저조
기회(Opportunity)	• 신재생에너지에 대한 연구가 세계적으로 활발히 추진 • 관련 정부부처로부터 충분한 예산 확보
위협(Threat)	• 신재생에너지 산업 특성상 설비 도입 시의 높은 초기 비용

보기

㉠ SO전략 : 개발 경험을 통해 쌓은 기술력을 바탕으로 향후 효과적인 신재생에너지 연구 추진
㉡ ST전략 : 우수한 연구개발 인재들을 활용하여 초기 비용 감축방안 연구 추진
㉢ WO전략 : 확보한 예산을 토대로 우수한 연구원 채용
㉣ WT전략 : 세계의 신재생에너지 연구를 활용한 전력 효율성 개선

① ㉠, ㉡   ② ㉠, ㉢
③ ㉡, ㉢   ④ ㉡, ㉣
⑤ ㉢, ㉣

※ H공사 직원들은 조합원 초청행사 안내 현수막을 설치하려고 한다. 다음 자료를 보고 이어지는 질문에 답하시오. [23~24]

- 현수막 설치 후보 장소 : 동사무소, H공사 본부, 우체국, 주유소, 마트
- 현수막 설치일자 : 3월 29일 ~ 3월 31일

구분	동사무소	H공사 본부	우체국	주유소	마트
설치가능 일자	3월 31일	3월 29일	3월 30일	3월 31일	4월 2일
게시 기간	3월 31일 ~ 4월 15일	3월 29일 ~ 4월 18일	3월 30일 ~ 4월 8일	3월 31일 ~ 4월 8일	4월 2일 ~ 4월 25일
하루평균 유동인구	230명	300명	260명	270명	310명
설치 비용	200만 원	300만 원	250만 원	200만 원	300만 원
게시 비용	10만 원/일	8만 원/일	12만 원/일	12만 원/일	7만 원/일

※ 현수막은 유동인구가 가장 많은 2곳에 설치할 예정이다.
※ 유동인구가 하루 20명 이상 차이나지 않는 경우 게시 기간이 긴 장소에 설치한다.
※ 설치 비용은 한 번만 지불한다.

23 다음 중 안내 현수막을 설치할 장소들을 모두 고르면?(단, 설치장소 선정에 설치 및 게시 비용은 고려하지 않는다)

① 동사무소, H공사 본부
② H공사 본부, 우체국
③ 우체국, 주유소
④ 주유소, 마트
⑤ 동사무소, 마트

24 상부 지시로 다른 조건은 모두 배제하고 설치 및 게시 비용만 고려하여 가장 저렴한 한 곳에만 현수막을 설치하기로 하였다. 다음 중 현수막을 설치할 장소는?(단, 현수막은 장소마다 제시되어 있는 게시 기간 모두 사용한다)

① 동사무소
② H공사 본부
③ 우체국
④ 주유소
⑤ 마트

25 다음 중 효과적인 팀의 특징으로 옳은 것은?

① 주관적인 결정을 내린다.

② 결과에 초점을 맞춘다.

③ 구성원 간의 의존도가 높지 않다.

④ 갈등의 존재를 개방적으로 다루지 않는다.

⑤ 의견의 불일치를 배제한다.

26 다음은 H사의 사업 추진 상황에 대한 부서별 협상 과정이다. 이에 대한 설명으로 옳지 않은 것을 〈보기〉에서 모두 고르면?

> H사 운영팀은 사내 추계 체육대회를 계획 중이다. 운영팀은 구체적인 일시와 함께 운동장 대여 및 경품과 도시락 경비 등으로 총 800만 원이 소요되는 경비계획을 포함한 추진안을 재무팀에 전달하였다. 운영팀은 추계 체육대회를 반드시 추진하고자 하며, 이를 위해서는 재무팀의 동의가 반드시 필요하다.
>
> 하지만 재무팀은 체육대회 추진은 가능하지만, 경비로 560만 원 이내의 금액이 소요되어야 한다는 점을 전달하였다. 그러나 운영팀은 기존 경비계획을 일부만 수정하여 총 경비가 740만 원이 소요되는 안을 다시 제출하였고, 재무팀은 동일한 이유로 불가하다는 의견을 전달하였다.
>
> 그러나 운영팀은 계속하여 600만 원을 초과하는 안을 제출하였고, 재무팀은 이에 해당 안들에 대해 어떠한 추가 의견도 전달하지 않고 있다.

보기

ㄱ. H사 재무팀은 추계 체육대회 추진안과 관련하여 운영팀과의 협상에서 회피전략을 취하고 있다.

ㄴ. H사 운영팀은 유화전략에 비해 합의도출이 상대적으로 어려운 전략을 취하고 있다.

ㄷ. H사 재무팀은 결과보다는 상대방과의 우호적 관계 유지를 목표로 하여 협상에 임하고 있다.

ㄹ. H사 운영팀은 협력전략을 통해 재무팀의 동의를 이끌어내고자 하고 있다.

① ㄱ, ㄴ　　　　　　　　　② ㄱ, ㄷ

③ ㄴ, ㄷ　　　　　　　　　④ ㄴ, ㄹ

⑤ ㄷ, ㄹ

※ 다음 글을 읽고 이어지는 질문에 답하시오. [27~28]

H대리는 새로 추진하고 있는 중요한 프로젝트의 팀장을 맡았다. 그런데 어느 날부턴가 점점 사무실 분위기가 심상치 않다. H대리는 프로젝트의 원활한 진행을 위해서는 동료 간 화합이 무엇보다 중요하다고 생각하기 때문에 팀원들의 업무 행태를 관심 있게 지켜보기 시작했다. 그 결과, A사원이 사적인 약속 등을 핑계로 업무를 미루거나 주변의 눈치를 살피며 불성실한 자세로 근무하는 모습을 발견하였다. 또한, 발생한 문제에 대해 변명만 늘어놓는 태도로 일관해 프로젝트를 함께 진행하는 동료 직원들의 불만은 점점 쌓여만 가고 있다.

27 '썩은 사과의 법칙'에 의하면, 팀 내 리더는 팀워크를 무너뜨리는 썩은 사과가 있을 때는 먼저 문제 상황에 대해 대화를 나누어 스스로 변화할 기회를 주어야 한다. 하지만 그 후로도 변화하지 않는다면 결단력을 가지고 썩은 사과를 내보내야 한다. 팀장으로서 취해야 할 H대리의 행동을 '썩은 사과의 법칙'의 관점에서 서술한 내용으로 적절하지 않은 것은?

① '썩은 사과의 법칙'의 관점에서 A사원은 조직의 비전이나 방향은 생각하지 않고 자기중심적으로 행동하며 조직에 방해가 되는 사람이다.

② H대리는 팀장으로서 먼저 A사원과 문제 상황에 대하여 대화를 나눠야 한다.

③ 직원의 문제에 대해 명확한 지적보다는 간접적으로 인지하게 하여 스스로 변화할 기회를 준다.

④ A사원의 업무 행태가 끝내 변화하지 않을 경우 A사원을 팀에서 내보내야 한다.

⑤ 성실하지 못한 A사원의 행동으로 인해 업무에 상당한 지장이 발생하고 있다고 할지라도 A사원에게 변화할 기회를 주어야 한다.

28 멤버십 유형을 나누는 두 가지 축은 마인드를 나타내는 독립적 사고 축과 행동을 나타내는 적극적 실천 축으로 나누어진다. 이에 따라 멤버십 유형은 수동형 · 실무형 · 소외형 · 순응형 · 주도형으로 구분된다. 직장 동료와 팀장의 시각으로 볼 때 A사원의 업무 행태가 속하는 멤버십 유형으로 가장 가까운 것은?

① 소외형   ② 순응형

③ 실무형   ④ 수동형

⑤ 주도형

29 H공사에 근무하는 R부장은 현재 자신의 부서에 팀워크가 부족하다는 것을 느끼고 있다. 이를 해결하기 위해 R부장은 아침회의 전에 부서 사원들에게 훌륭한 팀워크를 위해 조언을 해주고자 할 때, 조언 내용으로 적절한 것은?

① 자기중심적인 개인주의가 필요합니다.

② 사원들 간의 사고방식 차이는 있을 수 없습니다.

③ 강한 자신감보다는 신중함이 필요합니다.

④ 솔직한 대화로 서로를 이해해야 합니다.

⑤ 조직에 대한 이해보다는 나 자신을 이해해야 합니다.

30 다음은 갈등해결 방법에 있어서 명심해야 할 점이다. 제시된 9가지 행동 중 적절하지 않은 것은 모두 몇 가지인가?

〈갈등해결 방법에 있어서 명심해야 할 점〉

• 다른 사람들의 입장을 이해한다.
• 어려운 문제는 피하도록 한다.
• 자신의 의견을 명확하게 밝히고 지속적으로 강화한다.
• 사람들과 눈을 자주 마주치지 않도록 한다.
• 마음을 열어놓고 적극적으로 경청한다.
• 타협하려 애쓴다.
• 어느 한쪽으로 치우치지 않는다.
• 논쟁하고 싶은 유혹을 떨쳐낸다.
• 존중하는 자세로 사람들을 대한다.

① 1가지   ② 2가지

③ 3가지   ④ 4가지

⑤ 5가지

31 다음 중 불만족 고객에 대한 설명으로 옳지 않은 것은?

① 고객의 불평은 서비스를 개선하는 데 중요한 정보를 제공하기도 한다.
② 빨리빨리 유형을 상대할 경우 잠자코 고객의 의견을 경청하고 사과를 한다.
③ 거만형 유형을 상대할 경우 정중하게 대하는 것이 좋다.
④ 의심형 유형을 상대할 경우 분명한 증거나 근거를 제시한다.
⑤ 트집형 유형을 상대할 경우 이야기를 경청하고 맞장구치며 상대를 설득해간다.

32 다음 사례를 읽고 C팀장에게서 나타난 갈등 관리법으로 옳은 것은?

A팀원 : 팀장님 죄송합니다. 팀원들의 의견을 종합해서 오늘 오전 중으로 보고 드리려고 했지만,
B팀원의 의견을 늦게 받아서 보고가 늦었습니다.
C팀장 : B팀원에게 의견을 늦게 받은 이유가 무엇입니까?
A팀원 : B팀원이 업무로 바빠보였고, 이로 인해 저의 요청을 계속해서 무시하는 것 같아서 B팀원
에게 의견을 요청하기가 꺼려졌던 것 같습니다.
B팀원 : 저는 A팀원이 제 의견이 중요하지 않다고 생각한다고 보았고, 저를 무시한다고 생각했는
데 서로 오해가 있었던 것 같습니다.
C팀장 : 자자, 말 그대로 서로 오해가 있었던 것 같군요. 우선 A씨의 경우 B씨가 바빠 보이고 자신
을 무시한다고 생각했다는 이유로, B씨에게 의견을 요청하지 않은 점은 적절하지 않았다
고 보여집니다. B씨가 바빠 보이더라도 B씨의 의견이 꼭 필요하다는 이유를 B씨에게 상세
하게 설명하여 모두의 의견을 종합하는 것이 중요합니다. B씨 역시 아무리 업무가 바쁘더
라도 A씨가 요청하면 경청하는 자세를 갖고 팀의 업무에 참석하는 모습을 보여야 합니다.
혹시 부재 중이거나 구두로 설명하기 힘든 경우에는 메신저를 통해서 서로 소통하는 모습
을 보였으면 합니다.

---

① Win – Win 관리법
② 간접 관리법
③ KISS 관리법
④ 출구 관리법
⑤ 경쟁 관리법

33 다음 상황에서 H사가 해외 시장 개척을 앞두고 기존의 조직구조를 개편할 경우, H사가 추가해야할 조직으로 보기 어려운 것은?

> H사는 몇 년 전부터 자체 기술로 개발한 제품의 판매 호조로 인해 기대 이상의 수익을 창출하게되었다. 경쟁 업체들이 모방할 수 없는 독보적인 기술력을 앞세워 국내 시장을 공략한 결과, 이미더 이상의 국내 시장 경쟁자들은 없다고 할 만큼 탄탄한 시장 점유율을 확보하였다. 이러한 H사의민 사장은 올 초부터 해외 시장 진출의 꿈을 갖고 필요한 자료를 수집하기 시작하였다. 충분한 자금력을 확보한 H사는 우선 해외 부품 공장을 인수한 후 현지에 생산 기지를 건설하여 국내에서 생산되는 물량의 절반 정도를 현지로 이전 생산하고, 이를 통한 물류비 절감으로 주변국들부터 시장을넓혀가겠다는 야심찬 계획을 가지고 있다. 한국 본사에서는 내년까지 4 ~ 5곳의 해외 거래처를 더확보하여 지속적인 해외 시장 개척에 매진한다는 중장기 목표를 대내외에 천명해 둔 상태다.

① 해외관리팀　　　　　　　　　　② 기업회계팀
③ 외환업무팀　　　　　　　　　　④ 국제법무팀
⑤ 물류팀

34 다음은 H공사의 해외시장 진출 및 지원 확대를 위한 전략과제의 필요성을 제시한 자료이다. 이를통해 도출된 과제의 추진방향으로 적절하지 않은 것은?

> 〈전략과제의 필요성〉
>
> • 해외시장에서 기관이 수주할 수 있는 산업 발굴
> • 국제사업 수행을 통한 경험축적 및 컨소시엄을 통한 기술·노하우 습득
> • 해당 산업 관련 민간기업의 해외진출 활성화를 위한 실질적 지원

① 국제기관의 다양한 자금을 활용하여 사업을 발굴하고, 해당 사업의 해외진출을 위한 기술역량을강화한다.
② 해외봉사활동 등과 연계하여 기관 이미지 제고 및 사업에 대한 사전조사, 시장조사를 통한 선제적마케팅 활동을 추진한다.
③ 국제경쟁입찰의 과열 경쟁 심화와 컨소시엄 구성 시 민간기업과 업무배분, 이윤추구성향 조율에어려움이 예상된다.
④ 해당 산업 민간기업을 대상으로 입찰 정보제공, 사업전략 상담, 동반 진출 등을 통한 실질적 지원을 확대한다.
⑤ 국제사업에 참여하여 경험을 축적시키고, 컨소시엄을 통해 습득한 기술 등을 재활용할 수 있는사업을 구상하고 연구진을 지원한다.

※ 다음은 H공사 연구소의 주요 사업별 연락처이다. 이어지는 질문에 답하시오. [35~36]

〈주요 사업별 연락처〉

주요사업	담당부서	연락처
고객지원	고객지원팀	051-998-7001
감사, 부패방지 및 지도점검	감사실	051-998-7011
국제협력, 경영평가, 예산기획, 규정, 이사회	전략기획팀	051-998-7023
인재개발, 성과평가, 교육, 인사, ODA사업	인재개발팀	051-998-7031
복무노무, 회계관리, 계약 및 시설	경영지원팀	051-998-7048
품질평가 관리, 품질평가 관련민원	평가관리팀	051-998-7062
가공품 유통 전반(실태조사, 유통정보), 컨설팅	유통정보팀	051-998-7072
대국민 교육, 기관 마케팅, 홍보관리, CS, 브랜드인증	고객홍보팀	051-998-7082
이력관리, 역학조사지원	이력관리팀	051-998-7102
유전자분석, 동일성검사	유전자분석팀	051-998-7111
연구사업 관리, 기준개발 및 보완, 시장조사	연구개발팀	051-998-7133
정부3.0, 홈페이지 운영, 대외자료제공, 정보보호	정보사업팀	051-998-7000

35 다음 중 H공사 연구소의 주요 사업별 연락처를 본 채용 지원자의 반응으로 옳지 않은 것은?

① H공사 연구소는 1개 실과 11개 팀으로 이루어져 있구나.
② 예산기획과 경영평가는 같은 팀에서 종합적으로 관리하는구나.
③ 평가 업무라 하더라도 평가 특성에 따라 담당하는 팀이 달라지는구나.
④ 홈페이지 운영은 고객홍보팀에서 마케팅과 함께 하는구나.
⑤ 부패방지를 위해 부서를 따로 두었구나.

36 다음 민원인의 요청을 듣고 난 후 민원을 해결하기 위해 연결해 주어야 할 부서로 옳은 것은?

민원인	얼마 전 신제품 품질평가 등급 신청을 했습니다. 신제품 품질에 대한 등급에 대해 이의가 있습니다. 관련 건으로 담당자분과 통화하고 싶습니다.
상담직원	불편을 드려서 죄송합니다. ＿＿＿＿＿＿＿＿＿＿＿＿＿＿＿＿ 연결해 드리겠습니다. 잠시만 기다려 주십시오.

① 지도점검 업무를 담당하고 있는 감사실로
② 연구사업을 관리하고 있는 연구개발팀으로
③ 기관의 홈페이지 운영을 전담하고 있는 정보사업팀으로
④ 이력관리 업무를 담당하고 있는 이력관리팀으로
⑤ 품질평가를 관리하는 평가관리팀으로

37 다음 중 대학생인 지수의 일과를 통해 알 수 있는 사실로 옳은 것은?

지수는 화요일에 학교 수업, 아르바이트, 스터디, 봉사활동 등을 한다.
다음은 지수의 화요일 일과이다.
- 지수는 오전 11시부터 오후 4시까지 수업이 있다.
- 수업이 끝나고 학교 앞 프렌차이즈 카페에서 아르바이트를 3시간 동안 한다.
- 아르바이트를 마친 후, NCS 공부를 하기 위해 스터디를 2시간 동안 한다.
- 스터디 후에는 전국적으로 운영되는 유기견 보호단체와 함께 봉사활동을 1시간 동안 한다.

---

① 비공식적이면서 소규모조직에서 3시간 있었다.
② 하루 중 공식조직에서 9시간 있었다.
③ 비영리조직이면서 대규모조직에서 6시간 있었다.
④ 영리조직에서 2시간 있었다.
⑤ 비공식적이면서 비영리조직에서 2시간 있었다.

38 다음은 직무전결표의 일부분이다. 이에 따른 문서의 결재선으로 가장 적절한 것은?

〈직무전결표〉

직무 내용	위임전결권자			대표이사
	부서장	상무	부사장	
주식관리 – 명의개서 및 제신고		○		
기업공시에 관한 사항				○
주식관리에 관한 위탁계약 체결				○
문서이관 접수	○			
인장의 보관 및 관리	○			
4대 보험 관리		○		
직원 국내출장			○	
임원 국내출장				○

① 신입직원의 고용보험 가입신청을 위한 결재처리 – 대리 김철민 / 부장 전결 박경석
② 박경석 상무의 국내출장을 위한 결재처리 – 대리 서민우 / 부장 박경석 / 상무 전결 최석우
③ 임원변경에 따른 기업공시를 위한 결재처리 – 부장 최병수 / 상무 임철진 / 부사장 전결 신은진
④ 주식의 명의개서를 위한 결재처리 – 주임 신은현 / 부장 전결 최병수
⑤ 최병수 부장의 국내출장을 위한 결재처리 – 대리 서민우 / 부장 박경석 / 상무 대결 최석우 / 부사장 전결

39 국제문화를 접할 때 완전히 다른 문화환경이나 새로운 사회환경을 접함으로써 감정의 불안을 느끼거나 무엇을 어떻게 해야 하는지 모르는 판단의 부재 상태에 놓일 수 있는데, 이를 문화충격이라고 한다. 다음 중 문화충격을 예방하는 방법으로 적절하지 않은 것은?

① 다른 문화환경에 대한 개방적인 태도를 갖도록 한다.

② 자신이 속한 문화를 기준으로 다른 문화를 평가하지 않도록 한다.

③ 새롭고 다른 것을 경험하는 데 적극적인 자세를 취하도록 한다.

④ 새로운 사회환경에 적응하기 위해서 자신의 정체성은 포기하도록 한다.

⑤ 다른 문화에 대한 정보를 미리 습득하도록 한다.

40 다음 〈보기〉 중 경영의 4요소로 옳은 것을 모두 고르면?

> **보기**
> ㄱ. 조직의 목적을 달성하기 위해 경영자가 수립하는 것으로 더욱 구체적인 방법과 과정이 담겨 있다.
> ㄴ. 경영은 조직에서 일하는 구성원의 직무수행에 기초하여 이루어지기 때문에 이들의 배치 및 활용이 중요하다.
> ㄷ. 생산자가 상품 또는 서비스를 소비자에게 유통하는 데 관련된 모든 체계적 경영 활동이다.
> ㄹ. 특정의 경제적 실체에 관하여 이해관계를 이루는 사람들에게 합리적인 경제적 의사결정을 하는 데 유용한 재무적 정보를 제공하기 위한 일련의 과정 또는 체계이다.
> ㅁ. 경영하는 데 사용할 수 있는 돈으로 이것이 충분히 확보되는 정도에 따라 경영의 방향과 범위가 정해지게 된다.
> ㅂ. 조직이 변화하는 환경에 적응하기 위하여 경영 활동을 체계화하는 것으로, 목표 달성을 위한 수단이다.

① ㄱ, ㄴ, ㄷ, ㄹ   ② ㄱ, ㄴ, ㅁ, ㅂ

③ ㄴ, ㄷ, ㄹ, ㅂ   ④ ㄴ, ㄹ, ㅁ, ㅂ

⑤ ㄷ, ㄹ, ㅁ, ㅂ

제3회
최종점검 모의고사

※ 주택도시보증공사 최종점검 모의고사는 최신 필기후기 및 채용공고를 기준으로 구성한 것으로 실제 시험과 다를 수 있습니다.

■ 취약영역 분석

번호	O/×	영역	번호	O/×	영역	번호	O/×	영역
1		의사소통능력	16		수리능력	31		대인관계능력
2			17			32		
3			18			33		
4			19			34		
5			20		문제해결능력	35		
6			21			36		조직이해능력
7			22			37		
8			23			38		
9		수리능력	24			39		
10			25			40		
11			26					
12			27					
13			28		대인관계능력			
14			29					
15			30					

평가문항	40문항	평가시간	60분
시작시간	:	종료시간	:
취약영역			

01 다음 글의 내용으로 적절하지 않은 것은?

> 경제학에서는 가격이 한계 비용과 일치할 때를 가장 이상적인 상태라고 본다. '한계 비용'이란 재화의 생산량을 한 단위 증가시킬 때 추가되는 비용을 말한다. 한계 비용 곡선과 수요 곡선이 만나는 점에서 가격이 정해지면 재화의 생산 과정에 들어가는 자원이 낭비 없이 효율적으로 배분되며, 이때 사회 전체의 만족도가 가장 커진다. 가격이 한계 비용보다 높아지면 상대적으로 높은 가격으로 인해 수요량이 줄면서 거래량이 따라 줄고, 결과적으로 생산량도 감소한다. 이는 사회 전체의 관점에서 볼 때 자원이 효율적으로 배분되지 못하는 상황이므로 사회 전체의 만족도가 떨어지는 결과를 낳는다.
>
> 위에서 설명한 일반 재화와 마찬가지로 수도, 전기, 철도와 같은 공익 서비스도 자원배분의 효율성을 생각하면 한계 비용 수준으로 가격(공공요금)을 결정하는 것이 바람직하다. 대부분의 공익 서비스는 초기 시설 투자비용은 막대한 반면 한계 비용은 매우 적다. 이러한 경우, 한계 비용으로 공공요금을 결정하면 공익 서비스를 제공하는 기업은 손실을 볼 수 있다.
>
> 예컨대 초기 시설 투자비용이 6억 달러이고, 톤당 1달러의 한계 비용으로 수돗물을 생산하는 상수도 서비스를 가정해 보자. 이때 수돗물 생산량을 '1톤, 2톤, 3톤, …'으로 늘리면 총비용은 '6억 1달러, 6억 2달러, 6억 3달러, …'로 늘어나고, 톤당 평균 비용은 '6억 1달러, 3억 1달러, 2억 1달러, …'로 지속적으로 줄어든다. 그렇지만 평균 비용이 계속 줄어들더라도 한계 비용 아래로는 결코 내려가지 않는다. 따라서 한계 비용으로 수도 요금을 결정하면 총비용보다 총수입이 적으므로 수도 사업자는 손실을 보게 된다.
>
> 이를 해결하는 방법에는 크게 두 가지가 있다. 하나는 정부가 공익 서비스 제공 기업에 손실분만큼 보조금을 주는 것이고, 다른 하나는 공공요금을 평균 비용 수준으로 정하는 것이다. 전자의 경우 보조금을 세금으로 충당한다면 다른 부문에 들어갈 재원이 줄어드는 문제가 있다. 반면 평균 비용 곡선과 수요 곡선이 교차하는 점에서 요금을 정하는 후자의 경우에는 총수입과 총비용이 같아져 기업이 손실을 보지는 않는다. 그러나 요금이 한계 비용보다 높기 때문에 사회 전체의 관점에서 자원의 효율적 배분에 문제가 생긴다.

① 자원이 효율적으로 배분될 때 사회 전체의 만족도가 극대화된다.

② 정부는 공공요금을 한계 비용 수준으로 유지하기 위하여 보조금 정책을 활용할 수 있다.

③ 공익 서비스와 일반 재화의 생산 과정에서 자원을 효율적으로 배분하기 위한 조건은 서로 같다.

④ 가격이 한계 비용보다 높은 경우에는 가격이 한계 비용과 같은 경우에 비해 결국 그 재화의 생산량이 줄어든다.

⑤ 평균 비용이 한계 비용보다 큰 경우 공공요금을 평균 비용 수준에서 결정하면 자원의 낭비를 방지할 수 있다.

02 다음 글의 주제로 가장 적절한 것은?

> 최근에 사이버공동체를 중심으로 한 시민의 자발적 정치 참여 현상이 많은 관심을 끌고 있다. 이러한 현상과 관련하여 A의 연구가 새삼 주목 받고 있다. A의 연구에 따르면 공동체의 구성원이 됨으로써 얻게 되는 '사회적 자본'이 시민사회의 성숙과 민주주의 발전을 가져오는 원동력이다. A의 이론에서는 공동체에 대한 자발적 참여를 통해 사회 구성원 간의 상호 의무감과 신뢰, 구성원들이 공유하는 규칙과 관행, 사회적 유대 관계와 같은 사회적 자본이 늘어나면, 사회 구성원 간의 협조적인 행위가 가능하게 된다고 보았다. 더 나아가 A는 자원봉사자와 같이 공동체 참여도가 높은 사람이 투표할 가능성이 높고 정부 정책에 대한 의견 개진도 활발해지는 등 정치 참여도가 높아진다고 주장하였다.
>
> 몇몇 학자들은 A의 이론을 적용하여 면대면 접촉에 따른 인간관계의 산물인 사회적 자본이 사이버공동체에서도 충분히 형성될 수 있다고 보았다. 그리고 사이버공동체에서 사회적 자본의 증가는 곧 정치 참여도 활성화시킬 것으로 기대했다. 하지만 이러한 기대와는 달리 정치 참여가 활성화되지 않았다. 요즘 젊은이들을 보면 각종 사이버공동체에 자발적으로 참여하는 수준은 높지만 투표나 다른 정치 활동에는 무관심하거나 심지어 정치를 혐오하기도 한다. 이런 측면에서 A의 주장은 사이버공동체가 활성화된 오늘날에는 잘 맞지 않는다.
>
> 이러한 이유 때문에 오늘날 사이버공동체를 중심으로 한 정치 참여를 더 잘 이해하기 위해서 '정치적 자본' 개념의 도입이 필요하다. 정치적 자본은 사회적 자본의 구성 요소와는 달리 정치 정보의 습득과 이용, 정치적 토론과 대화, 정치적 효능감 등으로 구성된다. 정치적 자본은 사회적 자본과 마찬가지로 공동체 참여를 통해서 획득되지만, 정치 과정에의 관여를 촉진한다는 점에서 사회적 자본과는 구분될 필요가 있다. 사회적 자본만으로 정치 참여를 기대하기 어렵고, 사회적 자본과 정치 참여 사이를 정치적 자본이 매개할 때 비로소 정치 참여가 활성화된다.

① 사이버공동체를 통해 축적된 사회적 자본에 정치적 자본이 더해질 때 정치 참여가 활성화된다.
② 사회적 자본은 정치적 자본을 포함하기 때문에 그 자체로 정치 참여의 활성화를 가져온다.
③ 사회적 자본이 많은 사회는 정치 참여가 활발하기 때문에 민주주의가 실현된다.
④ 사이버공동체의 특수성으로 인해 시민들의 정치 참여가 어렵게 되었다.
⑤ 사이버공동체에의 자발적 참여 증가는 정치 참여를 활성화시킨다.

※ 다음은 패시브 하우스(Passive House)와 액티브 하우스(Active House)에 대한 글이다. 이어지는 질문에 답하시오. [3~4]

패시브 하우스(Passive House)

수동적(Passive)인 집이라는 뜻으로, 능동적으로 에너지를 끌어 쓰는 액티브 하우스에 대응하는 개념이다. 액티브 하우스는 태양열 흡수 장치 등을 이용하여 외부로부터 에너지를 끌어 쓰는 데 비하여 패시브 하우스는 집안의 열이 밖으로 새나가지 않도록 최대한 차단함으로써 화석연료를 사용하지 않고도 실내온도를 따뜻하게 유지한다.

구체적으로는 냉방 및 난방을 위한 최대 부하가 1m²당 10W 이하인 에너지 절약형 건축물을 가리킨다. 이를 석유로 환산하면 연간 냉방 및 난방 에너지 사용량이 1m²당 1.5L 이하에 해당하는데, 한국 주택의 평균 사용량은 16L이므로 80% 이상의 에너지를 절약하는 셈이고 그만큼 탄소배출량을 줄일 수 있다는 의미이기도 하다.

기본적으로 남향(南向)으로 지어 남쪽에 크고 작은 창을 많이 내는데, 실내의 열을 보존하기 위하여 3중 유리창을 설치하고, 단열재도 일반 주택에서 사용하는 두께의 3배인 30cm 이상을 설치하는 등 첨단 단열공법으로 시공한다. 단열재는 난방 에너지 사용을 줄이는 것이 주목적이지만, 여름에는 외부의 열을 차단하는 구실도 한다.

또한 폐열회수형 환기장치를 이용하여 신선한 바깥 공기를 내부 공기와 교차시켜 온도차를 최소화한 뒤 환기함으로써 열손실을 막는다. 이렇게 함으로써 난방시설을 사용하지 않고도 한겨울에 실내온도를 약 20℃로 유지하고, 한여름에 냉방시설을 사용하지 않고도 약 26℃를 유지할 수 있다. 건축비는 단열공사로 인하여 일반 주택보다 1m²당 50만 원 정도 더 소요된다.

액티브 하우스(Active House)

태양에너지를 비롯한 각종 에너지를 차단하는 데 목적을 둔 패시브 하우스와 반대로 자연 에너지를 적극적으로 활용한다. 주로 태양열을 적극적으로 활용하기 때문에 액티브 솔라하우스로 불리며, 지붕에 태양전지나 반사경을 설치하고 축열조를 설계하여 태양열과 지열을 저장한 후 난방이나 온수시스템에 활용한다. 에너지를 자급자족하는 형태이며 화석연료처럼 사용 후 환경오염을 일으키지 않아 패시브 하우스처럼 친환경적인 건축물로서 의의가 있으며, 최근에는 태양열뿐 아니라 풍력·바이오매스 등 신재생에너지를 활용한 액티브 하우스가 개발되고 있다.

03 다음 중 패시브 하우스 건축 형식의 특징이 아닌 것은?

① 폐열회수형 환기장치를 이용해 설치한다.
② 일반 주택에 사용하는 두께보다 3배인 단열재를 설치한다.
③ 기본적으로 남향(南向)으로 짓는다.
④ 최대 부하가 1m²당 10W 이하인 에너지 절약형 건축물이다.
⑤ 실내의 열을 보존하는 것이 중요하므로 창문의 개수를 최소화한다.

04 다음 자료를 참고할 때 적절하지 않은 것은?

패시브(Passive) 기술	액티브(Active) 기술

• 남향, 남동향 배치, 단열성능 강화
  – 고성능 단열재 벽재, 지붕, 바닥 단열
  – 블록형 단열재, 열반사 단열재, 진공 단열재, 흡음
    단열재, 고무발포 단열재 등
  – 고기밀성 단열창호
  – 로이유리
  – 단열현관문
  – 열차단 필름
• 외부차양(처마, 전동블라인드)
• LED · 고효율 조명
• 옥상녹화(단열+친환경)
• 자연채광, 자연환기
• 패시브(Passive) 기술의 예
  – 고성능 단열재, 고기밀성 단열창호, 열차단 필름,
    LED조명
	• 기존의 화석연료를 변환하여 이용하거나 햇빛, 물, 지열, 강수, 생물유기체 등을 포함하여 재생 가능한 에너지를 변환하여 이용하는 에너지
	  – 재생 에너지 : 태양광, 태양열, 바이오, 풍력, 수력, 해양, 폐기물, 지열
	  – 신 에너지 : 연료전지, 석탄액화가스화 및 중질잔사 유가스화, 수소에너지
	• 2030년까지 총 에너지의 11%를 신재생에너지로 보급
	• 액티브(Active) 기술의 예
	  – 태양광 발전, 태양열 급탕, 지열 냉난방, 수소연료 전지, 풍력발전시스템, 목재 펠릿보일러

① 패시브 기술을 사용할 때 남향, 남동향으로 배치하는 것은 일조량 때문이다.

② 패시브 기술의 핵심은 단열이다.

③ 태양열 급탕은 액티브 기술의 대표적인 예 중 하나다.

④ 액티브 기술은 화석연료를 제외하고 재생 가능한 에너지를 변환하여 이용한다.

⑤ 액티브 기술은 2030년까지 총 에너지의 11%를 신재생에너지로 보급하는 것이 목표이다.

05 다음 중 가장 적절한 의사 표현법을 사용하고 있는 사람은?

① A대리 : (늦잠으로 지각한 후배 사원의 잘못을 지적하며) 오늘도 지각을 했네요. 어제도 늦게 출근하지 않았나요? 왜 항상 지각하는 거죠?

② B대리 : (후배 사원의 고민을 들으며) 방금 뭐라고 이야기했죠? 미안해요. 아까 이야기한 고민에 대해서 어떤 답을 해줘야 할지 생각하고 있었어요.

③ C대리 : (후배 사원의 실수가 발견되어 이를 질책하며) 이번 프로젝트를 위해 많이 노력했다는 것 압니다. 다만, 발신 메일 주소를 한 번 더 확인하는 습관을 갖는 것이 좋겠어요. 앞으로는 더 잘할 거라고 믿어요.

④ D대리 : (거래처 직원에게 변경된 계약서에 서명할 것을 설득하며) 이 정도는 그쪽에 큰 손해 사항도 아니지 않습니까? 지금 서명해 주지 않으시면 곤란합니다.

⑤ E대리 : (후배 사원에게 업무를 지시하며) 이번 일은 직접 발로 뛰어야 해요. 특히 빨리 처리해야 하니까 반드시 이 순서대로 진행하세요!

06 다음 중 밑줄 친 부분의 맞춤법이 옳지 않은 것은?

① 바리스타로서 자부심을 가지고 커피를 내렸다.

② 어제는 왠지 피곤한 하루였다.

③ 용감한 시민의 제보로 진실이 드러났다.

④ 점심을 먹은 뒤 바로 설겆이를 했다.

⑤ 그 나무는 밑둥만 남아 있었다.

07 다음 문단을 논리적 순서대로 바르게 나열한 것은?

(가) 베커는 "주말이나 저녁에는 회사들이 문을 닫기 때문에 활용할 수 있는 시간의 길이가 길어지고 이에 따라 특정 행동의 시간 비용이 줄어든다."라고도 지적한다. 시간의 비용이 가변적이라는 개념은 기대수명이 늘어나서 사람들에게 더 많은 시간이 주어지는 것이 시간의 비용에 영향을 미칠 수 있다는 점에서 의미가 있다.

(나) 베커와 린더는 사람들에게 주어진 시간을 고정된 양으로 전제했다. 1965년 당시의 기대수명은 약 70세였다. 하루 24시간 중 8시간을 수면에 쓰고 나머지 시간에 활동이 가능하다면, 평생 408,800시간의 활동가능 시간이 주어지는 셈이다. 하지만 이 방정식에서 변수 하나가 바뀌면 어떻게 될까? 기대수명이 크게 늘어난다면 시간의 가치 역시 달라져서, 늘 시간에 쫓기는 조급한 마음에도 영향을 주게 되지 않을까?

(다) 시간의 비용이 가변적이라고 생각한 이는 베커만이 아니었다. 스웨덴의 경제학자 스테판 린더는 서구인들이 엄청난 경제성장을 이루고도 여유를 누리지 못하는 이유를 논증한다. 경제가 성장하면 사람들의 시간을 쓰는 방식도 달라진다. 임금이 상승하면 직장 밖 활동에 들어가는 시간의 비용이 늘어난다. 일하는 데 쓸 수 있는 시간을 영화나 책을 보는 데 소비하면 그만큼의 임금을 포기하는 것이다. 따라서 임금이 늘어난 만큼 일 이외의 활동에 들어가는 시간의 비용도 함께 늘어난다는 것이다.

(라) 1965년 노벨 경제학상 수상자 게리 베커는 '시간의 비용'이 시간을 소비하는 방식에 따라 변화한다고 주장하였다. 예를 들어 수면이나 식사 활동은 영화 관람에 비해 단위 시간당 시간의 비용이 작다. 그 이유는 수면과 식사가 생산적인 활동에 기여하기 때문이다. 잠을 못 자거나 식사를 제대로 하지 못해 체력이 떨어진다면, 생산적인 활동에 제약을 받기 때문에 수면과 식사 활동에 들어가는 시간의 비용이 영화관람에 비해 작다고 할 수 있다.

① (가) – (다) – (나) – (라) ② (가) – (라) – (다) – (나)

③ (라) – (가) – (다) – (나) ④ (라) – (나) – (다) – (가)

⑤ (라) – (다) – (가) – (나)

08 다음은 금융통화위원회가 발표한 통화정책 의결사항이다. 이에 대한 추론으로 적절하지 않은 것을 〈보기〉에서 모두 고르면?

〈통화정책방향〉

금융통화위원회는 다음 통화정책방향 결정 시까지 한국은행 기준금리를 현 수준(1.75%)에서 유지하여 통화정책을 운용하기로 하였다.

세계경제는 성장세가 다소 완만해지는 움직임을 지속하였다. 국제금융시장에서는 미 연방준비은행의 통화정책 정상화 속도의 온건한 조절 및 미·중 무역협상 진전에 대한 기대가 높아지면서 전월의 변동성 축소 흐름이 이어졌다. 앞으로 세계경제와 국제금융시장은 보호무역주의 확산 정도, 주요국 통화정책 정상화 속도, 브렉시트 관련 불확실성 등에 영향받을 것으로 보인다.

국내경제는 설비 및 건설투자의 조정이 이어지고 수출 증가세가 둔화되었지만 소비가 완만한 증가세를 지속하면서 잠재성장률 수준에서 크게 벗어나지 않는 성장세를 이어간 것으로 판단된다. 고용상황은 취업자수 증가규모가 소폭에 그치는 등 부진한 모습을 보였다. 앞으로 국내경제의 성장흐름은 지난 1월 전망경로와 대체로 부합할 것으로 예상된다. 건설투자 조정이 지속되겠으나 소비가 증가 흐름을 이어가고 수출과 설비투자도 하반기로 가면서 점차 회복될 것으로 예상된다.

소비자물가는 석유류 가격 하락, 농축수산물 가격 상승폭 축소 등으로 오름세가 0%대 후반으로 둔화되었다. 근원인플레이션율(식료품 및 에너지 제외 지수)은 1% 수준을, 일반인 기대인플레이션율은 2%대 초중반 수준을 나타내었다. 앞으로 소비자물가 상승률은 지난 1월 전망경로를 다소 하회하여 당분간 1%를 밑도는 수준에서 등락하다가 하반기 이후 1%대 중반을 나타낼 것으로 전망된다. 근원인플레이션율도 완만하게 상승할 것으로 보인다.

금융시장은 안정된 모습을 보였다. 주가가 미·중 무역 분쟁 완화 기대 등으로 상승하였으며, 장기 시장금리와 원/달러 환율은 좁은 범위 내에서 등락하였다. 가계대출은 증가세 둔화가 이어졌으며, 주택가격은 소폭 하락하였다.

금융통화위원회는 앞으로 성장세 회복이 이어지고 중기적 시계에서 물가상승률이 목표수준에서 안정될 수 있도록 하는 한편 금융안정에 유의하여 통화정책을 운용해 나갈 것이다. 국내경제가 잠재성장률 수준에서 크게 벗어나지 않는 성장세를 지속하는 가운데 당분간 수요 측면에서의 물가상승압력은 크지 않을 것으로 전망되므로 통화정책의 완화기조를 유지해 나갈 것이다. 이 과정에서 완화정도의 추가 조정 여부는 향후 성장과 물가의 흐름을 면밀히 점검하면서 판단해 나갈 것이다. 아울러 주요국과의 교역여건, 주요국 중앙은행의 통화정책 변화, 신흥시장국 금융·경제 상황, 가계부채 증가세, 지정학적 리스크 등도 주의 깊게 살펴볼 것이다.

보기

ㄱ. 미국 연방준비은행의 통화정책이 급변한다면 국제금융시장의 변동성은 증가할 것이다.

ㄴ. 소비자물가는 앞으로 남은 상반기 동안 1% 미만을 유지하다가 하반기가 되어서야 1%를 초과할 것으로 예상된다.

ㄷ. 국내산업의 수출이 하락세로 진입하였으나, 경제성장률은 잠재성장률 수준을 유지하는 추세를 보인다.

ㄹ. 수요 측면에서 물가상승압력이 급증한다면 국내경제성장률에 큰 변동이 없더라도 금융통화위원회는 기존의 통화정책 기조를 변경할 것이다.

---

① ㄱ, ㄴ   ② ㄱ, ㄷ

③ ㄴ, ㄷ   ④ ㄴ, ㄹ

⑤ ㄷ, ㄹ

※ 다음은 성별 및 연령대별 일자리 비율 현황을 나타낸 자료이다. 이어지는 질문에 답하시오. [9~11]

〈성별 및 연령대별 일자리 비율 현황〉

구분	지속 일자리(%)		신규채용 일자리(%)		총 일자리 수(만 개)
	남성	여성	남성	여성	
19세 이하	6.0	6.0	44.0	44.0	25.0
20대(20 ~ 29세)	23.3	25.4	26.9	24.4	330.5
30대(30 ~ 39세)	44.6	27.3	16.9	11.2	529.6
40대(40 ~ 49세)	45.6	28.6	14.1	11.7	617.8
50대(50 ~ 59세)	44.9	28.0	15.5	11.6	531.6
60세 이상	44.6	23.4	19.1	12.9	288.2

※ (총 일자리 수)=(지속 일자리 수)+(신규채용 일자리 수)
※ 총 일자리 수는 남성과 여성의 일자리 수가 모두 포함된 수이다.

09 다음 중 20대 여성의 신규채용 일자리 수와 50대 남성의 지속 일자리 수의 차이는 얼마인가?(단, 두 일자리 수의 차이는 백의 자리에서 반올림한다)

① 157.6만 개
② 158.0만 개
③ 158.4만 개
④ 158.8만 개
⑤ 159.2만 개

10 다음 중 40대 남성의 총 일자리 수 대비 지속 일자리 수의 비율은?(단, 소수점 둘째 자리에서 반올림한다)

① 76.4%
② 76.0%
③ 75.6%
④ 75.2%
⑤ 74.8%

11 다음 〈보기〉 중 옳은 것을 모두 고르면?

> **보기**
>
> ㄱ. 50세 미만까지 남성의 지속 일자리 비율과 신규채용 일자리 비율의 증감추이는 반대이다.
> ㄴ. 30 ~ 59세까지 여성의 지속 일자리 비율과 신규채용 일자리 비율의 증감추이는 같다.
> ㄷ. 20대의 총 일자리 수는 40대의 총 일자리 수의 55% 이상이다.
> ㄹ. 40대 남성의 신규채용 일자리 대비 40대 여성의 신규채용 일자리 비율은 80% 이상이다.

① ㄱ, ㄷ   ② ㄴ, ㄹ
③ ㄱ, ㄴ, ㄹ   ④ ㄴ, ㄷ, ㄹ
⑤ ㄱ, ㄴ, ㄷ, ㄹ

12 원지의 회사 앞 카페에서 낮 12시부터 오후 1시까지 점심시간에 이용하는 손님을 대상으로 오픈 기념 이벤트를 시행한다. 0 ~ 6의 일곱 장의 카드 중 두 개의 카드를 뽑아 두 자릿수를 만들었을 때, 20 미만 혹은 60 이상의 두 자릿수가 되면 무료 커피교환권을 제공한다. 원지가 무료 커피교환권을 받을 확률은 얼마인가?

① $\dfrac{1}{6}$ ② $\dfrac{5}{6}$

③ $\dfrac{7}{6}$ ④ $\dfrac{17}{36}$

⑤ $\dfrac{1}{3}$

13 A, B 두 팀이 축구 경기를 했는데 동점으로 끝나 승부차기를 하고 있다. 현재 어느 팀이든 한 골만 넣으면 경기가 바로 끝난다고 할 때, 양 팀이 한 번씩 승부차기를 한 후에도 경기가 끝나지 않을 확률은 얼마인가?(단, A팀과 B팀의 승부차기 성공률은 각각 70%, 40%이다)

① 0.11   ② 0.18
③ 0.28   ④ 0.36
⑤ 0.46

14 철수는 이달 초 가격이 30만 원인 에어프라이어를 할부로 구매하였다. 이달 말부터 매달 일정한 금액을 12개월에 걸쳐 갚는다면 매달 얼마씩 갚아야 하는가?(단, $1.015^{12} = 1.2$, 월 이율은 1.5%, 1개월마다 복리로 계산한다)

① 15,000원   ② 18,000원

③ 20,000원   ④ 25,000원

⑤ 27,000원

15 다음은 2020 ~ 2023년 국내 기업의 남성육아휴직제 시행 현황에 대한 자료이다. 이에 대한 설명으로 옳은 것은?

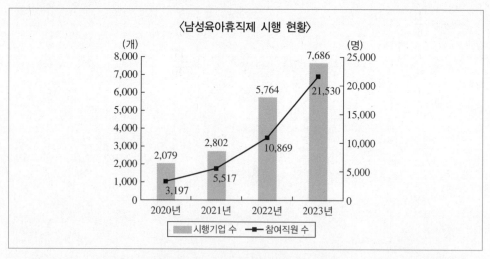

① 2023년 남성육아휴직제 참여직원 수는 2021년의 4배 이상이다.

② 시행기업 수 대비 참여직원 수가 가장 많은 해는 2021년이다.

③ 2021년 대비 2023년 시행기업 수의 증가율은 참여직원 수의 증가율보다 낮다.

④ 2020년부터 2023년까지 연간 참여직원 수 증가 인원의 평균은 5,000명 정도이다.

⑤ 2021년 이후 전년보다 참여직원 수가 가장 많이 증가한 해는 2023년이고, 시행기업 수가 가장 많이 증가한 해는 2021년이다.

16 다음은 2014 ~ 2023년 전국 풍수해 규모에 대한 자료이다. 이에 대한 설명으로 옳은 것은?

<전국 풍수해 규모>

(단위 : 억 원)

구분	2014년	2015년	2016년	2017년	2018년	2019년	2020년	2021년	2022년	2023년
태풍	118	1,609	8	–	1,725	2,183	10,037	17	53	134
호우	19,063	435	581	2,549	1,808	5,276	384	1,581	1,422	12
대설	52	74	36	128	663	480	204	113	324	130
강풍	140	69	11	70	2	–	267	9	1	39
풍랑	57	331	–	241	70	3	–	–	–	3
전체	19,430	2,518	636	2,988	4,268	7,942	10,892	1,720	1,800	318

① 대설로 인한 풍수해 규모가 가장 높았던 해에는 전체 풍수해 규모도 가장 높았다.

② 풍랑으로 인한 풍수해 규모는 매년 가장 낮았다.

③ 2023년 호우로 인한 풍수해 규모의 전년 대비 감소율은 97% 미만이다.

④ 전체 풍수해 규모에서 대설로 인한 풍수해 규모가 차지하는 비중은 2021년이 2019년보다 크다.

⑤ 2015 ~ 2023년간 발생한 전체 풍수해 규모의 증감추이는 태풍으로 인한 풍수해 규모의 증감추이와 비례한다.

17 A ~ D 4명이 다음 <조건>에 따라 구두를 샀다고 할 때, A는 주황색 구두를 포함하여 어떤 색의 구두를 샀는가?(단, 빨간색 – 초록색, 주황색 – 파란색, 노란색 – 남색은 보색 관계이다)

조건

• 세일하는 품목은 빨간색, 주황색, 노란색, 초록색, 파란색, 남색, 보라색으로 각 한 켤레씩 남았다.
• A는 주황색을 포함하여 두 켤레를 샀다.
• C는 빨간색 구두를 샀다.
• B, D는 파란색을 좋아하지 않는다.
• C, D는 같은 수의 구두를 샀다.
• B는 C가 산 구두와 보색 관계인 구두를 샀다.
• D는 B가 산 구두와 보색 관계인 구두를 샀다.
• 모두 한 켤레 이상씩 샀으며, 네 사람은 세일품목을 모두 샀다.

① 노란색   ② 초록색

③ 파란색   ④ 남색

⑤ 보라색

18 철수는 장미에게 "43 41 54"의 문자를 전송하였다. 장미는 문자가 16진법으로 표현된 것을 발견하였고, 아스키 코드표를 이용하여 해독을 진행하려고 한다. 다음 중 철수가 장미에게 보낸 문자의 의미로 옳은 것은?

문자	아스키	문자	아스키	문자	아스키	문자	아스키
A	65	H	72	O	79	V	86
B	66	I	73	P	80	W	87
C	67	J	74	Q	81	X	88
D	68	K	75	R	82	Y	89
E	69	L	76	S	83	Z	90
F	70	M	77	T	84	–	–
G	71	N	78	U	85	–	–

① CAT   ② SIX

③ BEE   ④ CUP

⑤ SUN

19 다음 중 최대리에게 해 줄 수 있는 조언으로 적절하지 않은 것은?

> 최대리는 오늘도 기분이 별로다. 오전부터 팀장에게 싫은 소리를 들었기 때문이다. 늘 하던 일을 하던 방식으로 처리한 것이 빌미였다. 관행에 매몰되지 말고 창의적이고 발전적인 모습을 보여 달라는 게 팀장의 주문이었다. '창의적인 일처리'라는 말을 들을 때마다 주눅이 드는 자신을 발견할 때면 더욱 의기소침해지고 자신감이 없어진다. 어떻게 해야 창의적인 인재가 될 수 있을까 고민해 보지만 뾰족한 수가 보이지 않는다. 자기만 뒤처지는 것 같아 불안하기도 하고 남들은 어떤지 궁금하기도 하다.

① 창의적인 사람은 새로운 경험을 찾아 나서는 사람을 말하는 것 같아.

② 창의적인 사람의 독특하고 기발한 재능은 선천적으로 타고나는 것이라 할 수 있어.

③ 창의적인 사고는 후천적 노력에 의해서도 개발이 가능하다고 생각해.

④ 창의력은 본인 스스로 자신의 틀에서 벗어나도록 노력해야 한다고 생각해.

⑤ 창의적 사고는 전문지식이 필요하지 않으니 자신의 경험을 바탕으로 생각해 봐.

20 다음은 정보공개 대상별 정보공개수수료에 대한 자료이다. 〈보기〉의 정보열람인 중 정보공개수수료를 가장 많이 지급하는 사람부터 순서대로 나열한 것은?(단, 정보열람인들이 열람한 정보는 모두 공개대상인 정보이다)

〈정보공개 대상별 정보공개 방법 및 수수료〉

공개 대상	열람·시청	사본(종이 출력물)·인화물·복제물
문서·도면·사진 등	• 열람 　－ 1일 1시간 이내 : 무료 　－ 1시간 초과 시 30분마다 1,000원	• 사본(종이출력물) 　－ A3 이상 300원(1장 초과 시 100원/장) 　－ B4 이하 250원(1장 초과 시 50원/장)
필름·테이프 등	• 녹음테이프(오디오자료)의 청취 　－ 1건이 1개 이상으로 이루어진 경우 　　: 1개(60분 기준)마다 1,500원 　－ 여러 건이 1개로 이루어진 경우 　　: 1건(30분 기준)마다 700원 • 영화필름의 시청 　－ 1편이 1캔 이상으로 이루어진 경우 　　: 1캔(60분 기준)마다 3,500원 　－ 여러 편이 1캔으로 이루어진 경우 　　: 1편(30분 기준)마다 2,000원 • 사진필름의 열람 　－ 1장 : 200원 　－ 1장 초과 시 50원/장	• 녹음테이프(오디오자료)의 복제 　－ 1건이 1개 이상으로 이루어진 경우 　　: 1개마다 5,000원 　－ 여러 건이 1개로 이루어진 경우 　　: 1건마다 3,000원 • 사진필름의 복제 　－ 1컷마다 6,000원 • 사진필름의 인화 　－ 1컷마다 500원
마이크로필름·슬라이드 등	• 마이크로필름의 열람 　－ 1건(10컷 기준) 1회 : 500원 　－ 10컷 초과 시 1컷마다 100원 • 슬라이드의 시청 　－ 1컷마다 200원	• 사본(종이 출력물) 　－ A3 이상 300원(1장 초과 시 200원/장) 　－ B4 이하 250원(1장 초과 시 150원/장) • 마이크로필름의 복제 　－ 1롤마다 1,000원 • 슬라이드의 복제 　－ 1컷마다 3,000원

보기

- A : 공시지가에 관련된 문서와 지가비공개 대상에 대한 문서를 하루 동안 각각 3시간 30분씩 열람하고, 공시지가 관련 문서를 A3용지로 총 25장에 걸쳐 출력하였다.
- B : 한 캔에 포함된 두 편의 영화필름 중 20분짜리 독립유공자 업적 관련 한 편의 영화를 시청하고, 13컷으로 구성된 관련 슬라이드를 시청하였으며, 해당 슬라이드의 1컷부터 6컷까지를 복제하였다.
- C : H공사 사업연혁과 관련된 마이크로필름 2롤과 3건(1건이 1개)으로 이루어진 녹음테이프 자료를 복제하였고, 최근 해외협력사업과 관련된 사진필름 8장을 열람하였다.
- D : 하반기 H공사 입찰계약과 관련된 문서의 사본을 B4용지로 35장을 출력하고, 작년 공사 관련 사진필름을 22장 열람하였다.

① A － B － C － D　　　　　　② A － B － D － C
③ B － A － C － D　　　　　　④ B － C － A － D
⑤ D － C － A － B

※ K주임은 신입사원 선발을 위해 면접자들의 면접순서를 배정하는 업무를 담당하게 되었다. 다음 자료를 보고 이어지는 질문에 답하시오. [21~22]

〈면접자 정보〉

구분	성별	인턴경력	유학경험	해외봉사	지원직무	최종학력
A	남	O	×	×	마케팅	석사
B	여	×	×	O	인사	석사
C	남	O	×	O	인사	박사
D	여	×	×	O	생산관리	학사
E	남	O	O	×	재무	학사
F	여	×	O	×	마케팅	석사

〈면접순서 지정 규칙〉

- 면접은 4월 5일과 6일에 걸쳐 2일 간 진행된다.
- 다음 표에 따라 각 면접자가 해당되는 항목의 질의시간만큼 면접을 진행한다.

구분	공통사항	인턴경력	유학경험	해외봉사	석·박사학위
질의시간	5분	8분	6분	3분	10분

- 모든 면접자는 공통사항에 대한 질의를 받는다.
- 같은 직무에 지원한 면접자들끼리 연달아 면접을 실시한다.
- 같은 성별인 면접자들끼리 연달아 면접을 실시할 수 없다.
- 인턴경력이 있는 면접자들끼리 연달아 면접을 실시할 수 없다.
- 최종학력이 학사인 면접자는 석사인 면접자보다 먼저 면접을 본다.
- 유학경험이 있는 면접자들끼리 연달아 면접을 실시한다.
- 면접은 4월 5일 오전 10시에 시작하여 오전 11시까지 진행하며, 면접을 완료하지 못한 면접자는 다음날 면접을 보게 된다.
- 4월 5일 오전 11시에 면접이 종료되는 면접자들만 5일에 면접을 실시한다.
- 앞선 면접자의 면접이 끝난 직후, 바로 다음 순번의 면접자의 면접이 시작된다.

21 K주임이 면접자 정보와 면접순서 지정 규칙에 따라 면접자들의 면접에 소요되는 시간을 계산할 때, 다음 중 면접을 오래 진행하는 면접자부터 순서대로 나열한 것은?

① A－C－F－E－B－D
② A－F－C－E－B－D
③ B－A－C－F－E－D
④ C－A－F－E－B－D
⑤ C－A－F－B－E－D

22 면접순서 지정 규칙에 따를 때, 4월 5일에 면접을 실시할 사람과 4월 6일에 면접을 실시할 사람이 바르게 연결된 것은?

	4월 5일	4월 6일
①	A, D, C	B, E, F
②	A, D, C, F	B, E
③	B, C, F	A, D, E
④	D, E, F	A, B, C
⑤	D, E, F, A	B, C

23 H자동차 회사에 근무하는 D씨는 올해 새로 출시될 예정인 수소전기차 '럭스'에 대해 SWOT 분석을 진행하기로 하였다. '럭스'의 분석 내용이 다음과 같을 때, 〈보기〉의 (가) ~ (마) 중 SWOT 분석에 들어갈 내용으로 적절하지 않은 것은?

〈수소전기차 '럭스' 분석 내용〉

- 럭스는 서울에서 부산을 달리고도 절반 가까이 남는 609km에 달하는 긴 주행거리와 5분에 불과한 짧은 충전시간을 볼 수 있다.
- 수소전기차의 정부 보조금 지급 대상은 총 240대로, 생산량에 비해 보조금이 부족한 실정이다.
- 전기차의 경우 전기의 가격은 약 10 ~ 30원/km이며, 수소차의 경우 수소의 가격은 약 72.8원/km 이다.
- 럭스의 가격은 정부와 지자체의 보조금을 통해 3천여만 원에 구입이 가능하며, 이는 첨단 기술이 집약된 친환경차를 중형 SUV 가격에 구매한다는 점에서 매력적이지 않을 수 없다.
- 화석연료로 만든 전기를 충전해서 움직이는 전기차보다 물로 전기를 만들어서 움직이는 수소전기차가 더 친환경적이다.
- 수소를 충전할 수 있는 충전소는 전국 12개소에 불과하며, 올해 H자동차 회사는 안에 10개소를 더 설치한다고 발표하였으나 모두 완공될지는 미지수이다.
- 현재 전세계에서 친환경차의 인기는 뜨거우며, 저유가와 레저 문화의 확산으로 앞으로도 인기가 지속될 전망이다.

보기

강점(Strength)	약점(Weakness)
• (가) <u>보조금 지원으로 상대적으로 저렴한 가격</u> • 일반 전기차보다 깨끗한 수소전기차 • 짧은 충전시간과 긴 주행거리	• (나) <u>충전 인프라 부족</u> • (다) <u>전기보다 비싼 수소 가격</u>
기회(Opportunity)	위협(Threat)
• (라) <u>친환경차에 대한 인기</u> • 레저 문화의 확산	• (마) <u>생산량에 비해 부족한 보조금</u>

① (가)
② (나)
③ (다)
④ (라)
⑤ (마)

24 H회사는 창립 10주년을 맞이하여 전 직원 단합대회를 준비하고 있다. 이를 위해 사장인 B씨는 여행상품 중 한 가지를 선정하려 하는데, 직원 투표 결과를 통해 결정하려고 한다. 직원 투표 결과와 여행상품별 1인당 경비는 다음과 같고, 행사를 위한 부서별 고려사항을 참고하여 선택하려고 할 때 〈보기〉 중 옳은 것을 모두 고르면?

〈직원 투표 결과〉

상품내용		투표 결과(표)					
여행상품	1인당 비용(원)	총무팀	영업팀	개발팀	홍보팀	공장1	공장2
A	500,000	2	1	2	0	15	6
B	750,000	1	2	1	1	20	5
C	600,000	3	1	0	1	10	4
D	1,000,000	3	4	2	1	30	10
E	850,000	1	2	0	2	5	5

〈여행상품별 혜택 정리〉

상품명	날짜	장소	식사제공	차량지원	편의시설	체험시설
A	5/10 ~ 5/11	해변	○	○	×	×
B	5/10 ~ 5/11	해변	○	○	○	×
C	6/7 ~ 6/8	호수	○	○	○	×
D	6/15 ~ 6/17	도심	○	×	○	○
E	7/10 ~ 7/13	해변	○	○	○	×

〈부서별 고려사항〉

- 총무팀 : 행사 시 차량 지원이 가능함
- 영업팀 : 6월 초순에 해외 바이어와 가격 협상 회의 일정이 있음
- 공장1 : 3일 연속 공장 비가동 시 제품의 품질 저하가 예상됨
- 공장2 : 7월 중순 공장 이전 계획이 있음

보기

ⓐ 여행상품 비용으로 총 1억 500만 원이 필요하다.
ⓑ 투표 결과 가장 인기가 많은 여행상품은 B이다.
ⓒ 공장1의 A, B 투표 결과가 바뀐다면 여행상품 선택은 변경된다.

① ㉠
② ㉠, ㉡
③ ㉠, ㉢
④ ㉡, ㉢
⑤ ㉠, ㉡, ㉢

25 다음 사례에서 유추할 수 있는 갈등처리 의도에 대해 바르게 설명하고 있는 사람을 〈보기〉에서 모두 고르면?

> 일반적으로 호텔에 미리 예약을 하지 않고 오는 손님들의 경우 예약을 한 손님보다 훨씬 더 많은 비용을 지불해야 하는데, Mandy씨의 호텔의 경우 그 예약을 받은 리셉션 직원에게 인센티브를 주는 제도가 있다고 한다. 따라서 리셉션에서 근무하는 직원들 간에 그 경쟁이 치열했는데, 특히 한국인 직원들과 중국인 직원들 간에 갈등이 생긴 상태에서 중국인 직원들이 한국인 직원들의 고객을 빼앗는 일이 여러 번 발생한 것이다. 한국인 직원들은 더 이상 참기 어렵다며 관련된 명확한 규정을 만들어 달라고 요구했지만, 상사로부터 돌아온 대답은 '알아서 하라.'는 것뿐이었다.
>
> 그러던 중 4년 이상 호텔을 이용해 온 한국인 고객이 아침 뷔페 메뉴에 대해 컴플레인 하는 일이 발생하였다. 그 호텔은 이미 몇 년 째 아침 뷔페 메뉴가 단 한 번도 바뀐 적이 없었던 것이다. 더욱이 그 질이 매우 떨어진다는 것도 문제였다. 빵 종류에는 아예 유통기한이라는 게 없었고, 전날 제공되었던 과일이 다음날 샐러드로 다시 제공되는 일도 빈번했다. 리셉션 부서 직원들은 직접 고객을 담당하고 상대하는 업무를 다루기 때문에 이 문제에 대해 고객만큼 그 심각함을 인지하고 있었다. 이미 최근 1년간 리셉션 부서의 직원들은 그들의 상사인 GM에게 수차례 보고해왔지만, 시정의 기미조차 보이지 않았다. 우선 그가 문제 해결의 의지를 가지고 있지 않았고, 부서 직원들과 최상의 가치도 달랐기에 대면해결법이 전혀 효과가 없었던 것이다. GM은 매번 고려해 보겠다고는 했지만, 알고 보니 그것은 그 순간을 회피하기 위한 말일 뿐이었지 사실은 전혀 문제를 해결할 생각이 없었다고 한다. 왜냐하면 GM은 그의 최고 가치를 경제적 이익 창출에 두고 있었기 때문이다. 즉, 지금까지의 상태를 유지하고도 고객 수는 계속 증가하는 추세이고, 식사부와의 대립은 물론 관련 규정을 새로이 하는 데는 아주 많은 비용이 들기 때문에 할 수 없다는 것이었다.
>
> 그러던 중 한 중국인 직원이 Mandy씨에게 '당신이 오너에게 직접 말해보는 것은 어떻겠냐.'고 제안했다. 그녀와 같은 한국인 직원이라면, 오너와도 소통할 수 있었기 때문이다. 결국 모든 부서 사람들이 지지하는 가운데 Mandy씨를 비롯한 한국인 동료들은 리셉션 직원들의 뜻을 직접 오너에게 전했고, 결과는 성공적이었다. 적정한 수준에서 식사부에 변화가 일어났고, 과도하지 않은 요구와 오너의 적극적인 지원으로 예상했던 부서 간의 갈등이나 또 다른 문제가 발생하지 않고도 잘 해결될 수 있었던 것이다.
>
> 이 사건 이후로 그간 한국인과 중국인 직원들끼리 갈등을 빚어왔던 리셉션 부서에도 변화가 생겼다. 더 이상 서로의 고객을 빼앗는 일도 없어졌고, 식사 또한 함께하게 된 것이다. 중국인 직원들은 한국인 직원들이 가진 특수성을 인정하게 되었고, 자신들에게 해로울 줄만 알았던 상황이 모두에게 어떻게 긍정적인 영향을 미칠 수 있는지를 아침 뷔페 사건을 통해 확인함으로써 그들 사이의 갈등은 자연스럽게 해결양상에 접어들었다.

보기

은영 : 갈등 당사자가 서로 상대방의 관심사를 만족시키기를 원하고 있어.
혜민 : 상대방이 받을 충격에 상관없이 자기 자신의 이익만을 만족시키려고 하고 있어.
권철 : 갈등의 당사자들이 서로 적당한 수준의 타협을 추구하고 있는 것 같아.
주하 : 상대방의 관심사를 자신의 관심사보다 우선시하고 있어.
승후 : 갈등으로부터 철회하거나 갈등을 억누르려고 하는 경우인 것 같아.

① 은영, 혜민
② 주하, 승후
③ 혜민, 주하
④ 은영, 권철
⑤ 주하, 권철

26 다음 중 바람직한 리더십의 사례로 적절하지 않은 것은?

① 김팀장은 팀의 목표를 명확히 정의하고, 팀원들에게 팀의 현안에 대해 구체적으로 인지시켰다.

② 이팀장은 팀원들이 자발적으로 과제를 해결해나갈 수 있도록 지원하였다.

③ 장팀장은 각 팀원이 업무를 적극적으로 수행할 수 있도록 개개인을 격려하였다.

④ 양팀장은 팀원들이 소신 있게 자신의 의견을 나타낼 수 있도록 개방적 분위기를 조성하였다.

⑤ 박팀장은 '무엇을 할까?'보다 '어떻게 할까?'에 초점에 두고 팀을 지휘하였다.

27 H사 총무부에 근무하는 K팀장은 최근 몇 년 동안 반복되는 업무로 지루함을 느끼는 팀원들 때문에 고민에 빠져 있다. 팀원들은 반복되는 업무로 인해 업무에 대한 의미를 잃어가고 있으며, 이는 업무의 효율성에 막대한 손해를 가져올 것으로 예상된다. 이러한 상황에서 귀하가 K팀장에게 할 수 있는 조언으로 가장 적절한 것은?

① 팀원들을 책임감으로 철저히 무장시킨다.

② 팀원들의 업무에 대해 코칭한다.

③ 팀원들을 지속적으로 교육한다.

④ 팀원들에게 새로운 업무의 기회를 부여한다.

⑤ 팀원들을 칭찬하고 격려한다.

28 다음 글에서 설명하고 있는 설득전략으로 가장 적절한 것은?

> 어떤 과학적인 논리보다도 동료를 비롯한 사람들의 말과 행동으로 상대방을 설득하는 것이 협상과 정에서 생기는 갈등을 해결하기가 더 쉽다는 것이다. 즉, 사람은 과학적 이론보다 자신의 동료나 이웃의 말이나 행동에 의해서 쉽게 설득된다는 것이다. 예를 들어 광고를 내보내서 고객들로 하여금 자신의 제품을 구매하도록 설득하는 것보다 소위 '입소문'을 통해서 설득하는 것이 매출에 더 효과 적임을 알 수 있다.

① See – Feel – Change 전략   ② 호혜 관계 형성 전략

③ 헌신과 일관성 전략   ④ 사회적 입증 전략

⑤ 희소성 해결 전략

29 다음 사례에서 알 수 있는 효과적인 팀의 특징으로 가장 적절한 것은?

> A ~ C가 운영 중인 커피전문점은 현재 매출이 꾸준히 상승하고 있다. 매출 상승의 원인을 살펴보면 A ~ C는 각자 자신이 해야 할 일이 무엇인지 정확하게 알고 있다. A는 커피를 제조하고 있으며, B는 디저트를 담당하고 있다. 그리고 C는 계산 및 매장관리를 전반적으로 맡고 있다. A는 고객들이 다시 생각나게 할 수 있는 독창적인 커피 맛을 위해 커피 블렌딩을 연구하고 있으며, B는 커피와 적합하고, 고객들의 연령에 맞는 다양한 디저트를 개발 중이다. 그리고 C는 A와 B가 자신의 업무에 집중할 수 있도록 적극적으로 지원하고 있다. 이처럼 A ~ C는 서로의 업무를 이해하면서 즐겁게 일하고 있으며, 이것이 매출 상승의 원인으로 작용하고 있다.

① 의견의 불일치를 건설적으로 해결한다.
② 창조적으로 운영된다.
③ 결과에 초점을 맞춘다.
④ 역할을 명확하게 규정한다.
⑤ 개인의 강점을 활용한다.

30 다음은 서비스에 불만족한 고객을 불만 표현 유형별로 구분한 자료이다. 밑줄 친 (A) ~ (D)를 상대하는 데 있어 주의해야 할 사항으로 옳지 않은 것은?

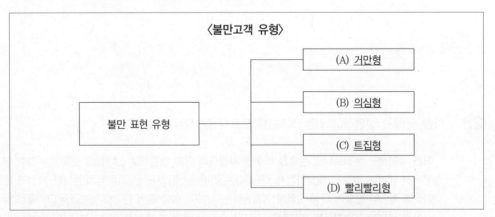

〈불만고객 유형〉

불만 표현 유형
- (A) 거만형
- (B) 의심형
- (C) 트집형
- (D) 빨리빨리형

① (A)의 경우 상대방의 과시욕이 채워질 수 있도록 무조건 정중하게 대하는 것이 좋다.
② (B)의 경우 분명한 증거나 근거를 제시하여 스스로 확신을 갖도록 유도해야 한다.
③ (B)의 경우 때로는 책임자로 하여금 응대하는 것도 좋다.
④ (C)의 경우 이야기를 경청하고, 맞장구치고, 추켜세우고, 설득해 가는 방법이 효과적이다.
⑤ (D)의 경우 애매한 화법을 사용하여 최대한 시간을 끌어야 한다.

31 다음 중 협상 단계에 대한 설명으로 적절하지 않은 것은?

> 협상 전 단계 → 협상진행 단계 → 협상 후 단계

① 협상 후 단계에서는 협의내용을 비준하는 과정과 분석평가 과정이 이루어진다.
② 협상 참여자들은 협상진행 단계에서 상호 간에 정보를 교환하고 협상전략을 구사한다.
③ 협상진행 단계에서 합의문 작성 등 협상의 내용적 종결이 이루어진다.
④ 협상의 절차에 대해 계획하는 단계는 협상 전 단계에서 완료되어야 한다.
⑤ 협상 참여자들은 협상진행 단계에 들어간 직후 협상형태를 파악하고 상황에 맞는 협상전략을 수립한다.

32 다음 상황에서 K대리가 G대리에게 해 줄 수 있는 조언으로 가장 적절한 것은?

> G대리 : 나 참, A과장님 왜 그러시는지 이해를 못하겠네.
> K대리 : 무슨 일이야?
> G대리 : 아니, 어제 내가 회식자리에서 A과장님께 장난을 좀 쳤거든. 근데 A과장님이 내 장난을 잘 받아 주시길래 아무렇지 않게 넘어갔는데, 오늘 A과장님이 나에게 어제 일로 화를 내시는 거 있지?

① 부하직원인 우리가 참고 이해하는 것이 좋을 것 같아.
② 본인이 실수했다고 느꼈을 때 바로 사과하는 것이 중요해.
③ A과장님께 본인이 무엇을 잘못했는지 확실히 물어보는 것이 어때?
④ 직원회의 시간에 이 문제에 대해 확실히 짚고 넘어가는 것이 좋겠어.
⑤ 업무에 성과를 내서 A과장님 기분을 풀어드리는 것이 좋을 것 같아.

33 다음 중 국제매너에 대한 설명으로 적절하지 않은 것은?

① 미국에서 택시 탑승 시에는 가급적 운전자 옆자리에 앉지 않는다.
② 라틴아메리카 사람들은 약속시간보다 조금 늦게 도착하는 것이 예의라고 생각한다.
③ 인도에서도 악수가 보편화되어 남녀 상관없이 악수를 청할 수 있다.
④ 아프리카에서 상대방의 눈을 바라보며 대화하는 것은 예의에 어긋난다.
⑤ 미국 사람들은 시간 약속을 매우 중요하게 생각한다.

34 영업팀 사원인 K씨는 출장 유류비와 식대로 총 35만 원을 지불하고 영업처 식대로 10만 원을 지불했다. 다음 중 결재규정에 따라 K씨가 제출할 결재 양식은?

〈결재규정〉

- 결재를 받으려는 업무에 대하여 최고결재권자(대표이사) 포함 이하 직책의 결재를 받아야 한다.
- 전결이라 함은 회사의 경영활동이나 관리활동을 수행함에 있어 의사결정이나 판단을 요하는 일에 대하여 최고결재권자의 결재를 생략하고, 자신의 책임하에 최종적으로 의사 결정이나 판단을 하는 행위를 말한다.
- 전결사항에 대해서도 위임받은 자를 포함한 이하 직책자의 결재를 받아야 한다.
- 표시내용 : 결재를 올리는 자는 최고결재권자로부터 전결 사항을 위임받은 자가 있는 경우 결재란에 전결이라고 표시하고 최종결재권자란에 위임받은 자를 표시한다.
- 최고결재권자의 결재사항 및 최고결재권자로부터 위임된 전결 사항은 다음의 표에 따른다.

구분	내용	금액기준	결재서류	팀장	본부장	대표이사
영업비	영업처 식대 판촉물 구입비 등	30만 원 이하	접대비지출품의서 지출결의서	○ □		
		30만 원 초과			○ □	
		50만 원 이상				○ □
출장비	출장 유류비 출장 식대	30만 원 이하	출장계획서 청구서	○ □		
		30만 원 초과			○	□
		50만 원 이상				○ □
교육비	내부교육비	50만 원 이하	기안서 법인카드신청서	○	□	
	외부강사초청비	50만 원 이하			○	□
		50만 원 초과				○
		100만 원 초과				□

※ ○ : 기안서, 출장계획서, 접대비지출품의서
※ □ : 지출결의서, 각종 신청서 및 청구서

---

①
출장계획서				
결재	담당	팀장	본부장	대표이사
	K			

②
청구서			
결재	담당	팀장	본부장
	K		

③
출장계획서				
결재	담당	팀장	본부장	대표이사
	K	전결		

④
출장계획서			
결재	담당	팀장	본부장
	K		전결

⑤
접대비지출품의서			
결재	담당	팀장	본부장
	K		

35 김팀장은 이대리에게 다음과 같은 업무지시를 내렸고, 이대리는 김팀장의 업무 지시에 따라 자신의 업무 일정을 정리하였다. 다음 중 이대리의 업무에 대한 설명으로 적절하지 않은 것은?

> 이대리, 오늘 월요일 정기회의 진행에 앞서 이번 주 업무에 대해서 미리 전달할게요. 먼저, 이번 주 금요일에 진행되는 회사 창립 기념일 행사 준비는 잘 되고 있나요? 행사 진행 전에 확인해야 할 사항들에 대해 체크리스트를 작성해서 수요일 오전까지 저에게 제출해 주세요. 그리고 행사가 끝난 후에는 총무팀 회식을 할 예정입니다. 이대리가 적당한 장소를 결정하고, 목요일 퇴근 전까지 예약이 완료될 수 있도록 해 주세요. 아! 그리고 내일 오후 3시에 진행되는 신입사원 면접과 관련해서 오늘 퇴근 전까지 면접 지원자에게 다시 한 번 유선으로 참여 여부를 확인하고, 정확한 시간과 준비 사항 등의 안내를 부탁할게요. 참! 지난주 영업팀이 신청한 비품도 주문해야 합니다. 오늘 오후 2시 이전에 발주하여야 영업팀이 요청한 수요일 전에 배송 받을 수 있다는 점 기억하세요. 자, 그럼 바로 회의 진행하도록 합시다. 그리고 오늘 회의 내용은 이대리가 작성해서 회의가 끝난 후 바로 사내 인트라넷 게시판에 공유해 주세요.

〈7월 첫째 주 업무 일정〉

㉠ 회의록 작성 및 사내 게시판 게시
㉡ 신입사원 면접 참여 여부 확인 및 관련사항 안내
㉢ 영업팀 신청 비품 주문
㉣ 회사 창립 기념일 행사 준비 관련 체크리스트 작성
㉤ 총무팀 회식 장소 예약

---

① 이대리가 가장 먼저 처리해야 할 업무는 ㉠이다.
② 이대리는 ㉡보다 ㉢을 우선 처리하는 것이 좋다.
③ ㉠, ㉡, ㉢은 월요일 내에 모두 처리해야 한다.
④ ㉣을 완료한 이후에는 김팀장에게 제출해야 한다.
⑤ ㉤은 회사 창립 기념일 행사가 끝나기 전까지 처리해야 한다.

※ 다음은 마이클 포터(Michael E. Porter)의 본원적 경쟁전략과 관련된 사례이다. 이어지는 질문에 답하시오. [36~38]

〈본원적 경쟁우위 전략〉

마이클 포터가 산업 내에서 효과적으로 경쟁할 수 있는 일반적인 형태의 전략 제시

구분	저원가	차별화
광범위한 시장	비용우위 전략	차별화 전략
좁은 시장	집화 전략	

〈사례 1〉

나이키는 자체 생산 공장이 없어 각국의 협력사에서 OEM방식으로 생산하고 공급하는 대신, 과학적인 제품개발과 디자인, 제품광고에 막대한 돈을 투자하고 있다. 상품디자인, 그래픽, 환경디자인, 영화 및 비디오 사업팀 등으로 세분화하고 특색을 가미한 디자인을 추구하며, 광고도 농구화의 마이클 조던, 골프용품의 타이거 우즈 등 스타 마케팅을 주로 한다.

〈사례 2〉

포트 하워드 페이퍼(Fort Howard Paper)는 광고경쟁이나 계속적인 신제품 공급으로 타격을 받기 쉬운 일반용품을 파는 대신, 몇 종류의 한정된 산업용지 생산에만 노력을 기울였으며, 포터 포인트(Porter Point)는 손수 집을 칠하는 아마추어용 페인트 대신 직업적인 페인트 공을 대상으로 한 페인트나 서비스를 제공하는데 주력했다. 서비스 형태는 적합한 페인트 선택을 위한 전문적 조언이나 아무리 적은 양이라도 작업장까지 배달해주는 일, 또는 직접 판매장에서 접대실을 갖추어 커피를 무료로 대접하는 일 등이 있다.

〈사례 3〉

토요타는 재고로 쌓이는 부품량을 최소화하기 위해 1990년대 초 'JIT'라는 혁신적인 생산시스템을 도입했다. 그 결과 부품을 필요한 시기에 필요한 수량만큼 공급받아 재고비용을 대폭 줄일 수 있었다. 하지만 일본 대지진으로 위기를 겪고 이 시스템을 모든 공장에 적용하기에는 무리가 있다고 판단하여 기존 강점이라고 믿던 JIT 시스템을 개혁하여 재고를 필요에 따라 유동적으로 조절하는 방식을 채택했다. 그 결과 부품공급 사슬과 관련한 정보습득 능력이 높은 수준으로 개선되어 빈번한 자연재해에도 공장의 가동에 전혀 지장을 주지 않았고, 빠른 대응이 가능 하게 되었다.

36 다음 중 사례 1에서 추구하는 전략에 대한 설명으로 옳지 않은 것은?

① 제품적 차별화와 광고의 차별화를 통해 브랜드 자산을 구축하고 있다.
② 좁은 시장에서 경쟁우위 요소를 차별화로 두는 전략이다.
③ 구매자 세분시장에 대한 인식을 제대로 하지 못한다면 위험요소가 될 수 있다.
④ 높은 가격에도 불구하고 구입을 유도하는 독특한 요인으로 인해 경쟁우위를 확보한다.
⑤ 저비용 대량생산보다 차별화된 제품의 생산을 중요시한다.

37 다음 중 사례 2에서 알 수 있는 내용으로 옳지 않은 것은?

① 특정 목표에 대해 차별화될 수 있는 결과를 얻거나 낮은 원가를 실현할 수 있다.

② 특화된 제품을 사용하기를 원하는 소비자에 초점을 맞춘다면 경쟁력을 갖출 수 있다.

③ 특정 시장을 공략할 경우, 수익성이 크게 떨어져 의도와는 다른 결과가 나타날 수도 있다.

④ 대체품과의 경쟁가능성이 희박한 부문이나 경쟁기업들의 가장 취약한 부문을 선택해서 집중적인 노력을 기울여 그 산업 내에서 평균 이상의 수익을 달성할 잠재력을 지닐 수 있다.

⑤ 특정 지역에 집중적으로 자원을 투입하면 그 지역에 적합한 제품이나 서비스를 제공함으로써 차별화할 수 있다.

38 다음 〈보기〉 중 사례 3과 관련이 있는 내용을 모두 고르면?

> **보기**
> ㉠ MP3 플레이어는 급격한 기술변화에 의해 무용지물이 되어 스마트폰이 MP3를 대신하게 되었다.
> ㉡ A자동차 회사는 승용차 부문은 포기하고 상용차 부문만 집중적으로 공략하고 있다.
> ㉢ B전자회사는 저가 전략뿐만 아니라 공격적인 투자를 통해 기술적인 차별화 전략을 함께 병행하고 있다.
> ㉣ 하르니쉬페거는 부품의 규격화와 여러 가지 형태 변화, 원자재 투입량의 감소 등을 통해 제작과 조작이 용이하게 크레인 설계를 변형했다.

① ㉠, ㉡   ② ㉠, ㉣

③ ㉡, ㉣   ④ ㉢, ㉣

⑤ ㉠, ㉡, ㉢

39 다음 회의록을 참고할 때, 고객지원팀의 강대리가 해야 할 일로 적절하지 않은 것은?

<표>

	〈회의록〉		
회의일시	2025년 ○○월 ○○일	부서	기획팀, 시스템개발팀, 고객지원팀
참석자	기획팀 김팀장, 박대리 / 시스템개발팀 이팀장, 김대리 / 고객지원팀 유팀장, 강대리		
회의안건	홈페이지 내 이벤트 신청 시 발생하는 오류로 인한 고객 불만에 따른 대처방안		
회의내용	•홈페이지 고객센터 게시판 내 이벤트 신청 오류 관련 불만 글 확인 •이벤트 페이지 내 오류 발생 원인에 대한 확인 필요 •상담원의 미숙한 대응으로 고객들의 불만 증가(대응 매뉴얼 부재) •홈페이지 고객센터 게시판에 사과문 게시 •고객 불만 대응 매뉴얼 작성 및 이벤트 신청 시스템 개선 •추후 유사한 이벤트 기획 시 기획안 공유 필요		

① 민원 처리 및 대응 매뉴얼 작성
② 상담원 대상으로 CS 교육 실시
③ 홈페이지 내 사과문 게시
④ 오류 발생 원인 확인 및 신청 시스템 개선
⑤ 고객센터 게시판 모니터링

40 다음 설명에 해당하는 조직체계 구성 요소는?

조직의 목표나 전략에 따라 수립되며, 조직 구성원들의 활동범위를 제약하고 일관성을 부여하는 기능을 한다.

① 조직 목표   ② 경영자
③ 조직 문화   ④ 조직 구조
⑤ 규칙 및 규정

PART 4

채용 가이드

CHAPTER 01 블라인드 채용 소개

1. 블라인드 채용이란?

채용 과정에서 편견이 개입되어 불합리한 차별을 야기할 수 있는 출신지, 가족관계, 학력, 외모 등의 편견요인은 제외하고, 직무능력만을 평가하여 인재를 채용하는 방식입니다.

2. 블라인드 채용의 필요성

- 채용의 공정성에 대한 사회적 요구
  - 누구에게나 직무능력만으로 경쟁할 수 있는 균등한 고용기회를 제공해야 하나, 아직도 채용의 공정성에 대한 불신이 존재
  - 채용상 차별금지에 대한 법적 요건이 권고적 성격에서 처벌을 동반한 의무적 성격으로 강화되는 추세
  - 시민의식과 지원자의 권리의식 성숙으로 차별에 대한 법적 대응 가능성 증가
- 우수인재 채용을 통한 기업의 경쟁력 강화 필요
  - 직무능력과 무관한 학벌, 외모 위주의 선발로 우수인재 선발기회 상실 및 기업경쟁력 약화
  - 채용 과정에서 차별 없이 직무능력중심으로 선발한 우수인재 확보 필요
- 공정한 채용을 통한 사회적 비용 감소 필요
  - 편견에 의한 차별적 채용은 우수인재 선발을 저해하고 외모·학벌 지상주의 등의 심화로 불필요한 사회적 비용 증가
  - 채용에서의 공정성을 높여 사회의 신뢰수준 제고

3. 블라인드 채용의 특징

편견요인을 요구하지 않는 대신 직무능력을 평가합니다.

블라인드 채용 = 편견유발 요인제외 + 직무능력 중심평가

※ 직무능력중심 채용이란?
기업의 역량기반 채용, NCS기반 능력중심 채용과 같이 직무수행에 필요한 능력과 역량을 평가하여 선발하는 채용방식을 통칭합니다.

4. 블라인드 채용의 평가요소

직무수행에 필요한 지식, 기술, 태도 등을 과학적인 선발기법을 통해 평가합니다.

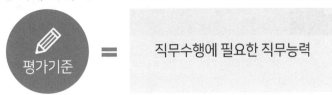

평가기준 = **직무수행에 필요한 직무능력**

※ 과학적 선발기법이란?
직무분석을 통해 도출된 평가요소를 서류, 필기, 면접 등을 통해 체계적으로 평가하는 방법으로 입사지원서, 자기소개서,
직무수행능력평가, 구조화 면접 등이 해당됩니다.

5. 블라인드 채용 주요 도입 내용

- 입사지원서에 인적사항 요구 금지
  - 인적사항에는 출신지역, 가족관계, 결혼여부, 재산, 취미 및 특기, 종교, 생년월일(연령), 성별, 신장 및 체중, 사진, 전공, 학교명, 학점, 외국어 점수, 추천인 등이 해당
  - 채용 직무를 수행하는 데 있어 반드시 필요하다고 인정될 경우는 제외
    - 예 특수경비직 채용 시 : 시력, 건강한 신체 요구
      연구직 채용 시 : 논문, 학위 요구 등
- 블라인드 면접 실시
  - 면접관에게 응시자의 출신지역, 가족관계, 학교명 등 인적사항 정보 제공 금지
  - 면접관은 응시자의 인적사항에 대한 질문 금지

6. 블라인드 채용 도입의 효과성

- 구성원의 다양성과 창의성이 높아져 기업 경쟁력 강화
  - 편견을 없애고 직무능력 중심으로 선발하므로 다양한 직원 구성 가능
  - 다양한 생각과 의견을 통하여 기업의 창의성이 높아져 기업경쟁력 강화
- 직무에 적합한 인재선발을 통한 이직률 감소 및 만족도 제고
  - 사전에 지원자들에게 구체적이고 상세한 직무요건을 제시함으로써 허수 지원이 낮아지고, 직무에 적합한 지원자 모집 가능
  - 직무에 적합한 인재가 선발되어 직무이해도가 높아져 업무효율 증대 및 만족도 제고
- 채용의 공정성과 기업이미지 제고
  - 블라인드 채용은 사회적 편견을 줄인 선발 방법으로 기업에 대한 사회적 인식 제고
  - 채용과정에서 불합리한 차별을 받지 않고 실력에 의해 공정하게 평가를 받을 것이라는 믿음을 제공하고, 지원자들은 평등한 기회와 공정한 선발과정 경험

01 채용공고문

1. 채용공고문의 변화

기존 채용공고문	변화된 채용공고문
• 취업준비생에게 불충분하고 불친절한 측면 존재 • 모집분야에 대한 명확한 직무관련 정보 및 평가기준 부재 • 해당분야에 지원하기 위한 취업준비생의 무분별한 스펙 쌓기 현상 발생	• NCS 직무분석에 기반한 채용공고를 토대로 채용전형 진행 • 지원자가 입사 후 수행하게 될 업무에 대한 자세한 정보 공지 • 직무수행내용, 직무수행 시 필요한 능력, 관련된 자격, 직업기초능력 제시 • 지원자가 해당 직무에 필요한 스펙만을 준비할 수 있도록 안내
• 모집부문 및 응시자격 • 지원서 접수 • 전형절차 • 채용조건 및 처우 • 기타사항	• 채용절차 • 채용유형별 선발분야 및 예정인원 • 전형방법 • 선발분야별 직무기술서 • 우대사항

2. 지원 유의사항 및 지원요건 확인

채용 직무에 따른 세부사항을 공고문에 명시하여 지원자에게 적격한 지원 기회를 부여함과 동시에 채용과정에서의 공정성과 신뢰성을 확보합니다.

구성	내용	확인사항
모집분야 및 규모	고용형태(인턴 계약직 등), 모집분야, 인원, 근무지역 등	채용직무가 여러 개일 경우 본인이 해당되는 직무의 채용규모 확인
응시자격	기본 자격사항, 지원조건	지원을 위한 최소자격요건을 확인하여 불필요한 지원을 예방
우대조건	법정·특별·자격증 가점	본인의 가점 여부를 검토하여 가점 획득을 위한 사항을 사실대로 기재
근무조건 및 보수	고용형태 및 고용기간, 보수, 근무지	본인이 생각하는 기대수준에 부합하는지 확인하여 불필요한 지원을 예방
시험방법	서류·필기·면접전형 등의 활용방안	전형방법 및 세부 평가기법 등을 확인하여 지원전략 준비
전형일정	접수기간, 각 전형 단계별 심사 및 합격자 발표일 등	본인의 지원 스케줄을 검토하여 차질이 없도록 준비
제출서류	입사지원서(경력·경험기술서 등), 각종 증명서 및 자격증 사본 등	지원요건 부합 여부 및 자격 증빙서류 사전에 준비
유의사항	임용취소 등의 규정	임용취소 관련 법적 또는 기관 내부 규정을 검토하여 해당여부 확인

직무기술서란 직무수행의 내용과 필요한 능력, 관련 자격, 직업기초능력 등을 상세히 기재한 것으로 입사 후 수행하게 될 업무에 대한 정보가 수록되어 있는 자료입니다.

1. 채용분야

[설명]

NCS 직무분류 체계에 따라 직무에 대한 「대분류 – 중분류 – 소분류 – 세분류」 체계를 확인할 수 있습니다. 채용 직무에 대한 모든 직무기술서를 첨부하게 되며 실제 수행 업무를 기준으로 세부적인 분류정보를 제공합니다.

채용분야	분류체계			
사무행정	대분류	중분류	소분류	세분류
분류코드	02. 경영·회계·사무	03. 재무·회계	01. 재무	01. 예산
				02. 자금
			02. 회계	01. 회계감사
				02. 세무

2. 능력단위

[설명]

직무분류 체계의 세분류 하위능력단위 중 실질적으로 수행할 업무의 능력만 구체적으로 파악할 수 있습니다.

능력단위	(예산)	03. 연간종합예산수립 05. 확정예산 운영	04. 추정재무제표 작성 06. 예산실적 관리
	(자금)	04. 자금운용	
	(회계감사)	02. 자금관리 05. 회계정보시스템 운용 07. 회계감사	04. 결산관리 06. 재무분석
	(세무)	02. 결산관리 07. 법인세 신고	05. 부가가치세 신고

3. 직무수행내용

[설명]

세분류 영역의 기본정의를 통해 직무수행내용을 확인할 수 있습니다. 입사 후 수행할 직무내용을 구체적으로 확인할 수 있으며, 이를 통해 입사서류 작성부터 면접까지 직무에 대한 명확한 이해를 바탕으로 자신의 희망직무 인지 아닌지, 해당 직무가 자신이 알고 있던 직무가 맞는지 확인할 수 있습니다.

직무수행내용	(예산) 일정기간 예상되는 수익과 비용을 편성, 집행하며 통제하는 일
	(자금) 자금의 계획 수립, 조달, 운용을 하고 발생 가능한 위험 관리 및 성과평가
	(회계감사) 기업 및 조직 내·외부에 있는 의사결정자들이 효율적인 의사결정을 할 수 있도록 유용한 정보를 제공, 제공된 회계정보의 적정성을 파악하는 일
	(세무) 세무는 기업의 활동을 위하여 주어진 세법범위 내에서 조세부담을 최소화시키는 조세전략을 포함하고 정확한 과세소득과 과세표준 및 세액을 산출하여 과세당국에 신고·납부하는 일

4. 직무기술서 예시

태도	(예산) 정확성, 분석적 태도, 논리적 태도, 타 부서와의 협조적 태도, 설득력
	(자금) 분석적 사고력
	(회계 감사) 합리적 태도, 전략적 사고, 정확성, 적극적 협업 태도, 법률준수 태도, 분석적 태도, 신속성, 책임감, 정확한 판단력
	(세무) 규정 준수 의지, 수리적 정확성, 주의 깊은 태도
우대 자격증	공인회계사, 세무사, 컴퓨터활용능력, 변호사, 워드프로세서, 전산회계운용사, 사회조사분석사, 재경관리사, 회계관리 등
직업기초능력	의사소통능력, 문제해결능력, 자원관리능력, 대인관계능력, 정보능력, 조직이해능력

5. 직무기술서 내용별 확인사항

항목	확인사항
모집부문	해당 채용에서 선발하는 부문(분야)명 확인 예 사무행정, 전산, 전기
분류체계	지원하려는 분야의 세부직무군 확인
주요기능 및 역할	지원하려는 기업의 전사적인 기능과 역할, 산업군 확인
능력단위	지원분야의 직무수행에 관련되는 세부업무사항 확인
직무수행내용	지원분야의 직무군에 대한 상세사항 확인
전형방법	지원하려는 기업의 신입사원 선발전형 절차 확인
일반요건	교육사항을 제외한 지원 요건 확인(자격요건, 특수한 경우 연령)
교육요건	교육사항에 대한 지원요건 확인(대졸 / 초대졸 / 고졸 / 전공 요건)
필요지식	지원분야의 업무수행을 위해 요구되는 지식 관련 세부항목 확인
필요기술	지원분야의 업무수행을 위해 요구되는 기술 관련 세부항목 확인
직무수행태도	지원분야의 업무수행을 위해 요구되는 태도 관련 세부항목 확인
직업기초능력	지원분야 또는 지원기업의 조직원으로서 근무하기 위해 필요한 일반적인 능력사항 확인

1. 입사지원서의 변화

기존지원서		능력중심 채용 입사지원서
직무와 관련 없는 학점, 개인신상, 어학점수, 자격, 수상경력 등을 나열하도록 구성	VS	해당 직무수행에 꼭 필요한 정보들을 제시할 수 있도록 구성

기존지원서		능력중심 채용 입사지원서	
직무기술서	→	인적사항	성명, 연락처, 지원분야 등 작성 (평가 미반영)
직무수행내용		교육사항	직무지식과 관련된 학교교육 및 직업교육 작성
요구지식 / 기술		자격사항	직무관련 국가공인 또는 민간자격 작성
관련 자격증		경력 및 경험사항	조직에 소속되어 일정한 임금을 받거나(경력) 임금 없이(경험) 직무와 관련된 활동 내용 작성
사전직무경험			

2. 교육사항

- 지원분야 직무와 관련된 학교 교육이나 직업교육 혹은 기타교육 등 직무에 대한 지원자의 학습 여부를 평가하기 위한 항목입니다.
- 지원하고자 하는 직무의 학교 전공교육 이외에 직업교육, 기타교육 등을 기입할 수 있기 때문에 전공 제한 없이 직업교육과 기타교육을 이수하여 지원이 가능하도록 기회를 제공합니다.
  (기타교육 : 학교 이외의 기관에서 개인이 이수한 교육과정 중 지원직무와 관련이 있다고 생각되는 교육내용)

구분	교육과정(과목)명	교육내용	과업(능력단위)

3. 자격사항

- 채용공고 및 직무기술서에 제시되어 있는 자격 현황을 토대로 지원자가 해당 직무를 수행하는 데 필요한 능력을 가지고 있는지를 평가하기 위한 항목입니다.
- 채용공고 및 직무기술서에 기재된 직무관련 필수 또는 우대자격 항목을 확인하여 본인이 보유하고 있는 자격사항을 기재합니다.

자격유형	자격증명	발급기관	취득일자	자격증번호

4. 경력 및 경험사항

- 직무와 관련된 경력이나 경험 여부를 표현하도록 하여 직무와 관련한 능력을 갖추었는지를 평가하기 위한 항목입니다.
- 해당 기업에서 직무를 수행함에 있어 필요한 사항만을 기록하게 되어 있기 때문에 직무와 무관한 스펙을 갖추지 않아도 됩니다.
- 경력 : 금전적 보수를 받고 일정기간 동안 일했던 경우
- 경험 : 금전적 보수를 받지 않고 수행한 활동

※ 기업에 따라 경력 / 경험 관련 증빙자료 요구 가능

구분	조직명	직위 / 역할	활동기간(년 / 월)	주요과업 / 활동내용

> **Tip**
>
> 입사지원서 작성 방법
>
> ○ 경력 및 경험사항 작성
> - 직무기술서에 제시된 지식, 기술, 태도와 지원자의 교육사항, 경력(경험)사항, 자격사항과 연계하여 개인의 직무역량에 대해 스스로 판단 가능
>
> ○ 인적사항 최소화
> - 개인의 인적사항, 학교명, 가족관계 등을 노출하지 않도록 유의
>
> ---
>
> 부적절한 입사지원서 작성 사례
> - 학교 이메일을 기입하여 학교명 노출
> - 거주지 주소에 학교 기숙사 주소를 기입하여 학교명 노출
> - 자기소개서에 부모님이 재직 중인 기업명, 직위, 직업을 기입하여 가족관계 노출
> - 자기소개서에 석·박사 과정에 대한 이야기를 언급하여 학력 노출
> - 동아리 활동에 대한 내용을 학교명과 더불어 언급하여 학교명 노출

1. 자기소개서의 변화

- 기존의 자기소개서는 지원자의 일대기나 관심 분야, 성격의 장・단점 등 개괄적인 사항을 묻는 질문으로 구성되어 지원자가 자신의 직무능력을 제대로 표출하지 못합니다.
- 능력중심 채용의 자기소개서는 직무기술서에 제시된 직업기초능력(또는 직무수행능력)에 대한 지원자의 과거 경험을 기술하게 함으로써 평가 타당도의 확보가 가능합니다.

1. 우리 회사와 해당 지원 직무분야에 지원한 동기에 대해 기술해 주세요.
2. 자신이 경험한 다양한 사회활동에 대해 기술해 주세요.
3. 지원 직무에 대한 전문성을 키우기 위해 받은 교육과 경험 및 경력사항에 대해 기술해 주세요.
4. 인사업무 또는 팀 과제 수행 중 발생한 갈등을 원만하게 해결해 본 경험이 있습니까? 당시 상황에 대한 설명과 갈등의 대상이 되었던 상대방을 설득한 과정 및 방법을 기술해 주세요.
5. 과거에 있었던 일 중 가장 어려웠었던(힘들었었던) 상황을 고르고, 어떤 방법으로 그 상황을 해결했는지를 기술해 주세요.

PART 4

자기소개서 작성 방법
① 자기소개서 문항이 묻고 있는 평가 역량 추측하기

> 예시
>
> • 팀 활동을 하면서 갈등 상황 시 상대방의 니즈나 의도를 명확히 파악하고 해결하여 목표 달성에 기여했던 경험에 대해서 작성해 주시기 바랍니다.
> • 다른 사람이 생각해내지 못했던 문제점을 찾고 이를 해결한 경험에 대해 작성해 주시기 바랍니다.

② 해당 역량을 보여줄 수 있는 소재 찾기(시간×역량 매트릭스)

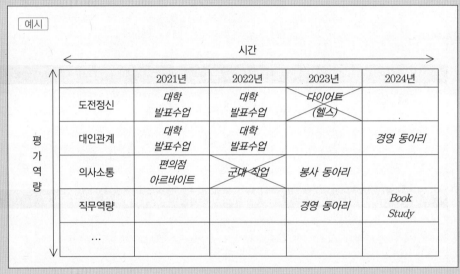

예시

시간

평가 역량		2021년	2022년	2023년	2024년
	도전정신	대학 발표수업	대학 발표수업	~~다이어트 (헬스)~~	
	대인관계	대학 발표수업	대학 발표수업		경영 동아리
	의사소통	편의점 아르바이트	~~군대 작업~~	봉사 동아리	
	직무역량			경영 동아리	Book Study
	…				

③ 자기소개서 작성 Skill 익히기
 • 두괄식으로 작성하기
 • 구체적 사례를 사용하기
 • '나'를 중심으로 작성하기
 • 직무역량 강조하기
 • 경험 사례의 차별성 강조하기

CHAPTER 03

인성검사 소개 및 모의테스트

01 인성검사 유형

인성검사는 지원자의 성격특성을 객관적으로 파악하고 그것이 각 기업에서 필요로 하는 인재상과 가치에 부합하는가를 평가하기 위한 검사입니다. 인성검사는 KPDI(한국인재개발진흥원), K-SAD(한국사회적성개발원), KIRBS(한국행동과학연구소), SHR(에스에이치알) 등의 전문기관을 통해 각 기업의 특성에 맞는 검사를 선택하여 실시합니다. 대표적인 인성검사의 유형에는 크게 다음과 같은 세 가지가 있으며, 채용 대행업체에 따라 달라집니다.

1. KPDI 검사

조직적응성과 직무적합성을 알아보기 위한 검사로 인성검사, 인성역량검사, 인적성검사, 직종별 인적성 검사 등의 다양한 검사 도구를 구현합니다. KPDI는 성격을 파악하고 정신건강 상태 등을 측정하고, 직무 검사는 해당 직무를 수행하기 위해 기본적으로 갖추어야 할 인지적 능력을 측정합니다. 역량검사는 특정 직무 역할을 효과적으로 수행하는 데 직접적으로 관련 있는 개인의 행동, 지식, 스킬, 가치관 등을 측정합니다.

2. KAD(Korea Aptitude Development) 검사

K-SAD(한국사회적성개발원)에서 실시하는 적성검사 프로그램입니다. 개인의 성향, 지적 능력, 기호, 관심, 흥미도를 종합적으로 분석하여 적성에 맞는 업무가 무엇인가 파악하고, 직무수행에 있어서 요구되는 기초능력과 실무능력을 분석합니다.

3. SHR 직무적성검사

직무수행에 필요한 종합적인 사고 능력을 다양한 적성검사(Paper and Pencil Test)로 평가합니다. SHR의 모든 직무능력검사는 표준화 검사입니다. 표준화 검사는 표본집단의 점수를 기초로 규준이 만들어진 검사이므로 개인의 점수를 규준에 맞추어 해석·비교하는 것이 가능합니다. S(Standardized Tests), H(Hundreds of Version), R(Reliable Norm Data)을 특징으로 하며, 직군·직급별 특성과 선발 수준에 맞추어 검사를 적용할 수 있습니다.

인성검사는 특히 면접질문과 관련성이 높습니다. 면접관은 지원자의 인성검사 결과를 토대로 질문을 하기 때문입니다. 일관적이고 이상적인 답변을 하는 것이 가장 좋지만, 실제 시험은 매우 복잡하여 전문가라 해도 일정 성격을 유지하면서 답변을 하는 것이 힘듭니다. 또한, 인성검사에는 라이 스케일(Lie Scale) 설문이 전체 설문 속에 교묘하게 섞여 들어가 있으므로 걸치레적인 답을 하게 되면 회답태도의 허위성이 그대로 드러나게 됩니다. 예를 들어 '거짓말을 한 적이 한 번도 없다.'에 '예'로 답하고, '때로는 거짓말을 하기도 한다.'에 '예'라고 답하여 라이 스케일의 득점이 올라가게 되면 모든 회답의 신빙성이 사라지고 '자신을 돋보이게 하려는 사람'이라는 평가를 받을 수 있으므로 주의해야 합니다. 따라서 모의테스트를 통해 인성검사의 유형과 실제 시험 시 어떻게 문제를 풀어야 하는지 연습해 보고 체크한 부분 중 자신의 단점과 연결되는 부분은 면접에서 질문이 들어왔을 때 어떻게 대처해야 하는지 생각해 보는 것이 좋습니다.

03 유의사항

1. 기업의 인재상을 파악하라!

인성검사를 통해 개인의 성격 특성을 파악하고 그것이 기업의 인재상과 가치에 부합하는지를 평가하는 시험이기 때문에 해당 기업의 인재상을 먼저 파악하고 시험에 임하는 것이 좋습니다. 모의테스트에서 인재상에 맞는 가상의 인물을 설정하고 문제에 답해 보는 것도 많은 도움이 됩니다.

2. 일관성 있는 대답을 하라!

짧은 시간 안에 다양한 질문에 답을 해야 하는데, 그 안에는 중복되는 질문이 여러 번 나옵니다. 이때 앞서 자신이 체크했던 대답을 잘 기억해뒀다가 일관성 있는 답을 하는 것이 중요합니다.

3. 모든 문항에 대답하라!

많은 문제를 짧은 시간 안에 풀려다 보니 다 못 푸는 경우도 종종 생깁니다. 하지만 대답을 누락하거나 끝까지 다 못했을 경우 좋지 않은 결과를 가져올 수도 있으니 최대한 주어진 시간 안에 모든 문항에 답할 수 있도록 해야 합니다.

※ 모의테스트는 질문 및 답변 유형 연습을 위한 것으로 실제 시험과 다를 수 있습니다.
※ 인성검사는 정답이 따로 없는 유형의 검사이므로 결과지를 제공하지 않습니다.

번호	내용	예	아니요
001	나는 솔직한 편이다.	☐	☐
002	나는 리드하는 것을 좋아한다.	☐	☐
003	법을 어겨서 말썽이 된 적이 한 번도 없다.	☐	☐
004	거짓말을 한 번도 한 적이 없다.	☐	☐
005	나는 눈치가 빠르다.	☐	☐
006	나는 일을 주도하기보다는 뒤에서 지원하는 것을 선호한다.	☐	☐
007	앞일은 알 수 없기 때문에 계획은 필요하지 않다.	☐	☐
008	거짓말도 때로는 방편이라고 생각한다.	☐	☐
009	사람이 많은 술자리를 좋아한다.	☐	☐
010	걱정이 지나치게 많다.	☐	☐
011	일을 시작하기 전 재고하는 경향이 있다.	☐	☐
012	불의를 참지 못한다.	☐	☐
013	처음 만나는 사람과도 이야기를 잘 한다.	☐	☐
014	때로는 변화가 두렵다.	☐	☐
015	나는 모든 사람에게 친절하다.	☐	☐
016	힘든 일이 있을 때 술은 위로가 되지 않는다.	☐	☐
017	결정을 빨리 내리지 못해 손해를 본 경험이 있다.	☐	☐
018	기회를 잡을 준비가 되어 있다.	☐	☐
019	때로는 내가 정말 쓸모없는 사람이라고 느낀다.	☐	☐
020	누군가 나를 챙겨주는 것이 좋다.	☐	☐
021	자주 가슴이 답답하다.	☐	☐
022	나는 내가 자랑스럽다.	☐	☐
023	경험이 중요하다고 생각한다.	☐	☐
024	전자기기를 분해하고 다시 조립하는 것을 좋아한다.	☐	☐

PART 4

025	감시받고 있다는 느낌이 든다.	☐	☐
026	난처한 상황에 놓이면 그 순간을 피하고 싶다.	☐	☐
027	세상엔 믿을 사람이 없다.	☐	☐
028	잘못을 빨리 인정하는 편이다.	☐	☐
029	지도를 보고 길을 잘 찾아간다.	☐	☐
030	귓속말을 하는 사람을 보면 날 비난하고 있는 것 같다.	☐	☐
031	막무가내라는 말을 들을 때가 있다.	☐	☐
032	장래의 일을 생각하면 불안하다.	☐	☐
033	결과보다 과정이 중요하다고 생각한다.	☐	☐
034	운동은 그다지 할 필요가 없다고 생각한다.	☐	☐
035	새로운 일을 시작할 때 좀처럼 한 발을 떼지 못한다.	☐	☐
036	기분 상하는 일이 있더라도 참는 편이다.	☐	☐
037	업무능력은 성과로 평가받아야 한다고 생각한다.	☐	☐
038	머리가 맑지 못하고 무거운 느낌이 든다.	☐	☐
039	가끔 이상한 소리가 들린다.	☐	☐
040	타인이 내게 자주 고민상담을 하는 편이다.	☐	☐

※ 모의테스트는 질문 및 답변 유형 연습을 위한 것으로 실제 시험과 다를 수 있습니다.
※ 인성검사는 정답이 따로 없는 유형의 검사이므로 결과지를 제공하지 않습니다.

※ 이 성격검사의 각 문항에는 서로 다른 행동을 나타내는 네 개의 문장이 제시되어 있습니다. 이 문장들을 비교하여, 자신의 평소 행동과 가장 가까운 문장을 'ㄱ' 열에 표기하고, 가장 먼 문장을 'ㅁ' 열에 표기하십시오.

01 나는 ＿＿＿＿＿＿＿＿＿＿＿＿＿＿＿＿＿

	ㄱ	ㅁ
A. 실용적인 해결책을 찾는다.	☐	☐
B. 다른 사람을 돕는 것을 좋아한다.	☐	☐
C. 세부 사항을 잘 챙긴다.	☐	☐
D. 상대의 주장에서 허점을 잘 찾는다.	☐	☐

02 나는 ＿＿＿＿＿＿＿＿＿＿＿＿＿＿＿＿＿

	ㄱ	ㅁ
A. 매사에 적극적으로 임한다.	☐	☐
B. 즉흥적인 편이다.	☐	☐
C. 관찰력이 있다.	☐	☐
D. 임기응변에 강하다.	☐	☐

03 나는 ＿＿＿＿＿＿＿＿＿＿＿＿＿＿＿＿＿

	ㄱ	ㅁ
A. 무서운 영화를 잘 본다.	☐	☐
B. 조용한 곳이 좋다.	☐	☐
C. 가끔 울고 싶다.	☐	☐
D. 집중력이 좋다.	☐	☐

04 나는 ＿＿＿＿＿＿＿＿＿＿＿＿＿＿＿＿＿

	ㄱ	ㅁ
A. 기계를 조립하는 것을 좋아한다.	☐	☐
B. 집단에서 리드하는 역할을 맡는다.	☐	☐
C. 호기심이 많다.	☐	☐
D. 음악을 듣는 것을 좋아한다.	☐	☐

05 나는 _____

	ㄱ	ㅁ
A. 타인을 늘 배려한다.	☐	☐
B. 감수성이 예민하다.	☐	☐
C. 즐겨하는 운동이 있다.	☐	☐
D. 일을 시작하기 전에 계획을 세운다.	☐	☐

06 나는 _____

	ㄱ	ㅁ
A. 타인에게 설명하는 것을 좋아한다.	☐	☐
B. 여행을 좋아한다.	☐	☐
C. 정적인 것이 좋다.	☐	☐
D. 남을 돕는 것에 보람을 느낀다.	☐	☐

07 나는 _____

	ㄱ	ㅁ
A. 기계를 능숙하게 다룬다.	☐	☐
B. 밤에 잠이 잘 오지 않는다.	☐	☐
C. 한 번 간 길을 잘 기억한다.	☐	☐
D. 불의를 보면 참을 수 없다.	☐	☐

08 나는 _____

	ㄱ	ㅁ
A. 종일 말을 하지 않을 때가 있다.	☐	☐
B. 사람이 많은 곳을 좋아한다.	☐	☐
C. 술을 좋아한다.	☐	☐
D. 휴양지에서 편하게 쉬고 싶다.	☐	☐

09 나는 _____

	ㄱ	ㅁ
A. 뉴스보다는 드라마를 좋아한다.	☐	☐
B. 길을 잘 찾는다.	☐	☐
C. 주말엔 집에서 쉬는 것이 좋다.	☐	☐
D. 아침에 일어나는 것이 힘들다.	☐	☐

10 나는 _____

	ㄱ	ㅁ
A. 이성적이다.	☐	☐
B. 할 일을 종종 미룬다.	☐	☐
C. 어른을 대하는 게 힘들다.	☐	☐
D. 불을 보면 매혹을 느낀다.	☐	☐

11 나는 _____

	ㄱ	ㅁ
A. 상상력이 풍부하다.	☐	☐
B. 예의 바르다는 소리를 자주 듣는다.	☐	☐
C. 사람들 앞에 서면 긴장한다.	☐	☐
D. 친구를 자주 만난다.	☐	☐

12 나는 _____

	ㄱ	ㅁ
A. 나만의 스트레스 해소 방법이 있다.	☐	☐
B. 친구가 많다.	☐	☐
C. 책을 자주 읽는다.	☐	☐
D. 활동적이다.	☐	☐

01 면접유형 파악

1. 면접전형의 변화

기존 면접전형에서는 일상적이고 단편적인 대화나 지원자의 첫인상 및 면접관의 주관적인 판단 등에 의해서 입사 결정 여부를 판단하는 경우가 많았습니다. 이러한 면접전형은 면접 내용의 일관성이 결여되거나 직무 관련 타당성이 부족하였고, 면접에 대한 신뢰도에 영향을 주었습니다.

기존 면접(전통적 면접)		능력중심 채용 면접(구조화 면접)

• 일상적이고 단편적인 대화
• 인상, 외모 등 외부 요소의 영향
• 주관적인 판단에 의존한 총점 부여
 	
⇩
 	
• 면접 내용의 일관성 결여
• 직무관련 타당성 부족
• 주관적인 채점으로 신뢰도 저하
	VS	• 일관성
		   - 직무관련 역량에 초점을 둔 구체적 질문 목록
		   - 지원자별 동일 질문 적용
		• 구조화
		   - 면접 진행 및 평가 절차를 일정한 체계에 의해 구성
		• 표준화
		   - 평가 타당도 제고를 위한 평가 Matrix 구성
		   - 척도에 따라 항목별 채점, 개인 간 비교
		• 신뢰성
		   - 면접진행 매뉴얼에 따라 면접위원 교육 및 실습

2. 능력중심 채용의 면접 유형

① 경험 면접
  • 목적 : 선발하고자 하는 직무 능력이 필요한 과거 경험을 질문합니다.
  • 평가요소 : 직업기초능력과 인성 및 태도적 요소를 평가합니다.
② 상황 면접
  • 목적 : 특정 상황을 제시하고 지원자의 행동을 관찰함으로써 실제 상황의 행동을 예상합니다.
  • 평가요소 : 직업기초능력과 인성 및 태도적 요소를 평가합니다.
③ 발표 면접
  • 목적 : 특정 주제와 관련된 지원자의 발표와 질의응답을 통해 지원자 역량을 평가합니다.
  • 평가요소 : 직무수행능력과 인지적 역량(문제해결능력)을 평가합니다.
④ 토론 면접
  • 목적 : 토의과제에 대한 의견수렴 과정에서 지원자의 역량과 상호작용능력을 평가합니다.
  • 평가요소 : 직무수행능력과 팀워크를 평가합니다.

1. 경험 면접

① 경험 면접의 특징
- 주로 직업기초능력에 관련된 지원자의 과거 경험을 심층 질문하여 검증하는 면접입니다.
- 직무능력과 관련된 과거 경험을 평가하기 위해 심층 질문을 하며, 이 질문은 지원자의 답변에 대하여 '꼬리에 꼬리를 무는 형식'으로 진행됩니다.

> - 능력요소, 정의, 심사 기준
>   - 평가하고자 하는 능력요소, 정의, 심사기준을 확인하여 면접위원이 해당 능력요소 관련 질문을 제시합니다.
> - Opening Question
>   - 능력요소에 관련된 과거 경험을 유도하기 위한 시작 질문을 합니다.
> - Follow-up Question
>   - 지원자의 경험 수준을 구체적으로 검증하기 위한 질문입니다.
>   - 경험 수준 검증을 위한 상황(Situation), 임무(Task), 역할 및 노력(Action), 결과(Result) 등으로 질문을 구분합니다.

경험 면접의 형태

[면접관 1] [면접관 2] [면접관 3]

[면접관 1]   [면접관 2]   [면접관 3]

[지원자]

〈일대다 면접〉

[지원자 1] [지원자 2] [지원자 3]

〈다대다 면접〉

② 경험 면접의 구조

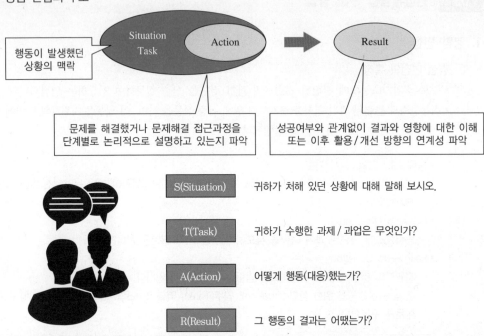

행동이 발생했던
상황의 맥락

문제를 해결했거나 문제해결 접근과정을
단계별로 논리적으로 설명하고 있는지 파악

성공여부와 관계없이 결과와 영향에 대한 이해
또는 이후 활용 / 개선 방향의 연계성 파악

S(Situation) 귀하가 처해 있던 상황에 대해 말해 보시오.

T(Task) 귀하가 수행한 과제 / 과업은 무엇인가?

A(Action) 어떻게 행동(대응)했는가?

R(Result) 그 행동의 결과는 어땠는가?

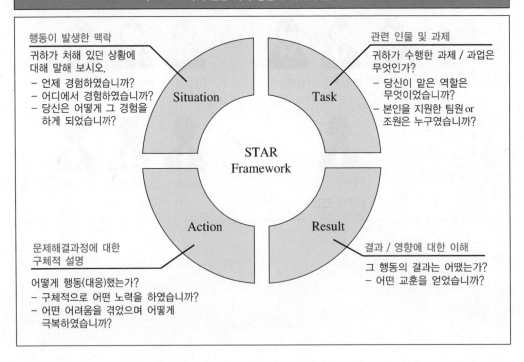

(   )에 관한 과거 경험에 대하여 말해 보시오.

행동이 발생한 맥락
귀하가 처해 있던 상황에
대해 말해 보시오.
– 언제 경험하였습니까?
– 어디에서 경험하였습니까?
– 당신은 어떻게 그 경험을
  하게 되었습니까?

관련 인물 및 과제
귀하가 수행한 과제 / 과업은
무엇인가?
– 당신이 맡은 역할은
  무엇이었습니까?
– 본인을 지원한 팀원 or
  조원은 누구였습니까?

Situation

Task

STAR
Framework

Action

Result

문제해결과정에 대한
구체적 설명
어떻게 행동(대응)했는가?
– 구체적으로 어떤 노력을 하였습니까?
– 어떤 어려움을 겪었으며 어떻게
  극복하였습니까?

결과 / 영향에 대한 이해
그 행동의 결과는 어땠는가?
– 어떤 교훈을 얻었습니까?

③ 경험 면접 질문 예시(직업윤리)

시작 질문	
1	남들이 신경 쓰지 않는 부분까지 고려하여 절차대로 업무(연구)를 수행하여 성과를 낸 경험을 구체적으로 말해 보시오.
2	조직의 원칙과 절차를 철저히 준수하며 업무(연구)를 수행한 것 중 성과를 향상시킨 경험에 대해 구체적으로 말해 보시오.
3	세부적인 절차와 규칙에 주의를 기울여 실수 없이 업무(연구)를 마무리한 경험을 구체적으로 말해 보시오.
4	조직의 규칙이나 원칙을 고려하여 성실하게 일했던 경험을 구체적으로 말해 보시오.
5	타인의 실수를 바로잡고 원칙과 절차대로 수행하여 성공적으로 업무를 마무리하였던 경험에 대해 말해 보시오.

후속 질문		
상황 (Situation)	상황	구체적으로 언제, 어디에서 경험한 일인가?
		어떤 상황이었는가?
	조직	어떤 조직에 속해 있었는가?
		그 조직의 특성은 무엇이었는가?
		몇 명으로 구성된 조직이었는가?
	기간	해당 조직에서 얼마나 일했는가?
		해당 업무는 몇 개월 동안 지속되었는가?
	조직규칙	조직의 원칙이나 규칙은 무엇이었는가?
임무 (Task)	과제	과제의 목표는 무엇이었는가?
		과제에 적용되는 조직의 원칙은 무엇이었는가?
		그 규칙을 지켜야 하는 이유는 무엇이었는가?
	역할	당신이 조직에서 맡은 역할은 무엇이었는가?
		과제에서 맡은 역할은 무엇이었는가?
	문제의식	규칙을 지키지 않을 경우 생기는 문제점 / 불편함은 무엇인가?
		해당 규칙이 왜 중요하다고 생각하였는가?
역할 및 노력 (Action)	행동	업무 과정의 어떤 장면에서 규칙을 철저히 준수하였는가?
		어떻게 규정을 적용시켜 업무를 수행하였는가?
		규정은 준수하는 데 어려움은 없었는가?
	노력	그 규칙을 지키기 위해 스스로 어떤 노력을 기울였는가?
		본인의 생각이나 태도에 어떤 변화가 있었는가?
		다른 사람들은 어떤 노력을 기울였는가?
	동료관계	동료들은 규칙을 철저히 준수하고 있었는가?
		팀원들은 해당 규칙에 대해 어떻게 반응하였는가?
		규칙에 대한 태도를 개선하기 위해 어떤 노력을 하였는가?
		팀원들의 태도는 당신에게 어떤 자극을 주었는가?
	업무추진	주어진 업무를 추진하는 데 규칙이 방해되진 않았는가?
		업무수행 과정에서 규정을 어떻게 적용하였는가?
		업무 시 규정을 준수해야 한다고 생각한 이유는 무엇인가?

CHAPTER 04 면접전형 가이드 • 253

결과 (Result)	평가	규칙을 어느 정도나 준수하였는가?
		그렇게 준수할 수 있었던 이유는 무엇이었는가?
		업무의 성과는 어느 정도였는가?
		성과에 만족하였는가?
		비슷한 상황이 온다면 어떻게 할 것인가?
	피드백	주변 사람들로부터 어떤 평가를 받았는가?
		그러한 평가에 만족하는가?
		다른 사람에게 본인의 행동이 영향을 주었다고 생각하는가?
	교훈	업무수행 과정에서 중요한 점은 무엇이라고 생각하는가?
		이 경험을 통해 느낀 바는 무엇인가?

2. 상황 면접

① 상황 면접의 특징

직무 관련 상황을 가정하여 제시하고 이에 대한 대응능력을 직무관련성 측면에서 평가하는 면접입니다.

> • 상황 면접 과제의 구성은 크게 2가지로 구분
> - 상황 제시(Description) / 문제 제시(Question or Problem)
> • 현장의 실제 업무 상황을 반영하여 과제를 제시하므로 직무분석이나 직무전문가 워크숍 등을 거쳐 현장성을 높임
> • 문제는 상황에 대한 기본적인 이해능력(이론적 지식)과 함께 실질적 대응이나 변수 고려능력(실천적 능력) 등을 고르게 질문해야 함

상황 면접의 형태

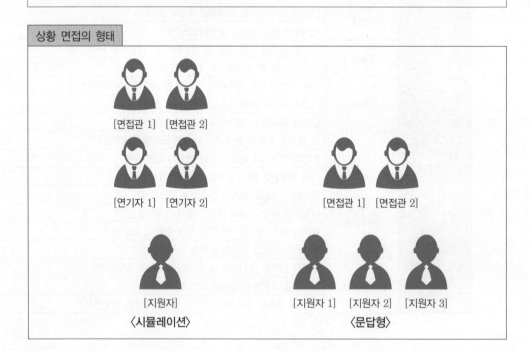

② 상황 면접 예시

상황 제시	인천공항 여객터미널 내에는 다양한 용도의 시설(사무실, 통신실, 식당, 전산실, 창고 면세점 등)이 설치되어 있습니다.	실제 업무 상황에 기반함
	금년에 소방배관의 누수가 잦아 메인 배관을 교체하는 공사를 추진하고 있으며, 당신 은 이번 공사의 담당자입니다.	배경 정보
	주간에는 공항 운영이 이루어져 주로 야간에만 배관 교체 공사를 수행하던 중, 시공하 는 기능공의 실수로 배관 연결 부위를 잘못 건드려 고압배관의 소화수가 누출되는 사고가 발생하였으며, 이로 인해 인근 시설물에 누수에 의한 피해가 발생하였습니다.	구체적인 문제 상황
문제 제시	일반적인 소방배관의 배관연결(이음)방식과 배관의 이탈(누수)이 발생하는 원인 에 대해 설명해 보시오.	문제 상황 해결을 위한 기본 지식 문항
	담당자로서 본 사고를 현장에서 긴급히 처리하는 프로세스를 제시하고, 보수완료 후 사후적 조치가 필요한 부분 및 재발방지 방안에 대해 설명해 보시오.	문제 상황 해결을 위한 추가 대응 문항

3. 발표 면접

① 발표 면접의 특징
- 직무관련 주제에 대한 지원자의 생각을 정리하여 의견을 제시하고, 발표 및 질의응답을 통해 지원자의 직무능력을 평가하는 면접입니다.
- 발표 주제는 직무와 관련된 자료로 제공되며, 일정 시간 후 지원자가 보유한 지식 및 방안에 대한 발표 및 후속 질문을 통해 직무적합성을 평가합니다.

> - 주요 평가요소
>   - 설득적 말하기 / 발표능력 / 문제해결능력 / 직무관련 전문성
> - 이미 언론을 통해 공론화된 시사 이슈보다는 해당 직무분야에 관련된 주제가 발표면접의 과제로 선정되는 경우가 최근 들어 늘어나고 있음
> - 짧은 시간 동안 주어진 과제를 빠른 속도로 분석하여 발표문을 작성하고 제한된 시간 안에 면접관에게 효과적인 발표를 진행하는 것이 핵심

발표 면접의 형태

[면접관 1]　[면접관 2]

[면접관 1]　[면접관 2]

[지원자]

〈개별 과제 발표〉

[지원자 1]　[지원자 2]　[지원자 3]

〈팀 과제 발표〉

※ 면접관에게 시각적 효과를 사용하여 메시지를 전달하는 쌍방향 커뮤니케이션 방식
※ 심층면접을 보완하기 위한 방안으로 최근 많은 기업에서 적극 도입하는 추세

② 발표 면접 예시

1. 지시문

당신은 현재 A사에서 직원들의 성과평가를 담당하고 있는 팀원이다. 인사팀은 지난주부터 사내 조직문화관련 인터뷰를 하던 도중 성과평가제도에 관련된 개선 니즈가 제일 많다는 것을 알게 되었다. 이에 팀장님은 인터뷰 결과를 종합하려 성과평가제도 개선 아이디어를 A4용지에 정리하여 신속 보고할 것을 지시하셨다. 당신에게 남은 시간은 1시간이다. 자료를 준비하는 대로 당신은 팀원들이 모인 회의실에서 5분 간 발표할 것이며, 이후 질의응답을 진행할 것이다.

2. 배경자료

〈성과평가제도 개선에 대한 인터뷰〉

최근 A사는 회사 사세의 급성장으로 인해 작년보다 매출이 두 배 성장하였고, 직원 수 또한 두 배로 증가하였다. 회사의 성장은 임금, 복지에 대한 상승 등 긍정적인 영향을 주었으나 업무의 불균형 및 성과보상의 불평등 문제가 발생하였다. 또한 수시로 입사하는 신입직원과 경력직원, 퇴사하는 직원들까지 인원들의 잦은 변동으로 인해 평가해야 할 대상이 변경되어 현재의 성과평가제도로는 공정한 평가가 어려운 상황이다.

[생산부서 김상호]
우리 팀은 지난 1년 동안 생산량이 급증했기 때문에 수십 명의 신규인력이 급하게 채용되었습니다. 이 때문에 저희 팀장님은 신규 입사자들의 이름조차 기억 못할 때가 많이 있습니다. 성과평가를 제대로 하고 있는지 의문이 듭니다.

[마케팅 부서 김흥민]
개인의 성과평가의 취지는 충분히 이해합니다. 그러나 현재 평가는 실적기반이나 정성적인 평가가 많이 포함되어 있어 객관성과 공정성에는 의문이 드는 것이 사실입니다. 이러한 상황에서 평가제도를 재수립하지 않고, 인센티브에 계속 반영한다면, 평가제도에 대한 반감이 커질 것이 분명합니다.

[교육부서 홍경민]
현재 교육부서는 인사팀과 밀접하게 일하고 있습니다. 그럼에도 인사팀에서 실시하는 성과평가제도에 대한 이해가 부족한 것 같습니다.

[기획부서 김경호 차장]
저는 저의 평가자 중 하나가 연구부서의 팀장님인데, 일 년에 몇 번 같이 일하지 않는데 어떻게 저를 평가할 수 있을까요? 특히 연구팀은 저희가 예산을 배정하는데, 저에게는 좋지만….

4. 토론 면접

① 토론 면접의 특징
- 다수의 지원자가 조를 편성해 과제에 대한 토론(토의)을 통해 결론을 도출해가는 면접입니다.
- 의사소통능력, 팀워크, 종합인성 등의 평가에 용이합니다.

> - 주요 평가요소
>   - 설득적 말하기, 경청능력, 팀워크, 종합인성
> - 의견 대립이 명확한 주제 또는 채용분야의 직무 관련 주요 현안을 주제로 과제 구성
> - 제한된 시간 내 토론을 진행해야 하므로 적극적으로 자신 있게 토론에 임하고 본인의 의견을 개진할 수 있어야 함

토론 면접의 형태

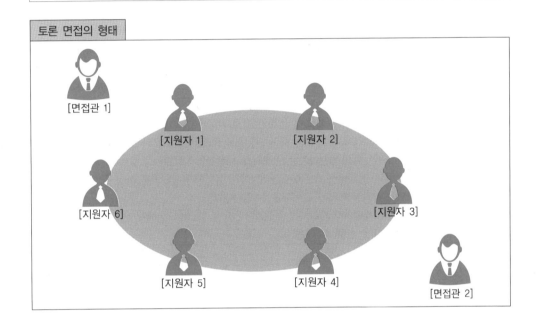

② 토론 면접 예시

고객 불만 고충처리

1. 들어가며

최근 우리 상품에 대한 고객 불만의 증가로 고객고충처리 TF가 만들어졌고 당신은 여기에 지원해 배치받았다. 당신의 업무는 불만을 가진 고객을 만나서 애로사항을 듣고 처리해 주는 일이다. 주된 업무로는 고객의 니즈를 파악해 방향성을 제시해 주고 그 해결책을 마련하는 일이다. 하지만 경우에 따라서 고객의 주관적인 의견으로 인해 제대로 된 방향으로 의사결정을 하지 못할 때가 있다. 이럴 경우 설득이나 논쟁을 해서라도 의견을 관철시키는 것이 좋을지 아니면 고객의 의견대로 진행하는 것이 좋을지 결정해야 할 때가 있다. 만약 당신이라면 이러한 상황에서 어떤 결정을 내릴 것인지 여부를 자유롭게 토론해 보시오.

2. 1분 자유 발언 시 준비사항

- 당신은 의견을 자유롭게 개진할 수 있으며 이에 따른 불이익은 없습니다.
- 토론의 방향성을 이해하고, 내용의 장점과 단점이 무엇인지 문제를 명확히 말해야 합니다.
- 합리적인 근거에 기초하여 개선방안을 명확히 제시해야 합니다.
- 제시한 방안을 실행 시 예상되는 긍정적·부정적 영향요인도 동시에 고려할 필요가 있습니다.

3. 토론 시 유의사항

- 토론 주제문과 제공해드린 메모지, 볼펜만 가지고 토론장에 입장할 수 있습니다.
- 사회자의 지정 또는 발표자가 손을 들어 발언권을 획득할 수 있으며, 사회자의 통제에 따릅니다.
- 토론회가 시작되면, 팀의 의견과 논거를 정리하여 1분간의 자유발언을 할 수 있습니다. 순서는 사회자가 지정합니다. 이후에는 자유롭게 상대방에게 질문하거나 답변을 하실 수 있습니다.
- 핸드폰, 서적 등 외부 매체는 사용하실 수 없습니다.
- 논제에 벗어나는 발언이나 지나치게 공격적인 발언을 할 경우, 위에서 제시한 유의사항을 지키지 않을 경우 불이익을 받을 수 있습니다.

1. 면접 Role Play 편성

- 교육생끼리 조를 편성하여 면접관과 지원자 역할을 교대로 진행합니다.
- 지원자 입장과 면접관 입장을 모두 경험해 보면서 면접에 대한 적응력을 높일 수 있습니다.

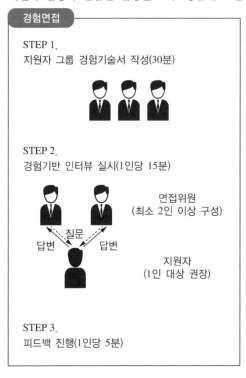

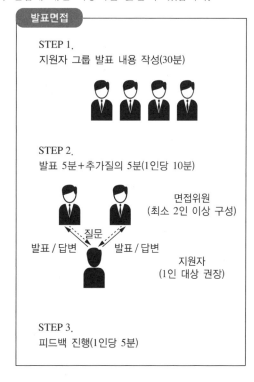

> **Tip**

면접 준비하기
1. 면접 유형 확인 필수
   - 기업마다 면접 유형이 상이하기 때문에 해당 기업의 면접 유형을 확인하는 것이 좋음
   - 일반적으로 실무진 면접, 임원면접 2차례에 거쳐 면접을 실시하는 기업이 많고 실무진 면접과 임원 면접에서 평가요소가 다르기 때문에 유형에 맞는 준비방법이 필요
2. 후속 질문에 대한 사전 점검
   - 블라인드 채용 면접에서는 주요 질문과 함께 후속 질문을 통해 지원자의 직무능력을 판단
     → STAR 기법을 통한 후속 질문에 미리 대비하는 것이 필요

주택도시보증공사 면접 기출질문

주택도시보증공사의 면접전형은 필기전형 합격자를 대상으로 1차 면접전형과 2차 면접전형으로 나누어 이루어진다. 1차 면접전형은 직무면접과 PT면접, 인성면접이 진행되며, 2차 면접전형은 1차 면접전형 합격자를 대상으로 공사 직무, 기여도 등 공사 적합성 등을 평가하는 직무심층면접이 진행된다.

01 1차 면접(실무 면접)

1. 직무면접

다대일 형식의 구술면접으로, 인당 10분간 진행된다. 지원자의 채용분야 관련 실무지식 및 직무역량을 평가하기 위한 면접이다. 심층 질문을 통해 공사 직무 및 조직 적합성 등 지원자에 대한 역량을 검증한다.

- 주택도시보증공사의 App과 관련하여 보완점을 말해 보시오.
- 주택도시보증공사의 위기상황에 대해 설명하고 이를 어떻게 해결할 수 있을지 말해 보시오.
- 하도급대금보증에 대해 설명해 보시오.
- 청년주택청약저축에 대해 설명해 보시오.
- 전세사기 피해자를 보호할 수 있는 방안을 설명해 보시오.
- 주택도시보증공사에서 일할 때 갖춰야 할 가치관은 무엇인가?
- 전문분야에 대해 공부를 한 적이 있는가?
- 자신의 장점에 대해서 말해 보시오.
- 주택도시보증공사에서 자신이 관심있는 사업분야는 무엇인가?
- 지원동기가 무엇인가?
- 주택도시보증공사에 들어오기 위해 어떤 노력을 하였는가?
- 자신이 같이 일하기 힘든 사람은 누구이며, 그 이유는 무엇인가?
- 민원응대에 대한 경험이 있는가?
- 가장 자신 있는 외국어는 무엇인가?
- 가장 행복했던 순간은 언제인가?
- 공공성과 수익성 중 무엇이 중요하다고 생각하는가?
- 주택도시보증공사를 친구에게 소개한다면 어떻게 소개할 것인가?
- 주택도시보증공사의 강점은 무엇인가?
- 주택도시보증공사의 약점이 있다면 무엇인가?
- 협동사례에 대해 말해 보시오.
- 본인의 롤모델은 누구인가?
- 성실성을 입증할 만한 사례에 대해 말해 보시오.
- 최근에 주택도시보증공사에 대한 관련 기사를 읽어본 적이 있는가?

- 주택도시보증공사, 한국주택금융공사, 한국토지주택공사의 차이점에 대해 말해 보시오.
- 업무에 필요한 역량을 구체적으로 어떻게 키울지 말해 보시오.
- 입사 후 하고 싶은 업무는 무엇인가?
- 공직에서 가장 중요한 가치는 무엇인가?
- 주택도시보증공사에서 하고 싶은 일이 무엇인가?
- 개인보증과 기업보증의 차이점에 대해 말해 보시오.
- 본인의 직업관에 대해 말해 보시오.
- 이전에 공부했던 시험에 대한 미련은 없는가?
- 자기소개서에 나온 경험이 주택도시보증공사에 지원한 것과 어떤 관련이 있는가?
- 좌우명이 무엇이고, 그렇게 정한 이유는 무엇인가?

2. PT면접

PT 주제는 공사 직무, 사회 전반 이슈와 관련된 것으로, 인당 20분의 준비시간 후 10분 발표 및 질의응답을 하는 방식으로 진행된다.

- 빈집을 해소할 수 있는 방안을 발표해 보시오.
- 노숙자 복지를 어떻게 할 것인지 발표해 보시오.
- 2030들을 위한 금융, 부동산 관련 교육 커리큘럼을 제시하여 발표해 보시오.
- 친환경과 관련된 주택도시보증공사의 방안에 대해 발표해 보시오.
- 역전세난을 완화할 수 있는 방안에 관해 발표해 보시오.
- 부동산 관련 사업을 발표해 보시오.
- 분양가상한제에 관해 발표해 보시오.
- 직업이 자아실현에 도움을 줄 수 있는지에 관해 발표해 보시오.
- 도시재생사업의 사례를 들고, 가장 논쟁이 되는 부분에 관해 발표해 보시오.
- SNS의 문제점과 이에 대한 대응방법에 관해 발표해 보시오.
- AI를 재판에서 이용 가능한가?
- 사교육 과열에 대한 사회적, 제도적 원인과 해결방안에 관해 발표해 보시오.
- 지방인재 채용에 관해 발표해 보시오.
- 주택분양시장의 경쟁도입에 관해 발표해 보시오.
- 보증시장 민간개방의 장단점에 관해 발표해 보시오.
- 악성민원에 대한 대처방안 및 민원을 줄일 방안에 관해 발표해 보시오.
- 기업의 평판관리 방안에 관해 발표해 보시오.
- 출산율 저하의 원인과 대책에 관해 발표해 보시오.

3. 인성면접

인재상 및 핵심가치, 조직 문화 등에 부합하고 고객 지향적이고 성과 창출 중심의 지원자 인성을 검증한다. 다대일 형식의 구술면접으로, 인당 10분씩 진행하며 꼬리 질문이 이어질 수 있다.

- 자기소개를 해 보시오.
- 처음 시작하는 일에서 어려움을 겪은 것에 대해 말해 보시오.
- 일과 가정 중 더 중요한 것은 무엇인지 말해 보시오.
- 공기업을 선택한 이유가 무엇인지 말해 보시오.
- 본인이 채권자인 상황에서 채무자가 너무 어려워서 변제를 못한다면 어떻게 대처할 것인지 말해 보시오.

02 2차 면접(임원 면접)

2차 면접은 다대다 형식의 구술면접으로 인당 10분간 진행된다. 지원자의 가치관과 주택도시보증공사에 대한 애정 등을 평가하는 면접이다. 자기소개와 개인별로 사회적 이슈, 직무 적합성, 주택도시보증공사에 관한 지식 등 간단한 질문을 통해 지원자의 자세와 태도를 종합적으로 평가한다.

- 자기소개를 간단히 해 보시오.
- 타인과 일하면서 겪었던 갈등에 대해 말해 보시오.
- 최근 트렌드와 공사 사업들 중 관련이 있는 것에 대해 말해 보시오.
- 주택도시보증공사와 비슷한 업무를 하는 기업을 말해 보고, 그 기업보다 주택도시보증공사가 더 좋은 점을 말해 보시오.
- 주택도시보증공사에 닥쳐올 위기에 대해 설명해 보시오.
- 귀하가 주택도시보증공사를 위해 준비해 온 것을 말해 보시오.
- 귀하가 주택도시보증공사에서 사용할 수 있는 개인적인 강점을 말해 보시오.
- 주택도시보증공사에서 새롭게 운용할 수 있는 상품에 대해서 생각해 본 적이 있는가? 있다면 말해 보시오.
- 자신의 성격에 대한 약점을 한 문장으로 표현해 보시오.
- 사내문화(여성관리자, 평판 관리 등)에 대한 자신의 생각을 말해 보시오.
- 국제 행사에서 가장 중요한 것은 무엇이라고 생각하는지 말해 보시오.
- 순환 근무에 대한 귀하의 생각을 말해 보시오.
- 공직자는 청렴이 가장 중요하다. 이에 대한 자기 생각을 말해 보시오.
- 본인이 공사에 기여할 수 있는 점이 무엇인지 말해 보시오.
- 부산에 대한 이미지는 무엇인가?
- 첫 월급을 받으면 무엇을 하고 싶은가?
- 현재 우리나라의 주택시장에 대해 어떻게 생각하는가?
- 본인의 성격 스타일을 표현한다면 어떻게 표현할 수 있겠는가?
- 노사분규 등 갈등을 해결하기 위한 방안에 대해 말해 보시오.
- 본인의 장점에 대해 말해 보시오.
- 본인이 이것만은 고쳐야 한다고 생각하는 단점을 말해 보시오.
- 졸업 후에 무엇을 했는가?

현재 나의 실력을 객관적으로 파악해 보자!

모바일 OMR
답안채점 / 성적분석 서비스

도서에 수록된 모의고사에 대한 객관적인 결과(정답률, 순위)를 종합적으로 분석하여 제공합니다.

OMR 입력   ## 성적분석   ## 채점결과

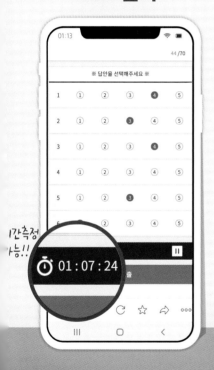

※OMR 답안채점 / 성적분석 서비스는 등록 후 30일간 사용 가능합니다.

도서 내 모의고사 우측 상단에 위치한 QR코드 찍기 → 로그인 하기 → '시작하기' 클릭 → '응시하기' 클릭 → 나의 답안을 모바일 OMR 카드에 입력 → '성적분석 & 채점결과' 클릭 → 현재 내 실력 확인하기

2025
전면개정판

SDC

판매량
1위
주택도시보증공사
YES24

HUG
주택도시
보증공사

정답 및 해설

NCS＋전공＋모의고사 5회

편저 | SDC(Sidae Data Center)

기출복원문제부터
대표기출유형 및
모의고사까지

한 권으로
마무리!

SDC

SDC는 시대에듀 데이터 센터의 약자로
약 30만 개의 NCS·작성 문제 데이터를
바탕으로 최신 출제경향을 반영하여
문제를 출제합니다.

시대에듀

Add+

특별부록

끝까지 책임진다! 시대에듀!

QR코드를 통해 도서 출간 이후 발견된 오류나 개정법령, 변경된 시험 정보, 최신기출문제, 도서 업데이트 자료 등이 있는지 확인해 보세요! **시대에듀 합격 스마트 앱**을 통해서도 알려 드리고 있으니 구글 플레이나 앱 스토어에서 다운받아 사용하세요. 또한, 파본 도서인 경우에는 구입하신 곳에서 교환해 드립니다.

시대에듀

2024년 하반기 주요 공기업
NCS 기출복원문제

01	02	03	04	05	06	07	08	09	10
④	③	⑤	③	③	③	④	④	③	⑤
11	12	13	14	15	16	17	18	19	20
④	③	②	①	③	④	⑤	④	③	④
21	22	23	24	25	26	27	28	29	30
⑤	③	②	⑤	⑤	③	③	④	①	①
31	32	33	34	35	36	37	38	39	40
③	①	②	①	④	③	④	④	④	③
41	42	43	44	45	46	47	48	49	50
②	③	⑤	③	①	④	④	⑤	②	②

01
정답 ④

쉼이란 대화 도중에 잠시 침묵하는 것으로, 논리성, 감정 제고, 동질감 등을 확보할 수 있다. 쉼을 사용하는 대표적인 경우는 다음과 같다.
• 이야기의 전이 시(흐름을 바꾸거나 다른 주제로 넘어갈 때)
• 양해, 동조, 반문의 경우
• 생략, 암시, 반성의 경우
• 여운을 남길 때
반면, 연단공포증은 면접이나 발표 등 청중 앞에서 이야기할 때 가슴이 두근거리고, 입술이 타고, 식은땀이 나고, 얼굴이 달아오르는 생리적인 현상으로, 쉼과는 관련이 없다. 연단공포증은 90% 이상의 사람들이 호소하는 불안이므로 극복하기 위해서는 연단공포증에 대한 걱정을 떨쳐내고 이러한 심리현상을 잘 통제하여 의사 표현하는 것을 연습해야 한다.

02
정답 ③

미국의 심리학자인 도널드 키슬러는 대인관계 의사소통 방식을 체크리스트로 평가하여 8가지 유형으로 구분하였다. 이 중 친화형은 따뜻하고 배려심이 깊으며, 타인과의 관계를 중시하는 유형이다. 또한 협동적이고 조화로운 성격으로, 자기희생적인 경향이 강하다.

키슬러의 대인관계 의사소통 유형
• 지배형 : 자신감이 있고 지도력이 있으나 논쟁적이고 독단이 강하여 대인 갈등을 겪을 수 있으므로 타인의 의견을 경청하고 수용하는 자세가 필요하다.
• 실리형 : 이해관계에 예민하고 성취 지향적으로 경쟁적인 데다 자기중심적이어서 타인의 입장을 배려하고 관심을 갖는 자세가 필요하다.
• 냉담형 : 이성적인 의지력이 강하고 타인의 감정에 무관심하며 피상적인 대인관계를 유지하므로 타인의 감정 상태에 관심을 가지고 긍정적인 감정을 표현하는 것이 필요하다.
• 고립형 : 혼자 있는 것을 선호하고 사회적 상황을 회피하며 지나치게 자신의 감정을 억제하므로 대인관계의 중요성을 인식하고 타인에 대한 비현실적인 두려움의 근원을 성찰하는 것이 필요하다.
• 복종형 : 수동적이고 의존적이며 자신감이 없으므로 적극적인 자기표현과 주장이 필요하다.
• 순박형 : 단순하고 솔직하며 자기주관이 부족하므로 자기주장을 하는 노력이 필요하다.
• 친화형 : 따뜻하고 인정이 많으며 자기희생적이나 타인의 요구를 거절하지 못하므로 타인과의 정서적인 거리를 유지하는 노력이 필요하다.
• 사교형 : 외향적이고 인정하는 욕구가 강하며, 타인에 대한 관심이 많아서 간섭하는 경향이 있고 흥분을 잘 하므로 심리적 안정과 지나친 인정욕구에 대한 성찰이 필요하다.

03
정답 ⑤

철도사고는 달리는 도중에도 발생할 수 있으므로 먼저 인터폰을 통해 승무원에게 사고를 알리고, 열차가 멈춘 후에 안내방송에 따라 비상핸들이나 비상콕크를 돌려 문을 열고 탈출해야 한다. 만일 화재가 발생했을 경우에는 승무원에게 사고를 알리고 곧바로 119에도 신고를 해야 한다.

오답분석
① 침착함을 잃고 패닉에 빠지게 되면, 적절한 행동요령에 따라 대피하기 어렵다. 따라서 사고현장에서 대피할 때는 승무원의 안내에 따라 질서 있게 대피해야 한다.
② 화재사고 발생 시 승객들은 여유가 있을 경우 전동차 양 끝에 비치된 소화기로 초기 진화를 시도해야 한다.

③ 역이 아닌 곳에서 열차가 멈췄을 경우 감전의 위험이 있으므로 반드시 승무원의 안내에 따라 반대편 선로의 열차 진입에 유의하며 대피 유도등을 따라 침착하게 비상구로 대피해야 한다.

④ 전동차에서 대피할 때는 부상자, 노약자, 임산부 등 탈출이 어려운 사람부터 먼저 대피할 수 있도록 배려하고 도와주어야 한다.

04 　　　　　　　　　　　　　정답 ③

하향식 읽기 모형은 독자의 배경지식을 바탕으로 글의 맥락을 먼저 파악하는 읽기 전략이다. ③의 경우 제품 설명서를 통해 세부 기능과 버튼별 용도를 파악하고 기계를 작동시켰으므로 상향식 읽기를 수행한 사례이다. 제품 설명서를 하향식으로 읽는다면 제품 설명서를 읽기 전 제품을 보고 배경지식을 바탕으로 어떤 기능이 있는지 예측하고, 해당 기능을 수행하는 세부 방법을 제품 설명서를 통해 찾아봐야 한다.

오답분석

① 회의 주제에 대한 배경지식을 가지고 회의 안건을 예상한 후 회의 자료를 파악하였으므로 하향식 읽기 모형에 해당한다.

② 헤드라인을 먼저 읽어 배경지식을 바탕으로 전체적인 내용을 파악하고 상세 내용을 읽었으므로 하향식 읽기 모형에 해당한다.

④ 요리에 대한 경험과 지식을 바탕으로 요리 과정을 파악하였으므로 하향식 읽기 모형에 해당한다.

⑤ 해당 분야에 대한 기본적인 지식을 바탕으로 서문이나 목차를 통해 책의 전체적인 흐름을 파악하였으므로 하향식 읽기 모형에 해당한다.

05 　　　　　　　　　　　　　정답 ③

농도가 15%인 소금물 200g의 소금의 양은 $200 \times \frac{15}{100} = 30$g이고, 농도가 20%인 소금물 300g의 소금의 양은 $300 \times \frac{20}{100} = 60$g이다. 따라서 두 소금물을 섞었을 때의 농도는 $\frac{30+60}{200+300} \times 100 = \frac{90}{500} \times 100 = 18$%이다.

06 　　　　　　　　　　　　　정답 ③

여직원끼리 인접하지 않는 경우는 남직원과 여직원이 번갈아 앉는 경우뿐이다. 이때 여직원 D의 자리를 기준으로 남직원 B가 옆에 앉는 경우를 다음과 같이 나눌 수 있다.

• 첫 번째, 여섯 번째 자리에 여직원 D가 앉는 경우
남직원 B가 여직원 D 옆에 앉는 경우는 1가지뿐으로, 남은 자리에 남직원, 여직원이 번갈아 앉으므로 경우의 수는 $2 \times 1 \times 2! \times 2! = 8$가지이다.

• 두 번째, 세 번째, 네 번째, 다섯 번째 자리에 여직원 D가 앉는 경우
각 경우에 대하여 남직원 B가 여직원 D 옆에 앉는 경우는 2가지이다. 남은 자리에 남직원, 여직원이 번갈아 앉으므로 경우의 수는 $4 \times 2 \times 2! \times 2! = 32$가지이다.

따라서 구하고자 하는 경우의 수는 $8+32=40$가지이다.

07 　　　　　　　　　　　　　정답 ④

제시된 수열은 홀수 항일 때 $+12$, $+24$, $+48$, … 인 수열이고, 짝수 항일 때 $+20$인 수열이다.

따라서 빈칸에 들어갈 수는 $13+48=61$이다.

08 　　　　　　　　　　　　　정답 ④

2022년에 중학교에서 고등학교로 진학한 학생의 비율은 99.7%이고, 2023년 중학교에서 고등학교로 진학한 학생의 비율은 99.6%이다. 따라서 진학한 비율이 감소하였으므로 중학교에서 고등학교로 진학하지 않은 학생의 비율은 증가하였음을 알 수 있다.

오답분석

① 중학교의 취학률이 가장 낮은 해는 97.1%인 2020년이다. 이는 97% 이상이므로 중학교의 취학률은 매년 97% 이상이다.

② 매년 초등학교의 취학률이 가장 높다.

③ 고등교육기관의 취학률은 2020년 이후로 계속해서 70% 이상을 기록하였다.

⑤ 고등교육기관의 취학률이 가장 낮은 해는 2016년이고, 고등학교의 상급학교 진학률이 가장 낮은 해 또한 2016년이다.

09 　　　　　　　　　　　　　정답 ③

오답분석

① B기업의 매출액이 가장 많은 때는 2024년 3월이지만, 그래프에서는 2024년 4월의 매출액이 가장 많은 것으로 나타났다.

② 2024년 2월에는 A기업의 매출이 더 많지만, 그래프에서는 B기업이 더 많은 것으로 나타났다.

④ A기업의 매출액이 가장 적은 때는 2024년 4월이지만, 그래프에서는 2024년 3월의 매출액이 가장 적은 것으로 나타났다.

⑤ A기업과 B기업의 매출액의 차이가 가장 큰 때는 2024년 1월이지만, 그래프에서는 2024년 5월과 6월의 매출액 차이가 더 큰 것으로 나타났다.

10
정답 ⑤

스마트 팜 관련 정부 사업 참여 경험은 K사의 강점 요인이다.
또한 정부의 적극적인 지원은 스마트 팜 시장 성장에 따른 기
회 요인이다. 따라서 스마트 팜 관련 정부 사업 참여 경험을
바탕으로 정부의 적극적인 지원을 확보하는 것은 내부의 강점
을 통해 외부의 기회 요인을 극대화하는 SO전략에 해당한다.

오답분석
①·②·③·④ 외부의 기회를 이용하여 내부의 약점을 보
완하는 WO전략에 해당한다.

11
정답 ④

A ~ E열차의 운행시간 단위를 시간 단위로, 평균 속력의 단
위를 시간당 운행거리로 통일하여 정리하면 다음과 같다.

구분	운행시간	평균 속력	운행거리
A 열차	900분 =15시간	50m/s =(50×60×60)m/h =180km/h	15×180= 2,700km
B 열차	10시간 30분 =10.5시간	150km/h	10.5×150 =1,575km
C 열차	8시간	55m/s =(55×60×60)m/h =198km/h	8×198= 1,584km
D 열차	720분 =12시간	2.5km/min =(2.5×60)km/h =150km/h	12×150= 1,800km
E 열차	10시간	2.7km/min =(2.7×60)m/h =162km/h	10×162= 1,620km

따라서 C열차의 운행거리는 네 번째로 길다.

12
정답 ③

A ~ F 모두 문맥을 무시하고 일부 문구에만 집착하여 뜻을
해석하고 있으므로 '과대해석의 오류'를 범하고 있다. 과대해
석의 오류는 전체적인 상황이나 맥락을 고려하지 않고 특정
단어나 문장에만 집착하여 의미를 해석하는 오류로, 글의 의
미를 지나치게 확대하거나 축소하여 생각하고, 문자 그대로
의 의미에만 너무 집착하여 다른 가능성이나 해석을 배제하게
되는 논리적 오류이다.

오답분석
① 무지의 오류 : '신은 존재하지 않는다가 증명되지 않았으
므로 신은 존재한다.'처럼 증명되지 않았다고 해서 그 반
대의 주장이 참이라고 생각하는 오류이다.
② 연역법의 오류 : '조류는 날 수 있다. 펭귄은 조류이다.
따라서 펭귄은 날 수 있다.'처럼 잘못된 삼단논법에 의해
발생하는 논리적 오류이다.

④ 허수아비 공격의 오류 : '저 사람은 과거에 거짓말을 한
적이 있으니 이번에 일어난 사기 사건의 범인이다.'처럼
개별적 인과관계를 입증하지 않고 전혀 상관없는 별개의
논리를 만들어 공격하는 논리적 오류이다.
⑤ 권위나 인신공격에 의존한 논증 : '제정신을 가진 사람이
면 그런 주장을 할 수가 없다.'처럼 상대방의 주장 대신
인격을 공격하거나, '최고 권위자인 A교수도 이런 말을 했
습니다.'처럼 자신의 논리적인 약점을 권위자를 통해 덮으
려는 논리적 오류이다.

13
정답 ②

K대학교 기숙사 운영위원회는 단순히 '기숙사에 문제가 있
다.'라는 큰 문제에서 벗어나 식사, 시설, 통신환경이라는 세
가지 주요 문제를 파악하고 문제별로 다시 세분화하여 더욱
구체적으로 인과관계 및 구조를 파악하여 분석하고 있다. 따
라서 제시문에서 나타난 문제해결 절차는 '문제 도출'이다.

> **문제해결 절차 5단계**
> 1. 문제 인식 : 해결해야 할 전체 문제를 파악하여 우선
>   순위를 정하고 선정 문제에 대한 목표를 명확히 하는
>   단계
> 2. 문제 도출 : 선정된 문제를 분석하여 해결해야 할 것
>   이 무엇인지를 명확히 하는 단계로, 현상에 대한 문
>   제를 분해하여 인과관계 및 구조를 파악하는 단계
> 3. 원인 분석 : 파악된 핵심 문제에 대한 분석을 통해
>   근본 원인을 도출해 내는 단계
> 4. 해결안 개발 : 문제로부터 도출된 근본 원인을 효과
>   적으로 해결할 수 있는 최적의 해결 방안을 수립하는
>   단계
> 5. 실행 및 평가 : 해결안 개발을 통해 만들어진 실행
>   계획을 실제 상황에 적용하는 단계로, 해결안을 통
>   해 문제의 원인들을 제거해 나가는 단계

14
정답 ①

공공사업을 위해 투입된 세금을 본래의 목적에 사용하지 않고
무단으로 다른 곳에 쓴 상황이므로 '예정되어 있는 곳에 쓰지
아니하고 다른 데로 돌려서 씀'을 의미하는 '전용(轉用)'이 가
장 적절한 단어이다.

오답분석
② 남용(濫用) : 일정한 기준이나 한도를 넘어서 함부로 씀
③ 적용(適用) : 알맞게 이용하거나 맞추어 씀
④ 활용(活用) : 도구나 물건 따위를 충분히 잘 이용함
⑤ 준용(遵用) : 그대로 좇아서 씀

15

시조새는 비대칭형 깃털을 가진 최초의 동물로, 현대의 날 수 있는 조류처럼 바람을 맞는 곳의 깃털은 짧고, 뒤쪽은 긴 형태로 이루어졌으며, 이와 같은 비대칭형 깃털이 양력을 제공하여 짧은 거리의 활강을 가능하게 하였다. 따라서 비행을 하기 위한 시조새의 신체 조건은 날개의 깃털이 비대칭 구조로 형성되어 있는 것이다.

[오답분석]
① 제시문에서 언급하지 않은 내용이다.
②·④ 세 개의 갈고리 발톱과 척추뼈가 꼬리까지 이어지는 구조는 공룡의 특징을 보여주는 신체 조건이다.
⑤ 시조새는 현대 조류처럼 가슴뼈가 비행에 최적화된 형태로 발달되지 않았다고 언급하고 있다.

16

제시문은 서양의학에 중요한 영향을 준 히포크라테스와 갈레노스에 대해 소개하고 있다. 히포크라테스는 자연적 관찰을 통해 의사를 과학적인 기반 위의 직업으로 만들었으며, 히포크라테스 선서와 같이 전문직업으로써의 윤리적 기준을 마련한 서양의학의 상징이라고 소개하고 있으며, 갈레노스는 실제 해부와 임상 실험을 통해 의학 이론을 증명하고 방대한 저술을 남겨 후대 의학 발전에 큰 영향을 주었음을 설명하고 있다. 따라서 '히포크라테스와 갈레노스가 서양의학에 끼친 영향과 중요성'이 제시문의 주제이다.

[오답분석]
① 갈레노스의 의사로서의 이력은 언급하고 있지만, 생애에 대해 구체적으로 밝히는 글은 아니다.
② 갈레노스가 해부와 실험을 통해 의학 이론을 증명하였음을 설명할 뿐이며, 해부학의 발전 과정에 대해 설명하는 글은 아니다.
③ 히포크라테스 선서는 히포크라테스가 서양의학에 남긴 중요한 윤리적 기준이지만, 이를 중심으로 설명하는 글은 아니다.
⑤ 히포크라테스와 갈레노스 모두 4체액설과 같은 부분에서는 현대 의학과는 거리가 있었음을 밝히고 있다.

17

'비상구'는 '화재나 지진 따위의 갑작스러운 사고가 일어날 때에 급히 대피할 수 있도록 특별히 마련한 출입구'이다. 따라서 이와 가장 비슷한 단어는 '갇힌 곳에서 빠져나가거나 도망하여 나갈 수 있는 출구'를 의미하는 '탈출구'이다.

[오답분석]
① 진입로 : 들어가는 길
② 출입구 : 나갔다가 들어왔다가 하는 어귀나 문
③ 돌파구 : 가로막은 것을 쳐서 깨뜨려 통과할 수 있도록 뚫은 통로나 목

④ 여울목 : 여울물(강이나 바다 따위의 바닥이 얕거나 폭이 좁아 물살이 세게 흐르는 곳의 물)이 턱진 곳

18

A열차의 속력을 V_a, B열차의 속력을 V_b라 하고, 터널의 길이를 l, 열차의 전체 길이를 x라 하자.

A열차가 터널을 진입하고 빠져나오는 데 걸린 시간은 $\dfrac{l+x}{V_a}$ =14초이다. B열차가 A열차보다 5초 늦게 진입하고 5초 빠르게 빠져나왔으므로 터널을 진입하고 빠져나오는 데 걸린 시간은 14-5-5=4초이다. 그러므로 $\dfrac{l+x}{V_b}$ =4초이다.

따라서 $V_a=14(l+x)$, $V_b=4(l+x)$이므로

$$\dfrac{V_a}{V_b}=\dfrac{14(l+x)}{4(l+x)}=3.5배이다.$$

19

A팀은 5일마다, B팀은 4일마다 회의실을 사용하므로 두 팀이 회의실을 사용하고자 하는 날은 20일마다 겹친다. 첫 번째 겹친 날에 A팀이 먼저 사용했으므로 20일 동안 A팀이 회의실을 사용한 횟수는 4회이다. 두 번째 겹친 날에는 B팀이 사용하므로 40일 동안 A팀이 회의실을 사용한 횟수는 7회이고, 세 번째로 겹친 날에는 A팀이 회의실을 사용하므로 60일 동안 A팀은 회의실을 11회 사용하였다. 이를 표로 정리하면 다음과 같다.

겹친 횟수	첫 번째	두 번째	세 번째	…	$(n-1)$ 번째	n번째
회의실 사용 팀	A팀	B팀	A팀	…	A팀	B팀
A팀의 회의실 사용 횟수	4회	7회	11회	…		

겹친 날을 기준으로 A팀은 9회, B팀은 8회를 사용하였으므로 다음으로는 B팀이 회의실을 사용할 순서이다. 이때, B팀이 m번째로 회의실을 사용할 순서라면 A팀이 이때까지 회의실을 사용한 횟수는 $7m$회이다. 따라서 B팀이 겹친 날을 기준으로 회의실을 8회까지 사용하였고, 9번째로 사용할 순서이므로 이때까지 A팀이 회의실을 사용한 횟수는 최대 7×9=63회이다.

20

마지막 조건에 따라 광물 B는 인회석이고, 광물 B로 광물 C를 긁었을 때 긁힘 자국이 생기므로 광물 C는 인회석보다 무른 광물이다. 한편, 광물 A로 광물 C를 긁었을 때 긁힘 자국이 생기므로 광물 A는 광물 C보다 단단하고, 광물 A로 광물 B를 긁었을 때 긁힘 자국이 생기지 않으므로 광물 A는 광물 B보다는 무른 광물이다. 따라서 가장 단단한 광물은 B이며, 그다음으로 A, C 순으로 단단하다.

오답분석
① 광물 C는 인회석보다 무른 광물이므로 석영이 아니다.
② 광물 A는 인회석보다 무른 광물이지만, 방해석인지는 확인할 수 없다.
③ 가장 무른 광물은 C이다.
⑤ 광물 B는 인회석이므로 모스 굳기 단계는 5단계이다.

21

J공사의 지점 근무 인원이 71명이므로 가용 인원수가 부족한 B오피스는 제외된다. 또한, 시설 조건에서 스튜디오와 회의실이 필요하다고 했으므로 스튜디오가 없는 D오피스도 제외된다. 나머지 A, C, E오피스는 모두 교통 조건을 충족하므로 임대비용만 비교하면 된다. A, C, E오피스의 5년 임대비용은 다음과 같다.
• A오피스 : 600만×71×5=213,000만 원 → 21억 3천만 원
• C오피스 : 3,600만×12×5=216,000만 원 → 21억 6천만 원
• E오피스 : (3,800만×12×0.9)×5=205,200만 원 → 20억 5천 2백만 원
따라서 사무실 이전 조건을 바탕으로 가장 저렴한 공유 오피스인 E오피스로 이전한다.

22

에너지바우처를 신청하기 위해서는 소득기준과 세대원 특성기준을 모두 충족해야 한다. C는 생계급여 수급자이므로 소득기준을 충족하고, 65세 이상이므로 세대원 특성기준도 충족한다. 그러나 C의 경우 보장시설인 양로시설에 거주하는 보장시설 수급자이므로 지원 제외 대상이다. 따라서 C는 에너지바우처를 신청할 수 없다.

오답분석
① A의 경우 의료급여 수급자이므로 소득기준을 충족하고, 7세 이하의 영유아가 있으므로 세대원 특성기준도 충족한다. 따라서 에너지바우처를 신청할 수 있다.
② B의 경우 교육급여 수급자이므로 소득기준을 충족하고, 한부모가족이므로 세대원 특성기준도 충족한다. 또한 4인 이상 세대에 해당하므로 바우처 지원금액은 716,300원으로 70만 원 이상이다.

④ 동절기 에너지바우처 지원방법은 요금차감과 실물카드 2가지 방법이 있다. 이 중 D의 경우 연탄보일러를 이용하고 있으므로 실물카드를 받아 연탄을 직접 결제하는 방식으로 지원받아야 한다.
⑤ E의 경우 생계급여 수급자이므로 소득기준을 충족하고, 희귀질환을 앓고 있는 어머니가 세대원으로 있으므로 세대원 특성기준도 충족한다. 또한 2인 세대에 해당하므로 하절기 바우처 지원금액인 73,800원이 지원된다. 이때, 하절기는 전기요금 고지서에서 요금을 자동으로 차감해 주므로 전기비에서 73,800원이 차감될 것이다.

23

A가족과 B가족 모두 소득기준과 세대원 특성기준이 에너지바우처 신청기준을 충족한다. A가족의 경우 5명이므로 총 716,300원을 지원받을 수 있다. 그러나 이미 연탄쿠폰을 발급받았으므로 동절기 에너지바우처는 지원받을 수 없다. 따라서 하절기 지원금액인 117,000원을 지원받는다. B가족의 경우 2명이므로 총 422,500원을 지원받을 수 있으며, 지역난방을 이용 중이므로 하절기와 동절기 모두 요금차감의 방식으로 지원받는다. 따라서 두 가족의 에너지바우처 지원 금액은 117,000+422,500=539,500원이다.

24

제시된 프로그램은 'result'의 초기 값을 0으로 정의한 후 'result' 값이 2를 초과할 때까지 하위 명령을 실행하는 프로그램이다. 이때 'result' 값을 1 증가시킨 후 그 값을 출력하고, 다시 1을 빼므로 0 → 1 → 1 출력 → 0 → 1 → 1 출력 → 0 → 1 → 1 출력 → … 과정을 무한히 반복하게 된다. 따라서 1이 무한히 출력된다.

25

ROUND 함수는 인수를 지정한 자릿수로 반올림한 값을 구하는 함수로, 「=ROUND(인수,자릿수)」로 표현한다. 이때 자릿수는 다음과 같이 나타낸다.

만의 자리	천의 자리	백의 자리	십의 자리	일의 자리	소수점 첫째 자리	소수점 둘째 자리	소수점 셋째 자리
-4	-3	-2	-1	0	1	2	3

따라서 「=ROUND(D2,-1)」는 [D2] 셀에 입력된 117.3365의 값을 십의 자리로 반올림하여 나타내므로 출력되는 값은 120이다.

26 정답 ③

제시문은 ADHD의 원인과 치료 방법에 대한 글이다. 첫 번째 문단에서는 ADHD가 유전적 원인에 의해 발생한다고 설명하고, 두 번째 문단에서는 환경적 원인에 의해 발생한다고 설명하고 있다. 이를 종합하면 ADHD가 다양한 원인이 복합적으로 작용하는 질환임을 알 수 있다. 또한 빈칸 뒤에서도 다양한 원인에 부합하는 맞춤형 치료와 환경 조성이 필요하다고 하였으므로 빈칸에 들어갈 내용으로 가장 적절한 것은 ③이다.

27 정답 ③

~율/률의 앞 글자가 'ㄱ' 받침을 가지고 있으므로 '출석률'이 옳은 표기이다.

> **~율과 ~률의 구별**
> • ~율 : 앞 글자의 받침이 없거나 받침이 'ㄴ'인 경우
> → 비율, 환율, 백분율
> • ~률 : 앞 글자의 받침이 있는 경우(단, 'ㄴ' 받침 제외)
> → 능률, 출석률, 이직률, 합격률

28 정답 ③

남성 합격자가 32명이고, 남성 합격자 수와 여성 합격자 수의 비율이 2 : 3이므로 여성 합격자는 48명이다.
남성 불합격자 수와 여성 불합격자 수가 모두 a명이라 하면 다음과 같이 정리할 수 있다.

(단위 : 명)

구분	합격자	불합격자	전체 지원자
남성	32	a	$a+32$
여성	48	a	$a+48$

남성 전체 지원자 수는 $(a+32)$명이고, 여성 전체 지원자 수는 $(a+48)$명이다.
$(a+32) : (a+48)=6 : 7$
$\rightarrow 6\times(a+48)=7\times(a+32)$
$\rightarrow a=(48\times6)-(32\times7)$
$\therefore a=64$
따라서 전체 지원자 수는 $2a+80=(64\times2)+80=128+80=208$명이다.

29 정답 ①

(건강보험료)=(보수월액)×(건강보험료율)이고, 2023년 1월 1일 이후 (장기요양보험료)=(건강보험료)×$\dfrac{(장기요양보험료율)}{(건강보험료율)}$

이므로

(장기요양보험료)=(보수월액)×(건강보험료율)×$\dfrac{(장기요양보험료율)}{(건강보험료율)}$이다.

그러므로 (보수월액)=$\dfrac{(장기요양보험료)}{(장기요양보험료율)}$이다.

따라서 A씨의 2023년 장기요양보험료는 35,120원이므로 보수월액은 $\dfrac{35,120}{0.9082\%}=\dfrac{35,120}{0.9082}\times100 ≒ 3,866,990$원이다.

30 정답 ①

'가명처리'란 개인정보의 일부를 삭제하거나 일부 또는 전부를 대체하는 등의 방법으로 추가 정보가 없이는 특정 개인을 알아볼 수 없도록 처리하는 것을 말한다(개인정보보호법 제2조 제1의2호).

[오답분석]
② 개인정보보호법 제2조 제3호
③ 개인정보보호법 제2조 제1호 가목
④ 개인정보보호법 제2조 제2호

31 정답 ③

「=COUNTIF(범위,조건)」 함수는 조건을 만족하는 범위 내 인수의 개수를 셈하는 함수이다. 이때, 열 전체에 적용하려면 해당 범위에서 숫자를 제외하면 된다. 따라서 B열에서 값이 100 이하인 셀의 개수를 구하는 함수는 「=COUNTIF(B:B, "<=100")」이다.

32 정답 ①

• 초등학생의 한 달 용돈의 합계는 B열부터 E열까지 같은 행에 있는 금액의 합이다. 따라서 (A)에 들어갈 함수는 「=SUM(B2:E2)」이다.
• 한 달 용돈이 150,000원 이상인 학생 수는 [F2] 셀부터 [F7] 셀까지 금액이 150,000원 이상인 셀의 개수로 구할 수 있다. 따라서 (B)에 들어갈 함수는 「=COUNTIF(F2:F7,">=150,000)」이다.

33 정답 ②

빅데이터 분석을 기획하고자 할 때는 먼저 범위를 설정한 다음 프로젝트를 정의해야 한다. 그 후에 수행 계획을 수립하고 위험 계획을 수립해야 한다.

34
정답 ①

㉠ 짜깁기 : 기존의 글이나 영화 따위를 편집하여 하나의 완성품으로 만드는 일
㉡ 뒤처지다 : 어떤 수준이나 대열에 들지 못하고 뒤로 처지거나 남게 되다.

[오답분석]
• 짜집기 : 짜깁기의 비표준어형
• 뒤쳐지다 : 물건이 뒤집혀서 젖혀지다.

35
정답 ④

공문서에서 날짜를 작성할 때 날짜 다음에 괄호를 사용할 경우에는 마침표를 찍지 않아야 한다.

> **공문서 작성 시 유의사항**
> • 한 장에 담아내는 것이 원칙이다.
> • 마지막엔 반드시 '끝'자로 마무리한다.
> • 날짜 다음에 괄호를 사용할 경우에는 마침표를 찍지 않는다.
> • 복잡한 내용은 항목별로 구분한다('-다음-', 또는 '-아래-').
> • 대외문서이며 장기간 보관되는 문서이므로 정확하게 기술한다.

36
정답 ③

영서가 1시간 동안 빚을 수 있는 만두의 수를 x개, 어머니가 1시간 동안 만두를 빚을 수 있는 만두의 수를 y개라 할 때 다음 식이 성립한다.

$\frac{2}{3}(x+y)=60 \cdots$ ㉠

$y=x+10 \cdots$ ㉡

㉠$\times\frac{3}{2}$에 ㉡을 대입하면

$x+(x+10)=90$

→ $2x=80$

∴ $x=40$

따라서 영서는 혼자서 1시간 동안 40개의 만두를 빚을 수 있다.

37
정답 ④

• 1,000 이상 10,000 미만
맨 앞과 맨 뒤의 수가 같은 경우는 1 ~ 9의 수가 올 수 있으므로 9가지이고, 각각의 경우에 따라 두 번째 수와 네 번째 수로 0 ~ 9의 수가 올 수 있으므로 경우의 수는 10가지이다. 그러므로 모든 네 자리 대칭수의 개수는 9×10=90개이다.

• 10,000 이상 50,000 미만
맨 앞과 맨 뒤의 수가 같은 경우는 1, 2, 3, 4의 수가 올 수 있으므로 4가지이고, 각각의 경우에 따라 두 번째 수와 네 번째 수로 0 ~ 9의 수가 올 수 있으므로 경우의 수는 10가지, 그 각각의 경우에 따라 세 번째에 올 수 있는 수 또한 0 ~ 9의 수가 올 수 있으므로 경우의 수는 10가지이다. 그러므로 10,000 ~ 50,000 사이의 대칭수의 개수는 4×10×10=400개이다.
따라서 1,000 이상 50,000 미만의 모든 대칭수의 개수는 90+400=490개이다.

38
정답 ④

어떤 자연수의 모든 자릿수의 합이 3의 배수일 때, 그 자연수는 3의 배수이다. 그러므로 2+5+□의 값이 3의 배수일 때, 25□는 3의 배수이다. 2+5=7이므로, 7+□의 값이 3의 배수가 되도록 하는 □의 값은 2, 5, 8이다. 따라서 가능한 모든 수의 합은 2+5+8=15이다.

39
정답 ④

바이올린(V), 호른(H), 오보에(O), 플루트(F) 중 첫 번째 조건에 따라 호른과 바이올린을 묶었을 때 가능한 경우는 3!=6가지로 다음과 같다.
• (HV) – O – F
• (HV) – F – O
• F – (HV) – O
• O – (HV) – F
• F – O – (HV)
• O – F – (HV)
이때 두 번째 조건에 따라 오보에는 플루트 왼쪽에 위치하지 않으므로 (HV) – O – F, O – F – (HV) 2가지는 제외된다. 따라서 왼쪽에서 두 번째 칸에는 바이올린, 호른, 오보에만 위치할 수 있으므로 플루트는 배치할 수 없다.

40
정답 ③

사회적 기업은 수익 창출을 통해 자립적인 운영을 추구하고, 사회적 문제 해결과 경제적 성장을 동시에 달성하려는 특징을 가진 기업 모델로, 영리 조직에 해당한다.

> **영리 조직과 비영리 조직**
> • 영리 조직 : 이윤 추구를 주된 목적으로 하는 집단으로, 일반적인 사기업이 해당된다.
> • 비영리 조직 : 사회적 가치 실현을 위해 공익을 추구하는 집단으로, 자선단체, 의료기관, 교육기관, 비정부기구(NGO) 등이 해당된다.

41
정답 ②

(영업이익률)$=\dfrac{(영업이익)}{(매출액)}\times 100$이고, 영업이익을 구하기 위해서는 매출총이익을 먼저 계산해야 한다. 따라서 2022년 4분기의 매출총이익은 $60-80=-20$십억 원이고, 영업이익은 $-20-7=-27$십 억 원이므로 영업이익률은 $-\dfrac{27}{60}\times 100=-45\%$이다.

42
정답 ③

1시간은 3,600초이므로 36초는 $36초\times\dfrac{1시간}{3,600초}=0.01$시간이다. 즉, 무빙워크의 전체 길이는 $5\times 0.01=0.05$km이다. 따라서 무빙워크와 같은 방향으로 4km/h의 속력으로 걸을 때의 속력은 $5+4=9$km/h이므로 걸리는 시간은 $\dfrac{0.05}{9}=\dfrac{5}{900}=\dfrac{5}{900}\times\dfrac{3,600초}{1시간}=20초$이다.

43
정답 ⑤

제시된 순서도는 result 값이 6을 초과할 때까지 2씩 증가하고, result 값이 6을 초과하면 그 값을 출력하는 순서도이다. 따라서 result 값이 5일 때 2를 더하여 $5+2=7$이 되어 6을 초과하므로 출력되는 값은 7이다.

44
정답 ③

방문 사유 → 파손 관련(NO) → 침수 관련(NO) → 데이터 복구 관련(YES) → ◎ 출력 → STOP
따라서 출력되는 도형은 ◎이다.

45
정답 ①

상품코드의 맨 앞 자릿수가 '9'이므로 2 ~ 7번째 자릿수의 이진코드 변환 규칙은 'ABBABA'를 따른다. 이를 변환하면 다음과 같다.

3	8	7	6	5	5
A	B	B	A	B	A
0111101	0001001	0010001	0101111	0111001	0110001

따라서 주어진 수를 이진코드로 바르게 변환한 것은 ①이다.

46
정답 ④

안전 스위치를 누르는 동안에만 스팀이 나온다고 하였으므로 안전 스위치를 누르는 등의 외부 입력이 없다면 스팀은 발생하지 않는다.

[오답분석]
① 기본형 청소구로 카펫를 청소하면 청소 효율이 떨어질 뿐이며, 카펫 청소는 가능하다고 언급되어 있다.
② 스팀 청소 완료 후 충분히 식지 않은 상태에서 통을 분리하면 뜨거운 물이 새어 나와 화상의 위험이 있다고 언급되어 있다.
③ 기본형 청소구의 돌출부를 누른 상태에서 잡아당기면 좁은 흡입구를 꺼낼 수 있다고 언급되어 있다.
⑤ 스팀 청소구의 물통에 물을 채우는 작업, 걸레판에 걸레를 부착하는 작업 모두 반드시 전원을 분리한 상태에서 진행해야 한다고 언급되어 있다.

47
정답 ④

바닥에 물이 남는다면 스팀 청소구를 좌우로 자주 기울이지 않도록 주의하거나 젖은 걸레를 교체해야 한다.

48
정답 ⑤

팀 목표를 달성하도록 팀원을 격려하는 환경을 조성하기 위해서는 동료의 피드백이 필요하다. 긍정이든 부정이든 피드백이 없다면 팀원들은 개선을 이루거나 탁월한 성과를 내고자 하는 노력을 게을리하게 된다.

동료의 피드백을 장려하는 4단계
1. 간단하고 분명한 목표와 우선순위를 설정하라.
2. 행동과 수행을 관찰하라.
3. 즉각적인 피드백을 제공하라.
4. 뛰어난 수행성과에 대해 인정하라.

49
정답 ②

업무적으로 내적 동기를 유발하기 위해서는 업무 관련 교육을 꾸준히 하여야 한다.

내적 동기를 유발하는 방법
- 긍정적 강화법 활용하기
- 새로운 도전의 기회 부여하기
- 창의적인 문제해결법 찾기
- 자신의 역할과 행동에 책임감 갖기
- 팀원들을 지도 및 격려하기
- 변화를 두려워하지 않기
- 지속적인 교육 실시하기

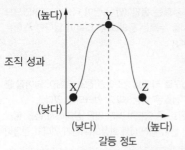

갈등 정도와 조직 성과에 대한 그래프에서 갈등이 X점 수준일 때에는 조직 내부의 의욕이 상실되고 환경의 변화에 대한 적응력도 떨어져 조직 성과가 낮아진다. 갈등이 Y점 수준일 때에는 갈등의 순기능이 작용하여 조직 내부에 생동감이 넘치고 변화 지향적이며 문제해결능력이 발휘되어 조직 성과가 높아진다. 반면, 갈등이 Z점 수준일 때에는 오히려 갈등의 역기능이 작용하여 조직 내부에 혼란과 분열이 발생하고 조직 구성원들이 비협조적이 되어 조직 성과는 낮아지게 된다.

CHAPTER 02

2024 ~ 2023년 주요 공기업
전공 기출복원문제

01 경영

01	02	03	04	05	06	07	08	09	10
①	③	②	③	⑤	④	③	⑤	④	①
11	12	13	14	15	16	17	18	19	20
③	③	①	④	②	①	③	①	④	③
21	22	23	24	25					
③	③	③	④	④					

01
정답 ①

유한회사는 2인 이상 50인 이하의 사원이 출자한 금액만큼만 유한책임을 지는 회사를 말한다.

02
정답 ③

상황적합적 관리는 관료제에서 나타나는 규칙의 경직성 및 형식주의를 극복하기 위한 관리법으로, 관료제의 특징에 해당하지 않는다.

> **관료제의 특징**
> • 안정적이고 명확한 권한계층
> • 태도 및 대인관계의 비개인성
> • 과업전문화에 기반한 체계적인 노동의 분화
> • 규제 및 표준화된 운용절차의 일관된 시스템
> • 관리자는 생산수단의 소유자가 아님
> • 문서로 된 규칙 및 의사결정, 광범위한 파일
> • 기술적인 능력에 의한 승진을 기반으로 한 평생의 경력관리

03
정답 ②

수레바퀴형은 조직 의사소통 유형 중에서 특정 개인의 중심도가 가장 높은 네트워크 형태이다.

04
정답 ③

지식창출 과정은 지식에서 정보를 추출하고 정보에서 데이터를 추출한다.

05
정답 ⑤

기능목록제도는 종업원별로 기능보유색인을 작성하여 데이터베이스에 저장하여 인적자원관리 및 경력개발에 활용하는 제도이며, 근로자의 직무능력 평가에 있어 필요한 정보를 파악하기 위해 개인능력평가표를 활용한다.

(오답분석)
① 자기신고제도 : 근로자에게 본인의 직무내용, 능력수준, 취득자격 등에 대한 정보를 직접 자기신고서에 작성하여 신고하게 하는 제도이다.
② 직능자격제도 : 직무능력을 자격에 따라 등급화하고 해당 자격을 취득하는 경우 직위를 부여하는 제도이다.
③ 평가센터제도 : 근로자의 직무능력을 객관적으로 발굴 및 육성하기 위한 제도이다.
④ 직무순환제도 : 담당직무를 주기적으로 교체함으로써 직무 전반에 대한 이해도를 높이는 제도이다.

06
정답 ④

데이터베이스 마케팅(DB 마케팅)은 고객별로 맞춤화된 서비스를 제공하기 위해 정보 기술을 이용하여 고객의 정보를 데이터베이스로 구축하여 관리하는 마케팅 전략이다. 이를 위해 고객의 성향, 이력 등 관련 정보가 필요하므로 기업과 고객 간 양방향 의사소통을 통해 1 : 1 관계를 구축하게 된다.

07
정답 ③

공정성 이론에 따르면 공정성 유형은 크게 절차적 공정성, 상호작용적 공정성, 분배적 공정성으로 나누어진다.
• 절차적 공정성 : 과정통제, 접근성, 반응속도, 유연성, 적정성
• 상호작용적 공정성 : 정직성, 노력, 감정이입
• 분배적 공정성 : 형평성, 공평성

08 　정답 ⑤

e-비즈니스 기업은 비용절감 등을 통해 더 낮은 가격으로 우수한 품질의 상품 및 서비스를 제공할 수 있다는 장점이 있다.

09 　정답 ④

조직시민행동은 조직 구성원의 내재적 만족으로 인해 촉발되므로 구성원에 대한 처우가 합리적일수록 자발적으로 일어난다.

10 　정답 ①

가구, 가전제품 등은 선매품에 해당한다. 반면 명품제품, 자동차, 아파트 등은 전문품에 해당한다.

11 　정답 ③

워크 샘플링법은 전체 작업과정에서 무작위로 많은 관찰을 실시하여 직무활동에 대한 정보를 얻는 방법으로, 여러 직무활동을 동시에 기록하기 때문에 전체 직무의 모습을 파악할 수 있다.

오답분석

① 관찰법 : 조사자가 직접 조사대상과 생활하면서 관찰을 통해 자료를 수집하는 방법이다.
② 면접법 : 조사자가 조사대상과 직접 대화를 통해 자료를 수집하는 방법이다.
④ 질문지법 : 설문지로 조사내용을 작성하고 자료를 수집하는 방법이다.
⑤ 연구법 : 기록물, 통계자료 등을 토대로 자료를 수집하는 방법이다.

12 　정답 ③

협상을 통해 공동의 이익을 확대(Win－Win)하는 것은 통합적 협상의 특징이다.

분배적 협상과 통합적 협상의 비교
• 분배적 협상
 - 고정된 자원을 대상으로 합리적인 분배를 위해 진행하는 협상이다.
 - 한정된 자원량으로 인해 제로섬 원칙이 적용되어 갈등이 발생할 가능성이 많다.
 - 당사자 간 이익 확보를 목적으로 하며, 협상 참여자 간 관계는 단기적인 성격을 나타낸다.
• 통합적 협상
 - 당사자 간 이해관계를 조율하여 더 큰 이익을 추구하기 위해 진행하는 협상이다.

 - 협상을 통해 확보할 수 있는 자원량이 변동될 수 있어 갈등보다는 문제해결을 위해 노력한다.
 - 협상 참여자의 이해관계, 우선순위 등이 달라 장기적인 관계를 가지고 통합적인 문제해결을 추구한다.

13 　정답 ①

연속생산은 동일제품을 대량생산하기 때문에 규모의 경제가 적용되어 여러 가지 제품을 소량생산하는 단속생산에 비해 단위당 생산원가가 낮다.

오답분석

② 연속생산의 경우 표준화된 상품을 대량으로 생산함에 따라 운반에 따른 자동화 비율이 매우 높고, 속도가 빨라 운반비용이 적게 소요된다.
③·④ 제품의 수요가 다양하거나 제품의 수명이 짧은 경우 단속생산 방식이 적합하다.
⑤ 연속생산은 작업자의 숙련도와 관계없이 작업에 참여가 가능하다.

14 　정답 ④

ELS는 주가연계증권으로, 사전에 정해진 조건에 따라 수익률이 결정되며 만기가 있다.

오답분석

① 주가연계펀드(ELF)에 대한 설명이다.
② 주가연계파생결합사채(ELB)에 대한 설명이다.
③ 주가지수연동예금(ELD)에 대한 설명이다.
⑤ 주가연계신탁(ELT)에 대한 설명이다.

15 　정답 ②

브룸은 동기 부여에 대해 기대이론을 적용하여 기대감, 수단성, 유의성을 통해 구성원의 직무에 대한 동기 부여를 결정한다고 주장하였다.

오답분석

① 로크의 목표설정이론에 대한 설명이다.
③ 매슬로의 욕구 5단계이론에 대한 설명이다.
④ 맥그리거의 XY이론에 대한 설명이다.
⑤ 허즈버그의 2요인이론에 대한 설명이다.

16 　정답 ①

시장세분화 단계에서는 시장을 기준에 따라 세분화하고, 각 세분시장의 고객 프로필을 개발하여 차별화된 마케팅을 실행한다.

② · ③ 표적시장 선정 단계에서는 각 세분시장의 매력도를 평가하여 표적시장을 선정한다.

④ 포지셔닝 단계에서는 각각의 시장에 대응하는 포지셔닝을 개발하고 전달한다.

⑤ 재포지셔닝 단계에서는 자사와 경쟁사의 경쟁위치를 분석하여 포지셔닝을 조정한다.

17 정답 ③

수익이 많고 안정적이어서 현상을 유지하는 것이 필요한 사업은 현금젖소(Cash Cow)이다. 스타(Star)는 성장률과 시장 점유율이 모두 높아 추가적인 자금흐름을 통해 성장시킬 필요가 있는 사업을 의미한다.

BCG 매트릭스의 영역
- 물음표(Question) : 성장률은 높으나 점유율이 낮아 수익이 적고 현금흐름이 마이너스인 사업이다.
- 스타(Star) : 성장률과 시장 점유율이 모두 높아 수익이 많고, 더 많은 투자를 통해 수익을 증대하는 사업이다.
- 현금젖소(Cash Cow) : 성장률은 낮으나 점유율이 높아 안정적인 수익이 확보되는 사업으로, 투자 금액이 유지 · 보수 차원에서 머물게 되어 자금 투입보다 자금 산출이 많다.
- 개(Dog) : 성장률과 시장 점유율이 모두 낮아 수익이 적거나 마이너스인 사업이다.

18 정답 ①

감정적 치유는 서번트 리더십의 구성요소에 해당한다.

변혁적 리더십의 구성요소
- 카리스마 : 변혁적 리더십의 가장 핵심적인 구성요소로, 명확한 비전을 제시하고 집합적인 행동을 위해 동기를 부여하며, 환경 변화에 민감하게 반응하는 일련의 과정을 의미한다.
- 영감적 동기화 : 구성원에게 영감을 주고 격려를 통해 동기를 부여하는 것을 의미한다.
- 지적 자극 : 구성원들이 기존 조직의 가치관, 신념, 기대 등에 대해 끊임없이 의문을 가지도록 지원하는 것을 의미한다.
- 개별 배려 : 구성원을 개별적으로 관리하며, 개인적인 욕구, 관심 등을 파악하여 만족시키고자 하는 것을 의미한다.

19 정답 ④

매트릭스 조직은 기존의 기능별 조직구조 상태를 유지하면서 특정한 프로젝트를 수행할 때는 다른 부서의 인력과도 함께 일하는 조직설계 방식으로, 서로 다른 부서 구성원이 함께 일하면서 효율적인 자원 사용과 브레인스토밍을 통한 창의적인 대안 도출도 가능하다.

① 매트릭스 조직은 조직 목표와 외부 환경 간 발생하는 갈등이 내재하여 갈등과 혼란을 초래할 수 있다.

② 복수의 상급자를 상대해야 하므로 역할에 대한 갈등 등으로 구성원이 심한 스트레스에 노출될 수 있다.

③ 힘의 균형이 치우치게 되면 조직의 구성이 깨지기 때문에 경영자의 개입 등으로 힘의 균형을 유지하기 위한 노력이 필요하다.

20 정답 ③

가치사슬(Value Chain)은 기업의 경쟁적 지위를 파악하고 이를 향상할 수 있는 지점을 찾기 위해 사용하는 모형으로, 고객에게 가치를 제공함에 있어서 부가가치 창출에 직 · 간접적으로 관련된 일련의 활동 · 기능 · 프로세스의 연계를 뜻한다. 가치사슬의 각 단계에서 가치를 높이는 활동을 어떻게 수행할 것인지, 비즈니스 과정이 어떻게 개선될 수 있는지를 조사 · 분석하여야 한다.

가치사슬 분석의 효과
- 프로세스 혁신 : 생산, 물류, 서비스 등 기업의 전반적 경영활동을 혁신할 수 있다.
- 원가 절감 : 낭비요소를 사전에 파악하여 제거함으로써 원가를 절감할 수 있다.
- 품질 향상 : 기술개발 등을 통해 더욱 양질의 제품을 생산할 수 있다.
- 기간 단축 : 조달, 물류, CS 등을 분석하여 고객에게 제품을 더욱 빠르게 납품할 수 있다.

21 정답 ③

- (당기순이익)=(총수익)−(총비용)=35억−20억=15억 원
- (기초자본)=(기말자본)−(당기순이익)
  =65억−15억=50억 원
- (기초부채)=(기초자산)−(기초자본)
  =100억−50억=50억 원

22 정답 ③

종단분석은 시간과 비용의 제약으로 인해 표본 규모가 작을수록 좋으며, 횡단분석은 집단의 특성 또는 차이를 분석해야 하므로 표본이 일정 규모 이상일수록 정확하다.

23

채권이자율이 시장이자율보다 높아지면 채권가격은 액면가보다 높은 가격에 거래된다. 단, 만기에 가까워질수록 채권가격이 하락하여 가격위험에 노출된다.

오답분석

①·②·④ 채권이자율이 시장이자율보다 낮은 할인채에 대한 설명이다.

24

물음표(Question Mark) 사업은 신규 사업 또는 현재 시장점유율은 낮으나, 향후 성장 가능성이 높은 사업이다. 기업 경영 결과에 따라 개(Dog) 사업 또는 스타(Star) 사업으로 바뀔 수 있다.

오답분석

① 스타(Star) 사업 : 성장 가능성과 시장점유율이 모두 높아서 계속 투자가 필요한 유망 사업이다.
② 현금젖소(Cash Cow) 사업 : 높은 시장점유율로 현금창출은 양호하나, 성장 가능성은 낮은 사업이다.
③ 개(Dog) 사업 : 성장 가능성과 시장점유율이 모두 낮아 철수가 필요한 사업이다.

25

테일러의 과학적 관리법에서는 작업에 사용하는 도구 등을 표준화하여 관리 비용을 낮추고 효율성을 높이는 것을 추구한다.

오답분석

① 과학적 관리법의 특징 중 동기부여에 대한 설명이다.
② 과학적 관리법의 특징 중 표준화에 대한 설명이다.
③ 과학적 관리법의 특징 중 통제에 대한 설명이다.

02　경제

01	02	03	04	05	06	07	08	09	10
⑤	①	③	②	②	⑤	②	①	④	⑤
11	12	13	14	15	16	17	18	19	20
①	④	③	③	④	④	③	①	③	④

01

생산가능곡선 내부의 점은 비효율적인 생산점을 뜻하며, 곡선상의 점은 효율적인 생산점을, 외부의 점은 현재 능력으로는 생산을 달성할 수 없는 점을 뜻한다. 현재 실업이 발생하고 있다는 것은 비효율적인 생산점에 있음을 의미한다. 따라서 실업의 감소는 생산가능곡선 내부의 점에서 생산가능곡선상의 점으로의 이동에 해당한다.

오답분석

① 생산가능곡선은 일반적으로 우하향하고, 원점에 대하여 오목한 형태를 가진다.
② 생산가능곡선상의 점들은 모두 생산측면의 파레토 효율을 만족한다.
③ 생산가능곡선의 접선의 기울기는 한계변환율(MRT)를 의미한다. X재를 가로축, Y재를 세로축에 표기할 때 MRT_{XY}는 'X재 한 단위를 생산하기 위해 포기해야 하는 Y재의 수량', 즉 X재 생산의 기회비용을 뜻한다.
④ 기술의 진보는 생산가능곡선을 바깥쪽으로 이동시킨다. X재 생산에서 기술 진보가 발생하면 생산가능곡선이 X재 방향으로 확장된다.

02

코즈의 정리는 민간 경제주체들이 자원 배분 과정에서 거래비용 없이 협상할 수 있다면 외부효과로 인해 발생하는 비효율성을 시장 스스로 해결할 수 있다는 이론이다. 코즈의 정리에 따르면 재산권이 누구에게 부여되는지는 경제적 효율성 측면에서 아무런 차이가 없지만 소득분배 측면에서는 차이가 발생한다.

03

구조적 실업이란 경제구조의 변화로 노동수요 구조가 변함에 따라 발생하는 실업을 말한다. 예를 들어 사양 산업에 속해 일자리를 잃은 노동자나 최저임금제 실시로 일자리가 부족해져서 발생한 실업 등이 구조적 실업에 해당된다.

오답분석

① 계절적 실업 : 수요의 계절적 변화에 따라 발생하는 실업을 의미한다.

14 • HUG 주택도시보증공사

② 기술적 실업 : 기술이 진보함에 따라 노동이 기계로 대체되어 발생하는 실업을 의미한다.
④ 마찰적 실업 : 노동시장의 정보가 불완전하여 노동자들이 구직하는 과정에서 발생하는 실업을 의미한다.
⑤ 경기적 실업 : 경기침체로 인한 총수요의 부족으로 발생하는 실업을 의미한다.

04   정답 ②

파레토 효율성이란 하나의 자원배분 상태에서 다른 사람에게 손해가 가지 않고서는 어떤 한 사람에게 이득이 되는 변화를 만들어내는 것이 불가능한 배분 상태를 의미한다. 즉, 파레토 효율성은 현재보다 더 효율적인 배분이 불가능한 상태를 의미한다. 이때 완전경쟁시장의 균형점에서는 사회적 효율이 극대화되지만, 파레토 효율적이라고 하여 사회 구성원 간에 경제적 후생을 균등하게 분배하는 것은 아니기 때문에 사회적 형평성이 극대화되지는 않는다.

05   정답 ②

환율의 하락은 외환시장에서 외환의 초과공급 또는 국내통화의 수요증가를 의미한다. 미국 달러 자본의 국내 투자 확대, 국내 부동산 매입, 국내 주식 매입, 국내산 제품의 수출 증가는 모두 외환의 초과공급과 국내통화의 초과수요라는 결과를 가져오므로 국내통화의 가치가 상승하면서 환율은 하락하게 된다.

06   정답 ⑤

가격탄력성이 1보다 크면 탄력적이라고 할 수 있다.

오답분석
①・② 수요의 가격탄력성은 가격의 변화에 따른 수요의 변화를 의미하는 것으로, 분모는 상품 가격의 변화량을 상품 가격으로 나눈 값이고, 분자는 수요량의 변화량을 수요량으로 나눈 값이다.
③ 대체재가 많을수록 해당 상품 가격 변동에 따른 수요의 변화는 더 크게 반응하게 된다.

07   정답 ②

GDP 디플레이터는 명목 GDP를 실질 GDP로 나누어 물가상승 수준을 예측할 수 있는 물가지수로, 국내에서 생산된 모든 재화와 서비스 가격을 반영한다. 따라서 GDP 디플레이터를 구하는 계산식은 (명목 GDP)÷(실질 GDP)×100이다.

08   정답 ①

한계소비성향은 소비의 증가분을 소득의 증가분으로 나눈 값으로, 소득이 1,000만 원 늘었을 때 현재 소비자들의 한계소비성향이 0.7이므로 소비는 700만 원이 늘었다고 할 수 있다. 따라서 소비의 변화폭은 700이다.

09   정답 ④

㉠ 환율이 상승하면 제품을 수입하기 위해 더 많은 원화를 필요로 하고, 이에 따라 수입이 감소하게 되므로 순수출이 증가한다.
㉡ 국내이자율이 높아지면 국내자산 투자수익률이 좋아져 해외로부터 자본유입이 확대되고, 이에 따라 환율은 하락한다.
㉢ 국내물가가 상승하면 상대적으로 가격이 저렴한 수입품에 대한 수요가 늘어나 환율은 상승한다.

10   정답 ⑤

독점적 경쟁시장은 광고, 서비스 등 비가격경쟁이 가격경쟁보다 더 활발히 진행된다.

11   정답 ①

케인스학파는 경기침체 시 정부가 적극적으로 개입하여 총수요의 증대를 이끌어야 한다고 주장하였다.

오답분석
② 고전학파의 거시경제론에 대한 설명이다.
③ 케인스학파의 거시경제론에 대한 설명이다.
④ 고전학파의 이분법에 대한 설명이다.
⑤ 케인스학파의 화폐중립성에 대한 설명이다.

12   정답 ④

오답분석
① 매몰비용의 오류 : 이미 투입한 비용과 노력 때문에 경제성이 없는 사업을 지속하여 손실을 키우는 것을 의미한다.
② 감각적 소비 : 제품을 구입할 때, 품질, 가격, 기능보다 디자인, 색상, 패션 등을 중시하는 소비 패턴을 의미힌다.
③ 보이지 않는 손 : 개인의 사적 영리활동이 사회 전체의 공적 이익을 증진시키는 것을 의미한다.
⑤ 희소성 : 사람들의 욕망에 비해 그 욕망을 충족시켜 주는 재화나 서비스가 부족한 현상을 의미한다.

13 　정답 ③

- (실업률)=(실업자)÷(경제활동인구)×100
- (경제활동인구)=(취업자)+(실업자)

∴ 5,000÷(20,000+5,000)×100=20%

14 　정답 ③

(한계비용)=(총비용 변화분)÷(생산량 변화분)
- 생산량이 50일 때 총비용
  : 16(평균비용)×50(생산량)=800
- 생산량이 100일 때 총비용
  : 15(평균비용)×100(생산량)=1,500

따라서 한계비용은 700÷50=14이다.

15 　정답 ④

A국은 노트북을 생산할 때 기회비용이 더 크기 때문에 TV 생산에 비교우위가 있고, B국은 TV를 생산할 때 기회비용이 더 크기 때문에 노트북 생산에 비교우위가 있다.

구분	노트북 1대	TV 1대
A국	TV 0.75	노트북 1.33
B국	TV 1.25	노트북 0.8

16 　정답 ④

다이내믹 프라이싱의 단점은 소비자 후생이 감소해 소비자의 만족도가 낮아진다는 것이다. 이로 인해 기업이 소비자의 불만에 직면할 수 있다는 리스크가 발생한다.

17 　정답 ③

ⓛ 빅맥 지수는 동질적으로 판매되는 상품의 가치는 동일하다는 가정에서 나라별 화폐로 해당 제품의 가격을 평가하여 구매력을 비교하는 것이다.
ⓒ 맥도날드의 대표적 햄버거인 빅맥 가격을 기준으로 한 이유는 전 세계에서 가장 동질적으로 판매되고 있기 때문이며, 이처럼 품질, 크기, 재료가 같은 물건이 세계 여러 나라에서 팔릴 때 나라별 물가를 비교하기 수월하다.

오답분석
ⓐ 빅맥 지수는 영국 경제지인 이코노미스트에서 최초로 고안하였다.
ⓔ 빅맥 지수에 사용하는 빅맥 가격은 제품 가격만 반영하고 서비스 가격은 포함하지 않기 때문에 나라별 환율에 대한 상대적 구매력 평가 외에 다른 목적으로 사용하기에는 측정값이 정확하지 않다.

18 　정답 ①

확장적 통화정책은 국민소득을 증가시켜 이에 따른 보험료 인상 등 세수확대 요인으로 작용한다.

오답분석
② 이자율이 하락하고, 소비 및 투자가 증가한다.
③·④ 긴축적 통화정책이 미치는 영향이다.

19 　정답 ③

토지, 설비 등이 부족하면 한계 생산가치가 떨어지기 때문에 노동자를 많이 고용하는 게 오히려 손해이다. 따라서 노동 수요곡선은 왼쪽으로 이동한다.

오답분석
① 노동 수요는 재화에 대한 수요가 아닌 재화를 생산하기 위해 파생되는 수요이다.
② 상품 가격이 상승하면 기업은 더 많은 제품을 생산하기 위해 노동자를 더 많이 고용한다.
④ 노동에 대한 인식이 긍정적으로 변화하면 노동시장에 더 많은 노동력이 공급된다.

20 　정답 ④

S씨가 달리기를 선택할 경우 (기회비용)=1(순편익)+8(암묵적 기회비용)=9로 기회비용이 가장 작다.

오답분석
① 헬스를 선택할 경우
  (기회비용)=2(순편익)+8(암묵적 기회비용)=10
② 수영을 선택할 경우
  (기회비용)=5(순편익)+8(암묵적 기회비용)=13
③ 자전거를 선택할 경우
  (기회비용)=3(순편익)+7(암묵적 기회비용)=10

03 법

01	02	03	04	05					
④	①	③	⑤	②					

01

정답 ④

근로자참여 및 협력증진에 관한 법은 집단적 노사관계법으로, 노동조합과 사용자단체 간의 노사관계를 규율한 법이다. 노동조합 및 노동관계조정법, 근로자참여 및 협력증진에 관한 법, 노동위원회법, 교원의 노동조합설립 및 운영 등에 관한 법률, 공무원직장협의회법 등이 이에 해당한다.
나머지는 근로자와 사용자의 근로계약을 체결하는 관계에 대해 규율한 법으로, 개별적 근로관계법이라고 한다. 근로기준법, 최저임금법, 산업안전보건법, 직업안정법, 남녀고용평등법, 선원법, 산업재해보상보험법, 고용보험법 등이 이에 해당한다.

02

정답 ①

용익물권은 타인의 토지나 건물 등 부동산의 사용가치를 지배하는 제한물권으로, 민법상 지상권, 지역권, 전세권이 이에 해당한다.

용익물권의 종류
- 지상권 : 타인의 토지에 건물이나 수목 등을 설치하여 사용하는 물권
- 지역권 : 타인의 토지를 자기 토지의 편익을 위하여 이용하는 물권
- 전세권 : 전세금을 지급하고 타인의 토지 또는 건물을 사용·수익하는 물권

03

정답 ③

- 선고유예 : 형의 선고유예를 받은 날로부터 2년이 경과한 때에는 면소된 것으로 간주한다(형법 제60조).
- 집행유예 : 양형의 조건을 참작하여 그 정상에 참작할 만한 사유가 있는 때에는 1년 이상 5년 이하의 기간 형의 집행을 유예할 수 있다(형법 제62조 제1항).

04

정답 ⑤

몰수의 대상(형법 제48조 제1항)
1. 범죄행위에 제공하였거나 제공하려고 한 물건
2. 범죄행위로 인하여 생겼거나 취득한 물건
3. 제1호 또는 제2호의 대가로 취득한 물건

05

정답 ②

상법상 법원에는 상사제정법(상법전, 상사특별법령, 상사조약), 상관습법, 판례, 상사자치법(회사의 정관, 이사회 규칙), 보통거래약관, 조리 등이 있다. 조례는 해당되지 않는다.

모든 전사 중 가장 강한 전사는 이 두 가지, 시간과 인내다.

– 레프 톨스토이 –

PART 1

직무적합평가

대표기출유형 01 기출응용문제

01
정답 ④

'꼭 필요한 부위에만 접착제와 대나무 못을 사용하여 목재가 수축·팽창하더라도 뒤틀림과 휘어짐이 최소화될 수 있도록 하였다.'라는 내용에 따르면 접착제와 대나무 못을 사용하면 수축과 팽창이 발생하지 않게 된다는 것은 적절하지 않다.

02
정답 ⑤

두 번째 문단을 통해 '셉테드'는 건축물 설계 과정에서부터 범죄를 예방·차단하기 위해 공간을 구성하는 것임을 알 수 있다. ①·②·③·④는 모두 건축물 및 구조물의 설계를 통해 범죄를 예방하는 사례이나, ⑤는 셉테드와는 관련이 없다.

03
정답 ③

계약면적은 공급면적과 기타공용면적을 더한 것이고, 공급면적은 전용면적과 주거공용면적을 더한 것이다. 따라서 계약면적은 전용면적, 주거공용면적, 기타공용면적을 더한 것이다.

오답분석
① 발코니 면적은 서비스면적에 포함되며, 서비스면적은 전용면적과 공용면적에서 제외된다.
② 관리사무소 면적은 공용면적 중에서도 기타공용면적에 포함된다. 공급면적은 전용면적과 주거공용면적을 더한 것이므로 관리사무소 면적은 공급면적에 포함되지 않는다.
④ 공용계단과 공용복도의 면적은 주거공용면적에 포함되므로 공급면적에 포함된다.
⑤ 현관문 안쪽의 전용 생활공간인 거실과 주방의 면적은 전용면적에 포함된다.

04
정답 ⑤

정부의 규제 장치나 법률 제정은 장벽을 만들어 특정 산업의 로비스트들이 지대추구 행위를 계속할 수 있도록 도와준다.

오답분석
①·②·③ 첫 번째 문단을 통해 알 수 있다.
④ 세 번째 문단을 통해 알 수 있다.

05
정답 ③

첫 번째 문단을 통해 기존의 이론이 설명하지 못하는 현상이 존재하면 과학혁명이 발생할 수 있음을 알 수 있다.

오답분석
①·② 첫 번째 문단에 의하면 문제 해결의 성과는 기존 이론에 훨씬 못 미치지만, 기존 이론이 설명하지 못하는 어떤 현상을 새 이론이 설명할 수 있을 때 소수의 과학자들이 새 이론을 선택하며, 이것이 과학혁명의 시작이다.
④ 두 번째 문단에서 과학자들은 이론의 심미적 특성 같은 주관적 판단에 의해 새로 제안된 이론을 선택한다고 하였다.
⑤ 마지막 문단에서 과학자 공동체는 결국 개별 과학자들로 이루어진 것이라고 명시하고 있다.

06

연립주택과 다세대주택의 차이는 바닥면적으로, 연립주택은 1개 동의 바닥면적의 합계가 660m^2 초과이고 다세대주택은 660m^2 이하이다.

[오답분석]

① 노인복지주택은 단독주택과 공동주택에 모두 포함되지 않는다고 명시되어 있다.

② 다중주택과 다가구주택의 경우 3층 이하여야 하나, 단독주택의 경우 층수 제한은 없다.

④ 아파트의 경우 필로티 구조로 된 1층 전부가 주차장으로 사용되어야 층수 산정에서 제외되나, 다세대주택은 1층 바닥 면적의 2분의 1 이상을 필로티 구조로 된 주차장으로 사용하기만 하면 층수에서 제외된다. 따라서 아파트의 경우가 더 엄격한 기준이라고 할 수 있다.

⑤ 1개 동의 주택으로 쓰는 바닥면적의 합계가 660m^2 이하이면 다가구주택에 해당하는 사유가 되며, 부설 주차장 면적은 660m^2 산정에 포함되지 않는다.

대표기출유형 02 기출응용문제

01

정답 ⑤

제시문에서는 현대 사회의 소비 패턴이 '보이지 않는 손' 아래의 합리적 소비에서 벗어나 과시 소비가 중심이 되었으며, 그 이면에는 소비를 통해 자신의 물질적 부를 표현함으로써 신분을 과시하려는 욕구가 있다고 설명하고 있다. 따라서 제시문의 제목으로 적절한 것은 ⑤이다.

02

정답 ⑤

제시문은 빠른 사회변화 속 다양해지는 수요에 맞춘 주거복지 정책의 예로 예술인을 위한 공동주택, 창업 및 취업자를 위한 주택, 의료안심주택을 들고 있다. 따라서 제시문의 주제로 적절한 것은 ⑤이다.

03

정답 ④

상상력은 정해진 개념이나 목적이 없는 상황에서 그 개념이나 목적을 찾는 역할을 하고, 이때 주어진 목적지(개념)가 없으며, 반드시 성취해야 할 그 어떤 것도 없기 때문에 자유로운 유희이다. 따라서 제시문의 제목으로 가장 적절한 것은 ④이다.

[오답분석]

① 제시문의 내용은 칸트 철학 내에서의 상상력이 어떤 조건에서 작동되며 또 어떤 역할을 하는지 기술하고 있으므로 글의 주제로 적절하지 않다.

② 제시문에서는 상상력을 인식능력이라고 규정하는 부분을 찾을 수 없다.

③ 상상력은 주어진 개념이 없을 경우 새로운 개념들을 가능하게 산출하는 것이므로 목적 없는 활동이라고는 볼 수 없다.

⑤ 제시문에 기술된 만유인력의 법칙과 상대성 이론 등은 상상력의 자유로운 유희를 설명하기 위한 사례일 뿐이다.

04

정답 ③

제시문에서는 산업 사회의 여러 가지 특징에 대해 설명함으로써 산업 사회가 가지고 있는 문제점을 강조하고 있다.

05

정답 ④

제시문은 통계 수치의 의미를 정확하게 이해하고 도구와 방법을 올바르게 사용해야 하며, 특히 아웃라이어의 경우를 생각해야 한다고 주장하고 있다.

[오답분석]

①·② 집단을 대표하는 수치로서의 '평균' 자체가 숫자 놀음과 같이 부적절하다고는 언급하지 않았다.
③ 아웃라이어가 있는 경우에는 평균보다는 최빈값이나 중앙값이 대푯값으로 더 적당하지만 글의 중심 내용으로 볼 수 없다.
⑤ 통계의 유용성은 글의 도입부에 잠깐 인용되었을 뿐, 글의 중심 내용으로 볼 수 없다.

대표기출유형 03　기출응용문제

01

정답 ③

먼저 보험료와 보험금의 산정 기준을 언급하는 (나) 문단이 오는 것이 적절하며, 다음으로 자신이 속한 위험 공동체의 위험에 상응하는 보험료를 내야 공정하다는 (다) 문단이 오는 것이 적절하다. 또한 공정한 보험은 내는 보험료와 보험금에 대한 기댓값이 일치해야 한다는 (라) 문단과 이러한 보험금에 대한 기댓값을 설명하는 (가) 문단이 순서대로 이어지는 것이 적절하다.

02

정답 ③

(나) 입시 준비를 잘하기 위해서는 체력이 관건임 → (가) 좋은 체력을 위해서는 규칙적인 생활관리와 알맞은 영양공급이 필수적이며 특히 청소년기에는 좋은 영양상태를 유지하는 것이 중요함 → (다) 그러나 우리나라 학생들의 식습관을 살펴보면 충분한 영양섭취가 이루어지지 못하고 있음의 순서로 나열하는 것이 적절하다.

03

정답 ④

제시문은 행동주의 학자들이 생각하는 언어 습득 이론과 그 원인을 설명하고, 이를 비판하는 입장인 촘스키의 언어 습득 이론을 설명하는 글이다. 따라서 (라) 행동주의 학자들의 언어 습득 이론 → (가) 행동주의 학자들이 주장한 언어 습득의 원인 → (다) 행동주의 학자들의 입장에 대한 비판적 관점 → (마) 언어학자 촘스키의 언어 습득 이론 → (나) 촘스키 이론의 의의의 순서로 나열하는 것이 적절하다.

04

정답 ⑤

제시문은 자본주의의 발생과 한계, 그로 인한 수정자본주의의 탄생과 수정자본주의의 한계로 인한 신자유주의의 탄생에 대해 다루고 있다. 제시된 첫 번째 문단의 마지막 문장인 '이러한 자본주의는 어떻게 발생하였을까?'를 통해 이어질 내용이 자본주의의 역사임을 유추할 수 있다. 따라서 (라) 자본주의의 태동 → (나) 자본주의의 학문화를 통한 영역의 공고화 → (가) 고전적 자본주의의 문제점을 통한 수정자본주의의 탄생 → (다) 수정자본주의의 문제점을 통한 신자유주의의 탄생의 순서로 나열해야 한다.

대표기출유형 04   기출응용문제

01
정답 ③

③은 교환되는 내용이 양과 질의 측면에서 정확히 대등하지 않기 때문에 비대칭적 상호주의의 예시이다.

02
정답 ⑤

현존하는 가장 오래된 실록은 전주에 전주 사고에 보관되어 있던 것으로, 강화도 마니산에 봉안되었다가 1936년 병자호란에 의해 훼손된 것을 현종 때 보수하여 숙종 때 강화도 정족산에 다시 봉안하였고, 현재 서울대에서 보관하고 있다.

[오답분석]
① 원본을 포함해 모두 5벌의 실록을 갖추게 되었으므로 재인쇄하였던 실록은 모두 4벌이다.
② 강원도 태백산에 보관하였던 실록은 서울대에 있다.
③ 현재 한반도에 남아 있는 실록은 강원도 태백산, 강화도 정족산, 장서각의 것으로 모두 3벌이다.
④ 적상산에 보관하였던 실록은 구황국 장서각으로 옮겨졌으며, 이는 6·25 전쟁 때 북한으로 옮겨져 현재 김일성종합대학에서 소장하고 있다.

03
정답 ②

매몰비용은 이미 지불한 비용에 대한 노력을 계속하려는 경향이며, 하나의 비용에 하나의 이익이 연결되어 거래커플링이 강할 때 높게 나타난다고 했다. 따라서 ②는 이 두 가지 조건을 모두 만족하고 있으므로 매몰비용효과가 높게 나타난다.

대표기출유형 05   기출응용문제

01
정답 ②

'-로써'는 어떤 일의 수단이나 도구를 나타내는 격조사이며, '-로서'는 지위나 신분 또는 자격을 나타내는 격조사이다. 서비스 이용자의 증가가 오투오 서비스 운영 업체에 많은 수익을 내도록 한 수단이 되므로 ⓒ에는 '증가함으로써'가 적절하다.

02
정답 ③

제시문의 두 번째 문단은 우울증의 긍정적인 면모인 보호 기제로서의 측면에 대한 내용을 다루고 있다. ⓒ은 지금의 경쟁사회가 정신적인 소진 상태를 초래하기 쉬운 환경이라는 내용이므로, 오늘날 우울증이 급격히 늘어나는 원인을 설명하고 있는 세 번째 문단의 마지막 문장 바로 앞에 들어가는 것이 더 적절하다.

[오답분석]
① 우울증과 창조성의 관계를 설명하면서 그 예시로 우울증을 갖고 있었던 위대한 인물들을 들고 있다. 따라서 천재와 우울증이 동전의 양면과 같으므로 인류 문명의 진보를 이끌었다고 볼 수 있다는 내용의 ㉠은 첫 번째 문단의 결론이므로 삭제할 필요가 없다.
② 문장의 주어가 '엄청난 에너지를 소모하는 것' 즉, 행위이므로 이 행위는 어떤 상태에 이르게 '만드는' 것이 되어야 자연스럽다. 따라서 문장의 주어와 호응하는 것은 '이르게도 할 수 있다.'이다.
④ ㉣을 기준으로 앞 문장은 새로운 조합을 만들어내는 창조성 있는 사람이 이익을 갖게 된다는 내용이고, 뒤 문장은 새로운 조합을 만들어내는 일이 많은 에너지를 요하는 어려운 일이라는 내용이다. 따라서 뒤 문장이 앞 문장의 결과라고 보기 어렵다.
⑤ 세 번째 문단 앞 부분의 내용에 따르면 경쟁사회에서 창조성 있는 사람이 이익을 얻는다. 따라서 ㉤을 '억제하지만'으로 바꾸는 것은 적절하지 않다.

03

ⓒ의 앞뒤 내용을 살펴보면 유행은 취미와 아주 밀접하게 결부된 현상이지만, 서로 다른 특징을 가진다고 하였다. 따라서 역접 기능의 접속어 '그러나'가 오는 것이 적절하다.

대표기출유형 06 기출응용문제

01

정답 ③

• 매립(埋立) : 우묵한 땅이나 하천, 바다 등을 돌이나 흙 따위로 채움
• 굴착(掘鑿) : 땅이나 암석 따위를 파고 뚫음

오답분석

① • 당착(撞着) : 말이나 행동 따위의 앞뒤가 맞지 않음
  • 모순(矛盾) : 어떤 사실의 앞뒤, 또는 두 사실이 이치상 어긋나서 서로 맞지 않음
② • 용인(庸人) : 평범한 사람
  • 범인(凡人) : 평범한 사람
④ • 체류(滯留) : 객지에 가서 머물러 있음
  • 체재(滯在) : 객지에 가서 머물러 있음
⑤ • 모범(模範) : 본받아 배울 만한 대상
  • 귀감(龜鑑) : 거울로 삼아 본받을 만한 모범

02

정답 ②

'썩이다'는 '걱정이나 근심으로 몹시 괴로운 상태가 되게 하다.'라는 뜻으로, 주어진 문장의 맥락에 따라 '물건이나 사람 또는 사람의 재능 따위가 쓰여야 할 곳에 제대로 쓰이지 못하고 내버려진 상태에 있게 하다.'라는 뜻의 '썩히다'로 써야 한다.

03

정답 ④

'자극'과 '반응'은 조건과 결과의 관계이다. 따라서 입력과 출력의 관계가 가장 유사하다.

오답분석

① 개별과 집합의 관계이다.
② 대등 관계이자 상호보완 관계이다.
③ 존재와 생존의 조건 관계이다.
⑤ 미확정과 확정의 관계이다.

대표기출유형 07 │ 기출응용문제

01

제시문에서 A씨는 남들이 주식으로 돈을 벌었다는 소식을 듣고 지식도 없이 주식을 따라 산 후 주식이 오르기만 기다리고 있다. 따라서 A씨의 상황과 관련 있는 한자성어로는 '그루터기를 지켜 토끼를 기다린다.'는 뜻으로, 요행만 기다리는 어리석은 사람을 일컫는 '수주대토(守株待兎)'가 가장 적절하다.

[오답분석]
① 사필귀정(事必歸正) : '결국 옳은 이치대로 된다.'는 것을 뜻한다.
② 조삼모사(朝三暮四) : '아침에 세 개, 저녁에 네 개'라는 뜻으로, 눈앞에 보이는 것만 알고 결과가 같은 것을 모르는 어리석음을 말한다.
④ 새옹지마(塞翁之馬) : '세상만사는 변화가 많아 어느 것이 화(禍)가 되고, 어느 것이 복(福)이 될지 예측하기 어렵다는 것'을 뜻한다.
⑤ 호사다마(好事多魔) : '좋은 일에는 방해가 되는 일이 많음'을 뜻한다.

02

제시문에서는 서로 도움을 주고받는 기업과 정부의 관계에 대해 언급하면서 기업과 정부의 관계가 좋지 않으면 경제 역시 힘들어지므로 협력의 관계를 구축해야 한다고 주장한다. 따라서 제시문과 관련 있는 한자성어로는 '입술이 없으면 이가 시리다.'는 뜻으로, 서로 이해관계가 밀접한 사이에서 어느 한쪽이 망하면 다른 한쪽도 그 영향을 받아 온전하기 어려움을 의미하는 '순망치한(脣亡齒寒)'이 가장 적절하다.

[오답분석]
① 수복강녕(壽福康寧) : '오래 살고 복을 누리며 건강하고 평안함'을 뜻한다.
② 괄목상대(刮目相對) : '눈을 비비고 상대편을 본다.'는 뜻으로, 남의 학식이나 재주가 놀랄 만큼 부쩍 늘음을 이르는 말이다.
④ 호사다마(好事多魔) : '좋은 일에는 방해가 되는 일이 많음'을 뜻한다.
⑤ 권불십년(權不十年) : '아무리 높은 권세라도 오래가지 못함'을 뜻한다.

대표기출유형 08 │ 기출응용문제

01

B사원은 현재 문제 상황과 관련이 없는 A사원의 업무 스타일을 근거로 들며, A사원의 의견을 무시하고 있다. 즉, 상대방에 대한 부정적인 판단 때문에 상대방의 말을 듣지 않는 태도가 B사원의 경청을 방해하고 있는 것이다.

[오답분석]
① 짐작하기 : 상대방의 말을 듣고 받아들이기보다 자신의 생각에 들어맞는 단서들을 찾아 자신의 생각을 확인하는 것이다.
③ 조언하기 : 다른 사람의 문제를 지나치게 본인이 해결해 주고자 하여 상대방의 말끝마다 조언하려고 끼어드는 것이다.
④ 비위 맞추기 : 상대방을 위로하기 위해서 혹은 비위를 맞추기 위해서 너무 빨리 동의하는 것이다.
⑤ 대답할 말 준비하기 : 상대방의 말을 듣고 곧 자신이 다음에 할 말을 생각하기에 바빠 상대방의 말을 잘 듣지 않는 것이다.

02

개방적인 질문은 상대방의 다양한 생각을 이해하고, 상대방으로부터 보다 많은 정보를 얻기 위한 방법으로, 이로 인하여 서로에 대한 이해의 정도를 높일 수 있다. 그러나 G씨에게 누구와 여행을 함께 가는지 묻는 F씨의 질문은 개방적 질문이 아닌 단답형의 대답이나 반응을 이끌어 내는 폐쇄적 질문에 해당하므로 ④는 개방적인 질문 방법에 대한 사례로 적절하지 않다.

03

원활한 의사 표현을 위해서는 긍정과 공감에 초점을 둔 의사 표현 기법을 습득해야 한다. 상대방의 말을 그대로 받아서 맞장구를 치는 것은 상대방에게 공감을 보여주는 가장 쉬운 방법이다.

오답분석

① 상대방의 말이 채 끝나기 전에 어떤 답을 할까 궁리하는 것은 주의를 분산시켜 경청에 몰입하는 것을 방해한다.
③ 핵심은 구체적으로 짚되, 표현은 가능한 간결하게 하도록 하는 것이 바람직한 의사표현법이다.
④ 이견이 있거나 논쟁이 붙었을 때는 무조건 앞뒤 말의 '논리적 개연성'만 따지지 않고 이성과 감성의 조화를 통해 문제를 해결해야 한다.
⑤ 장점은 자신이 부각한다고 해서 공식화되지 않고, 오히려 자신의 단점과 실패경험을 앞세우면 더 많은 지지자를 얻을 수 있다.

CHAPTER 02 수리능력

대표기출유형 01 │ 기출응용문제

01
정답 ③

A는 0, 2, 3을 뽑았으므로 만들 수 있는 가장 큰 세 자리 숫자는 320이다. 카드 5장 중 3장을 뽑을 때 카드의 순서를 고려하지 않고 뽑는 전체 경우의 수는 $_5C_2=10$가지이다. 이때 B가 이기려면 4가 적힌 카드를 뽑거나 1, 2, 3의 카드를 뽑아야 한다. 4가 적힌 카드를 뽑는 경우의 수는 4가 한 장을 차지하고 나머지 2장의 카드를 뽑아야 하므로 $_4C_2=6$가지이고, 1, 2, 3카드를 뽑는 경우는 1가지이다. 따라서 B가 이길 확률은 $\frac{7}{10}$이다.

02
정답 ④

농도가 15%인 소금물의 양을 xg이라고 가정하고, 소금의 양에 대한 식을 세우면 다음과 같다.
$0.1\times200+0.15\times x=0.13\times(200+x)$
→ $20+0.15x=26+0.13x$
→ $0.02x=6$
∴ $x=300$
따라서 농도가 15%인 소금물은 300g이 필요하다.

03
정답 ①

소금물 A의 농도를 $x\%$, 소금물 B의 농도를 $y\%$라고 하면, 다음 식이 성립한다.
$\frac{x}{100}\times200+\frac{y}{100}\times300=\frac{9}{100}\times500$ → $2x+3y=45$ ··· ㉠
$\frac{x}{100}\times300+\frac{y}{100}\times200=\frac{10}{100}\times500$ → $3x+2y=50$ ··· ㉡
따라서 ㉠, ㉡을 연립하면 $x=12$, $y=7$이므로 소금물 A의 농도는 12%이며, 소금물 B의 농도는 7%이다.

04
정답 ④

두 사람이 출발한 지 x분 후에 두 번째로 만난다고 하면 다음과 같이 정리할 수 있다.
• (형이 걸은 거리)$=80x$m
• (동생이 걸은 거리)$=60x$m
두 번째 만났을 때 두 사람이 걸은 거리의 합은 연못의 길이의 2배이므로 (형이 걸은 거리)+(동생이 걸은 거리)$=2\times$(연못의 둘레의 길이)이다.
$80x+60x=2\times2,100$
→ $140x=4,200$
∴ $x=30$
따라서 형과 동생이 두 번째로 만나는 시간은 30분 후이다.

05

정답을 맞힌 2점 문항의 개수를 x개, 3점 문항의 개수를 y개라고 하면, 4점 문항의 개수는 $(y-3)$개이다.
$x+y+(y-3)=22 \rightarrow x+2y=25 \cdots \bigcirc$
희철이가 받은 점수가 71점이므로
$2x+3y+4(y-3)=71 \rightarrow 2x+7y=83 \cdots \bigcirc$
$\bigcirc$, $\bigcirc$을 연립하면 $x=3$, $y=11$이다.
따라서 정답을 맞힌 3점 문항의 개수는 11개이다.

06

500mL 물과 2L 음료수의 개수를 각각 x개, y개라 하자.

$x+y=330$이고, 이때 2L 음료수는 5명당 1개가 지급되므로 $y=\dfrac{1}{5}x$이다.

$\dfrac{6}{5}x=330$

$\rightarrow 6x=1,650$

$\therefore x=275$

500mL 물은 1인당 1개 지급하므로 직원의 인원수와 같다. 따라서 야유회에 참가한 직원은 275명이다.

07

A ~ D의 투자액의 비를 $a:b:c:d$라고 하자.

$\dfrac{b+c}{a+b+c+d}\times 3=1 \rightarrow 2(b+c)=a+d \rightarrow 2b+2c=a+d \cdots \bigcirc$

$\dfrac{a+2c}{a+b+c+d}\times 3=\dfrac{28}{9} \cdots \bigcirc$

$2c=a \cdots \bigcirc$

$\bigcirc$과 $\bigcirc$을 연립하면 $d=2b \cdots$ ㉣

$\bigcirc$과 ㉣을 $\bigcirc$에 대입하면 $\dfrac{4c}{2c+b+c+2b}\times 3=\dfrac{28}{9} \rightarrow \dfrac{4c}{b+c}=\dfrac{28}{9} \rightarrow 2c=7b$

네 명의 투자자들의 투자액 비율을 b로 나타내면 다음과 같다.

$a=2\times \dfrac{7}{2}b,\ b,\ c=\dfrac{7}{2}b,\ d=2b \rightarrow a:b:c:d=14:2:7:4$

따라서 B가 받을 하반기 배당금은 $\dfrac{2}{14+2+7+4}\times 2.7=\dfrac{2}{27}\times 2.7=0.2$억이다.

08

A와 B, B와 C가 각각 3세 차이이므로 B의 나이를 x세라 하면 A의 나이는 $(x+3)$세, C의 나이는 $(x-3)$세이다.

3년 후 C의 나이가 A 나이의 $\dfrac{2}{3}$이므로 다음 식이 성립한다.

$\dfrac{2}{3}(x+3+3)=x-3+3$

$\rightarrow \dfrac{1}{3}x=4$

$\therefore x=12$

따라서 현재 B는 12세, A는 $12+3=15$세, C는 $12-3=9$세이므로 A ~ C의 현재 나이를 모두 더하면 $15+12+9=36$이다.

09

정가를 x원이라 하면, 판매가는 $x \times \left(1 - \dfrac{1}{10}\right) = 0.9x$원이고 원가는 $x \times \left(1 - \dfrac{2}{10}\right) = 0.8x$원이다.

이윤은 (판매가)−(원가)이므로 $0.9x - 0.8x = 0.1x$원이고, H서점이 얻는 이윤은 $\dfrac{0.1x}{0.8x} \times 100 = 12.5\%$이다.

10

주어진 철수의 한 달 용돈에 대한 정보를 식으로 정리하면 다음과 같다.

$x - 0.4x - \dfrac{1}{2}(x - 0.4x) = 60,000$

$\rightarrow 0.3x = 60,000$

$\therefore x = 200,000$

11

5명을 한 팀으로 조직을 개편했을 때, 만들어지는 팀의 수를 x팀이라 하면 다음 식이 성립한다.

$5x + 2 = 6(x - 2)$

$\therefore x = 14$

대표기출유형 02 | 기출응용문제

01

100대 기업까지 48.7%이고, 200대 기업까지 54.5%이다. 따라서 101 ~ 200대 기업이 차지하고 있는 비율은 54.5−48.7=5.8%이다.

[오답분석]

①·③ 자료를 통해 확인할 수 있다.

④ 자료를 통해 0.2%p 감소했음을 알 수 있다.

⑤ 등락률이 상승과 하락의 경향을 보이므로 옳은 설명이다.

02

인구성장률 그래프의 경사가 완만할수록 인구수 변동이 적으므로 옳은 설명이다.

[오답분석]

① 인구성장률은 1970년 이후 계속 감소하고 있다.

② 총인구가 감소하려면 인구성장률 그래프가 (−)값을 가져야 하는데 2011년과 2015년에는 (+)값을 갖는다.

④ 그래프를 통해 1990년 인구가 더 적다는 것을 알 수 있다.

⑤ 그래프를 통해 2020년부터 총인구가 감소하는 모습을 보이고 있음을 알 수 있다.

03

정답 ③

대치동의 증권자산은 23.0조−17.7조−3.1조=2.2조 원이고, 서초동의 증권자산은 22.6조−16.8조−4.3조=1.5조 원이므로 옳은 설명이다.

[오답분석]

① 압구정동의 가구 수는 $\frac{14.4}{12.8}$ ≒ 1.13가구, 여의도동의 가구 수는 $\frac{24.9}{26.7}$ ≒ 0.93가구이므로 옳지 않은 설명이다.

② 이촌동의 가구 수가 2만 가구 이상이라면, 총자산이 7.4억×20,000=14.8조 원 이상이어야 한다. 그러나 이촌동은 총자산이 14.4조 원인 압구정동보다 순위가 낮으므로 이촌동의 가구 수는 2만 가구 미만인 것을 추론할 수 있다.

④ 여의도동의 부동산자산은 12.3조 원 미만이다. 여의도동의 부동산자산을 12.2조 원이라고 가정하면, 여의도동의 증권자산은 최대 24.9조−12.2조−9.6조=3.1조 원이므로 옳지 않은 설명이다.

⑤ 도곡동의 총자산 대비 부동산자산의 비율은 $\frac{12.3}{15.0}$×100=80%이고, 목동의 총자산 대비 부동산자산의 비율은 $\frac{13.7}{15.5}$×100≒ 88.4%이므로 옳지 않은 설명이다.

04

정답 ③

2017년 대비 2023년에 발생률이 증가한 암은 폐암, 대장암, 유방암인 것을 확인할 수 있다.

[오답분석]

① 위암의 발생률은 점차 감소하다가 2022년부터 다시 증가하는 것을 확인할 수 있다.

② 전년 대비 2023년 암 발생률 증가폭은 다음과 같다.
- 위암 : 24.3−24.0=0.3%p
- 간암 : 21.3−20.7=0.6%p
- 폐암 : 24.4−22.1=2.3%p
- 대장암 : 8.9−7.9=1.0%p
- 유방암 : 4.9−2.4=2.5%p
- 자궁암 : 5.6−5.6=0%p

따라서 전년 대비 2023년 암 발생률 증가폭은 유방암의 증가폭이 가장 크므로 옳지 않은 설명이다.

④ 2023년에 위암으로 죽은 사망자 수는 알 수 없으므로 옳지 않은 설명이다.

⑤ 자궁암의 발생률은 2021년까지 감소하다가 2021년 이후로는 동일한 비율을 유지하고 있다.

05

정답 ③

전년 대비 2022년 각 시설의 증가량은 다음과 같다.
- 축구장 : 618−558=60개소
- 체육관 : 639−581=58개소
- 간이운동장 : 11,458−10,669=789개소
- 테니스장 : 549−487=62개소
- 기타 : 1,783−1,673=110개소

따라서 전년 대비 2022년 시설이 가장 적게 늘어난 체육관과 가장 많이 늘어난 간이운동장의 2022년 시설 수의 합은 639+11,458 =12,097개소이다.

06

정답 ②

2020년 전체 공공체육시설 중 체육관이 차지하고 있는 비율은 $\frac{529}{467+529+9,531+428+1,387}$×100≒ 4.3%이다.

07

정답 ⑤

2023년 공공체육시설의 수는 총 649+681+12,194+565+2,038=16,127개소이다.

오답분석

① 테니스장은 2022년에 전년 대비 $\frac{549-487}{487}\times100 ≒ 12.7\%$ 증가했으므로 옳은 설명이다.

② 2021년 간이운동장의 수는 같은 해 축구장 수의 $\frac{10,669}{558} ≒ 19.1$배이므로 옳은 설명이다.

③ 2023년 1인당 체육시설 면적은 2020년에 비해 $\frac{3.29}{2.54} ≒ 1.3$배 증가했으므로 옳은 설명이다.

④ 2021년 축구장 수는 전년 대비 558-467=91개소 증가했다.

08

정답 ②

월간 용돈을 5만 원 미만으로 받는 비율은 중학생 89.4%, 고등학생 60%로 중학생이 고등학생보다 높다.

오답분석

① 용돈을 받는 남학생과 여학생의 비율은 각각 82.9%, 85.4%이다. 따라서 여학생이 더 높다.

③ 고등학교 전체 인원을 100명이라 한다면 그중에 용돈을 받는 학생은 약 80.8명이다. 80.8명 중에 용돈을 5만 원 이상 받는 학생의 비율은 40%이므로 80.8×0.4≒ 32.3명이다.

④ 금전출납부의 기록, 미기록 비율은 각각 30%, 70%이다. 따라서 기록하는 비율이 더 낮다.

⑤ 용돈을 받지 않는 중학생과 고등학생 비율은 각각 12.4%, 19.2%이다. 따라서 용돈을 받지 않는 고등학생 비율이 더 높다.

09

정답 ①

주어진 자료의 수치는 비율을 나타내기 때문에 실업자의 수는 알 수 없다.

오답분석

② 실업자의 비율은 27-25=2%p 증가하였다.

③ 2022년 경제활동인구의 비율은 100-20=80%이고, 2023년 경제활동인구의 비율은 100-30=70%이므로 경제활동인구의 비율은 10%p 감소하였다.

④ 취업자 비율은 43-55=-12%p 감소했지만 실업자 비율은 2%p 증가하였기 때문에 취업자 비율의 증감폭이 더 큰 것을 확인할 수 있다.

⑤ 비경제활동인구의 비율은 30-20=10%p 증가하였다.

10

정답 ③

자금이체 서비스 이용 실적은 2023년 3분기에도 감소하였다.

오답분석

① 조회 서비스 이용 실적은 매 분기마다 계속 증가한 것을 확인할 수 있다.

② 2023년 2분기 조회 서비스 이용 실적은 849천 건이고, 전 분기의 이용 실적은 817천 건이므로 849-817=32, 즉 3만 2천 건 증가하였다.

④ 모바일 뱅킹 서비스 이용 실적의 전 분기 대비 증가율이 가장 높은 분기는 2023년 4분기인 것을 확인할 수 있다.

⑤ 2023년 4분기의 조회 서비스 이용 실적은 자금이체 서비스 이용 실적의 $\frac{1,081}{14} ≒ 77$배이므로 옳은 설명이다.

11

세 지역 모두 핵가족 가구 비중이 더 높으므로, 핵가족 수가 더 많다는 것을 추론할 수 있다.

오답분석

① 핵가족 가구의 비중이 가장 높은 곳은 71%인 B지역이다.
② 1인 가구는 기타 가구의 일부이므로, 1인 가구만의 비중은 알 수 없다.
③ 확대가족 가구의 비중이 가장 높은 곳은 C지역이지만 이 수치는 비중이므로 가구 수는 알 수가 없다.
⑤ 부부 가구의 구성비는 B지역이 가장 높다.

12

업그레이드 전 성능지수가 100인 기계의 수는 15대이고, 성능지수 향상 폭이 35인 기계의 수도 15대이므로 동일하다.

오답분석

① 업그레이드한 기계 100대의 성능지수 향상 폭의 평균을 구하면 $\frac{60 \times 14 + 5 \times 20 + 5 \times 21 + 15 \times 35}{100} = 15.7$로 20 미만이다.

② 성능지수 향상 폭이 35인 기기는 15대인데, 성능지수는 65, 79, 85, 100 네 가지가 있고 이 중 가장 최대는 100이다. 서비스 성능이 35만큼 향상할 수 있는 경우는 성능지수가 65였을 때이다. 따라서 35만큼 향상된 기계의 수가 15대라고 했으므로 $\frac{15}{80} \times$ $100 = 18.75$%가 100으로 향상되었다.

③ 성능지수 향상 폭이 21인 기계는 5대로, 업그레이드 전 79인 기계 5대가 모두 100으로 향상되었다.

④ 향상되지 않은 기계는 향상 폭이 0인 15대이고, 이는 업그레이드 전 성능지수가 100인 기계 15대를 뜻하며, 그 외 기계는 모두 성능지수가 향상되었다.

13

ㄱ. 초등학생의 경우 남성의 스마트폰 중독 비율이 33.35%로 29.58%인 여성보다 높지만, 중·고등학생의 경우 남성의 스마트폰 중독 비율이 32.71%로 32.72%인 여성보다 0.01%p가 낮다.

ㄷ. 대도시에 사는 초등학생 수를 a명, 중·고등학생 수를 b명, 전체 인원을 $(a+b)$명이라고 하면, 대도시에 사는 학생 중 스마트폰 중독 인원에 대한 식은 다음과 같다.

$30.80a + 32.40b = 31.95 \times (a+b)$

→ $1.15a = 0.45b$

∴ $b ≒ 2.6a$

따라서 대도시에 사는 중·고등학생 수가 초등학생 수보다 2.6배 많다.

ㄹ. 초등학생의 경우 기초수급가구의 스마트폰 중독 비율이 30.35%로, 31.56%인 일반가구보다 스마트폰 중독 비율이 낮다. 중·고등학생의 경우에도 기초수급가구의 스마트폰 중독 비율이 31.05%로, 32.81%인 일반가구보다 스마트폰 중독 비율이 낮다.

오답분석

ㄴ. 한부모·조손 가족의 스마트폰 중독 비율은 초등학생의 경우가 28.83%로, 중·고등학생의 70%인 31.79×0.7≒ 22.3% 이상이 므로 옳은 설명이다.

01

변환된 그래프의 단위는 백만 주이고, 주어진 자료에는 주식 수의 단위가 억 주이므로 이를 주의하여 종목당 평균 주식 수를 구하면 다음과 같다.

구분	2013년	2014년	2015년	2016년	2017년	2018년	2019년	2020년	2021년	2022년	2023년
종목당 평균 주식 수 (백만 주)	9.39	12.32	21.07	21.73	22.17	30.78	27.69	27.73	27.04	28.25	31.13

이를 토대로 전년 대비 증감 추세를 나타내면 다음과 같다.

구분	2013년	2014년	2015년	2016년	2017년	2018년	2019년	2020년	2021년	2022년	2023년
전년 대비 변동 추이	–	증가	증가	증가	증가	증가	감소	증가	감소	증가	증가

따라서 주어진 자료와 동일한 추세를 보이는 그래프는 ②이다.

02

자료를 바탕으로 2022년 대비 2023년의 증감률을 구하면 다음과 같다.

(단위 : 천 명, %)

구분	10세 미만	10 ~ 19세	20 ~ 29세	30 ~ 39세	40 ~ 49세	50 ~ 59세	60 ~ 69세	70세 이상
증감	−12	−11	−11	−8	−30	−7	−17	25
증감률	−7.8	−4.1	−5	−3.8	−8.2	−1.2	−2.4	3.6

따라서 ③이 옳은 그래프이다.

03

사망원인이 높은 순서대로 나열하면 '암, 심장질환, 뇌질환, 자살, 당뇨, 치매, 고혈압'이며, 암은 10만 명당 185명이고, 심장질환과 뇌질환은 각각 암으로 인한 사망자와 20명 미만의 차이이다. 또한 자살은 10만 명당 50명이다.

[오답분석]

① 사망원인 중 암인 사람은 185명이다.
③ 자살로 인한 사망자는 50명이다.
④·⑤ 뇌질환 사망자가 암 사망자와 20명 이상 차이난다.

대표기출유형 01 기출응용문제

01

정답 ④

조건의 주요 명제들을 순서대로 논리 기호화하여 표현하면 다음과 같다.
- 두 번째 명제 : 햇살론 → (~출발적금 ∧ ~미소펀드)
- 세 번째 명제 : ~대박적금 → 햇살론
- 네 번째 명제 : 미소펀드
- 다섯 번째 명제 : (미소펀드 ∨ 출발적금) → 희망예금

네 번째 명제에 따라 미소펀드에는 반드시 가입하므로, 다섯 번째 명제에 따라 출발적금 가입여부와 무관하게 희망예금에 가입하고, 두 번째 명제의 대우[(미소펀드 ∨ 출발적금) → ~햇살론]에 따라 햇살론에는 가입하지 않는다. 또한 세 번째 명제의 대우(~햇살론 → 대박적금)에 따라 대박적금에는 가입하게 되므로 첫 번째 명제에 따라 미소펀드, 희망예금, 대박적금 3가지에는 가입하고, 햇살론, 출발적금에는 가입하지 않는다.

02

정답 ③

세 번째와 다섯 번째 조건에 의해 F의 점검 순서는 네 번째 이후임을 알 수 있고, 또한 네 번째, 여섯 번째 조건에 의해, F가 네 번째로 점검받음을 알 수 있다. 주어진 조건을 이용하여 가능한 경우를 나타내면 다음과 같다.
- 경우 1 : G - C - E - F - B - A - D
- 경우 2 : G - C - E - F - D - A - B

따라서 두 번째와 세 번째, 다섯 번째 조건에 의해 G, E는 귀금속점이고, C는 은행이다.

03

정답 ③

금화는 총 13개가 있고 상자마다 들어 있는 금화의 개수는 다르며, 금화의 개수는 A<B<C이므로 표로 정리하면 다음과 같다.

경우의 수	A상자	B상자	C상자
경우 1	1	2	10
경우 2		3	9
경우 3		4	8
경우 4		5	7
경우 5	2	3	8
경우 6		4	7
경우 7		5	6
경우 8	3	4	6

갑이 A상자를 열어본 후 B와 C에 각각 몇 개가 들어 있는지 알 수 없다고 하였으므로, 경우 8은 제외한다. 을이 상자 C를 열어본 후 A와 B에 각각 몇 개가 들어 있는지 알 수 없다고 하였으므로, 경우 1, 경우 2, 경우 7이 제외된다. 이는 C상자에 10개, 9개, 6개 중 하나가 들어 있는 경우 조건에 따라 A상자와 B상자 금화의 개수를 계산할 수 있기 때문이다. 두 사람의 말을 듣고 병이 B상자를 열어본 후 A상자와 C상자에 각각 몇 개가 들어 있는지 알 수 없다고 하였으므로 경우 4와 경우 5가 제외된다. 따라서 성립할 수 있는 경우는 경우 3과 경우 6이고, 두 경우 모두 B상자에 들어 있는 금화의 개수는 4개이다.

04

원형 테이블은 회전시켜도 좌석 배치가 동일하다. 따라서 좌석에 인원수만큼의 번호 1 ~ 6번을 임의로 붙인 다음, A가 1번 좌석에 앉았다고 가정해 배치하면 다음과 같다.

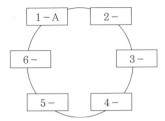

- 두 번째 조건에 따라 E는 A와 마주보는 4번 자리에 앉는다.
- 세 번째 조건에 따라 C는 E 기준으로 왼쪽인 5번 자리에 앉는다.
- 첫 번째 조건에 따라 B는 C와 이웃한 자리 중 비어 있는 6번 자리에 앉는다.
- 네 번째 조건에 따라 F는 A와 이웃하지 않는 자리인 3번 자리에 앉는다.
- D는 남은 좌석인 2번 자리에 앉게 된다.

위 내용을 정리하면 다음과 같다.

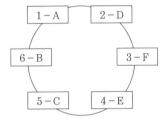

따라서 F와 이웃하여 앉는 사람은 D, E이다.

05

두 번째 조건에 의해 A는 2층, C는 1층, D는 2호에 살고 있음을 알 수 있다. 또한 네 번째 조건에 따라 A와 B는 2층, C와 D는 1층에 살고 있음을 알 수 있다. 따라서 1층 1호에는 C, 1층 2호에는 D, 2층 1호에는 A, 2층 2호에는 B가 살고 있다.

대표기출유형 02 **기출응용문제**

01

조건에 따라 소괄호 안에 있는 부분을 순서대로 풀이하면 다음과 같다.
'1 A 5'에서 A는 좌우의 두 수를 더하는 것이지만, 더한 값이 10 미만이면 좌우에 있는 두 수를 곱해야 한다. 1+5=6으로 10 미만이므로 두 수를 곱하여 5가 된다.
'3 C 4'에서 C는 좌우의 두 수를 곱하는 것이지만 곱한 값이 10 미만일 경우 좌우에 있는 두 수를 더한다. 이 경우 3×4=12로 10 이상이므로 12가 된다.
중괄호를 풀어보면 '5 B 12'이다. B는 좌우에 있는 두 수 가운데 큰 수에서 작은 수를 빼는 것이지만, 두 수가 같거나 뺀 값이 10 미만이면 두 수를 곱한다. 12-5=7로 10 미만이므로 두 수를 곱해야 한다. 따라서 60이 된다.
'60 D 6'에서 D는 좌우에 있는 두 수 가운데 큰 수를 작은 수로 나누는 것이지만, 두 수가 같거나 나눈 값이 10 미만이면 두 수를 곱해야 한다. 이 경우 나눈 값이 10이 되므로 답은 10이다.

CHAPTER 03 문제해결능력 • 35

02

정답 ⑤

규칙에 따라 사용할 수 있는 숫자는 1, 5, 6을 제외한 나머지 2, 3, 4, 7, 8, 9의 총 6개이다. (한 자릿수)×(두 자릿수)=156이 되는 수를 알기 위해서는 156의 소인수를 구해보면 된다. 156의 소인수는 3, 2^2, 13으로 여기서 156이 되는 수의 곱 중에 조건을 만족하는 것은 2×78과 4×39이다. 따라서 선택지 중에 A팀 또는 B팀에 들어갈 수 있는 암호배열은 39이다.

03

정답 ④

간선노선과 보조간선노선을 구분하여 노선번호를 부여하면 다음과 같다.
- 간선노선
  - 동서를 연결하는 경우 : (가), (나)에 해당하며, 남에서 북으로 가면서 숫자가 증가하고 끝자리에는 0을 부여하므로 (가)는 20, (나)는 10이다.
  - 남북을 연결하는 경우 : (다), (라)에 해당하며, 서에서 동으로 가면서 숫자가 증가하고 끝자리에는 5를 부여하므로 (다)는 15, (라)는 25이다.
- 보조간선노선
  - (마) : 남북을 연결하는 모양에 가까우므로, (마)의 첫자리는 남쪽 시작점의 간선노선인 (다)의 첫자리와 같은 1이 되어야 하고, 끝자리는 5를 제외한 홀수를 부여해야 하므로, 가능한 노선번호는 11, 13, 17, 19이다.
  - (바) : 동서를 연결하는 모양에 가까우므로, (바)의 첫자리는 바로 아래쪽에 있는 간선노선인 (나)의 첫자리와 같은 1이 되어야 하고, 끝자리는 0을 제외한 짝수를 부여해야 하므로, 가능한 노선번호는 12, 14, 16, 18이다.

따라서 가능한 조합은 ④이다.

04

정답 ②

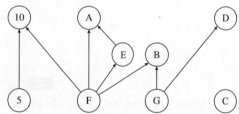

A, B, C를 제외한 빈칸에 적힌 수를 각각 D, E, F, G라고 하자.
F는 10의 약수이고 원 안에는 2에서 10까지의 자연수가 적혀있으므로 F는 2이다.
10을 제외한 2의 배수는 4, 6, 8이고, A는 E와 F의 공배수이다. 즉, A는 8, E는 4이고, B는 6이다.
6의 약수는 1, 2, 3, 6이므로 G는 3이고 D는 3의 배수이므로 9이며, 남은 7은 C이다.
따라서 A ~ C에 해당하는 수의 합은 8+6+7=21이다.

대표기출유형 03 기출응용문제

01

정답 ③

리스크 관리 능력의 부족은 기업 내부환경의 약점 요인에 해당한다. 위협은 외부환경 요인에 해당하므로 위협 요인에는 회사 내부를 제외한 외부에서 비롯되는 요인이 들어가야 한다.

02

정답 ②

경쟁자의 시장 철수로 인한 새로운 시장으로의 진입 가능성은 H공사가 가지고 있는 내부환경의 약점이 아닌 외부환경에서 비롯되는 기회에 해당한다.

> **SWOT 분석**
> 기업의 내부환경과 외부환경을 분석하여 강점(Strength), 약점(Weakness), 기회(Opportunity), 위협(Threat) 요인을 규정하고 이를 토대로 경영전략을 수립하는 기법
> • 강점(Strength) : 내부환경(자사 경영자원)의 강점
> • 약점(Weakness) : 내부환경(자사 경영자원)의 약점
> • 기회(Opportunity) : 외부환경(경쟁, 고객, 거시적 환경)에서 비롯된 기회
> • 위협(Threat) : 외부환경(경쟁, 고객, 거시적 환경)에서 비롯된 위협

03

정답 ④

ㄴ. 다수의 풍부한 경제자유구역 성공 사례를 활용하는 것은 강점에 해당하지만, 외국인 근로자를 국내주민과 문화적으로 동화시키려는 시도는 외국인 근로자들의 입주만족도를 저해할 수 있다. 외국인 근로자들의 문화를 존중하는 동시에 외국인 근로자들과 국내주민 간의 문화적 융화를 도모하여야 지역경제발전을 위한 원활한 사회적 토대를 조성할 수 있다. 따라서 해당 전략은 ST전략으로 적절하지 않다.

ㄹ. 경제자유구역 인근 대도시와의 연계를 활성화하면 오히려 인근 기성 대도시의 산업이 확장된 교통망을 바탕으로 경제자유구역의 사업을 흡수할 위험이 커진다. 또한 인근 대도시와의 연계 확대는 경제자유구역 내 국내·외 기업 간의 구조 및 운영상 이질감을 해소하는 데에 직접적인 도움이 된다고 보기 어렵다.

[오답분석]

ㄱ. 경제호황으로 인해 자국을 벗어나 타국으로 진출하려는 해외기업이 증가하는 기회상황에서, 성공적 경험에서 축적된 우리나라의 경제자유구역 조성 노하우로 이들을 유인하여 유치하는 전략은 SO전략으로 적절하다.

ㄷ. 기존에 국내에 입주한 해외기업의 동형화 사례를 활용하여 국내기업과 외국계 기업의 운영상 이질감을 해소하여 생산성을 증대시키는 전략은 WO전략에 해당한다.

04

정답 ④

ㄴ. 민간의 자율주행기술 R&D를 지원하여 기술적 안정성을 높이는 전략은 위협을 최소화하는 내용은 포함하지 않고 약점만 보완하는 것이므로 ST전략이라 할 수 없다.

ㄹ. 국내기업의 자율주행기술 투자가 부족한 약점을 국가기관의 주도로 극복하려는 것은 약점을 최소화하고 위협을 회피하려는 WT전략으로 적합하지 않다.

[오답분석]

ㄱ. 높은 수준의 자율주행기술을 가진 외국 기업과의 기술이전협약 기회를 통해 국내외에서 우수한 평가를 받는 국내 자동차기업의 수준을 향상시켜 국내 자율주행자동차 산업의 강점을 강화하는 전략은 SO전략에 해당한다.

ㄷ. 국가가 지속적으로 자율주행차 R&D를 지원하는 법안이 본회의를 통과한 기회를 토대로 기술개발을 지원하여 국내 자율주행자동차 산업의 약점인 기술적 안전성을 확보하려는 전략은 WO전략에 해당한다.

01

ㄱ. 공정 순서는 A → B·C → D → E → F로 전체 공정이 완료되기 위해서는 15분이 소요된다.
ㄷ. B공정이 1분 더 지연되어도 C공정에서 5분이 걸리기 때문에 전체 공정 시간에는 변화가 없다.

[오답분석]
ㄴ. 첫 제품 생산 후부터는 5분마다 1개씩 제품이 생산되기 때문에 첫 제품 생산 후부터 1시간마다 12개의 제품이 생산된다.

02

11:00 ~ 11:30에는 20명의 고객이 식사를 하고 있다. 그리고 11:30부터 1시간 동안은 2분당 +3명, 5분당 −1명이 출입한다. 이때 2와 5의 최소공배수는 10이고, 10분당 출입하는 고객 수는 $3 \times 5 - 1 \times 2 = +13$명이다. 따라서 12:00에는 $20 + 13 \times 3 = 59$명이 매장에서 식사를 하고 있다.

03

매출액은 매장에 방문한 고객 수에 주요 시간대별 가격을 곱한 값을 모두 더하면 구할 수 있다.
• 런치에 방문한 고객 수 : $20 + (3 \times 60 \div 2) + (2 \times 60 \div 1) + (6 \times 60 \div 5) = 302$명
• 디너에 방문한 고객 수 : $20 + (7 \times 60 \div 2) + (3 \times 60 \div 1) + (4 \times 60 \div 5) = 458$명
∴ (하루 매출액)$= (302 \times 10,000) + (458 \times 15,000) = 9,890,000$원

04

고객현황 조사 당일에 만석이었던 적이 한 번 있었다고 하였으므로, 가장 많은 고객이 있었던 시간대의 고객 수가 한식뷔페의 좌석 수가 된다. 시간대별 고객의 증감은 최소공배수를 활용하여 다음과 같이 계산한다.
[런치]

시간	내용
11:30 ~ 12:30	• 2분과 5분의 최소공배수 : 10분 • $(3 \times 10 \div 2) - (1 \times 10 \div 5) = +13$명 ∴ 10분당 13명 증가
12:30 ~ 13:30	• 1분과 6분의 최소공배수 : 6분 • $(2 \times 6) - (5 \times 1) = +7$명 ∴ 6분당 7명 증가
13:30 ~ 14:30	• 5분과 3분의 최소공배수 : 15분 • $(6 \times 15 \div 5) - (2 \times 15 \div 3) = +8$명 ∴ 15분당 8명 증가

즉, 런치에는 시간이 흐를수록 고객 수가 계속 증가함을 알 수 있다.

[디너]

시간	내용
16:30 ~ 17:30	• 2분과 3분의 최소공배수 : 6분 • $(7 \times 6 \div 2) - (7 \times 6 \div 3) = +7$명 ∴ 6분당 7명 증가
17:30 ~ 18:30	• 1분과 5분의 최소공배수 : 5분 • $(3 \times 5 \div 1) - (6 \times 5 \div 5) = +9$명 ∴ 5분당 9명 증가
18:30 ~ 19:30	• 5분과 3분의 최소공배수 : 15분 • $(4 \times 15 \div 5) - (3 \times 15 \div 3) = -3$명 ∴ 15분당 3명 감소

즉, 디너에는 18:30 이전까지는 고객 수가 계속 증가함을 알 수 있다.
• 런치 최대 고객 수(14:30) : $20 + (13 \times 60 \div 10) + (7 \times 60 \div 6) + (8 \times 60 \div 15) = 200$명
• 디너 최대 고객 수(18:35) : $20 + (7 \times 60 \div 6) + (9 \times 60 \div 5) - 3 + 4 = 199$명
따라서 한식 뷔페 좌석 수는 모두 200석이다.

05

B안의 가중치는 전문성인데 전문성 면에서 자원봉사제도는 (−)이므로 적절하지 않은 내용이다.

[오답분석]
① 비용저렴성을 달성하려면 (+)를 보이는 자원봉사제도가 가장 유리하다.
② B안에 가중치를 적용할 경우 전문성에 가중치를 적용하므로 (+)를 보이는 유급법률구조제도가 가장 적절하며, A안에 가중치를 적용할 경우 유급법률구조제도가 가장 적절하다. 따라서 어떤 것을 적용하더라도 결과는 같다.
④ 전문성 면에서는 유급법률구조제도가 (+), 자원봉사제도가 (−)이므로 옳은 내용이다.
⑤ A안에 가중치를 적용할 경우 접근용이성과 전문성에 가중치를 적용하므로 두 정책목표 모두에서 (+)를 보이는 유급법률구조제도가 가장 적절하다.

06

정답 ③

임직원들의 업무평가 항목 평균 점수를 구하면 다음과 같다.

(단위 : 점)

성명	조직기여	대외협력	기획	평균	순위
유시진	58	68	83	69.67	9위
최은서	79	98	96	91	1위
양현종	84	72	86	80.67	6위
오선진	55	91	75	73.67	8위
이진영	90	84	97	90.33	2위
장수원	78	95	85	86	4위
김태균	97	76	72	81.67	5위
류현진	69	78	54	67	10위
강백호	77	83	66	75.33	7위
최재훈	80	94	92	88.67	3위

따라서 상위 4명인 최은서, 이진영, 최재훈, 장수원이 해외연수 대상자로 선정된다.

07

평균 점수의 내림차순으로 순위를 정리하면 다음과 같다.

(단위 : 점)

성명	조직기여	대외협력	기획	평균	순위
최은서	79	98	96	91	1위
이진영	90	84	97	90.33	2위
최재훈	80	94	92	88.67	3위
장수원	78	95	85	86	4위
김태균	97	76	72	81.67	5위
양현종	84	72	86	80.67	6위
강백호	77	83	66	75.33	7위
오선진	55	91	75	73.67	8위
유시진	58	68	83	69.67	9위
류현진	69	78	54	67	10위

따라서 오선진은 8위로 해외연수 대상자가 될 수 없다.

08

26일은 비가 오는 날이므로 첫 번째 조건에 따라 A사원은 커피류를 마신다. 또한, 평균기온은 27℃로 26℃ 이상이므로 두 번째 조건에 따라 큰 컵으로 마시고, 세 번째 조건에 따라 카페라테를 마신다.

09

24일은 비가 오지 않는 화요일이며, 평균기온은 28℃이므로 A사원은 밀크티 큰 컵을 마신다. 그리고 23일은 맑은 날이고 26℃이므로, A사원은 자몽에이드 큰 컵을 마셨을 것이다. 그러므로 B사원에게는 자몽에이드 큰 컵을 사 줄 것이다.
따라서 A사원이 지불할 금액은 4,800+4,700=9,500원이다.

10

우선 보수와 희망 작업, 희망 지역을 고려해야 하는 일자리 참여자에 대한 농가 배정 인력을 살펴본다.
• 김정현 : 8월에 파종 작업을 하며, 보수로 일당 8만 원 이상을 주는 D농가에 배정된다.
• 박소리 : 5월에 보수로 일당 10만 원 이상을 주며, 경기지역에 위치한 C농가에 배정된다.
• 김동혁 : 10월에 충남에서 수확 작업을 하며, 보수로 일당 10만 원 이상을 주는 E농가에 배정된다.
• 한성훈 : 3~4월에 파종 작업을 하며, 보수로 일당 8만 원 이상을 주는 B농가에 배정된다.
다음으로 보수에 대한 조건이 없는 자원봉사자에 대한 농가 배정 인력을 살펴본다.
• 서수민 : 3월에 경기지역에서 수확 작업을 하는 농가가 없으므로 어느 농가에도 배정되지 않는다.
• 최영재 : 4~6월에 모내기 작업을 하는 C농가에 배정된다.
마지막으로 조건이 까다롭지 않은 이진수에 대한 농가 배정을 살펴본다.
• 이진수 : 아직 배정이 완료되지 못한 A농가와 B농가 중 작업 가능 기간이 맞는 A농가에 배정된다.
이를 표로 정리하면 다음과 같다.

농가	A농가	B농가	C농가	D농가	E농가
인력	이진수	한성훈	박소리 최영재	김정현	김동혁

따라서 필요인력이 2명인 B농가에는 1명이 배정되어 농가에서 원하는 인력을 모두 공급받기 어렵다.

11

10번의 결과를 토대로 농가별로 지급해야 하는 보수를 정리하면 다음과 같다.

(단위 : 만 원)

구분	A농가	B농가	C농가	D농가	E농가
인력	이진수	한성훈	박소리 최영재	김정현	김동혁
보수	60	20	40	8	90

- A농가 : 10만×6일=60만 원
- B농가 : 10만×2일=20만 원
- C농가 : 20만×2일=40만 원(∵ 최영재는 자원봉사자로 보수 지급 대상이 아니다)
- D농가 : 8만×1일=8만 원
- E농가 : 15만×6일=90만 원

따라서 E농가가 농촌인력 중개 후 가장 많은 보수를 지급해야 한다.

12

- 현장실습교육비 : 자원봉사자를 포함한 일자리 참여자 전원에게 지급하며, 최대 3일로 제한하므로 6일간 작업한 이진수와 김동혁에게는 최대 6만 원을 지급한다.
- 교통비 : 자원봉사자를 제외한 일자리 참여자에게 작업일 수만큼 지급한다.
- 숙박비 : 자원봉사자를 제외한 일자리 참여자에게 작업일 1일을 제외한 일 수만큼 지급한다.

H센터에서 구인농가와 일자리 참여자에게 지원할 금액을 표로 정리하면 다음과 같다.

(단위 : 만 원)

구분	현장실습 교육비	교통비	숙박비	지급총액
김정현	2	0.5	0	2.5
박소리	4	1	2	7
이진수	6	3	10	19
김동혁	6	3	10	19
한성훈	4	1	2	7
최영재	4	0	0	4
합계	26	8.5	24	58.5

따라서 지원할 금액은 58.5만 원이다.

01
정답 ②

창의적 사고를 개발하는 방법
- 자유 연상법 : 어떤 생각에서 다른 생각을 계속해서 떠올리는 작용을 통해 어떤 주제에서 생각나는 것을 계속해서 열거해 나가는 방법 예 브레인스토밍
- 강제 연상법 : 각종 힌트에서 강제적으로 연결지어서 발상하는 방법 예 체크리스트
- 비교 발상법 : 주제와 본질적으로 닮은 것을 힌트로 하여 새로운 아이디어를 얻는 방법 예 NM법, Synetics

02
정답 ①

설득은 논쟁이 아니라 논증을 통해 더욱 정교해지며, 공감을 필요로 한다. 나의 주장을 다른 사람에게 이해시켜 납득시키고 그 사람이 내가 원하는 행동을 하게 만드는 것이며, 이해는 머리로 하고 납득은 머리와 가슴이 동시에 공감되는 것을 말하고 이 공감은 논리적 사고가 기본이 된다. 따라서 ①은 상대방이 했던 이야기를 이해하도록 노력하면서 공감하려는 태도가 보이므로 설득에 해당한다.

[오답분석]
② 상대의 생각을 모두 부정하지 않고, 상황에 따른 생각을 이해함으로써 새로운 지식이 생길 가능성이 있으므로 논리적 사고 구성요소 중 '타인에 대한 이해'에 해당한다.
③ 상대가 말하는 것을 잘 알 수 없어 구체적인 사례를 들어 이해하려는 것으로, 논리적 사고 구성요소 중 '구체적인 생각'에 해당한다.
④ 상대 주장에 대한 이해가 부족하다는 것을 인식해 상대의 논리를 구조화하려는 것으로, 논리적 사고 구성요소 중 '상대 논리의 구조화'에 해당한다.
⑤ 상대방의 말한 내용이 명확하게 이해가 안 되어 먼저 자신이 생각하여 이해하도록 노력하는 것으로, 논리적 사고 구성요소 중 '생각하는 습관'에 해당한다.

CHAPTER 04 대인관계능력

대표기출유형 01 기출응용문제

01

정답 ⑤

ㄷ. 객관적 평가를 위해 계획단계에서 설정한 평가 지표에 따라 판단하는 것이므로 적절하다.

ㄹ. 개방적 의사소통은 조직목표 달성의 효과성 개선에 도움이 되므로 팀을 수평적 구조로 재구성하는 것은 적절하다.

[오답분석]

ㄱ. 책임소재를 명확히 하는 것은 좋으나, 조직목표 달성의 효과성 개선을 위해서는 절차보다 결과에 초점을 맞추어야 한다. 따라서 절차상의 하자 제거를 최우선시하는 것은 적절하지 않다.

ㄴ. 내부 의견이 일치하지 않는 경우 단순히 주관적 판단인 부서장의 의견을 따르기보다는 의견수렴을 통해 합리적이고 건설적으로 해결하여야 한다.

02

정답 ④

A는 대화의 분위기를 풀어볼 목적으로 농담을 하였다. 적절한 농담은 대화에서 긍정적인 기능을 하지만 상대방의 상황이 매우 좋지 않을 때에는 역효과가 나기 쉽다. 자신의 기분을 대수롭지 않게 대한다고 느낄 수 있기 때문이다.

03

정답 ①

대인관계는 이해와 양보의 미덕을 기반으로 이루어진다. 신입사원 A는 팀원들과 교류가 없는 선임과 같이 일을 하면서 그를 이해하게 되고 적극적으로 다가가면서 관계가 가까워졌다.

04

정답 ③

제시된 상황은 다른 팀원들이 선임과 개방적으로 의사소통을 하지도 않고, 건설적으로 해결하려는 모습을 보여주고 있지 않기 때문에 신입사원 A는 팀의 좋은 영향을 미치지 못할 것이라고 판단하고 있다.

05

정답 ②

제시된 상황은 신입사원 A의 한 선임과 다른 팀원들 사이에서 갈등이 일어나 팀워크가 저해되고 있는 경우이므로 갈등을 해결해서 팀워크를 개발해야 한다. 갈등은 시간이 지남에 따라 점점 더 커지기 때문에 바로 해결하는 것이 좋으며, 팀원들의 갈등이 발견되면 제3자가 중재하는 것이 해결에 도움이 된다.

06

정답 ③

H사의 사례는 팀워크의 중요성과 주의할 점을 보여주고, E병원의 사례는 공통된 비전으로 인한 팀워크의 성공을 보여준다. 두 사례 모두 팀워크에 대한 내용이지만, 개인 간의 차이를 중시해야 한다는 내용은 언급되지 않았다.

01

변화에 저항하는 직원들을 성공적으로 이끌기 위해서는 주관적인 자세보다는 객관적인 자세로 업무에 임할 수 있도록 해야 한다. 변화를 수행하는 것이 힘들더라도 변화가 필요한 이유를 직원들이 명확히 알도록 해야 하며, 변화의 유익성을 밝힐 수 있는 객관적인 수치 및 사례를 직원들에게 직접 확인시킬 필요가 있다.

변화에 저항하는 직원들을 성공적으로 이끄는 방법
• 개방적인 분위기를 조성한다.
• 객관적인 자세를 유지한다.
• 구성원의 감정을 세심하게 살핀다.
• 변화의 긍정적인 면을 강조한다.
• 변화에 적응할 시간을 준다.

02

조직을 관리하는 대표는 리더(Leader)와 관리자(Manager)로 나눌 수 있다. 이때 '무엇을 할까'를 생각하면서 적극적으로 움직이는 사람이 리더이고, 처해 있는 상황에 대처하기 위해 '어떻게 할까'를 생각하는 사람이 관리자이다. 따라서 적절하지 않은 것은 ②이다.

03

정보 독점은 '지식이 권력의 힘'이라고 믿는 독재자 리더의 특징으로 볼 수 있다.

변혁적 리더의 특징
• 카리스마 : 변혁적 리더는 조직에 명확한 비전을 제시하고, 집단 구성원들에게 그 비전을 쉽게 전달할 수 있다.
• 자기 확신 : 변혁적 리더는 뛰어난 사업수완 그리고 어떠한 의사결정이 조직에 긍정적으로 영향을 미치는지 예견할 수 있는 능력을 지니고 있다.
• 존경심과 충성심 유도 : 변혁적 리더는 구성원 개개인에게 시간을 할애하여 그들 스스로가 중요한 존재임을 깨닫게 하고, 존경심과 충성심을 불어넣는다.
• 풍부한 칭찬 : 변혁적 리더는 구성원이나 팀이 직무를 완벽히 수행했을 때 칭찬을 아끼지 않는다.
• 감화(感化) : 변혁적 리더는 사범이 되어 구성원들이 도저히 해낼 수 없다고 생각하는 일들을 구성원들로 하여금 할 수 있도록 자극을 주고 도움을 주는 일을 수행한다.

04

서번트 리더십은 다른 사람을 섬기는 사람이 리더가 될 수 있다는 이론으로, 로버트 그린리프(Robert K. Greenleaf)가 처음 제시하였다. 인재를 가장 중요한 자원으로 보았으며, 봉사를 통해 구성원을 현명하면서도 자율적인 사람이 되게 하는 것을 리더의 역할로 보고 있다.

[오답분석]
① 지시적 리더십 : 조직 구성원에게 해야 할 일과 따라야 할 일을 지시하는 유형의 리더십이다.
② 파트너십 리더십 : 리더를 하나의 조직 구성원으로 보는 것으로, 집단의 모든 구성원이 결과에 대한 책임을 함께 가져야 한다고 보는 리더십이다.
③ 슈퍼 리더십 : 구성원 개인의 능력을 중요시하여 인재를 영입하고 육성하는 것에 집중하며, 리더가 구성원의 능력을 발현할 수 있게 하는 리더십이다.
④ 변혁적 리더십 : 리더가 조직 구성원의 사기를 고양시키기 위해 미래의 비전과 집단의 사명감을 강조하고, 이를 통해 조직의 장기적 목표를 달성하려 하는 리더십이다.

05

현상을 유지하고 조직에 순응하려는 경향은 반임파워먼트 환경에서 나타나는 모습이다.

> **임파워먼트 환경의 특징**
> • 업무에 있어 도전적이고 흥미를 가지게 된다.
> • 학습과 성장의 기회가 될 수 있다.
> • 긍정적인 인간관계를 형성할 수 있다.
> • 개인들이 조직에 공헌하며 만족하는 느낌을 가질 수 있다.
> • 자신의 업무가 존중받고 있음을 느낄 수 있다.

06

• 형성기 : 리더가 단독으로 의사결정을 하며 구성원들을 이끄는 지시형의 리더십이 필요하다.
• 혼란기 : 리더가 사전에 구성원들에게 충분한 설명을 제공한 후 의사결정을 하는 코치형의 리더십이 필요하다.
• 규범화 : 리더와 구성원들이 공동으로 참여하여 의사를 결정하는 참여형의 리더십이 필요하다.
• 성취기 : 권한을 위임받은 구성원들이 의사결정을 하는 위임형 리더십이 필요하다.

07

관리자가 오늘에 초점을 맞춘다면, 리더는 내일에 초점을 맞춰야 한다.

08

정답 ⑤

수동형 사원은 자신의 능력과 노력을 조직으로부터 인정받지 못해 자신감이 떨어지는 모습을 보인다. 따라서 자신의 업무에 대해 자신감을 키워주는 것이 적절하다.

[오답분석]
① 적절한 보상이 없다고 느끼는 소외형 사원에게 팀에 대한 협조의 조건으로 보상을 제시하는 것은 적절하지 않다.
② 리더는 팀원을 배제시키지 않고 팀 목표를 위해 팀원들이 자발적으로 업무에 참여하도록 노력해야 한다.
③ 순응형 사원에 대해서는 그들의 잠재력 개발을 통해 팀 발전을 위한 창의적인 모습을 갖도록 해야 한다.
④ 실무형 사원에 대해서는 징계를 통해 규정준수를 억지로 강조하는 모습보다는 의사소통을 통해 규정준수를 이해시키는 것이 적절하다.

01

모든 사람들은 거의 대부분의 문제에 대해 나름의 의견을 가지고 있다는 점을 인식하고 의견의 차이를 인정하는 것이 중요하다. 이러한 의견의 차이를 인정하고, 상호 간의 관점을 이해할 수 있게 됨으로써 갈등을 최소화할 수 있다.

02

H시는 문제를 해결하기 위한 방법을 제시했고, B시 역시 같은 목표를 위해 문제를 해결할 방법을 제시하여 서로 최선의 방법을 찾아 해결하였다. 이는 나도 이기고 너도 이기는 방법(Win – Win)으로 통합형에 해당하며, 통합형은 서로의 차이를 인정하고 배려하는 신뢰감과 공개적인 대화를 필요로 한다.

[오답분석]

① 회피형(Avoiding) : 나도 지고 너도 지는 방법(I Lose – You Lose)으로, 자신과 상대방에 대한 관심이 모두 낮다.
② 수용형(Accommodating) : 나는 지고 너는 이기는 방법(I Lose – You Win)으로, 자신에 대한 관심은 낮고 상대방에 대한 관심은 높다.
④ 타협형(Compromising) : 서로가 타협적으로 주고받는 방식(Give and Take)으로, 자신에 대한 관심과 상대방에 대한 관심이 중간이다.
⑤ 경쟁형(Competing) : 나는 이기고 너는 지는 방법(I Win – You Lose)으로, 자신에 대한 관심은 높고 상대방에 대한 관심은 낮다.

03

갈등을 발견하고도 즉각적으로 다루지 않는다면 나중에는 팀 성공을 저해하는 장애물이 될 것이다. 그러나 갈등이 존재한다는 사실을 인정하고 즉각적으로 해결을 위한 조치를 취한다면, 갈등을 해결하기 위한 하나의 기회로 전환할 수 있다.

04

ⓛ 갈등을 해결하려면 논쟁하고 싶은 유혹을 떨쳐내야 한다.
ⓒ 갈등을 해결하려면 어려운 문제는 피하지 말고 맞서야 한다.

05

• 김대리 : 사업안의 내용과 관련 없는 조주임의 징계 여부를 언급하며 사업안을 비판하고 있다. 이는 지나치게 감정적인 논평으로, 조주임과의 갈등을 드러내고 있다.
• 안주임 : 김대리가 핵심을 이해하지 못한다는 점을 비난함으로써 갈등 관계를 드러내고 있다.
• 최대리 : 변주임과 김대리가 동문이라는 이유로 편을 가름으로써 갈등 관계를 드러내고 있다.
따라서 갈등 관계에 있는 사람은 김대리와 조주임, 안주임과 김대리, 최대리와 변주임으로, 박팀장을 제외한 총 5명이다.

06

동료에 대한 편견에서 생긴 적대적 감정은 불필요한 유형의 갈등일 뿐 해결이 불가능한 것은 아니다.

[오답분석]

① 절차 혹은 책임에 대한 인식의 불일치로 발생하는 갈등은 핵심 문제에 해당한다.
② 문제를 바라보는 시각의 차이에서 발생하는 갈등은 서로에 대한 이해 또는 관점의 전환을 통해 해결할 수 있는 유형의 갈등이다.
③ 상호 간에 인식하는 정보의 차이로 인해 발생하는 갈등은 불필요한 유형의 갈등이다.
⑤ 욕망 혹은 가치의 차이에 의한 갈등은 서로에 대한 이해를 통해 해결할 수 있는 유형의 갈등이다.

01

옆 가게 주인과 달리 B씨는 청년이 겉으로 원하는 것(콜라)만 확인하고, 실제로 원하는 것(갈증 해결)을 확인하지 못했다.

02

• (A) : 상대방이 제시하는 것을 일방적으로 수용한다는 점에서 유화전략임을 알 수 있다.
• (B) : 자신의 이익을 극대화하기 위한 공격적 전략이라는 점에서 강압전략임을 알 수 있다.
• (C) : 협상을 피하거나 잠정적으로 중단한다는 점에서 회피전략임을 알 수 있다.
• (D) : 협상 참여자들이 협동과 통합으로 문제를 해결하고자 한다는 점에서 협력전략임을 알 수 있다.

03

• 협상 시작 : 소손녕과 서희는 기싸움 등을 하면서 협상의지를 서로 확인하였고, 협상을 시작하였다.
• 상호 이해 : 갈등문제의 진행상황과 현재의 상황을 점검하는 단계로, 정벌의 명분을 위해 소손녕은 고려가 신라 후예임을, 서희는 고구려의 후예임을 말하였다.
• 실질 이해 : 겉으로 주장하는 것과 실제로 원하는 것을 구분하여 실제로 원하는 것을 찾아내는 단계로, 서희는 거란이 송과 전쟁을 위해 후방을 안전하게 하려는 것을 원함을 파악하였다.
• 해결 대안 : 최선의 대안에 대해서 합의하고 선택하는 단계로, 서희는 상호 간에 국교를 위해 영토를 요구하였다.
• 합의 : 합의문을 작성하는 단계로, 두 나라는 화의 요청 및 철군, 고려의 영토 개척 동의를 합의하였다.

04

서희는 직접적으로 상대방의 요구를 거부하지 않았다. 원인과 이유를 말하고 우회하면서 그 요구를 받아들이기 위한 대안을 제시하였다.

05

K대리가 부서장의 신임을 받으려 노력하는 점을 볼 때, 사람의 호의를 쟁취하기 위한 '지식과 노력의 차원'의 협상 사례로 볼 수 있다. 즉, 지식과 노력의 차원에서 협상이란 승진, 돈, 안전, 자유, 사랑, 지위, 명예, 정의, 애정 등 우리가 얻고자 원하는 것을 어떻게 다른 사람들보다 더 우월한 지위를 점유하면서 얻을 수 있을 것인가 등에 대한 지식이며, 노력의 장으로 볼 수 있다.

01

정답　③

고객의 불만유형은 크게 4가지로 거만형, 의심형, 트집형, 빨리빨리형이 있다. 고객은 제품의 기능에 대해 믿지 못하고 있으므로, 의심형에 해당한다. 의심형에는 분명한 증거나 근거를 제시해 고객이 확신을 갖도록 유도하는 대처가 필요하다.

오답분석

①・② 트집을 잡는 유형의 고객에게 적합한 방법으로, 이 외에도 '손님의 말씀이 맞습니다. 역시 손님께서 정확하십니다.' 하고 고객의 지적이 옳음을 표시한 후 '저도 그렇게 생각하고 있습니다만 …'하고 설득하는 것도 좋다.
④・⑤ 거만한 유형의 고객에게 적합한 방법으로, 이들에게는 정중하게 대하는 것이 가장 좋은 방법이다.

02

정답　②

고객 불만 처리는 정확하게, 그리고 최대한 신속히 이루어져야 한다. 재발 방지 교육은 고객 보고 후 실시해도 무방하므로 신속하게 고객에게 상황을 보고하는 것이 우선이다.

오답분석

① 고객 보고 후 피드백이 이루어지면, 고객 불만처리의 결과를 잘 파악할 수 있다.
③ 고객 불만 접수와 함께 진심어린 사과도 이루어져야 한다.
④ 고객 불만 접수 단계에서는 고객의 불만을 경청함으로써 불만 사항을 잘 파악하는 것이 중요하다.
⑤ 불만 처리 과정을 고객에게 통보해 줌으로써 업체에 대한 고객의 신뢰도를 높일 수 있다.

03

정답　④

기업의 제품이나 서비스의 불만족은 고객이탈로 이어질 수 있다.

04

정답　④

서비스업에 종사하다 보면 난처한 요구를 하는 고객을 종종 만나기 마련이다. 특히 판매 가격이 정해져 있는 프랜차이즈 매장에서 '가격을 조금만 깎아달라.'는 고객의 요구는 매우 난감하다. 하지만 이러한 고객의 요구를 모두 들어주다 보면 더욱 곤란한 상황이 발생할 수 있다. 그러므로 고객에게 왜 가격을 깎아줄 수 없는지 친절하게 설명하면서 불쾌하지 않도록 고객을 설득할 필요가 있다.

05

정답　①

고부가가치 상품을 중심으로 설명하고 판매하는 것은 자신과 회사 등의 이익을 향상시키지만, 고객 만족도를 향상시키지는 않는다. 고객에게 필요한 것을 충족시켜야 고객의 만족도를 향상시키고, 지속적인 상품을 구매할 가능성이 커진다.

06

정답　③

K씨와 통화 중인 고객은 고객의 불만표현 유형 중 하나인 빨리빨리형으로, 성격이 급하고, 확신 있는 말이 아니면 잘 믿지 못하는 모습을 보이고 있다. 이러한 경우 "글쎄요.", "아마"와 같은 애매한 표현은 고객의 불만을 더 높일 수 있다.

07

정답　④

제시문에서 설명하는 것은 고객접점 서비스이다. 고객접점 서비스는 짧은 순간의 서비스를 통해 고객의 인상이 달라질 수 있으며, 이로 인해 서비스 직원의 첫인상은 매우 중요하다고 볼 수 있다. 따뜻한 미소와 친절한 한마디 역시 중요하지만, 서비스 직원의 용모와 복장은 친절한 서비스를 제공하기 전에 첫인상을 좌우하는 첫 번째 요소이므로 고객접점 서비스에서 중요하다.

조직이해능력

대표기출유형 01   기출응용문제

01

정답 ①

제품의 질은 우수하나 브랜드의 저가 이미지 때문에 매출이 좋지 않은 것이므로 선입견을 제외하고 제품의 우수성을 증명할 수 있는 블라인드 테스트를 통해 인정을 받는다. 그리고 그 결과를 홍보의 수단으로 사용하는 것이 적절하다.

02

정답 ③

일 년에 한두 권밖에 안 팔리는 책일지라도 이러한 책들의 매출이 모이고 모이면 베스트셀러 못지않은 수익을 낼 수 있다.

03

정답 ②

경영활동을 구성하는 요소는 경영목적, 인적자원, 자금, 경영전략이다. (나)의 경우와 같이 봉사활동을 수행하는 일은 목적과 인력, 자금 등이 필요한 일이지만, 정해진 목표를 달성하기 위한 조직의 관리, 전략, 운영활동이라고 볼 수 없으므로 경영활동이 아니다.

04

정답 ①

(A)는 경영 전략 추진과정 중 환경 분석이며, 이는 외부환경 분석과 내부환경 분석으로 구분된다. 외부환경으로는 기업을 둘러싸고 있는 경쟁자, 공급자, 소비자, 법과 규제, 정치적 환경, 경제적 환경 등이 해당되며, 내부환경은 기업구조, 기업문화, 기업자원 등이 해당된다. 예산은 기업자원으로, 내부환경 분석의 성격을 가지며, 다른 사례들은 모두 외부환경 분석의 성격을 가짐을 알 수 있다.

05

정답 ④

내부 벤치마킹은 같은 기업 내의 다른 지역이나 타 부서, 국가 간 유사한 활용을 비교 대상으로 한다.

오답분석
① · ③ 경쟁적 벤치마킹에 대한 설명이다.
② 다각화된 우량기업을 대상으로 할 경우 효과가 크다.
⑤ 글로벌 벤치마킹에 대한 설명이다.

06

정답 ④

㉠ 집중화 전략
㉡ 원가우위 전략
㉢ 차별화 전략

01

조직문화는 조직의 안정성을 가져 오므로 많은 조직들은 그 조직만의 독특한 조직문화를 만들기 위해 노력한다.

02

조직목표의 기능
• 조직이 존재하는 정당성과 합법성 제공
• 조직이 나아갈 방향 제시
• 조직 구성원의 의사결정의 기준
• 조직 구성원 행동수행의 동기 유발
• 수행평가 기준
• 조직설계의 기준

03

사내 봉사 동아리이기 때문에 공식이 아닌 비공식조직에 해당한다. 비공식조직의 특징에는 인간관계에 따라 형성된 자발적인 조직, 내면적・비가시적, 비제도적, 감정적, 사적 목적 추구, 부분적 질서를 위한 활동 등이 있다.

04

리더와 부하 간 상호관계는 조직문화의 구성요소 중 리더십 스타일에 대한 설명이다. 관리시스템은 조직문화의 구성요소로, 장기전략 목적 달성에 적합한 보상제도와 인센티브, 경영정보와 의사결정시스템, 경영계획 등 조직의 목적을 실제로 달성하는 모든 경영관리제도와 절차를 의미한다.

05

조직이 투입요소를 산출물로 전환하는 지식과 기계, 절차 등을 기술이라 하는데, 소량생산 기술을 가진 조직은 유기적 조직구조를, 대량생산 기술을 가진 조직은 기계적 조직구조를 따른다. 조직은 환경의 변화에 적절하게 대응해야 하므로 환경에 따라 조직의 구조를 달리한다. 이때 안정적이고 확실한 환경에서는 기계적 조직이 적합하고, 급변하는 환경에서는 유기적 조직이 적합하다.

06

조직변화의 과정
1. 환경변화 인지
2. 조직변화 방향 수립
3. 조직변화 실행
4. 변화결과 평가

07

영리조직의 사례로는 이윤 추구를 목적으로 하는 다양한 사기업을 들 수 있으며, 비영리조직으로는 정부조직, 병원, 대학, 시민단체, 종교단체 등을 들 수 있다.

01

정답　③

ㄱ. 최수영 상무이사가 결재한 것은 대결이다. 대결은 결재권자가 출장, 휴가, 기타 사유로 상당기간 부재중일 때 긴급한 문서를 처리하고자 할 경우에는 결재권자의 차하위 직위의 결재를 받아 시행하는 것을 말한다.
ㄴ. 대결 시에는 기안문의 결재란 중 대결한 자의 란에 '대결'을 표시하고 서명 또는 날인한다.
ㄹ. 대결의 경우 원결재자가 문서의 시행 이후 결재하며 이를 후결이라 하며, 전결 사항은 전결권자에게 책임과 권한이 위임되었으므로 중요한 사항이라면 원결재자에게 보고하는 데 그친다.

담당	과장	부장	상무이사	전무이사
아무개	최경옥	김석호	대결 최수영	전결

02

정답　⑤

비품은 기관의 비품이나 차량 등을 관리하는 총무지원실에 신청해야 하며, 교육 일정은 사내 직원의 교육 업무를 담당하는 인사혁신실에서 확인해야 한다.

[오답분석]
기획조정실은 전반적인 조직 경영과 조직문화 형성, 예산 업무, 이사회, 국회 협력 업무, 법무 관련 업무를 담당한다.

03

정답　⑤

우선순위를 파악하기 위해서는 먼저 중요도와 긴급성을 파악해야 한다. 즉, 중요도와 긴급성이 높은 일부터 처리해야 하는 것이다. 그러므로 업무 리스트 중에서 가장 먼저 해야 할 일은 내일 있을 당직 근무자 명단 확인이다. 그다음 영업1팀의 비품 주문, 신입사원 면접 날짜 확인, 인사총무팀 회식 장소 예약 확인, 회사 창립 기념일 행사 준비 순으로 진행하면 된다.

04

정답　②

우선 박비서에게 회의 자료를 받아와야 하므로 비서실을 들러야 한다. 다음으로 기자단 간담회는 대회 홍보 및 기자단 상대 업무를 맡은 홍보팀에서 자료를 정리할 것이므로 홍보팀을 거쳐야 한다. 또한, 승진자 인사 발표 소관 업무는 인사팀이 담당한다고 볼 수 있으며, 회사의 차량 배차에 대한 업무는 총무팀과 같은 지원부서의 업무로 보는 것이 적절하다.

05

정답　⑤

예산집행 조정, 통제 및 결산 총괄 등 예산과 관련된 업무는 ⑩ 자산팀이 아닌 ㉠ 예산팀이 담당하는 업무이다. 반면 자산팀은 물품 구매와 장비·시설물 관리 등의 업무를 담당한다.

06

정답　⑤

전문자격 시험의 출제정보를 관리하는 시스템의 구축·운영 업무는 정보화사업팀이 담당하는 업무로, 개인정보 보안과 관련된 업무를 담당하는 정보보안전담반의 업무로는 적절하지 않다.

01

정답 ②

싱가포르는 중국계(74.1%), 말레이계(13.4%), 인도계(9.2%), 기타(3.3%)의 다민족 국가로, 그에 맞는 비즈니스 에티켓을 지켜야 한다. 말레이계, 인도계 등은 이성끼리 악수를 하지 않는 편이며, 싱가포르 현지인은 시간관념이 매우 철저하므로 약속 시간을 엄수하고 일을 진행하기 전 먼저 약속을 잡는 것이 바람직하다.

02

정답 ②

소금이나 후추 등이 다른 사람 손에 거치면 좋지 않다는 풍습을 볼 때, 소금과 후추가 필요할 때는 웨이터를 부르는 것보다 자신이 직접 가져오는 것이 적절한 행동이다.

PART 2

전공필기

01	02	03	04	05	06	07	08	09	10	11	12	13	14	15	16	17	18	19	20
⑤	②	②	⑤	⑤	③	④	②	⑤	④	③	①	④	⑤	③	①	④	②	①	⑤
21	22	23	24	25	26	27	28	29	30										
②	③	④	⑤	③	①	②	③	②	⑤										

01

정답 ⑤

계속기업의 가정이란 보고기업이 예측 가능한 미래에 영업을 계속하여 영위할 것이라는 가정이다. 따라서 기업이 경영활동을 청산 또는 중단할 의도가 있다면, 계속기업의 가정이 아닌 청산가치 등을 사용하여 재무제표를 작성해야 한다.

오답분석
① 재무제표는 재무상태표, 포괄손익계산서, 자본변동표, 현금흐름표, 주석으로 구성된다. 법에서 이익잉여금처분계산서 등의 작성을 요구하는 경우 주석으로 공시한다.
② 재무제표는 원칙적으로 최소 1년에 한 번씩은 작성해야 한다.
③ 현금흐름표 등 현금흐름에 관한 정보는 현금주의에 기반한다.
④ 역사적원가는 측정일의 조건을 반영하지 않고, 현행가치는 측정일의 조건을 반영한다. 이때 현행가치는 다시 현행원가, 공정가치, 사용가치(이행가치)로 구분된다.

02
정답 ②

오답분석
① 관계마케팅 : 거래의 당사자인 고객과 기업 간 관계를 형성하고 유지·강화하며 동시에 장기적인 상호작용을 통해 상호 간 이익을 극대화할 수 있는 다양한 마케팅 활동이다.
③ 표적시장 선정 : 시장세분화를 통해 포지셔닝을 하기 전에 포지셔닝을 할 대상을 결정하는 단계이다.
④ 일대일 마케팅 : 기업과 개별 고객 간 직접적인 의사소통을 통한 마케팅이다.
⑤ 시장세분화 : 수요층별로 시장을 분할화 또는 단편화하여 각 층에 대해 집중적으로 마케팅 전략을 펴는 활동이다.

03
정답 ②

오답분석
① 지주회사(Holding Company) : 다른 회사의 주식을 소유함으로써 사업활동을 지배하는 것을 주된 사업으로 하는 회사이다.
③ 컨글로메리트(Conglomerate) : 복합기업, 다종기업이라고도 하며, 서로 업종이 다른 이종기업 간의 결합에 의한 기업형태이다.
④ 트러스트(Trust) : 동일산업 부문에서의 자본의 결합을 축으로 한 독점적 기업결합이다.
⑤ 콘체른(Concern) : 법률적으로 독립하고 있는 몇 개의 기업이 출자 등의 자본적 연휴를 기초로 하는 지배·종속 관계에 의해 형성되는 기업결합이다.

04

정답 ⑤

평가센터법 안에서 다양한 방법의 평가기법들이 사용되기 때문에 표준화가 어렵고 상대적 비교도 어려우며, 시간과 비용이 많이 든다.

05

정답 ⑤

최저임금제의 필요성
- 계약자유의 원칙의 한계 보완 : 계약의 자유가 소유권과 결합하여 오히려 경제적 강자를 보호하고 경제적 약자를 지배하는 제도로 전환되는 한계를 보완
- 사회적 약자 보호 : 생존임금과 생활임금을 보장하여 저임금 노동자 등의 사회적 약자들을 보호
- 시장실패 보완 : 임금이 하락함에도 불구하고 노동공급은 줄어들지 않고 계속 증가하여 임금이 계속 떨어지는 현상인 왜곡된 임금구조를 개선
- 유효수요 증대 : 저소득층의 한계소비성향을 높여 사회 전반적인 수요 증대

06

정답 ③

〔오답분석〕
① 서열법 : 피평정자의 근무성적을 서로 비교해서 그들 간의 서열을 정하여 평정하는 방법이다.
② 평정척도법 : 관찰하려는 행동에 대해 어떤 질적 특성의 차이를 몇 단계로 구분하여 판단하는 방법이다.
④ 중요사건기술법 : 피평정자의 근무실적에 큰 영향을 주는 중요사건들을 평정자로 하여금 기술하게 하거나 주요 사건들에 대한 설명구를 미리 만들고 평정자로 하여금 해당되는 사건에 표시하게 하는 평정방법이다.
⑤ 목표관리법 : 전통적인 충동관리나 상사위주의 지식적 관리가 아닌 공동목표를 설정ㆍ이행ㆍ평가하는 전 과정에서 아랫사람의 능력을 인정하고 그들과 공동노력을 함으로써 개인목표와 조직목표 사이, 상부목표와 하부목표 사이에 일관성이 있도록 하는 관리방법이다.

07

정답 ④

합자회사(合資會社)는 무한책임사원과 유한책임사원으로 이루어지는 회사로, 무한책임사원이 사업을 경영하고 집행하며, 양도 시 무한책임사원의 동의가 필요하다.

08

정답 ②

②는 X이론에 해당한다.

> **맥그리거(D. McGregor)의 X-Y 이론**
> - X이론 : 명령통제에 관한 전통적 견해이며 낡은 인간관
>   - 인간은 선천적으로 일을 싫어하며 가능한 한 일을 하지 않고 지냈으면 한다.
>   - 기업 내의 목표달성을 위해서는 통제ㆍ명령ㆍ상벌이 필요하다.
>   - 종업원은 대체로 평범하며, 자발적으로 책임을 지기보다는 명령받기를 좋아하고 안전제일주의의 사고ㆍ행동을 취한다.
> - Y이론 : 인간의 행동에 관한 여러 사회과학의 성과를 토대로 한 이론
>   - 종업원들은 자발적으로 일할 마음을 가지게 된다.
>   - 개개인의 목표와 기업목표의 결합을 꾀할 수 있다.
>   - 일의 능률을 향상시킬 수 있다.

09

정답 ⑤

서번트(Servant) 리더의 특성
- 경청하는 자세
- 공감대 형성에의 노력
- 부하들의 고통치유에 관심
- 분명한 인식을 통해 대안 제시
- 맹종이 아닌 설득에 의한 동반
- 폭넓은 사고를 통해 비전 제시
- 예리한 통찰력으로 미래예측을 하도록 도움
- 청지기적인 태도로 봉사
- 부하들의 능력개발에 노력
- 조직 구성원들 간 공동체 형성에 조력

10

정답 ④

오답분석

① 연봉제 : 개별 구성원의 능력·실적 및 조직 공헌도 등을 평가해 계약에 의해 연간 임금액을 책정하는 보수 체계이다.
② 개인성과급제 : 노동의 성과를 측정하여 그 결과에 따라 임금을 지급하는 제도이다.
③ 임금피크제 : 근로자들의 임금을 삭감하지 않고 근무시간을 줄여 고용을 보장하기 위한 제도이다.
⑤ 스캔런 플랜 : 생산액의 변동에 임금을 연결시켜 산출하는 것으로, 일정기간 동안 구성원과 조직이 기대한 원가절감액에서 실제 절약한 비용을 뺀 나머지를 모든 구성원들에게 금전적 형태로 제공하는 제도이다.

11

정답 ③

오답분석

① 편의품(Convenience Goods) : 최소한의 노력으로 적합한 제품을 구매하려는 행동의 특성을 보이는 제품으로, 주로 일상생활에서 소비빈도가 가장 높으며 가장 인접해 있는 점포에서 구매하는 상품이다.
② 선매품(Shopping Goods) : 여러 점포를 방문하거나 다양한 제품들의 가격수준, 품질, 스타일 등에 대한 적합성을 비교하여 최선의 선택으로 결정하는 제품이다.
④ 자본재(Capital Items) : 다른 재화를 생산하기 위해 사용되는 재화이다.
⑤ 원자재(Raw Materials) : 공업 생산의 원료가 되는 자재이다.

12

정답 ①

초기고가전략은 가격 변화에 둔감한 경우, 즉 수요의 가격탄력성이 낮은 경우에 채택해야 한다.

13

정답 ④

시장세분화의 요건
- 측정가능성 : 세분시장의 특성(고객 수, 구매력)이 측정 가능해야 함
- 접근가능성 : 유통경로나 매체를 통한 접근이 가능해야 함
- 실행가능성 : 세분시장을 공략하기 위한 효과적 마케팅 프로그램을 개발할 수 있어야 함
- 충분한 세분시장의 규모 : 충분한 이익을 얻을 수 있어야 함
- 차별화 가능성 : 세분시장 내는 동질적이어야 하고, 세분시장 간은 이질적이어야 함

14

정답 ⑤

촉진믹스(Promotion Mix) 활동
- 광고
- 인적판매
- 판매촉진
- PR(Public Relationship)
- 직접마케팅
- 간접마케팅

15

정답 ③

앨더퍼(Alderfer)의 ERG 이론은 매슬로의 욕구단계 이론을 발전시킨 이론이다. 이 이론에서는 상위욕구가 개인의 행동과 태도에 영향을 미치기 전에 하위욕구가 먼저 충족되어야 한다는 매슬로 이론의 가정을 배제한 것이 특징이다.

16

정답 ①

투자안의 평가방법
- 수익성지수법 : 비용의 크기가 서로 매우 다른 여러 투자안들이 있거나 투자할 수 있는 여력이 제한되어 자본할당을 해야 하는 경우에 이용될 수 있는 투자안 평가방법이다.
- 순현재가치법 : 투자로 인해 발생하는 현금흐름의 총 유입액 현재가치에서 총 유출액 현재가치를 차감한 가치인 순현가(순현재가치)를 이용하여 투자안을 평가하는 방법이다.
- 내부수익률법 : 내부수익률을 투자자의 요구수익률과 비교하여 투자 의사결정을 하는 방법이다.
- 회수기간법 : 투자에 소요된 자금을 그 투자로 인하여 발생하는 현금흐름으로부터 모두 회수하는 데 걸리는 기간을 재무관리자가 사전에 정해놓은 회수기간과 비교하여 투자안을 평가하는 방법이다.

17

정답 ④

$(1,000,000 \times 0.9091 + 1,000,000 \times 0.8264) - 1,500,000 = 235,500$

※ (연 10% 기간이자율에 대한 1기간 단일 현가계수)$= \dfrac{1}{1+0.1} = 0.9091$

18

정답 ②

상호의존도가 높은 조직일수록 갈등이 빈번하게 발생하게 된다.

오답분석
① 희소하고 한정된 자원을 확보하기 위해 조직 간 갈등이 벌어지게 된다.
③ 조직 간 업무의 중복으로 업무의 책임이 모호해지면 갈등이 벌어지게 된다.
④ 성과 보상의 차이로 불공평 등에 의해 갈등이 벌어지게 된다.
⑤ 정보 왜곡, 정보 숨김 등 의사소통의 부족으로 인해 갈등이 벌어지게 된다.

19

정답 ①

오답분석
② 적시생산시스템 : 필요한 때에 맞추어 물건을 생산·공급하는 것으로, 제조업체가 부품업체로부터 부품을 필요한 시기에 필요한 수량만큼만 공급받아 재고가 없도록 하는 재고관리시스템이다.
③ 린 생산 : 작업 공정 혁신을 통해 비용은 줄이고 생산성은 높이는 것으로, 숙련된 기술자의 편성과 자동화 기계의 사용으로 적정량의 제품을 생산하는 방식이다.

④ 공급사슬관리 : 어떤 제품을 판매하는 경우 자재 조달, 제품 생산, 유통, 판매 등의 흐름을 적절히 관리하여 공급망 체인을 최적화함으로써 조달 시간 단축, 재고 비용이나 유통 비용 삭감, 고객 문의에 대한 빠른 대응을 실현하는 것이다.
⑤ 칸반 시스템 : JIT 시스템의 생산통제수단으로 낭비를 제거하고 필요한 때에 필요한 물건을 필요한 양만큼만 만들어서 보다 빨리, 보다 싸게 생산하기 위한 목적으로 활용되는 시스템이다.

20

정답 ⑤

오답분석

① A등급은 재고가치가 높은 품목들이 속한다.
② A등급 품목은 로트 크기를 작게 유지한다.
③ C등급 품목은 재고유지비가 낮다.
④ ABC등급 분석을 위해 파레토 법칙을 활용한다.

ABC 재고관리
재고품목을 연간 사용금액에 따라 A등급, B등급, C등급으로 나눈다.
• A등급 : 상위 15% 정도, 연간 사용금액이 가장 큰 항목, 아주 엄격한 재고 통제
• B등급 : 35% 정도, 연간 사용금액이 중간인 항목, 중간정도의 재고 통제
• C등급 : 50% 정도, 연간 사용금액이 작은 항목, 느슨한 재고 통제

21

정답 ②

시산표 등식
(자산)+(비용)=(부채)+(자본)+(수익)

22

정답 ③

당좌자산은 유동자산중에서 재고자산을 제외한 자산으로, 제조나 판매의 과정을 거치지 않고 현금화되는 자산이며, 현금, 예금, 유가증권, 단기 대여금, 미수금, 미수수익 등이 이에 속한다.

23

정답 ④

판매비는 손익계산서의 항목이다.

24

정답 ⑤

행동기준고과법은 평가직무에 적용되는 행동패턴을 측정하여 점수화하고 등급을 매기는 방식으로 평가한다. 따라서 등급화하지 않고 개별행위 빈도를 나눠서 측정하는 기법이라는 설명은 옳지 않다. 또한 BARS는 구체적인 행동의 기준을 제시하고 있으므로 향후 종업원의 행동 변화를 유도하는 데 도움이 된다.

25

정답 ③

마케팅 활동은 본원적 활동에 해당한다.

오답분석

① 기업은 본원적 활동 및 지원적 활동을 통하여 이윤을 창출한다.
② 물류 투입, 운영, 산출, 마케팅 및 서비스 활동은 모두 본원적 활동에 해당한다.
④ 인적자원관리, 기술 개발, 구매, 조달 활동 등은 지원적 활동에 해당한다.
⑤ 가치사슬 모형은 기업의 내부적 핵심 역량을 파악하는 모형으로, 지원적 활동에 해당하는 항목도 핵심 역량이 될 수 있다.

26

정답 ①

제품 / 시장 매트릭스

구분	기존제품	신제품
기존시장	시장침투 전략	제품개발 전략
신시장	시장개발 전략	다각화 전략

27

정답 ②

토지를 제외한 유형자산은 감가상각의 대상이 된다.

오답분석

① · ⑤ 유형자산의 공정가치가 장부금액을 초과하면 기타포괄손익 및 정상적인 감가상각을 하며, 손상금액은 손상차손 및 손상차손 누계액에서 회계처리를 한다.

③ 자산의 장부금액이 재평가로 인하여 증가된 경우에 그 증가액은 기타포괄손익으로 인식하고 재평가잉여금의 과목으로 자본에 가산한다. 그러나 동일한 자산에 대하여 이전에 당기손익으로 인식한 재평가감소액이 있다면, 그 금액을 한도로 재평가증가액만큼 당기손익으로 인식한다.

④ 유형자산별로 선택적 재평가를 하거나 서로 다른 기준일의 평가금액이 혼재된 재무보고를 하는 것을 방지하기 위하여 동일한 유형 내의 유형자산은 동시에 재평가한다.

28

정답 ③

MRP는 자재소요량계획으로, 생산수량과 일정을 토대로 자재가 투입되는 시점 및 양을 관리하기 위한 시스템이다.

오답분석

① CIM : 제조부터 판매까지 연결되는 정보 흐름의 과정을 정보시스템으로 통합한 종합적인 생산관리 시스템이다.

② FMS : 다량의 종류를 소량생산하게 하는 시스템이다.

④ SCM : 공급망 관리라고 하며, 공급망 전체를 하나의 통합된 개체로 보고 이를 최적화하고자 하는 경영방식이다.

⑤ TQM : 제품 및 서비스의 품질을 향상시켜 장기적인 경쟁우위를 확보하기 위하여 조직 내의 모든 사람이 집단적 노력을 하는 것이다.

29

정답 ②

제시문은 자원의존 이론에 대한 설명으로, 조직이 생존하기 위해서는 환경으로부터 전략적으로 자원을 획득하고 적극적으로 환경에 대처한다는 이론이다.

오답분석

① 제도화 이론 : 조직의 생존을 위해 이해관계자들로부터 정당성을 얻는 것이 중요하며, 조직들이 서로 모방하기 때문에 동일 산업 내의 조직형태 및 경영관행 등이 유사성을 보인다는 이론이다.

③ 조직군 생태학 이론 : 환경에 따른 조직들의 형태와 그 존재 및 소멸 이유를 설명하는 이론이다.

④ 거래비용 이론 : 기업의 조직이나 형태는 기업의 거래비용을 절약하는 방향으로 결정된다는 이론이다.

⑤ 학습조직 이론 : 기업은 조직원이 학습할 수 있도록 환경을 제공하고 그 학습결과에 따라 지속적으로 조직을 변화시킨다는 이론이다.

30

정답 ⑤

직무 충실화는 계획, 통제 등의 관리기능의 일부를 종업원에게 위임하여 능력을 발휘할 수 있는 여지를 만들고 도전적인 직무를 구성하여 생산성을 향상시키고자 하는 방법이다. 허츠버그의 2요인이론에 기초하며 개인의 차이를 고려하지 않는다.

01	02	03	04	05	06	07	08	09	10	11	12	13	14	15	16	17	18	19	20
③	⑤	④	①	④	⑤	②	①	④	④	⑤	①	③	④	③	③	④	③	④	⑤
21	22	23	24	25	26	27	28	29	30										
⑤	③	⑤	④	①	⑤	④	②	⑤	⑤										

01
정답 ③

소국의 수입관세 부과 시 국내가격은 상승하고 생산량은 증가한다. 그에 따라 생산자잉여도 증가하게 된다.

오답분석

① 부과한 관세만큼 국내가격이 상승하게 된다.

② 국내가격이 상승하므로 소비량은 감소하게 된다.

④ 수입관세 부과 시 정부는 관세수입을 얻고, 관세 부과로 인한 가격 조정에 따른 사회적 후생손실이 발생한다.

⑤ 소국은 국제 시장에서의 가격설정능력이 없다. 따라서 관세를 부과해도 교역조건은 변화하지 않는다. 반면 대국의 경우 수입관세 부과 시 교역조건이 개선된다.

02
정답 ⑤

국내기업이 해외에 생산 공장을 건설하기 위해서는 해외에 필요한 자금을 가지고 나가야 하므로 외환에 대한 수요가 증가한다. 외환의 수요가 증가하면 환율이 상승하게 되므로 국내통화의 가치가 하락한다.

오답분석

①·② 외국 투자자들이 국내주식을 매수하거나 기준금리가 인상되면, 자본유입이 많아져서 외환의 공급이 증가하고, 이에 따라 환율이 하락한다.

③·④ 수입 가전제품에 대한 관세가 인상되고 해외여행에 대한 수요가 급감하면, 외환 수요가 감소한다. 따라서 환율이 하락한다.

03
정답 ④

장기에서는 모든 생산요소를 탄력적으로 조절할 수 있게 되어 장기 한계비용곡선과 가격이 일치하는 생산량에서 생산한다. 이에 대한 예시로 완전경쟁시장에서 기술우위를 점한 기업을 들 수 있다. 단기에서와 달리 장기에서는 비용 증가 산업, 비용 불변 산업, 비용 감소 산업마다 그 형태가 다르게 나타나므로, 비용 증가 산업에서는 산업 전체의 총생산량이 증가함에 따라 비용곡선은 상향 이동하며, 반대로 비용 감소 산업에서는 하향 이동한다.

04
정답 ①

수요란 일정기간 주어진 가격으로 소비자들이 구입하고자 의도하는 재화와 서비스의 총량을 의미한다. 수요는 관련 재화(대체재, 보완재)의 가격, 소비자의 소득수준, 소비자의 선호 등의 요인에 따라 변화하며, 수요의 변화는 수요곡선 자체를 좌우로 이동시킨다. 주어진 그래프에서는 수요곡선이 오른쪽으로 이동하고 있으므로 복숭아 수요를 증가시키는 요인이 아닌 것을 찾아야 한다. 복숭아 가격이 하락하면 복숭아의 수요가 증가하게 되는데, 이는 '수요량의 변화'이므로 수요곡선상에서 움직이게 된다.

05

ㄷ. 수출이 증가하게 되면 IS곡선이 우측으로 이동하고 소득은 증가하게 된다.

ㅁ. 화폐수요가 감소한다는 것은 통화량이 증가한다는 것을 의미한다. 통화량이 증가하면 외환수요의 증가를 가져오고 환율상승 압력을 가져오게 된다. 중앙은행은 원래대로 돌아가기 위해서 외환을 매각하고 통화량을 변화(감소)시키는데, 이때 LM곡선은 좌측으로 이동을 하게 되고 최초의 위치로 복귀하게 된다.

[오답분석]

ㄱ·ㄴ. 변동환율제도에서 통화량이 증가하게 된다면 LM곡선은 오른쪽으로 이동하게 된다. 또한 이자율이 하락하고 자본이 유출되면 환율이 변동(상승)하게 되고 수출이 증가하게 된다.

ㄹ. 환율상승 압력이 발생하면 중앙은행은 이전 상태로 돌아가기 위해서 외환을 매각하고 통화량을 줄여야 한다.

06

[정답 ⑤]

ⅰ) 화폐수량설 공식은 $MV = PV$이다(M : 통화, V : 유통속도, P : 물가, Y : 국민소득). 이때 PV는 명목 GDP이므로, 명목 GDP 1,650조 원과 통화량 2,500조 원을 공식에 대입하면 $V = 0.66$이다.

ⅱ) [V(유통속도)변화율] $= \Delta V(0.0033) \div V(0.66) = 1 \div 200 = 0.5\%$

ⅲ) EC방정식에 따르면 (M변화율) + (V변화율) = (P변화율) + (Y변화율)이다. V변화율(0.5%)과 물가변화율(2%), 실질 GDP 증가율(3%)을 대입하면 (M변화율) = 4.5이다.

07

[정답 ②]

[오답분석]

ㄴ. 소비자들의 저축성향 감소는 한계소비성향이 커지는 것을 의미한다. 한계소비성향이 커지면 IS곡선의 기울기는 감소하게 되면서 곡선을 우측으로 이동시킨다.

ㄷ. 화폐수요의 이자율 탄력성이 커지면 LM곡선은 완만하게 되고 총수요곡선은 가파르게 된다.

08

[정답 ①]

ㄱ. 비탄력적인 경우 가격은 올라도 수요의 변화는 크지 않다. 따라서 총지출은 증가한다.

ㄴ. 탄력성이 커지면 세금내는 것은 적어지고 보조금의 혜택도 적어진다. 반대로 탄력성이 작아지면 세금내는 것은 많아지고 보조금의 혜택은 늘어나게 된다. 수요와 공급의 가격탄력성이 커지면 정부와 거래량이 줄어들고(세수가 줄어듦) 후생손실이 증가하게 된다.

[오답분석]

ㄷ. 독점기업의 경우 공급곡선이 존재하지 않는다. 따라서 공급의 가격탄력성은 존재하지 않는다.

ㄹ. 최저임금은 가격하한제에 해당한다. 따라서 노동의 공급보다는 수요 측면에 의해서 결정되는 것이 옳다.

09

[정답 ④]

ⓒ 가격차별을 하기 위해서는 상품의 소비자 간 재판매가 불가능해야 한다.

ⓔ 제3급 가격차별의 경우, 가격차별을 하는 독점기업은 수요의 가격탄력성이 상대적으로 높은 집단에게는 낮은 가격을, 가격탄력성이 상대적으로 낮은 집단에게는 높은 가격을 설정해야 한다.

10

[정답 ④]

장기균형에서는 $P = P^e$이기 때문에 총공급곡선은 수직선이 된다($Y = 1$). 이를 총수요곡선에 대입하면 $P = 1$의 결과를 얻게 된다. 이때 개인들이 합리적 기대를 한다면 장기적으로는 물가가 장기균형상태로 이동할 것을 예상해서 조정을 할 것이기 때문에 P_t^e는 1이다.

11

정답 ⑤

$(실업률)=\dfrac{U}{L}=\dfrac{s}{s+f}=\dfrac{0.4}{0.4+0.4}=\dfrac{0.4}{0.8}=\dfrac{1}{2}=50\%$이다.

12

정답 ①

현재가치를 구하는 식은 다음과 같다.

$$PV=\pi_0\frac{1+g}{1+i}+\pi_0\left(\frac{1+g}{1+i}\right)^2+\pi_0\left(\frac{1+g}{1+i}\right)^3+\cdots$$

$$=\frac{\pi_0}{1-\dfrac{1+g}{1+i}}=\frac{\pi_0}{\dfrac{1-g}{1+i}}$$

$$=\pi_0\frac{1+i}{i-g}$$

따라서 ①은 옳지 않다.

13

정답 ③

오답분석

① 기술이 매년 진보하는 상황에서 1인당 자본량은 일정하게 유지하는 것이 아니라 계속 증가한다.
② 총자본량의 증가율은 기술진보율(2%)과 인구증가율(1%)의 합과 같다. 따라서 2%씩 증가하는 것이 아니라 3%씩 증가한다고 볼 수 있다.
④ 저축률이 증가한다는 것은 투자가 많아지는 것을 뜻하므로, 1인당 자본량이 증가하게 된다. 하지만 솔로우 모형에서 장기상태의 성장률은 0을 유지하기 때문에 변화하지 않는다고 봐야 한다. 따라서 1인당 자본량의 증가율이 상승한다는 것은 옳지 않다.
⑤ 감가상각률이 증가한다는 것은 1인당 자본량이 줄어든다는 것을 의미하므로 옳지 않다.

14

정답 ④

주어진 비용함수 $C(Q)=100+2Q^2$을 통해 고정비용은 100, 가변비용은 $2Q^2$, 한계비용은 $4Q$, 평균가변비용은 $2Q$라는 것을 도출할 수 있다. 따라서 완전경쟁시장에서 최적산출량(5개)을 시장가격 20에 팔면 수입은 100, 손실은 50이다.

오답분석

① 기업이 속해있는 시장이 완전경쟁시장이고, 완전경쟁시장에서 기업은 시장가격을 받아들여야 한다. 또한 완전경쟁시장에서 기업이 직면하는 수요곡선은 수평선이다.
③ $4Q=20 \rightarrow 5$이므로 최적산출량은 5이다.
⑤ 생산은 평균가변비용(AVC)보다 높은 곳에서 진행되므로 옳은 내용이다.

15

정답 ③

실질이자율이 하락하는 경우에는 자본의 사용자 비용이 적어지고 자본의 한계비용을 감소시키기 때문에 투자가 증가한다.

16

정답 ③

ㄴ. 기술충격 옴 → 노동수요 증가 → 임금과 실질이자율 상승 → 노동공급 증가 → 공급의 증가가 되기 때문에 충격이 더 많이 오게 된다. 따라서 소비의 기간 간 대체효과는 크다.
ㄷ. 자본에 대한 요구가 많아지면 실질이자율 역시 같은 방향으로 움직이기 때문에 경기순행적이다.

ㄱ. 흉작이나 획기적 발명품의 개발은 실물적 경비변동이론(RBC)에 해당하며, 이 경우 영구적 기술충격이 아니라 일시적 기술충격에 해당한다.

ㄹ. 생산성 상승 → 노동 수요 증가 → 실질임금 상승으로 이어진다. 따라서 실질임금과 실질이자율은 경기순행적이다.

ㅁ. 경기 상황에 따라 노동 수요가 늘어나거나 줄어들 수 있으므로 생산성은 경기순응적이다.

17 정답 ④

실질절하는 실질환율이 상승했다는 것을 의미한다. 실질환율이 상승하게 되면 수출이 증가하고 수입이 감소하게 된다. 환율이 상승하게 되면 원자재를 구입하는 사람들은 부담이 커지는데 단기적으로 보면, 무역수지적자가 발생하게 된다(그래프의 '－' 부분). 수출수요탄력성과 수입수요탄력성의 합이 1보다 커야 실질절하는 무역수지를 개선한다.

18 정답 ③

마찰적 실업이란 노동시장에서 노동자와 일자리의 연결이 즉각적으로 이루어지지 못하기 때문에 발생하는 실업으로, 대체로 단기간에 끝나기 때문에 실업에 따른 고통이 그리 크지 않다. 마찰적 실업은 일자리에 관한 정보를 제공하는 정보망의 확충을 통해 어느 정도 감소시킬 순 있지만, 완전히 제거하는 것은 불가능하다.

19 정답 ④

ㄴ. 수요곡선이 수평선으로 주어져 있다는 것은 수요가 완전탄력적이라는 것을 의미한다. 수요가 완전탄력적인 경우 공급자가 모든 조세를 부담하기 때문에 물품세의 조세부담은 모두 공급자에게 귀착된다.

ㄷ. 공급의 가격탄력성이 크면 클수록 상대적으로 수요는 덜 탄력적으로 되며, 덜 탄력적일수록 수요자에게 전가(부담)된다.

ㄹ. 법적부과 대상자보다는 경제적인 결과가 중요하다.

ㄱ. 세금을 부여한다고 해서 수요곡선이 변화하는 것은 아니며, 최대한 낼 수 있는 금액이 변화한다. 따라서 수요곡선은 이동하지 않고 공급자들에게 최대한 지불할 수 있는 금액만 떨어진다.

ㅁ. 세율에 비례하는 것이 아니라 세율 제곱에 비례한다.

20 정답 ⑤

ㄴ · ㄷ. 공리는 특별한 증명 없이 참과 거짓을 논할 수 있는 명제를 말한다. 현시선호이론에는 강공리와 약공리가 존재한다. 약공리는 만약 한 상품묶음 Q_0이 다른 상품묶음 Q_1보다 현시선호되었다면, 어떤 경우라도 Q_1이 Q_0보다 현시선호될 수는 없다는 것을 말하고, 강공리는 만약 한 상품묶음 Q_0이 다른 상품묶음 Q_n보다 간접적으로 현시선호되었다면, 어떤 경우라도 Q_n이 Q_0보다 간접적으로 현시선호될 수 없다는 것을 말한다. 결론적으로 현시선호에서 공리는 소비자의 선택행위가 일관성을 보여야 한다는 것을 말하고 있다. 또한 현시선호의 공리를 만족시키면 우하향하는 기울기를 가지는 무차별곡선을 도출하게 된다.

ㄹ. 강공리는 약공리를 함축하고 있으므로 강공리를 만족한다면 언제나 약공리는 만족한다.

ㄱ. 현시선호이론은 완전성, 이행성, 반사성이 있다는 것을 전제하는 소비자 선호체계에 반대하면서 등장한 이론이므로 이행성이 있다는 것을 전제로 한다는 것은 옳지 않다.

21 정답 ⑤

쿠르노 모형에서 각 기업은 완전경쟁시장 생산량의 $\frac{1}{3}$을 생산하기 때문에 두 기업의 생산량은 $\frac{2}{3}$이다. 완전경쟁시장에서는 $P=MC$이기 때문에 $P=0$, 생산량은 $Q=10$이다. 따라서 쿠르노 모형 생산량은 $Q=\frac{20}{3}$이고, 가격은 $P=\frac{10}{3}$이다.

22

ⅰ) 자연실업률 조건

$sE=fU$(U : 실업자의 수, E : 취업자의 수, s : 취업자 중에 이번 기에 실직하는 비율, f : 실업자 중에 이번 기에 취업하는 비율)

→ (자연실업률)$=\dfrac{U}{E+U}=\dfrac{s}{s+f}$

ⅱ) s(취업자 중에 이번 기에 실직하는 비율)$=1-P_{11}$

f(실업자 중에 이번 기에 취업하는 비율)$=P_{21}$

이를 식에 대입하면 $\dfrac{1-P_{11}}{1-P_{11}+P_{21}}$ 이다. 따라서 주어진 노동시장에서의 균형실업률은 ③이다.

23

통화승수란 본원통화가 1단위 증가하였을 때 통화량이 몇 단위 증가하는지를 나타낸 것으로, 통화량을 본원통화로 나눠서 계산할 수 있다.

[통화승수(m)]=[통화량(M)]÷[본원통화(H)]

오답분석

① 신용창조가 이루어지면 경기 전체의 유동성은 증가한다. 다만, 신용창조과정에서 대출이 이루어져 부채도 증가한다. 그러므로 경제 전체의 부가 증가하는 것은 아니다.

② 본원통화는 중앙은행이 발행한 것으로, 중앙은행의 통화성부채이다.

③ 본원통화에는 현금도 포함된다.

④ 재할인율을 인상하면 통화 공급이 감소한다.

24

문제에서 제시된 조건을 통해 한계비용이 다르다는 것을 알 수 있고[기업 A의 한계비용($MC_A=2$), 기업 B의 한계비용($MC_B=4$)],

한계비용이 상이할 때 공식 $\left[Q_1=\dfrac{a-2C_1+C_2}{3b}, \ Q_2=\dfrac{a-2C_2+C_1}{3b}\right]$로 풀이하여야 한다.

ㄴ. 균형가격은 14(=36−11)이다.

ㄷ・ㅁ. 생산자잉여는 122[=72(이윤 A)+50(이윤 B)]이고, 사회후생은 243[=121(소비자잉여)+122(생산자잉여)]이다.

오답분석

ㄱ. 균형 상태에서 기업 A의 생산량은 6이고 기업 B의 생산량은 5이다.

ㄹ. 소비자잉여는 $\dfrac{(36-14)\times11}{2}=121$이다.

25

ⅰ) 헥셔 – 올린 정리

각국은 자국의 상대적으로 풍부한 부존요소를 사용하는 재화의 생산에 비교우위가 있다. 따라서 노동이 풍부한 국가는 노동집약적 생산에, 자본이 풍부한 국가는 자본 집약적 생산에 우위를 갖게 된다. 노동이 풍부한 나라는 노동을 활용하려고 하기 때문에 임금은 상승하고 자본(이자)의 가격은 떨어진다는 특징을 갖고, 반대로 자본이 풍부한 나라는 자본재 가격은 올라가고 노동재의 가격이 떨어진다는 특징을 갖게 된다.

ⅱ) 스톨퍼 – 사무엘슨 정리

스톨퍼 – 사무엘슨 정리는 무역으로 인한 계층 간 실질 소득의 분배와 관련한 이론으로, 한 재화의 상대가격이 오르면 그 재화에 집약적으로 사용되는 생산요소의 실직적인 소득은 절대적・상대적으로 증가하고, 반대로 다른 생산요소의 실직적인 소득은 절대적・상대적으로 감소한다고 말한다.

ⅲ) 문제를 통해 A국은 K(총자본)집약적 생산에, B국은 L(총노동)집약적 생산에 비교우위를 가지고 있음을 알 수 있다. 이런 상황에서 A – B국 간 무역을 진행하게 되면 B국은 실질임금은 상승하고, 실질이자율은 하락하게 된다.

26

정답 ⑤

이자율이 상승할 때, 소득효과는 저축자의 경우 '이자율 상승 → 이자수입 증가 → 소득 증가 → 현재소비 증가'이고, 대체효과는 '이자율 상승 → 현재소비의 기회비용 상승 → 현재소비 감소, 미래소비(저축) 증가'이다.

이자율 상승의 변화가 소비에 미치는 영향은 저축자인지 차입자인지의 여부 및 소득효과와 대체효과의 상대적 크기에 따라 결정된다. 저축자를 기준으로 소득효과가 대체효과보다 클 경우 이자율 상승은 현재소비와 미래소비의 증가를 가져오지만, 소득효과가 대체효과보다 작을 경우 이자율 상승은 현재소비의 감소와 미래소비의 증가를 가져온다. 따라서 이자율이 상승하면 미래소비는 증가하지만 현재소비는 증가하거나 감소할 수 있다.

27

정답 ④

묶어팔기가 이윤을 증가시키는 조건은 소비자들의 지불용의에 있어서의 품목 간 역(−)의 상관관계가 존재하는 것이다. 따라서 수영복과 묶어 팔 때, 따로 팔 때보다 이득이 더 생기는 품목은 샌들이 된다. 이때, 수영복(400)과 샌들(150)을 묶어서 550의 가격을 부과하면 두 명의 고객으로부터 총 1,100의 최대 수입을 얻을 수 있다.

28

정답 ②

코즈의 정리란 재산권(소유권)이 명확하게 확립되어 있고, 거래비용 없이도 자유롭게 매매할 수 있다면 권리가 어느 경제 주체에 귀속되는가와 상관없이 당사자 간의 자발적 협상에 의한 효율적인 자원배분이 가능해진다는 이론이다. 그러나 현실적으로는 거래비용의 존재, 외부성 측정 어려움, 이해당사자의 모호성, 정보의 비대칭성, 협상능력의 차이 등으로 인해 코즈의 정리로 문제를 해결하는 데는 한계가 있다.

29

정답 ⑤

ⅰ) 완전경쟁시장의 개별 기업의 장기균형을 구하기 위해 장기평균비용곡선을 미분하면 다음과 같다.

$$-1+\frac{1}{50}q=0 \to q=50$$

ⅱ) 이를 평균비용곡선식에 대입하면 다음과 같다.

$$AC(50)=40-50+\frac{1}{100}\times 50^2=15$$

ⅲ) 반도체 시장수요식에 대입하면 다음과 같다.

$$Q=25,000-(1,000\times 15)=10,000$$

따라서 장기균형 가격은 15이고, 기업의 수는 시장전체 생산량을 개별기업 생산량으로 나눈 200개이다.

30

정답 ⑤

효용함수가 $U(X,\ Y)=\sqrt{XY}$ 인 경우, 수요함수는 $X=\dfrac{M}{2P_X}$, $Y=\dfrac{M}{2P_Y}$ 이다.

ㄱ. 수요함수로부터 전체 소득에서 X재에 대한 지출이 차지하는 비율을 도출하면 $P_X X=\dfrac{M}{2}$ 이므로 X재 가격이 변하더라도 X재 지출 비율은 항상 소득의 절반임을 알 수 있다.

ㄴ. X재와 Y재는 서로 독립재로, X재 가격 변화는 Y재 소비에 영향을 주지 않는다.

ㄷ. X재와 Y재는 모두 소득탄력성 1인 정상재이다.

ㄹ. X재와 Y재 모두 수요곡선이 직각쌍곡선의 형태를 가지므로, 수요의 법칙을 따른다.

CHAPTER

03

법

적중예상문제

01	02	03	04	05	06	07	08	09	10	11	12	13	14	15	16	17	18	19	20
⑤	②	⑤	④	③	④	⑤	④	⑤	①	②	①	①	③	③	⑤	④	①	①	②
21	22	23	24	25	26	27	28	29	30										
⑤	①	④	②	④	③	①	②	②	④										

01
정답 ⑤

당사자 간에 채권의 이자율을 약정하지 않았을 경우, 민법의 경우 연 5%의 이율이 적용되지만, 상법의 경우 연 6%의 이율을 적용한다.
• 이자 있는 채권의 이율은 다른 법률의 규정이나 당사자의 약정이 없으면 연 5분으로 한다(민법 제379조).
• 상행위로 인한 채무의 법정이율은 연 6분으로 한다(상법 제54조).

02
정답 ②

근대민법은 형식적 평등을 추구하며 사적자치의 원칙하에 소유권 절대의 원칙(㉠), 계약 자유의 원칙(㉡), 과실 책임의 원칙(㉣)에 충실했다. 그러나 현대민법은 공공의 복리를 강조하며 이를 실천하기 위한 수단으로 신의성실의 원칙, 계약 공정의 원칙, 권리 남용 금지의 원칙, 무과실 책임의 원칙 등을 강조한다.

03
정답 ⑤

가정법원은 질병, 장애, 노령, 그 밖의 사유로 인한 정신적 제약으로 사무를 처리할 능력이 지속적으로 결여된 사람에 대하여 본인, 배우자, 4촌 이내의 친족, 미성년후견인, 미성년후견감독인, 한정후견인, 한정후견감독인, 특정후견인, 특정후견감독인, 검사 또는 지방자치단체의 장의 청구에 의하여 성년후견개시의 심판을 한다(민법 제9조 제1항). 사무를 처리할 능력이 부족한 사람의 경우에는 한정후견개시의 심판을 한다(민법 제12조 제1항 참고).

04
정답 ④

종물은 주물의 처분에 수반된다는 민법 제100조 제2항은 임의규정이므로, 당사자는 주물을 처분할 때에 특약으로 종물을 제외할 수 있고 종물만을 별도로 처분할 수도 있다(대판 2012. 1. 26., 2009다76546).

05
정답 ③

급부와 반대급부 사이의 '현저한 불균형'은 단순히 시가와의 차액 또는 시가와의 배율로 판단할 수 있는 것은 아니고 구체적·개별적 사안에 있어서 일반인의 사회통념에 따라 결정해야 한다. 그 판단에 있어서는 피해 당사자의 궁박·경솔·무경험의 정도가 아울러 고려되어야 하고, 당사자의 주관적 가치가 아닌 거래상의 객관적 가치에 의해야 한다(대판 2010. 7. 15., 2009다50308).

06

정답 ④

이사가 없거나 결원이 있는 경우에 이로 인하여 손해가 생길 염려 있는 때에는 법원은 이해관계인이나 검사의 청구에 의하여 임시이사를 선임하여야 한다(민법 제63조).

07

정답 ⑤

감사의 임기는 취임 후 3년 내의 최종의 결산기에 관한 정기총회의 종결시까지로 한다(상법 제410조).

08

정답 ④

사채의 모집에 응하고자 하는 자는 사채청약서 2통에 그 인수할 사채의 수와 주소를 기재하고 기명날인 또는 서명하여야 한다(상법 제474조 제1항).

오답분석

① 사채의 상환청구권은 10년간 행사하지 아니하면 소멸시효가 완성한다(상법 제487조 제1항).
② 사채관리회사는 사채를 발행한 회사와 사채권자집회의 동의를 받아 사임할 수 있다(상법 제481조).
③ 채권은 사채전액의 납입이 완료한 후가 아니면 이를 발행하지 못한다(상법 제478조 제1항).
⑤ 사채의 모집이 완료한 때에는 이사는 지체 없이 인수인에 대하여 각 사채의 전액 또는 제1회의 납입을 시켜야 한다(상법 제476조 제1항).

09

정답 ⑤

무권대리행위에 대한 추인은 무권대리행위로 인한 효과를 자기에게 귀속시키려는 의사표시이니 만큼 무권대리행위에 대한 추인이 있었다고 하려면 그러한 의사가 표시되었다고 볼 만한 사유가 있어야 하고, 무권대리행위가 범죄가 되는 경우에 대하여 그 사실을 알고도 장기간 형사고소를 하지 아니하였다 하더라도 그 사실만으로 묵시적인 추인이 있었다고 할 수는 없는 바, 권한 없이 기명날인을 대행하는 방식에 의하여 약속어음을 위조한 경우에 피위조자가 이를 묵시적으로 추인하였다고 인정하려면 추인의 의사가 표시되었다고 볼 만한 사유가 있어야 한다(대판 1998. 2. 10., 97다31113).

10

정답 ①

조건이 법률행위의 당시 이미 성취한 것인 경우에는 그 조건이 정지조건이면 조건 없는 법률행위로 하고 해제조건이면 그 법률행위는 무효로 한다(민법 제151조 제2항).

11

정답 ②

오답분석

① 근로계약 자체가 무효이므로 취소와는 별개가 된다.
③ 무효인 법률행위는 추인하여도 그 효력이 생기지 아니한다. 그러나 당사자가 그 무효임을 알고 추인한 때에는 새로운 법률행위로 본다(민법 제139조).
④·⑤ 甲과 乙의 근로계약은 확정적 무효이다.

12

정답 ①

주채무자가 시효로 소멸한 때에는 보증인도 그 시효소멸을 원용할 수 있으며, 주채무자가 시효의 이익을 포기하더라도 보증인에게는 그 효력이 없다(대판 1991. 1. 29., 89다카1114).

13

①

[오답분석]

② 민법 제450조 소정의 채무자의 승낙은 채권양도의 사실을 채무자가 승인하는 뜻으로서 동조가 규정하는 채권양도의 대항요건을 구비하기 위하여서는 채무자가 양도의 사실을 양도인 또는 양수인에 대하여 승인함을 요한다(대판 1986. 2. 25., 85다카1529).

③ 근로자가 그 임금채권을 양도한 경우라 할지라도 그 임금의 지급에 관하여는 근로기준법 제36조 제1항에 정한 임금 직접지급의 원칙이 적용되어 사용자는 직접 근로자에게 임금을 지급하지 아니하면 안 되고, 그 결과 비록 적법 유효한 양수인이라도 스스로 사용자에 대하여 임금의 지급을 청구할 수 없으며, 그러한 법리는 근로자로부터 임금채권을 양도받았거나 그의 추심을 위임받은 자가 사용자의 집행 재산에 대하여 배당을 요구하는 경우에도 그대로 적용된다(대판 1996. 3. 22., 95다2630).

④ 채권양도의 경우 권리이전의 효과는 원칙적으로 당사자 사이의 양도계약 체결과 동시에 발생하며, 채무자에 대한 통지 등은 채무자를 보호하기 위한 대항요건일 뿐이므로, 채권양도행위가 사해행위에 해당하지 않는 경우에 양도통지가 따로 채권자취소권 행사의 대상이 될 수는 없다(대판 2012. 8. 30., 2011다32785, 32792).

⑤ 채무자는 채권양도를 승낙한 후에 취득한 양도인에 대한 채권으로써 양수인에 대하여 상계로써 대항하지 못한다(대판 1984. 9. 11., 83다카2288).

14

③

비법인사단은 사단으로서 실질을 갖추고 있으나, 법인등기를 하지 아니하여 법인격을 취득하지 못한 사단을 말한다. 대표적인 예로 종중, 교회, 채권자로 이루어진 청산위원회, 주택조합, 아파트부녀회 등이 있으며, 재산의 귀속 형태는 사원의 총유 또는 준총유이다(민법 제275조 제1항).

15

③

[오답분석]

① 계약 당시 손해배상액을 예정한 경우에는 다른 특약이 없는 한 채무불이행으로 인하여 입은 통상손해는 물론 특별손해까지도 예정액에 포함되고 채권자의 손해가 예정액을 초과한다 하더라도 초과부분을 따로 청구할 수 없다(대판 1993. 4. 23., 92다41719).

② 계약 당시 당사자 사이에 손해배상액을 예정하는 내용의 약정이 있는 경우에는 그것은 계약상의 채무불이행으로 인한 손해액에 관한 것이고 이를 그 계약과 관련된 불법행위상의 손해까지 예정한 것이라고는 볼 수 없다(대판 1999. 1. 15., 98다48033).

④ 채무불이행으로 인한 손해배상액의 예정이 있는 경우에는 채권자는 채무불이행 사실만 증명하면 손해의 발생 및 그 액을 증명하지 아니하고 예정배상액을 청구할 수 있다(대판 2000. 12. 8., 2000다50350).

⑤ 당사자 사이의 계약에서 채무자의 채무불이행으로 인한 손해배상액이 예정되어 있는 경우, 채무불이행으로 인한 손해의 발생 및 확대에 채권자에게도 과실이 있더라도 민법 제398조 제2항에 따라 채권자의 과실을 비롯하여 채무자가 계약을 위반한 경위 등 제반 사정을 참작하여 손해배상 예정액을 감액할 수는 있을지언정 채권자의 과실을 들어 과실상계를 할 수는 없다(대판 2016. 6. 10., 2014다200763, 200770).

16

⑤

채권자대위권은 채권자가 채무자의 권리를 행사하는 것이므로, 乙의 丙에 대한 채권은 소멸시효가 중단된다.

17

④

법원에 계속되어 있는 사건에 대하여 당사자는 다시 소를 제기하지 못한다(민사소송법 제259조). 이를 중복제소의 금지 또는 이중소송의 금지원칙이라고 한다. 동일한 사건에 대하여 다시 소제기를 허용하는 것은 소송제도의 남용으로, 법원이나 당사자에게 시간, 노력, 비용을 이중으로 낭비하게 하므로 소송경제상 좋지 않고, 판결이 서로 모순 및 저촉될 우려가 있기 때문에 허용되지 않는다는 취지이다.

18

각 채무의 이행지가 다른 경우에도 상계할 수 있다. 그러나 상계하는 당사자는 상대방에게 상계로 인한 손해를 배상하여야 한다(민법 제494조).

19

소유권이전등기를 마치지 않았기 때문에 乙은 X건물의 소유자라고 할 수 없으므로 丙에게 불법행위로 인한 손해배상을 청구할 수 없다.

20

전2조의 규정(권리의 일부가 타인에게 속한 경우와 매도인의 담보책임)은 수량을 지정한 매매의 목적물이 부족되는 경우와 매매목적물의 일부가 계약당시에 이미 멸실된 경우에 매수인이 그 부족 또는 멸실을 알지 못한 때에 준용한다(민법 제574조). 이 경우 선의의 매수인이어야 한다.

21

오답분석
① 지상물이 양도되었으므로 임차인은 매수청구권을 행사할 수 없다.
② 전3조의 규정은 건물의 임차인이 그 건물의 소부분을 타인에게 사용하게 하는 경우에 적용하지 아니한다(민법 제632조).
③ 임대차계약이 임차인의 채무불이행으로 인하여 해지된 경우에는 임차인은 민법 제646조에 의한 부속물매수청구권이 없다(대판 1990. 1. 23., 88다카7245, 88다카7252).
④ 임차보증금을 피전부채권으로 하여 전부명령이 있을 경우에도 제3채무자인 임대인은 임차인에게 대항할 수 있는 사유로서 전부채권자에게 대항할 수 있는 것이어서 건물임대차보증금의 반환채권에 대한 전부명령의 효력이 그 송달에 의하여 발생한다고 하여도 위 보증금반환채권은 임대인의 채권이 발생하는 것을 해제조건으로 하는 것이므로 임대인의 채권을 공제한 잔액에 관하여서만 전부명령이 유효하다(대판 1988. 1. 19., 87다카1315).

22

당사자의 일방 또는 쌍방이 수인인 경우에는 계약의 해지나 해제는 그 전원으로부터 또는 전원에 대하여 하여야 한다(민법 제547조 제1항).

오답분석
② 민법 제551조
③ 민법 제546조
④ 민법 제543조 제1항
⑤ 민법 제548조 제1항

23

오답분석
① 민법 제158조 제1항은 일종의 무과실책임을 인정한 것이다(대판 1983. 12. 13., 82다카1038).
② 불법행위의 증명책임은 피해자가 부담한다.
③ 수인이 공동의 불법행위로 타인에게 손해를 가한 때에는 연대하여 그 손해를 배상할 책임이 있다(민법 제760조 제1항).
⑤ 타인의 명예를 훼손한 자에 대하여는 법원은 피해자의 청구에 의하여 손해배상에 갈음하거나 손해배상과 함께 명예회복에 적당한 처분을 명할 수 있다(민법 제764조).

24

[오답분석]

① 선의의 수익자가 패소한 때에는 그 소를 제기한 때부터 악의의 수익자로 본다(민법 제749조 제2항).
③ 임차인이 동시이행의 항변권에 기하여 임차목적물을 점유하고 사용·수익한 경우 그 점유는 불법점유라 할 수 없어 그로 인한 손해배상책임은 지지 아니하되, 다만 사용·수익으로 인하여 실질적으로 얻은 이익이 있으면 부당이득으로서 반환해야 한다(대판 1998. 7. 10., 98다15545).
④ 무효인 명의신탁약정에 기하여 타인 명의의 등기가 마쳐졌다는 이유만으로 그것이 당연히 불법원인급여에 해당한다고 볼 수 없다(대판 2003. 11. 27., 2003다41722).
⑤ 채무 없는 자가 착오로 인하여 변제한 경우에 그 변제가 도의관념에 적합한 때에는 그 반환을 청구하지 못한다(민법 제744조).

25

甲은 乙과 丙에 대하여 손해배상 전부의 이행을 청구할 수 있다.

26

[오답분석]

① 소송사건에서 일방 당사자를 위하여 증인으로 출석하여 증언하였거나 증언할 것을 조건으로 어떤 대가를 받을 것을 약정한 경우, 증인은 법률에 의하여 증언거부권이 인정되지 않은 한 진실을 진술할 의무가 있는 것이므로 그 대가의 내용이 통상적으로 용인될 수 있는 수준(예컨대 증인에게 일당과 여비가 지급되기는 하지만 증인이 법원에 출석함으로써 입게 되는 손해에는 미치지 못하는 경우 그러한 손해를 전보해 주는 정도)을 초과하는 경우에는 그와 같은 약정은 금전적 대가가 결부됨으로써 선량한 풍속 기타 사회질서에 반하는 법률행위가 되어 민법 제103조에 따라 효력이 없다고 할 것이다(대판 1999. 4. 13. 선고 98다 52483).
② 종래 이루어진 보수약정의 경우에는 보수약정이 성공보수라는 명목으로 되어 있다는 이유만으로 민법 제103조에 의하여 무효라고 단정하기는 어렵다. 그러나 대법원이 이 판결을 통하여 형사사건에 관한 성공보수약정이 선량한 풍속 기타 사회질서에 위반되는 것으로 평가할 수 있음을 명확히 밝혔음에도 불구하고 향후에도 성공보수약정이 체결된다면 이는 민법 제103조에 의하여 무효로 보아야 한다(대판 2015. 7. 23. 선고 2015다200111).
④ 적법한 절차에 의하여 이루어진 경매에 있어서 경락가격이 경매부동산의 시가에 비하여 저렴하다는 사유는 경락허가결정에 대한 적법한 불복이유가 되지 못하는 것이고 경매에 있어서는 불공정한 법률행위 또는 채무자에게 불리한 약정에 관한 것으로서 효력이 없다는 민법 제104조, 제608조는 적용될 여지가 없다(대결 1980. 3. 21. 자 80마77).
⑤ 거래 상대방이 배임행위를 유인·교사하거나 배임행위의 전 과정에 관여하는 등 배임행위에 적극 가담하는 경우에는 실행행위자와 체결한 계약이 반사회적 법률행위에 해당하여 무효로 될 수 있고, 선량한 풍속 기타 사회질서에 위반한 사항을 내용으로 하는 법률행위의 무효는 이를 주장할 이익이 있는 자는 누구든지 무효를 주장할 수 있다. 따라서 반사회질서 법률행위를 원인으로 하여 부동산에 관한 소유권이전등기를 마쳤더라도 그 등기는 원인무효로서 말소될 운명에 있으므로 등기명의자가 소유권에 기한 물권적 청구권을 행사하는 경우에, 권리 행사의 상대방은 법률행위의 무효를 항변으로서 주장할 수 있다(대판 2016. 3. 24. 선고 2015다11281).

27

통정허위표시가 성립하기 위해서는 의사표시의 진의와 표시가 일치하지 아니하고 그 불일치에 관하여 상대방과 사이에 합의가 있어야 하는데, 제3자가 금전소비대차약정서 등 대출관련 서류에 주채무자 또는 연대보증인으로서 직접 서명·날인하였다면 제3자는 자신이 그 소비대차계약의 채무자임을 금융기관에 대하여 표시한 셈이고, 제3자가 금융기관이 정한 여신제한 등의 규정을 회피하여 타인으로 하여금 제3자 명의로 대출을 받아 이를 사용하도록 할 의사가 있었다거나 그 원리금을 타인의 부담으로 상환하기로 하였더라도, 특별한 사정이 없는 한 이는 소비대차계약에 따른 경제적 효과를 타인에게 귀속시키려는 의사에 불과할 뿐, 그 법률상의 효과까지도 타인에게 귀속시키려는 의사로 볼 수는 없으므로 제3자의 진의와 표시에 불일치가 있다고 보기는 어렵다고 할 것인바, 구체적 사안에서 위와 같은 특별한 사정의 존재를 인정하기 위해서는, 금융기관이 명의대여자와 사이에 당해 대출에 따르는 법률상의 효과까지 실제 차주에게 귀속시키고 명의대여자에게는 그 채무부담을 지우지 않기로 약정 또는 양해하였음이 적극적으로 입증되어야 할 것이다(대판 2008. 6. 12. 선고 2008다7772, 7789).

28

지상권에 있어서 지료의 지급은 그의 요소가 아니어서 지료에 대한 유상 약정이 없는 이상 지료의 지급을 구할 수 없다(대판 1999.9.3., 99다24874).

[오답분석]
① 기존의 건물 기타의 공작물이나 수목이 멸실되더라도 존속기간이 만료되지 않는 한 지상권은 소멸되지 아니한다(대판 1996.3.22., 95다49318).
③ 지상권을 설정한 토지소유권자는 지상권이 존속하는 한 토지를 사용·수익할 수 없으므로 특별한 사정이 없는 한 불법점유자에게 손해배상을 청구할 수 없다(대판 1974.11.12., 74다1150).
④ 지상물매수청구권은 지상권이 존속기간의 만료로 인하여 소멸하는 때에 지상권자가 갱신청구를 하였으나 지상권설정자가 원하지 아니할 경우 행사할 수 있는 권리이므로, 지상권자의 지료연체를 이유로 토지소유자가 그 지상권소멸청구를 하여 이에 터잡아 지상권이 소멸된 경우에는 매수청구권이 인정되지 않는다(대판 1993.6.29., 93다10781).
⑤ 법정지상권이 붙은 건물의 양수인은 원소유자로부터 건물을 양도받을 때에 법정지상권도 함께 양도받은 자로서 토지소유자가 건물의 철거 등을 청구함은 신의성실의 원칙상 허용되지 않는다(대판 1991.9.24., 91다21701 참고).

29

민법 제140조에 따르면 법률행위의 취소권자는 제한능력자, 착오로 인하거나 사기·강박에 의하여 의사표시를 한 자, 그의 대리인 또는 승계인이다. 피특정후견인이란 특정한 사무에 대한 후원이 필요한 사람을 뜻하며, 특정한 사무 이외에는 능력을 제한할 필요가 없으므로 제한능력자가 아니다.

30

[오답분석]
ⓒ 농업협동조합법에 의하여 설립된 조합이 영위하는 사업의 목적은 조합원을 위하여 차별 없는 최대의 봉사를 함에 있을 뿐 영리를 목적으로 하는 것이 아니므로, 동 조합이 그 사업의 일환으로 조합원이 생산하는 물자의 판매사업을 한다 하여도 동 조합을 상인이라 할 수는 없다. 따라서 그 물자의 판매대금 채권은 3년의 단기소멸시효가 적용되는 민법 제163조 제6호 소정의 '상인이 판매한 상품의 대가'에 해당하지 아니한다(대판 99다53292).

작은 기회로부터 종종 위대한 업적이 시작된다.

– 데모스테네스 –

PART 3

최종점검 모의고사

01	02	03	04	05	06	07	08	09	10	11	12	13	14	15	16	17	18	19	20
③	③	②	①	④	③	⑤	①	⑤	③	②	②	②	⑤	③	④	②	⑤	③	②
21	22	23	24	25	26	27	28	29	30	31	32	33	34	35	36	37	38	39	40
①	②	②	③	②	②	②	③	④	①	③	④	②	③	③	②	③	②	③	④

01 　한자성어

정답 ③

제시문에서는 협업과 소통의 문화가 기업에 성공적으로 정착하려면 기업의 작은 변화부터 필요하다고 주장한다. 따라서 제시문과 관련 있는 한자성어로는 '높은 곳에 오르려면 낮은 곳에서부터 오른다.'는 뜻으로, 일을 순서대로 하여야 함을 의미하는 '등고자비(登高自卑)'가 가장 적절하다.

오답분석

① 장삼이사(張三李四) : '장씨의 셋째 아들과 이씨의 넷째 아들'이라는 뜻으로, 이름이나 신분이 특별하지 아니한 평범한 사람들을 이르는 말이다.
② 하석상대(下石上臺) : '아랫돌 빼서 윗돌 괴고 윗돌 빼서 아랫돌 괸다.'는 뜻으로, 임시변통으로 이리저리 둘러맞춤을 이르는 말이다.
④ 주야장천(晝夜長川) : '밤낮으로 쉬지 아니하고 연달아 흐르는 시냇물'이라는 뜻으로, '쉬지 않고 언제나', '늘'이라는 의미이다.
⑤ 내유외강(內柔外剛) : '속은 부드럽고, 겉으로는 굳셈'을 뜻하는 말이다.

02 　문서 수정

정답 ③

제시문의 맥락상 '뒤섞이어 있음'을 의미하는 '혼재(混在)'가 적절하다.
• 잠재(潛在) : 겉으로 드러나지 않고 속에 잠겨 있거나 숨어 있음

03 　맞춤법

정답 ②

오답분석

① 냉냉하다 → 냉랭하다
③ 요컨데 → 요컨대
④ 바램 → 바람
⑤ 뭉뚱거려 → 뭉뚱그려

04 　글의 제목

정답 ①

제시문은 급격하게 성장하는 호주의 카셰어링 시장을 언급하면서 이러한 성장 원인에 대해 분석하고 있으며, 호주 카셰어링 시장의 성장 가능성과 이에 따른 전망을 이야기하고 있다. 따라서 글의 제목으로 ①이 가장 적절하다.

05 문서 내용 이해   정답 ④

제시문의 세 번째 문단에서 호주에서 차량 2대를 소유한 가족의 경우 차량 구매 금액을 비롯하여 차량 유지비에 쓰는 비용이 최대 연간 18,000호주 달러에 이른다고 하였다. 이처럼 차량 유지비에 대한 부담이 크기 때문에 차량 유지비가 들지 않는 카셰어링 서비스를 이용하려는 사람이 늘어나고 있다.

06 문단 나열   정답 ③

제시문은 우리의 단일 민족에 대한 의문을 제기하며 이에 대한 근거를 들어 우리는 단일 민족이 아닐 수도 있다는 것을 주장하고 있다. 따라서 (나) 단일 민족에 대한 의문 제기 – (다) 단일 민족이 아닐 수도 있다는 근거 제시 – (가) 이것이 증명하는 사실 – (라) 단일 민족이 아닐 수도 있다는 또 다른 근거 제시의 순서로 나열해야 한다.

07 내용 추론   정답 ⑤

주로 보통 활동을 하는 성인 남성의 하루 기초대사량이 1,728kcal라면 하루에 필요로 하는 총칼로리는 $1,728 \times (1+0.4) = 2,419.2$kcal가 된다. 이때, 지방은 전체 필요 칼로리 중 20% 이하로 섭취해야 하므로 하루 $2,419.2 \times 0.2 = 483.84$g 이하로 섭취하는 것이 좋다.

오답분석
① 신장 178cm인 성인 남성의 표준 체중은 $1.78^2 \times 22 ≒ 69.7$kg이 된다.
② 표준 체중이 73kg인 성인의 기초대사량은 $1 \times 73 \times 24 = 1,752$kcal이며, 정적 활동을 하는 경우 활동대사량은 $1,752 \times 0.2 = 350.4$kcal이므로 하루에 필요로 하는 총칼로리는 $1,752 + 350.4 = 2,102.4$kcal이다.
③ 표준 체중이 55kg인 성인 여성의 경우 하루 평균 $55 \times 1.13 = 62.15$g의 단백질을 섭취해야 한다.
④ 탄수화물의 경우 섭취량이 부족하면 케톤산증을 유발할 수 있으므로 반드시 하루에 최소 100g 정도의 탄수화물을 섭취해야 한다.

08 경청   정답 ①

판단하기란 상대방에 대한 부정적인 판단 때문에 상대방의 말을 듣지 않는 것이다.

오답분석
② 조언하기 : 다른 사람의 문제를 본인이 해결해 주고자 하는 것이다.
③ 언쟁하기 : 반대하고 논쟁하기 위해서만 상대방의 말에 귀를 기울이는 것이다.
④ 걸러내기 : 듣고 싶지 않은 것들을 막아버리는 것이다.
⑤ 비위 맞추기 : 상대방을 위로하기 위해서 혹은 비위를 맞추기 위해서 너무 빨리 동의하는 것을 말한다.

09 자료 이해   정답 ⑤

ㄷ. 2019년 대비 2023년 청소년 비만율의 증가율은 $\dfrac{26.1-18}{18} \times 100 = 45\%$이다.

ㄹ. 2023년과 2021년의 비만율 차이를 구하면 다음과 같다.
- 유아 : $10.2-5.8=4.4$%p
- 어린이 : $19.7-14.5=5.2$%p
- 청소년 : $26.1-21.5=4.6$%p
따라서 2023년과 2021년의 비만율 차이가 가장 큰 아동은 어린이임을 알 수 있다.

오답분석
ㄱ. 유아의 비만율은 전년 대비 감소하고 있고, 어린이와 청소년의 비만율은 전년 대비 증가하고 있다.
ㄴ. 2020년 이후의 어린이 비만율은 유아보다 크고 청소년보다 작지만, 2019년 어린이 비만율은 9.8%로, 유아 비만율인 11%와 청소년 비만율인 18%보다 작다.

10 응용 수리
정답 ③

- A에서 B지점까지 걸린 시간 : $\dfrac{120}{30}=4$시간

- B에서 A지점까지 걸린 시간 : $\dfrac{120}{60}=2$시간

이때 왕복 거리는 240km이고, 시간은 6시간이 걸렸으므로 다음과 같다.

$$\therefore \ \frac{240}{6}=40\text{km/h}$$

11 응용 수리
정답 ②

더 넣은 소금의 양을 xg이라 하면 다음 식이 성립한다.

$$\frac{8}{100}\times600+x=\frac{18}{100}\times(600+x)$$

$$\rightarrow 4,800+100x=10,800+18x$$

$$\rightarrow 82x=6,000$$

$$\therefore \ x=\frac{3,000}{41}≒73.2$$

12 응용 수리
정답 ②

탁구공 12개 중에서 4개를 꺼내는 경우의 수는 $_{12}C_4=495$가지이다.

흰색 탁구공이 노란색 탁구공보다 많은 경우는 흰색 탁구공 3개, 노란색 탁구공 1개 또는 흰색 탁구공 4개를 꺼내는 경우이다.

(i) 흰색 탁구공 3개, 노란 색 탁구공 1개를 꺼내는 경우의 수 : $_7C_3\times_5C_1=35\times5=175$가지

(ii) 흰색 탁구공 4개를 꺼내는 경우의 수 : $_7C_4=35$가지

따라서 구하는 확률은 $\dfrac{175+35}{495}=\dfrac{210}{495}=\dfrac{14}{33}$이다.

13 자료 이해
정답 ②

남성의 경제활동 참가율의 경우는 가장 높았던 때가 74.0%이고 가장 낮았던 때는 72.2%이지만, 여성의 경제활동 참가율의 경우는 가장 높았던 때가 50.8%이고 가장 낮았던 때는 48.1%이므로 2%p 이상 차이가 난다.

오답분석

① 2024년 1분기 경제활동 참가율은 60.1%로 전년 동기 경제활동 참가율인 59.9% 대비 0.2%p 상승했다.

③ 남녀 경제활동 참가율의 합이 가장 높았던 때는 $73.8+50.8=124.6\%$인 2023년 2분기이다.

④ 조사기간 중 경제활동 참가율이 가장 낮은 때는 2023년 1분기로, 여성경제활동 참가율 역시 48.1%로 가장 낮았다.

⑤ 2024년 1분기 여성경제활동 참가율(48.5%)은 남성(72.3%)에 비해 낮지만, 전년 동기의 48.1%에 비해 0.4%p 상승했다.

14 자료 이해
정답 ⑤

ㄷ. 부모와 자녀의 직업이 모두 A일 확률은 $\dfrac{1}{10}\times\dfrac{45}{100}$, 즉 $0.1\times\dfrac{45}{100}$이다.

ㄹ. (자녀의 직업이 A일 확률)$=\dfrac{1}{10}\times\dfrac{45}{100}+\dfrac{4}{10}\times\dfrac{5}{100}+\dfrac{5}{10}\times\dfrac{1}{100}=\dfrac{7}{100}$

오답분석

ㄱ. (자녀의 직업이 C일 확률)$=\dfrac{1}{10}\times\dfrac{7}{100}+\dfrac{4}{10}\times\dfrac{25}{100}+\dfrac{5}{10}\times\dfrac{49}{100}=\dfrac{352}{1,000}$

ㄴ. '부모의 직업이 C일 때, 자녀의 직업이 B일 확률'을 '자녀의 직업이 B일 확률'로 나누면 구할 수 있다.

15 자료 변환

연도별 영업이익과 영업이익률을 정리하면 다음과 같다.

(단위 : 억 원)

구분	2019년	2020년	2021년	2022년	2023년
매출액	1,485	1,630	1,410	1,860	2,055
매출원가	1,360	1,515	1,280	1,675	1,810
판관비	30	34	41	62	38
영업이익	95	81	89	123	207
영업이익률	6.4%	5.0%	6.3%	6.6%	10.1%

따라서 해당 자료를 나타낸 그래프로 옳은 것은 ③이다.

16 응용 수리

청구금액은 다음과 같이 구한다.

(사용금액)＋(이자)＝(청구금액)

이때 사용금액을 x원이라고 하면 다음 식이 성립한다.

$x+0.15x=97,750$

$\therefore x=85,000$

따라서 이자는 $97,750-85,000=12,750$원이다.

17 명제 추론

주어진 조건에 따라 배정된 객실을 정리하면 다음과 같다.

301호	302호	303호	304호
C, D, F사원(영업팀) / H사원(홍보팀)			
201호	202호	203호	204호
G사원(홍보팀)	사용 불가	G사원(홍보팀)	
101호	102호	103호	104호
I사원	A사원(영업팀) / B, E사원(홍보팀)		

먼저 주어진 조건에 따르면 A, C, D, F사원은 영업팀이며, B, E, G, H사원은 홍보팀임을 알 수 있다.

만약 H사원이 2층에 묵는다면 G사원이 1층에 묵어야 하는데, 그렇게 되면 영업팀 A사원과 홍보팀 B, E사원이 한 층을 쓸 수 없다. 따라서 H사원은 3층에 묵어야 하고, G사원은 2층에 묵어야 하므로 홍보팀 G사원은 항상 2층에 묵는다.

오답분석

① 주어진 조건만으로는 I사원의 소속팀을 확인할 수 없으므로 워크숍에 참석한 영업팀의 직원 수는 정확히 알 수 없다.

③ 주어진 조건만으로는 C사원이 사용하는 객실 호수와 2층 객실을 사용하는 G사원의 객실 호수를 정확히 알 수 없다.

④ 1층 객실을 사용하는 A, B, E, I사원을 제외한 C, D, F, G, H사원은 객실에 가기 위해 반드시 엘리베이터를 이용해야 한다. 이들 중 C, D, F사원은 영업팀이므로 영업팀의 수가 더 많다.

⑤ E사원은 1층의 숙소를 사용하므로 엘리베이터를 이용할 필요가 없다.

18 명제 추론

정답 ⑤

주어진 조건에 따라 사장은 어느 한 면에 앉아 있다고 가정하고 A, B, C부서의 임원들의 자리 배치를 고려하면 다음과 같은 결과를 얻을 수 있다.

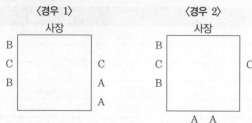

- A : C부서의 한 임원은 경우 1과 같이 A부서 임원과 함께 앉아 있을 수도 있다.
- B : 경우 2를 통해 모든 면에 앉아 있는 경우도 있다는 것을 알 수 있다.

따라서 A, B 모두 옳은지 틀린지 판단할 수 없다.

19 창의적 사고

정답 ③

자료에 나타난 논리적 사고 개발 방법은 피라미드 구조 방법으로, 하위의 사실이나 현상부터 사고함으로써 상위의 주장을 만들어가는 방법이다. 그림의 'a~i'와 같은 보조 메시지들을 통해 주요 메인 메시지인 '1~3'을 얻고, 다시 메인 메시지를 종합한 최종적인 정보를 도출해 낸다.

오답분석

① So What 기법에 대한 설명이다.
② Logic Tree 기법에 대한 설명이다.
④ SWOT 기법에 대한 설명이다.
⑤ MECE 기법에 대한 설명이다.

20 SWOT 분석

정답 ②

초고령화 사회는 실버산업(기업)을 기준으로 외부환경 요소로 볼 수 있으므로 기회 요인으로 적절하다.

오답분석

① 제품의 우수한 품질은 기업의 내부환경 요소로 볼 수 있으므로 강점 요인으로 적절하다.
③ 기업의 비효율적인 업무 프로세스는 기업의 내부환경 요소로 볼 수 있으므로 약점 요인으로 적절하다.
④ 살균제 달걀 논란은 빵집(기업)을 기준으로 외부환경 요소로 볼 수 있으므로 위협 요인으로 적절하다.
⑤ 근육운동 열풍은 헬스장(기업)을 기준으로 외부환경 요소로 볼 수 있으므로 기회 요인으로 적절하다.

21 문제 유형

정답 ①

- (가) · (바) : 곤충 사체 발견, 방사능 검출은 현재 직면한 문제로, 발생형 문제에 해당한다.
- (다) · (마) : 더 많은 전압을 회복시킬 수 있는 충전지 연구와 근로시간 단축은 현재 상황보다 효율을 더 높이기 위한 문제로, 탐색형 문제에 해당한다.
- (나) · (라) : 초고령사회와 드론시대를 대비하여 미래지향적인 과제를 설정하는 것은 설정형 문제에 해당한다.

22 　규칙 적용

분류코드에서 알 수 있는 정보를 순서대로 나열하면 다음과 같다.
- 발송코드(c4) : 충청지역에서 발송
- 배송코드(304) : 경북지역으로 배송
- 보관코드(HP) : 고가품
- 운송코드(115) : 15톤 트럭으로 배송
- 서비스코드(01) : 당일 배송 서비스 상품

따라서 옳지 않은 것은 ②이다.

23 　규칙 적용

정답 ②

제품 A의 분류코드는 앞에서부터 순서대로 수도권인 경기도에서 발송되었으므로 a1, 울산지역으로 배송되므로 062, 냉동보관이 필요하므로 FZ, 5톤 트럭으로 운송되므로 105, 배송일을 7월 7일로 지정하였으므로 02로 구성된 'a1062FZ10502'이다.

24 　자료 해석

정답 ③

ㄱ. 갑의 자본금액이 200억 원이므로 아무리 종업원 수가 적더라도 '자본금액 50억 원을 초과하는 법인으로서 종업원 수가 100명 이하인 법인'이 납부해야 하는 20만 원 이상은 납부해야 한다. 따라서 옳은 내용이다.

ㄹ. 갑의 종업원 수가 100명을 초과한다면 50만 원을 납부해야 하며, 을의 종업원 수가 100명을 초과한다면 10만 원을, 병의 자본금액이 100억 원을 초과한다면 50만 원을 납부해야 하므로 이들 금액의 합계는 110만 원이다.

오답분석

ㄴ. 을의 자본금이 20억 원이고 종업원이 50명이라면 '그 밖의 법인'에 해당하여 5만 원을 납부해야 하므로 옳지 않다.

ㄷ. 병의 종업원 수가 200명이지만 자본금이 10억 원 이하라면 '그 밖의 법인'에 해당하여 5만 원을 납부해야 하므로 옳지 않다.

25 　리더십

정답 ②

거래적 리더십은 기계적 관료제에 적합하고, 변혁적 리더십은 단순구조나 임시조직, 경제적응적 구조에 적합하다.
- 거래적 리더십 : 리더와 조직원들이 이해타산적 관계에 의해 규정에 따르며, 합리적인 사고를 중시하고 보강으로 동기를 유발한다.
- 변혁적 리더십 : 리더와 조직원들이 장기적 목표 달성을 추구하고, 리더는 조직원의 변화를 통해 동기를 부여하고자 한다.

26 　고객 서비스

정답 ②

제품 및 서비스가 복잡해지고 시장이 다양해짐에 따라 고객만족도를 정확히 측정하기 위해서는 먼저 조사 분야와 대상을 명확히 정의해야 한다. 또한 조사의 목적이 고객에 대한 개별대응이나 고객과의 관계를 파악하기 위한 것이라면 조사 대상을 임의로 선택해서는 안 되며, 중요한 고객을 우선 선택해야 한다.

27 　리더십

정답 ②

최주임은 조직에 대해 명령과 계획이 빈번하게 변경되고, 리더와 부하 간에 비인간적인 풍토가 만연하다고 생각하는 실무형 멤버십 유형에 해당한다. 실무형 멤버십 유형은 조직의 운영방침에 민감하고, 규정과 규칙에 따라 행동한다. 동료 및 리더는 이러한 유형에 대해 개인의 이익을 극대화하기 위한 흥정에 능하며, 적당한 열의와 평범한 수완으로 업무를 수행한다고 평가한다. 반면 업무 수행에 있어 감독이 필수적이라는 판단은 수동형 멤버십 유형에 대한 동료와 리더의 시각에 해당한다.

28 팀워크

시험 준비는 각자 자신의 성적을 위한 것으로, 팀워크의 특징인 공동의 목적을 위한 것으로 보기 어렵다. 또한, 상호관계성을 가지고 협력하는 업무로 보기 어려우므로 팀워크의 사례로 적절하지 않다.

29 갈등 관리

정답 ④

Win – Win 관리법은 갈등을 피하거나 타협하는 것이 아닌 모두에게 유리할 수 있도록 문제를 근본적으로 해결하는 방법이다. 귀하와 A사원이 공통적으로 가지는 근본적인 문제는 금요일에 일찍 퇴근할 수 없다는 것이므로, 금요일 업무시간 전에 청소를 할 수 있다면 귀하와 A사원 모두에게 유리할 수 있는 갈등해결방법이 된다.

[오답분석]

① '나도 지고 너도 지는 방법'인 회피형에 대한 방법이다.
② '나는 지고 너는 이기는 방법'인 수용형에 대한 방법이다.
③ '서로가 타협적으로 주고받는 방법'인 타협형에 대한 방법이다.
⑤ '나는 이기고 너는 지는 방법'인 경쟁형(지배형)에 대한 방법이다.

30 협상 전략

정답 ①

제시문에 따르면 협상 당사자들은 서로에 대한 정보를 많이 공유하고 있고, 서로에 대해 신뢰가 많이 쌓여있어 우호적 인간관계를 유지하고 있는 상황이므로 협력전략이 가장 적절하다. 이때 협력전략에는 Win-Win 전략 등이 있다.

[오답분석]

② 유화전략 : 결과보다는 상대방과의 인간관계 유지를 선호하는 경우로, 상대방과의 충돌을 피해 자신의 이익보다는 상대방의 이익을 고려하는 경우에 필요한 전략이다. 이는 단기적으로는 자신이 손해를 보지만, 장기적 관점에서는 이익이 되는 Lose-Win 전략이 해당한다.
③ · ④ 회피전략(무행동전략) : 자신이 얻게 되는 결과나 인간관계 모두에 관심이 없어 협상의 가치가 매우 낮은 경우에 필요한 전략으로, 상대방에게 심리적 압박감을 주어 필요한 것을 얻어내려 하는 경우나 협상 이외의 방법으로 쟁점이 해결될 경우 쓰인다.
⑤ 경쟁전략 : 인간관계를 중요하게 여기지 않고, 자신의 이익을 극대화하려는 경우 쓰이는 전략으로, 대개 상대방에 비해 자신의 힘이 강한 경우나 상대방과의 인간관계가 나쁘고 신뢰가 전혀 없는 경우에 쓰인다.

31 고객 서비스

정답 ③

고객 불만 처리 프로세스 중 '해결약속' 단계에서는 고객이 불만을 느낀 상황에 대해 관심과 공감을 보이며, 문제의 빠른 해결을 약속해야 한다.

고객 불만 처리 프로세스 8단계
1. 경청
   - 고객의 항의에 경청하고 끝까지 듣는다.
   - 선입관을 버리고 문제를 파악한다.
2. 감사와 공감표시
   - 일부러 시간을 내서 해결의 기회를 준 것에 감사를 표시한다.
   - 고객의 항의에 공감을 표시한다.
3. 사과
   - 고객의 이야기를 듣고 문제점에 대한 인정과 잘못된 부분에 대해 사과한다.
4. 해결약속
   - 고객이 불만을 느낀 상황에 대해 관심과 공감을 보이며, 문제의 빠른 해결을 약속한다.
5. 정보파악
   - 문제해결을 위해 꼭 필요한 질문만 하여 정보를 얻는다.
   - 최선의 해결방법을 찾기 어려우면 고객에게 어떻게 해 주면 만족스러운지를 묻는다.

6. 신속처리
   – 잘못된 부분을 신속하게 시정한다.
7. 처리확인과 사과
   – 불만처리 후 고객에게 처리 결과에 만족하는지를 물어본다.
8. 피드백
   – 고객 불만 사례를 회사 및 전 직원에게 알려 다시는 동일한 문제가 발생하지 않도록 한다.

32 팀워크 정답 ④

내부에서 팀원 간의 갈등이 발생한 경우 다른 팀원이 제3자로서 개입하여 이를 중재하고, 내부에서 갈등을 해결하여야 한다. 당사자에게 해결을 맡긴 채 회피하는 것은 옳지 않으며, 갈등 상황은 시간이 지남에 따라 더욱 악화되어 팀워크를 방해할 가능성이 커진다.

팀워크 활성화 방안
• 동료 피드백 장려하기
• 갈등을 해결하기
• 창의력 조성을 위해 협력하기
• 참여적으로 의사결정하기
• 좋은 결정 내리기
• 구성원 동참 장려하기

33 조직 구조 정답 ②

규칙과 법을 준수하고, 관행과 안정, 문서와 형식, 명확한 책임소재 등을 강조하는 관리적 문화의 특징을 가진 문화는 (다)이다. (가)는 집단문화, (나)는 개발문화, (다)는 계층문화, (라)는 합리문화이며, 유형별 주요 특징은 다음과 같다.

조직문화 유형	주요 특징
(가) 집단문화	관계지향적인 문화이며, 조직 구성원 간 인간애 또는 인간미를 중시하는 문화로, 조직내부의 통합과 유연한 인간관계를 강조한다. 따라서 조직 구성원 간 인화단결, 협동, 팀워크, 공유가치, 사기, 의사결정과정에 참여 등을 중요시하며, 개인의 능력개발에 대한 관심이 높고, 조직 구성원에 대한 인간적 배려와 가족적인 분위기를 만들어내는 특징을 가진다.
(나) 개발문화	높은 유연성과 개성을 강조하며, 외부환경에 대한 변화지향성과 신축적 대응성을 기반으로 조직 구성원의 도전의식, 모험성, 창의성, 혁신성, 자원획득 등을 중시하며, 조직의 성장과 발전에 관심이 높은 조직문화를 의미한다. 따라서 조직 구성원의 업무수행에 대한 자율성과 자유재량권 부여 여부가 핵심요인이다.
(다) 계층문화	조직내부의 통합과 안정성을 확보하고, 현상유지 차원에서 계층화되고 서열화된 조직구조를 중요시하는 조직 문화이다. 즉, 위계질서에 의한 명령과 통제, 업무처리시 규칙과 법을 준수, 관행과 안정, 문서와 형식, 보고와 정보관리, 명확한 책임소재 등을 강조하는 관리적 문화의 특징을 나타내고 있다.
(라) 합리문화	과업지향적인 문화로, 결과지향적인 조직으로써의 업무의 완수를 강조한다. 조직의 목표를 명확하게 설정하여 합리적으로 달성하고, 주어진 과업을 효과적이고 효율적으로 수행하기 위하여 실적을 중시하고, 직무에 몰입하며, 미래를 위한 계획을 수립하는 것을 강조한다. 조직 구성원 간의 경쟁을 유도하는 문화이기 때문에 때로는 지나친 성과를 강조하게 되어 조직에 대한 조직 구성원들의 방어적인 태도와 개인주의적인 성향을 드러내는 경향을 보인다.

34 국제 동향   정답 ③

오답분석
㉠ 미국 바이어와 악수할 때 눈이나 얼굴을 보는 것은 좋은 행동이지만, 손끝만 살짝 잡아서는 안 되며, 오른손으로 상대방의 오른손을 잠시 힘주어서 잡아야 한다.
㉡ 이라크 사람들은 시간약속을 할 때 정각에 나오지 않는 편이며, 상대방이 으레 기다려 줄 것으로 생각하므로 좀 더 여유를 가지고 기다리는 인내심이 필요하다.
㉢ 수프를 먹을 때는 몸 쪽에서 바깥쪽으로 숟가락을 사용한다.
㉣ 빵은 수프를 먹고 난 후부터 디저트를 먹을 때까지 먹는다.

35 조직 구조   정답 ③

백화점에 모여 있는 직원과 고객은 조직의 특징인 조직의 목적과 구조가 없고, 또한 목적을 위해 서로 협동하는 모습도 볼 수 없으므로 조직의 사례로 적절하지 않다.

36 경영 전략   정답 ②

시각, 청각, 후각, 촉각, 미각의 다섯 가지 감각을 통해 만들어진 감각 마케팅의 사례로, 개인화 마케팅의 사례로 보기는 어렵다.

오답분석
① 고객들의 개인적인 사연을 기반으로 광고 서비스를 제공하므로 개인화 마케팅의 사례로 적절하다.
③ 고객들이 자신이 직접 사과를 받는 듯한 효과를 얻게 되므로 개인화 마케팅의 사례로 적절하다.
④ 댓글 작성자의 이름을 기반으로 이벤트를 진행하므로 개인화 마케팅의 사례로 적절하다.
⑤ 고객의 이름을 불러주고 서비스를 제공하므로 개인화 마케팅의 사례로 적절하다.

37 업무 종류   정답 ③

17 ~ 24일까지의 업무를 정리하면 다음과 같다.

17일	18일	19일	20일	21일	22일	23일	24일
B업무 (착수)	B업무	B업무 (완료)					
D업무 (착수)	D업무 (완료)						
			C업무 (착수)	C업무	C업무 (완료)		
		A업무 (착수)	A업무	A업무	A업무	A업무	A업무 (완료)

따라서 B − D − A − C 순으로 업무에 착수할 것임을 알 수 있다.

38 국제 동향   정답 ②

미국에서는 악수를 할 때 상대의 눈이나 얼굴을 봐야 한다. 눈을 피하는 태도를 진실하지 않은 것으로 보기 때문이다. 상대방과 시선을 마주보며 대화하는 것을 실례라고 생각하는 나라는 아프리카이다.

39 경영 전략

경영활동은 조직의 효과성을 높이기 위해 총수입 극대화, 총비용 극소화를 통해 이윤을 창출하는 외부경영활동과 조직내부에서 인적, 물적 자원 및 생산기술을 관리하는 내부경영활동으로 구분할 수 있다. 인도네시아 현지 시장의 규율을 조사하는 것은 시장진출을 준비하는 과정으로, 외부경영활동에 해당한다.

[오답분석]
① 추후 진출 예정인 인도네시아 시장 고객들의 성향을 미리 파악하는 것은 외부경영활동이다.
② 가동률이 급락한 중국 업체를 대신해 국내 업체들과의 협력안을 검토하는 것은 내부 생산공정 관리와 같이 내부경영활동에 해당한다.
④ 내부 엔진 조립 공정을 개선하면 생산성을 증가시킬 수 있다는 피드백에 따라 이를 위한 기술개발에 투자하는 것은 생산관리로서 내부경영활동에 해당한다.
⑤ 다수의 직원들이 유연근무제를 원한다는 설문조사 결과에 따라 유연근무제의 일환인 탄력근무제를 도입하여 능률적으로 인력을 관리하는 것은 내부경영활동에 해당한다.

40 업무 종류

주어진 자료의 분장업무는 영리를 목적으로 하는 영업과 관련된 업무로 볼 수 있다. 따라서 영업부가 가장 적절하다.

[오답분석]
① 총무부 : 전체적이며 일반적인 행정 실무를 맡아보는 부서로, 분장업무로는 문서 및 직인관리, 주주총회 및 이사회개최 관련 업무, 의전 및 비서업무, 사무실 임차 및 관리, 사내외 행사 관련 업무, 복리후생 업무 등을 담당한다.
② 인사부 : 구성원들의 인사, 상벌, 승진 등의 일을 맡아보는 부서로, 분장업무로는 조직기구의 개편 및 조정, 업무분장 및 조정, 인력수급계획 및 관리, 노사관리, 상벌관리, 인사발령, 평가관리, 퇴직관리 등을 담당한다.
③ 기획부 : 조직의 업무를 계획하여 일을 맡아보는 부서로, 분장업무로는 경영계획 및 전략 수립 · 조정, 전사기획업무 종합 및 조정, 경영정보 조사 및 기획 보고, 종합예산수립 및 실적관리, 사업계획, 손익추정, 실적관리 및 분석 등을 담당한다.
⑤ 자재부 : 필요한 재료를 구입하고 마련하는 일을 맡아보는 부서로, 구매계획 및 구매예산의 편성, 시장조사 및 구입처 조사 검토, 견적의뢰 및 검토, 구입계약 및 발주, 재고조사 및 재고통제, 보관 및 창고관리 등의 업무를 담당한다.

01	02	03	04	05	06	07	08	09	10	11	12	13	14	15	16	17	18	19	20
②	③	①	③	④	②	②	④	③	②	③	④	③	①	②	①	④	④	④	②
21	22	23	24	25	26	27	28	29	30	31	32	33	34	35	36	37	38	39	40
②	⑤	②	④	②	⑤	③	④	④	②	②	①	②	③	④	⑤	③	⑤	④	②

01 　문단 나열 　　　　정답 ②

(가) 문단에서는 전자 상거래 시장에서 소셜 커머스 열풍이 불고 있다는 내용을 소개하며 국내 소셜 커머스 현황을 제시하고 있고, (다) 문단은 소셜 커머스가 주로 SNS를 이용해 공동 구매자를 모으는 것에서 그 명칭이 유래되었다고 언급하고 있다. 또한, (나) 문단은 소셜 쇼핑과 개인화된 쇼핑 등 소셜 커머스의 유형과 향후 전망을 제시하고 있다. 따라서 (가) – (다) – (나) 순서로 나열해야 한다.

02 　어휘 　　　　정답 ③

대부분의 수입신고는 보세구역 반입 후에 행해지므로 보세운송 절차와 보세구역 반입 절차는 반드시 함께 이루어져야 한다. 따라서 ㉢에는 '이끌어 지도함. 또는 길이나 장소를 안내함'을 의미하는 '인도(引導)'보다 '어떤 일과 더불어 생김'을 의미하는 '수반(隨伴)'이 더 적절하다.

오답분석
① 적하(積荷) : 화물을 배나 차에 실음. 또는 그 화물
② 반출(搬出) : 운반하여 냄
④ 적재(積載) : 물건이나 짐을 선박, 차량 따위의 운송 수단에 실음
⑤ 화주(貨主) : 화물의 임자

03 　한자성어 　　　　정답 ①

제시문에서는 악의적 고액·상습 체납자에 대한 정부의 제재 강화를 언급하며, 대다수 국민에게 상대적 박탈감을 주는 고액 체납자를 강력한 제재로 다스려야 한다고 주장한다. 따라서 제시문과 관련 있는 한자성어는 '한 사람을 벌주어 백 사람을 경계한다.'라는 뜻으로 '다른 사람들에게 경각심을 불러일으키기 위하여 본보기로 한 사람에게 엄한 처벌을 하는 일'을 의미하는 '일벌백계(一罰百戒)'가 가장 적절하다.

오답분석
② 유비무환(有備無患) : '미리 준비가 되어 있으면 걱정할 것이 없음'을 이르는 말이다.
③ 일목파천(一目破天) : '일이 미처 때를 만나지 못함'을 이르는 말이다.
④ 가정맹어호(苛政猛於虎) : '가혹한 정치는 호랑이보다 무섭다.'는 뜻으로, '혹독한 정치의 폐가 큼'을 이르는 말이다.
⑤ 오십보백보(五十步百步) : '조금 낫고 못한 정도의 차이는 있으나 본질적으로는 차이가 없음'을 이르는 말이다.

04 전개 방식 정답 ③

제시문에서는 철도의 출현으로 인한 세계 표준시 정립의 필요성, 세계 표준시 정립에 기여한 샌퍼드 플레밍과 본초자오선 회의 등의 언급을 통해 세계 표준시가 등장하게 된 배경을 구체적으로 소개하고 있으므로 글의 서술상 특징으로 ③이 적절하다.

05 문서 내용 이해 정답 ④

우리나라에 세계 표준시가 도입된 대한제국 때에는 동경 127.5도 기준으로 세계 표준시의 기준인 영국보다 8시간 30분$\left(\dfrac{127.5}{15}=8.5\right)$이 빨랐다. 그러나 현재 우리나라의 표준시는 동경 135도 기준으로 변경되었기 때문에 영국보다 9시간$\left(\dfrac{135}{15}=9\right)$이 빠르다. 따라서 현재 우리나라의 시간은 대한제국 때 지정한 시각보다 30분 빠르다.

06 글의 제목 정답 ②

제시문은 시장경제가 제대로 운영되기 위해서는 국가의 소임이 중요하다고 말하면서 시장경제에서 국가가 해야 할 일에 대해 서술하고 있다. 따라서 글의 제목으로 ②가 가장 적절하다.

07 내용 추론 정답 ②

제시문에서 사치재와 필수재의 예에 대해서는 언급하고 있지 않다.

오답분석
① 세 번째 문단을 통해 알 수 있다
③ 마지막 문단을 통해 알 수 있다.
④ 두 번째 문단을 통해 알 수 있다.
⑤ 첫 번째 문단을 통해 알 수 있다.

08 내용 추론 정답 ④

감각으로 검증할 수 없는 존재에 대한 관념은 그것의 실체를 확인할 수 없기 때문에 거짓으로 보아야 하는 문제가 발생하는 것은 대응설이다.

09 자료 계산 정답 ③

먼저, 각 테이블의 주문 내역을 살펴보면 전체 메뉴는 5가지이며 각 2그릇씩 주문이 되었다는 것을 알 수 있다. 즉, 1번부터 5번까지의 주문 총액을 2로 나누면 전체 메뉴의 총합을 알 수 있다. 이때 테이블 1 ~ 5까지의 총합은 90,000원이며 이것을 2로 나눈 45,000원이 전체 메뉴의 총합이다.
또한, 테이블 1부터 3까지만 따로 떼어놓고 본다면 다른 메뉴는 모두 1그릇씩이지만 짜장면만 2그릇임을 알 수 있다. 즉, 테이블 1 ~ 3까지의 총합(51,000원)과 45,000원의 차이가 바로 짜장면 1그릇의 가격이 된다. 따라서 짜장면 1그릇의 가격은 6,000원이다.

10 응용 수리 정답 ②

원순열 공식 $(n-1)!$을 이용하면 2명씩 3그룹이므로 $(3-1)!=2!=2$가지이다. 또한, 그룹 내에서 2명이 자리를 바꿔 앉을 수 있는 경우는 2가지씩이다. 따라서 6명이 원탁에 앉을 수 있는 방법은 $2\times2\times2\times2=16$가지이다.

11 응용 수리

정답 ③

이달 말부터 a만 원씩 갚는다고 하면 이자를 포함하여 갚는 금액의 총합은 다음과 같다.

$$a+a\times1.015+\cdots+a\times1.015^{11}=\frac{a(1.015^{12}-1)}{1.015-1}=\frac{a(1.2-1)}{0.015}=\frac{0.2a}{0.015}=\frac{40}{3}a$$이다.

40만 원의 12개월 후의 원리합계는 $40\times1.015^{12}=40\times1.2=48$이므로

$$\frac{40}{3}a=48$$

$$\therefore a=\frac{18}{5}=3.6$$

따라서 K씨는 매달 3만 6천 원씩 갚아야 한다.

12 응용 수리

정답 ④

갑, 을, 병이 각각 꺼낸 3장의 카드에 적힌 숫자 중 갑이 꺼낸 카드에 적힌 숫자가 가장 큰 수가 되는 경우는 다음과 같다.

ⅰ) 갑이 숫자 2가 적힌 카드를 꺼낼 경우
    병이 가진 카드에 적힌 숫자가 모두 2보다 큰 수이므로 갑이 꺼낸 카드에 적힌 숫자가 가장 큰 수가 되는 경우의 수는 0가지이다.

ⅱ) 갑이 숫자 5가 적힌 카드를 꺼낼 경우
    갑이 꺼낸 카드에 적힌 숫자가 가장 큰 수가 되려면 을은 숫자 5보다 작은 숫자인 1이 적힌 카드, 병은 숫자 5보다 작은 숫자인 3 또는 4가 적힌 카드를 꺼내야 한다. 그러므로 갑이 꺼낸 카드에 적힌 숫자가 가장 큰 수가 되는 경우의 수는 $1\times2=2$가지이다.

ⅲ) 갑이 숫자 9가 적힌 카드를 꺼낼 경우
    을과 병이 가지고 있는 카드에 적힌 숫자가 모두 9보다 작은 수이므로 어떠한 카드를 꺼내도 갑이 꺼낸 카드에 적힌 숫자가 가장 크다. 그러므로 갑이 꺼낸 카드에 적힌 숫자가 가장 큰 수가 되는 경우의 수는 $3\times3=9$가지이다.

따라서 카드에 적힌 숫자가 가장 큰 사람이 갑이 되는 경우의 수는 $0+2+9=11$가지이다.

13 자료 이해

정답 ③

소설을 대여한 남자는 690건이고, 소설을 대여한 여자는 1,060건이므로 $\frac{690}{1,060}\times100≒65.1\%$이다. 따라서 옳지 않은 설명이다.

오답분석

① 소설의 전체 대여건수는 $450+600+240+460=1,750$건이고, 비소설의 전체 대여건수는 $520+380+320+400=1,620$건이므로 옳은 설명이다.

② 40세 미만 대여건수는 $520+380+450+600=1,950$건, 40세 이상 대여건수는 $320+400+240+460=1,420$건이므로 옳은 설명이다.

④ 전체 40세 미만 대여 수는 1,950건이고, 그중 비소설 대여는 900건이므로 $\frac{900}{1,950}\times100≒46.2\%$이므로 옳은 설명이다.

⑤ 전체 40세 이상 대여 수는 1,420건이고, 그중 소설 대여는 700건이므로 $\frac{700}{1,420}\times100≒49.3\%$이므로 옳은 설명이다.

14 자료 이해

정답 ①

ㄱ. 면적 비율이 큰 순서로 순위를 매길 때, 공장용지면적 비율의 순위는 소기업, 대기업, 중기업 순서로 2023년 상반기부터 2024년 상반기까지 모두 동일하다.

ㄴ. 2023년 하반기 제조시설면적은 소기업이 전체의 53.3%으로 26.3%인 중기업의 2배인 52.6% 이상이므로 옳은 설명이다.

오답분석

ㄷ. 제시된 자료는 실제 면적이 아닌 면적 비율을 나타내고 있으므로 2023년 상반기에 소기업들이 보유한 제조시설면적과 부대시설면적은 비교할 수 없다.

ㄹ. 대기업이 차지하는 공장용지면적 비율은 계속 감소하지만, 소기업의 부대시설면적 비율은 2023년 하반기에 증가 후 2024년 상반기에 감소했다.

15 자료 이해

제시된 자료는 등록현황 비율만 나타내는 것으로, 등록완료된 실제 공장의 수는 비교할 수 없다.

오답분석
① 휴업 중인 공장 중소기업의 비율은 2022년 상반기부터 계속 증가하였으므로 옳은 설명이다.
③ 2024년 상반기에 부분 등록된 기업 중 대기업의 비율은 2.8%로, 중기업 비율의 30%인 8.6×0.3＝2.58%보다 크다.
④ 부분등록된 공장 중 대기업과 중기업의 비율의 격차는 2022년 상반기에 8.7－3.5＝5.2%이고, 2023년 상반기에 8.8－3.4＝5.4%이다. 따라서 2022년 상반기보다 2023년 상반기에 더 크게 증가하였다.
⑤ 2022년 상반기부터 2023년 하반기까지 부분등록된 중기업의 증감추이는 증가 – 감소 – 증가이고, 휴업 중인 중기업은 지속적으로 감소한다. 따라서 부분등록된 중기업과 휴업중인 중기업의 증감추이는 다르다.

16 자료 변환

오답분석
② 자료보다 2017년 영아의 수치가 낮다.
③ 자료보다 2018년 영아의 수치가 높다.
④ 자료보다 2021년 유아의 수치가 낮다.
⑤ 자료보다 2023년 유아의 수치가 높다.

17 자료 해석

감사위원회 운영규정 제3장 제8조 소집권자에 따르면 위원회는 위원장이 소집하며, 위원장 이외에 회장 또는 위원의 요구가 있는 경우 위원장은 위원회를 소집하여야 한다. 따라서 위원장인 J이사가 필요하다고 생각하는 경우에만 임시회의가 개최될 수 있다는 내용은 적절하지 않다.

오답분석
① 제2장 제5조 제1항
② 제2장 제6조 제3항
③ 제3장 제7조 제2항
⑤ 제3장 제9조 제1항·제2항

18 자료 해석

감사위원 선정 기준에 따라 후보자들의 점수를 산정하면 다음과 같다.

(단위 : 점)

구분	학위 점수	근무 경력 점수	최종 점수
후보자 A	45	35	80
후보자 B	불인정	50	자격 미달
후보자 C	38	44	82
후보자 D	38+5(∵ 가산점)	48	91
후보자 E	31+5(∵ 가산점)	44	80

후보자 B의 경우 자격 요건인 경제, 경영, 재무, 법률 계열 학위를 보유하고 있지 않으므로 자격 미달이다. 따라서 가장 높은 점수(91점)를 받은 후보자 D가 감사위원으로 선정된다.

19 　자료 해석

연도별 자본에 대한 부채비율을 정리하면 다음과 같다.

- 2019년 : $\dfrac{21,981,623}{12,864,910} \times 100 ≒ 170.9\%$

- 2020년 : $\dfrac{21,985,214}{11,790,288} \times 100 ≒ 186.5\%$

- 2021년 : $\dfrac{17,175,720}{12,165,465} \times 100 ≒ 141.2\%$

- 2022년 : $\dfrac{17,792,954}{12,794,779} \times 100 ≒ 139.1\%$

- 2023년 : $\dfrac{16,504,252}{13,076,376} \times 100 ≒ 126.2\%$

2020년의 부채비율은 2019년에 비해 증가하였으므로 옳지 않은 설명이다.

[오답분석]

① $\dfrac{(29,580,628-30,587,733)}{30,587,733} \times 100 ≒ -3.3\%$이므로, 전년 대비 3% 이상 감소한 것을 알 수 있다.

② 2023년 부채의 총합은 16,504,252백만 원으로 2022년의 17,792,954백만 원에 비해 감소하였고, 2023년 자본의 총합은 13,076,376백만 원으로 2022년의 12,794,779백만 원에 비해 증가하였다.

③ • 2023년 자본에 대한 부채비율 : $\dfrac{16,504,252}{13,076,376} \times 100 ≒ 126.2\%$

　　• 2022년 자본에 대한 부채비율 : $\dfrac{17,792,954}{12,794,779} \times 100 ≒ 139.1\%$

　따라서 2023년 부채비율은 2022년에 비해 감소하였다.

⑤ 주요 재무 성과표의 자본총계를 살펴보면 자본의 총합은 2020년부터 2023년까지 계속해서 증가하고 있음을 알 수 있다.

20 　명제 추론

가대리와 마대리의 진술이 서로 모순이므로, 둘 중 한 사람은 거짓을 말하고 있다.
ⅰ) 가대리의 진술이 거짓인 경우
　　가대리의 말이 거짓이라면 나사원의 말도 거짓이 되고, 라사원의 말도 거짓이 되므로 모순이 된다.
ⅱ) 가대리의 진술이 진실인 경우
　　가대리, 나사원, 라사원의 말이 진실이 되고, 다사원과 마대리의 말이 거짓이 된다.
- 진실
　－ 가대리 : 가대리·마대리 출근, 결근 사유 모름
　－ 나사원 : 다사원 출근, 가대리 진술은 진실
　－ 라사원 : 나사원 진술은 진실
- 거짓
　－ 다사원 : 라사원 결근 → 라사원 출근
　－ 마대리 : 라사원 결근, 라사원이 가대리한테 결근 사유 전함 → 라사원 출근, 가대리는 결근 사유 듣지 못함
따라서 나사원이 출근하지 않았다.

21 　창의적 사고

'So What?' 기법은 제시된 정보로부터 항상 목적을 가지고 가치 있는 의미를 찾아내는 것이다. 따라서 상황을 모두 고려하면 '자동차 관련 기업의 주식을 사서는 안 된다.'는 결론이 타당하다.

① 두 번째, 세 번째 상황은 고려하고 있지 않다.

③ 상황을 모두 고려하고 있으나, 자동차 산업과 주식시장이 어떻게 되는지를 전달하고 있지 않다.

④ 세 번째 상황을 고려하고 있지 않다.

⑤ 두 번째 상황을 고려하고 있지 않다.

22   SWOT 분석   정답 ⑤

ⓒ 이미 우수한 연구개발 인재를 확보한 것이 강점이므로, 추가로 우수한 연구원을 채용하는 것은 WO전략으로 적절하지 않다. WO전략은 기회인 예산을 확보하여 약점인 전력 효율성이나 국민적 인식 저조를 해결하는 전략을 세워야 한다.

ⓓ 세계의 신재생에너지 연구(O)와 전력 효율성 개선(W)을 활용하므로 WT전략이 아닌 WO전략에 대한 내용이다. WT전략은 위협인 높은 초기 비용에 대한 전략을 세워야 한다.

23   자료 해석   정답 ②

유동인구가 가장 많은 마트 앞에는 설치가능 일자가 일치하지 않아 설치할 수 없고, 나머지 장소는 설치가 가능하다. 유동인구가 많은 순서대로 살펴보면 H공사 본부, 주유소, 우체국, 동사무소 순서이지만 주유소는 우체국과 유동인구가 20명 이상 차이가 나지 않으므로 게시기간이 긴 우체국에 설치한다. 따라서 H공사 본부와 우체국에 설치한다.

24   자료 해석   정답 ④

설치 후보 장소별로 설치 및 게시 비용의 합을 정리하면 다음과 같다.

구분	동사무소	H공사 본부	우체국	주유소	마트
설치 비용	200만 원	300만 원	250만 원	200만 원	300만 원
하루 게시비용	10만 원	8만 원	12만 원	12만 원	7만 원
게시 기간	16일	21일	10일	9일	24일
합계 비용	200만+(10만×16) =360만 원	300만+(8만×21) =468만 원	250만+(12만×10) =370만 원	200만+(12만×9) =308만 원	300만+(7만×24) =468만 원

따라서 308만 원으로 가장 저렴한 주유소에 설치한다.

25   팀워크   정답 ②

효과적인 팀의 특징
- 팀의 사명과 목표를 명확하게 기술한다.
- 창조적으로 운영된다.
- 결과에 초점을 맞춘다.
- 역할과 책임을 명료화시킨다.
- 조직화가 잘 되어 있다.
- 개인의 강점을 활용한다.
- 팀 풍토를 발전시킨다.
- 팀 자체의 효과성을 평가한다.
- 객관적인 결정을 내린다.
- 개방적으로 의사소통한다.
- 의견의 불일치를 건설적으로 해결한다.
- 리더십 역량을 공유하며 구성원 상호 간에 지원을 아끼지 않는다.

26 협상 전략

정답 ⑤

ㄷ. 결과보다 상대방과의 관계를 중시하는 전략은 유화전략이다. 하지만 재무팀은 회피전략을 취하고 있다.

ㄹ. H사 운영팀은 재무팀에서 제시하는 상한선을 준수하지 않고 있으므로 협력전략을 취하고 있다고 볼 수 없다.

오답분석

ㄱ. 재무팀은 아무 의견을 내지 않는 무행동전략을 통해 회피전략을 취하고 있다.

ㄴ. 운영팀은 자신들의 의견을 관철시키려 하는 강압전략을 사용하고 있다. 강압전략은 양보하는 성격의 유화전략에 비해 양자 간 합의도출이 어려운 전략이다.

27 리더십

정답 ③

'썩은 사과의 법칙'에 따르면 먼저 A사원에게 문제 상황과 기대하는 바를 분명히 전한 뒤 스스로 변화할 기회를 주어야 한다.

28 리더십

정답 ④

스스로 하는 일이 없고, 제 몫의 업무를 제대로 수행하지 못하는 A사원은 수동형에 가깝다고 볼 수 있다.

멤버십의 유형

구분	자아상	동료 및 리더의 시각	조직에 대한 자신의 느낌
소외형	• 자립적인 사람 • 일부러 반대의견을 제시함 • 조직의 양심	• 냉소적임 • 부정적임 • 고집이 셈	• 자신을 인정해주지 않음 • 적절한 보상이 없음 • 불공정하고 문제가 있음
순응형	• 기쁜 마음으로 과업을 수행함 • 팀플레이를 함 • 리더나 조직을 믿고 헌신함	• 아이디어가 없음 • 인기 없는 일은 하지 않음 • 조직을 위해 자신과 가족의 요구를 양보함	• 기존 질서를 따르는 것이 중요함 • 리더의 의견을 거스르는 것은 어려운 일임 • 획일적인 태도 및 행동에 익숙함
실무형	• 조직의 운영방침에 민감함 • 사건을 균형 잡힌 시각으로 봄 • 규정과 규칙에 따라 행동함	• 개인의 이익을 극대화하기 위한 흥정에 능함 • 적당한 열의와 평범한 수완으로 업무 수행	• 규정준수를 강조함 • 명령과 계획의 빈번한 변경 • 리더와 부하 간의 비인간적 풍토
수동형	• 판단, 사고를 리더에게 의존함 • 지시가 있어야 행동함	• 지시를 받지 않고 스스로 하는 일이 없음 • 제 몫을 하지 못함 • 업무 수행에는 감독이 필요함	• 조직이 나의 아이디어를 원치 않음 • 노력과 공헌을 해도 아무 소용이 없음 • 리더는 항상 자기 마음대로 함
주도형	• 우리가 추구하는 유형, 모범형 • 독립적 · 혁신적 사고 • 적극적 참여와 실천		

29 팀워크

정답 ④

효과적인 팀의 구성원들은 서로 직접적이고 솔직하게 대화한다. 이를 통해 팀원들은 상대방으로부터 조언을 구하고, 상대방의 말을 충분히 고려하며, 아이디어를 적극적으로 활용하게 된다.

오답분석

① 팀워크는 개인주의가 아닌 공동의 목적을 달성하기 위해 상호 관계성을 가지고 서로 협력하는 것이다.

② 어떤 팀에서든 의견의 불일치는 발생하며, 효과적인 팀워크는 이러한 갈등을 개방적으로 다루어 해결한다.

③ 팀워크에서는 강한 자신감을 통해 팀원들 간의 사기를 높일 필요가 있다.

⑤ 효과적인 팀은 절차, 방침 등을 명확하게 규정한 잘 짜여진 조직에서 시작된다. 따라서 팀워크를 위해서는 조직에 대한 이해가 무엇보다 필요하다.

30 갈등 관리

갈등해결 방법에 있어서 명심해야 할 점 9가지 중 적절하지 않은 행동은 '어려운 문제는 피하도록 한다.', '사람들과 눈을 자주 마주치지 않도록 한다.' 2가지이다. 어려운 문제를 피하는 것은 갈등 증폭의 원인이 될 수 있기 때문에 어려운 문제는 피하지 말고 맞서 바로 해결하는 것이 중요하다. 또한 사람들과 눈을 자주 마주치는 것은 갈등해결에 있어 상대방에게 신뢰감과 존중감을 줄 수 있기 때문에 사람들과 눈을 자주 마주쳐야 한다.

31 고객 서비스

불만족 고객 중 빨리빨리 유형을 상대할 경우 여러 가지 일을 신속하게 처리하는 모습을 보이면 응대하기 쉽다.

32 갈등 관리

C팀장은 팀원 A와 B의 의견을 모두 듣고, 근본적인 문제를 해결하였음을 확인할 수 있다. 이는 Win – Win 관리법에 해당되며, 갈등과 관련된 모든 사람으로부터 의견을 받고자 노력해 문제의 본질적인 해결책을 찾는 방법으로 볼 수 있다. 즉, Win – Win 관리법은 일상에서 벌어지는 갈등을 피하거나 타협으로 예방하는 것이 아닌 문제를 근본적으로 해결하여 서로가 원하는 바를 모두 얻을 수 있는 갈등 관리법이다.

33 조직 구조

H사는 기존에 수행하지 않던 해외 판매 업무가 추가될 것이므로 그에 따른 해외영업팀 등의 신설 조직이 필요하게 된다. 해외에 공장 등의 조직을 보유하게 됨으로써 이를 관리하는 해외관리팀이 필요할 것이며, 물품의 수출에 따른 통관 업무를 담당하는 물류팀, 외화 대금 수취 및 해외 조직으로부터의 자금 이동 관련 업무를 담당할 외환업무팀, 국제 거래상 발생하게 될 해외 거래 계약 실무를 담당할 국제법무팀 등이 필요하게 된다. 기업회계팀은 H사의 해외 사업과 상관없이 기존 회계를 담당하는 조직이라고 볼 수 있다.

34 경영 전략

국제경쟁입찰의 과열 경쟁 심화와 컨소시엄 구성 시 민간기업과 업무배분, 이윤추구성향 조율의 어려움 등은 문제점에 대한 언급이기 때문에 추진방향으로 적절하지 않다.

35 업무 종류

홈페이지 운영 등은 정보사업팀에서 한다.

[오답분석]
① 감사실(1개)과 11개의 팀으로 되어 있다.
② 예산기획과 경영평가는 전략기획팀에서 관리한다.
③ 평가 업무라 하더라도 평가 특성에 따라 경영평가(전략기획팀), 성과평가(인재개발팀), 품질평가(평가관리팀) 등 담당하는 팀이 달라진다.
⑤ 감사실을 두어 감사, 부패방지 및 지도점검을 하게 하였다.

36 업무 종류

품질평가 관련 민원은 평가관리팀이 담당하고 있다.

37 조직 구조

정답 ③

비영리조직이며 대규모조직인 학교와 유기견 보호단체에서 6시간 있었다.

• 학교 : 공식조직, 비영리조직, 대규모조직
• 카페 : 공식조직, 영리조직, 대규모조직
• 스터디 : 비공식조직, 비영리조직, 소규모조직
• 유기견 보호단체 : 비공식조직, 비영리조직, 대규모조직

오답분석

① 비공식적이면서 소규모조직인 스터디에서 2시간 있었다.
② 공식조직인 학교와 카페에서 8시간 있었다.
④ 영리조직인 카페에서 3시간 있었다.
⑤ 비공식적이며 비영리조직인 스터디와 유기견 보호단체에서 3시간 있었다.

38 조직 구조

정답 ⑤

오답분석

①·④ 전결권자는 상무이다.
②·③ 대표이사의 결재가 필수이다(전결 사항이 아님).

39 국제 동향

정답 ④

새로운 사회환경을 접할 때는 개방적 태도를 갖는 동시에 자신의 정체성을 유지하도록 해야 한다.

40 경영 전략

정답 ②

경영은 경영목적, 인적자원, 자금, 전략의 4요소로 구성된다.

오답분석

ㄷ. 마케팅의 요소이다.
ㄹ. 회계의 요소이다.

최종점검 모의고사

01	02	03	04	05	06	07	08	09	10	11	12	13	14	15	16	17	18	19	20
⑤	①	⑤	④	③	④	③	③	②	①	③	⑤	⑤	⑤	③	④	③	①	②	④
21	22	23	24	25	26	27	28	29	30	31	32	33	34	35	36	37	38	39	40
④	④	③	③	④	⑤	④	④	④	⑤	⑤	②	③	④	⑤	②	③	④	④	⑤

01 문서 내용 이해　　　　　　　　　　　　　　　　　　　　　　　　　　　　정답 ⑤

평균 비용이 한계 비용보다 큰 경우 공공요금을 평균 비용 수준에서 결정하면 수요량이 줄면서 거래량이 따라 줄고, 결과적으로 생산량도 감소한다. 이는 사회 전체의 관점에서 볼 때 자원이 효율적으로 배분되지 못하는 상황이다.

[오답분석]
①·③ 첫 번째 문단을 통해 확인할 수 있다.
② 세 번째 문단을 통해 확인할 수 있다.
④ 두 번째 문단을 통해 확인할 수 있다.

02 글의 주제　　　　　　　　　　　　　　　　　　　　　　　　　　　　　　정답 ①

제시문의 첫 번째 문단에서는 '사회적 자본'이 늘어나면 정치 참여도가 높아진다는 주장을 하였고, 두 번째 문단에서는 '사회적 자본'의 개념을 사이버공동체에 도입하였으나 현실과 잘 맞지 않는다고 하면서 '사회적 자본'의 한계를 서술했다. 그리고 마지막 문단에서는 이와 같은 사회적 자본만으로는 정치 참여가 늘어나기 어렵고 이른바 '정치적 자본'의 매개를 통해서만이 가능하다는 주장을 하고 있다. 따라서 ①이 제시문의 주제로 가장 적절하다.

03 문서 내용 이해　　　　　　　　　　　　　　　　　　　　　　　　　　　　정답 ⑤

패시브 하우스는 남쪽으로 크고 작은 창을 많이 내며, 실내의 열을 보존하기 위하여 3중 유리창을 설치한다.

04 문서 내용 이해　　　　　　　　　　　　　　　　　　　　　　　　　　　　정답 ④

기존의 화석연료를 변환하여 이용하는 것도 액티브 기술에 포함된다.

[오답분석]
① 패시브 기술은 능동적으로 에너지를 끌어다 쓰는 액티브 기술과 달리 수동적이다. 따라서 자연채광을 많이 받기 위해 남향, 남동향으로 배치하며 단열에 신경을 쓴다.
② 패시브 기술은 다양한 단열 방식을 사용한다.
③ 액티브 기술을 사용한 예로는 태양광 발전, 태양열 급탕, 지열 냉난방, 수소연료전지, 풍력발전시스템, 목재 펠릿보일러 등이 있다.
⑤ 제시된 자료를 통해 확인할 수 있다.

05 〉 의사 표현 　　　　　　　　　　　　　　　　　　　　　　　　　　정답 ③

상대방에게 잘못을 지적하며 질책을 해야 할 때는 '칭찬 – 질책 – 격려'의 순서인 샌드위치 화법으로 표현하는 것이 좋다. 즉, 칭찬을 먼저 한 다음 질책의 말을 하고, 끝에 격려의 말로 마무리한다면 상대방은 크게 반발하지 않고 질책을 받아들이게 될 것이다.

오답분석

① 상대방의 잘못을 지적할 때는 지금 당장의 잘못에만 한정해야 하며, 추궁하듯이 묻지 않아야 한다.
② 상대방의 말이 끝나기 전에 어떤 답을 할까 궁리하는 것은 좋지 않다.
④ 상대방을 설득해야 할 때는 일방적으로 강요하거나 상대방에게만 손해를 보라는 식으로 대화해서는 안 된다. 먼저 양보해서 이익을 공유하겠다는 의지를 보여주는 것이 좋다.
⑤ 상대방에게 명령을 해야 할 때는 강압적으로 말하기보다는 부드럽게 표현하는 것이 효과적이다.

06 〉 맞춤법 　　　　　　　　　　　　　　　　　　　　　　　　　　정답 ④

'먹고 난 뒤의 그릇을 씻어 정리하는 일'을 뜻하는 어휘는 '설거지'이다.

오답분석

① ~로서 : 지위나 신분 또는 자격을 나타내는 격조사
② 왠지 : 왜 그런지 모르게. 또는 뚜렷한 이유도 없이
③ 드러나다 : 가려져 있거나 보이지 않던 것이 보이게 됨
⑤ 밑동 : 긴 물건의 맨 아랫동아리

07 〉 문단 나열

첫 번째로 1965년 노벨 경제학상 수상자인 게리 베커에 대한 내용으로 이야기를 도입하며 베커가 주장한 '시간의 비용' 개념을 소개하는 (라)가 와야 하고, (라)를 보충하는 내용으로 베커의 '시간의 비용이 가변적'이라는 개념을 언급한 (가)가 와야 한다. 다음으로 베커와 같이 시간의 비용이 가변적이라고 주장한 경제학자 린더의 주장을 소개한 (다)가 와야 하며, 마지막으로 베커와 린더의 공통적 전제인 사람들에게 주어진 시간이 고정된 양이라는 사실과 기대수명이 늘어남으로써 시간의 가치가 달라질 것이라는 내용의 (나)의 순서로 나열해야 한다. 따라서 문단을 순서대로 바르게 나열한 것은 (라) – (가) – (다) – (나)이다.

정답 ③

08 〉 내용 추론 　　　　　　　　　　　　　　　　　　　　　　　　　정답 ③

ㄴ. 네 번째 문단에 따르면 소비자물가가 아니라 소비자물가의 상승률이 남은 상반기 동안 1% 미만의 수준에서 등락하다가 하반기 이후 1%대 중반으로 상승할 것임을 알 수 있다.
ㄷ. 세 번째 문단에 따르면 국내의 수출이 하락세로 진입한 것이 아니라 수출의 증가세가 둔화된 것뿐이다.

오답분석

ㄱ. 두 번째 문단에 따르면 미 연방준비은행의 통화정책 정상화가 온건한 속도로 이루어짐에 따라 국제금융시장의 변동성이 축소되는 경향이 지속되었음을 알 수 있다. 따라서 미 연방준비은행의 통화정책의 변동성이 커진다면 국제금융시장의 변동성도 확대될 것임을 예측할 수 있다.
ㄹ. 마지막 문단에 따르면 금융통화위원회는 국내경제가 잠재성장률 수준에서 크게 벗어나지 않으면서 수요 측면의 물가상승압력도 크지 않기 때문에 통화정책 기조를 유지할 것이라고 하였다. 따라서 국내경제성장률은 잠재성장률 수준을 유지하더라도, 수요 측면에서의 물가상승압력이 급증한다면 완화기조를 띠고 있는 통화정책 기조를 변경할 것이라 추론할 수 있다.

09 〉 자료 계산 　　　　　　　　　　　　　　　　　　　　　　　　　정답 ②

20대 여성의 신규채용 일자리 수는 330.5만×0.244=806,420개이고, 50대 남성의 지속 일자리 수는 531.6만×0.449=2,386,884개이다. 따라서 두 일자리 수의 차이는 2,386,884−806,420=1,580,464≒158.0만 개이다.

10   자료 계산   정답 ①

40대 남성의 전체 총 일자리 수는 617.8만×(0.456+0.141)=3,688,266개이다. 또한 40대 남성의 지속 일자리 수는 617.8만×

0.456=2,817,168개이다. 따라서 40대 남성의 총 일자리 수 대비 지속 일자리 수의 비율은 $\dfrac{617.8\text{만}\times0.456}{617.8\text{만}\times0.597}\times100=\dfrac{0.456}{0.597}\times$

100≒76.4%이다.

11   자료 이해   정답 ③

ㄱ. 49세까지 남성의 지속 일자리 비율은 증가하고 있으나, 신규채용 일자리 비율은 감소하고 있으므로 두 항목의 증감추이는
반대이다.

ㄴ. 30 ~ 59세까지 여성 지속 일자리 비율과 신규채용 일자리 비율의 증감추이는 '증가 - 감소'로 같다.

ㄹ. 40대 남성의 신규채용 일자리 대비 40대 여성의 신규채용 일자리 비율은 $\dfrac{617.8\text{만}\times0.117}{617.8\text{만}\times0.141}\times100=\dfrac{0.117}{0.141}\times100$≒83.0%이

므로 옳은 설명이다.

오답분석

ㄷ. 20대의 총 일자리 수는 40대의 총 일자리 수의 $\dfrac{330.5\text{만}}{617.8\text{만}}\times100$≒53.5%이므로 55% 미만이다.

12   응용 수리   정답 ⑤

• 7개 중 두 개의 카드를 뽑아 두 자릿수를 만들 수 있는 경우의 수 : 36가지
• 20 미만의 두 자릿수를 만들 수 있는 경우의 수 : 10, 12, 13, 14, 15, 16 → 6가지
• 60 이상의 두 자릿수를 만들 수 있는 경우의 수 : 60, 61, 62, 63, 64, 65 → 6가지

따라서 원지가 무료 커피교환권 쿠폰을 받을 확률은 $\dfrac{1}{6}+\dfrac{1}{6}=\dfrac{1}{3}$이다.

13   응용 수리   정답 ⑤

한 골만 넣으면 경기가 바로 끝난다고 하였으므로 현재 양 팀이 동점임을 알 수 있다. 양 팀이 한 번씩 승부차기를 하고도 경기가
끝나지 않을 확률은 양 팀 모두 승부차기에 성공하거나 실패하는 경우이므로, 양 팀 모두 성공할 확률과 양 팀 모두 실패할 확률의
합을 구하면 된다.
• 양 팀 모두 성공하는 경우 : 0.7×0.4=0.28
• 양 팀 모두 실패하는 경우 : 0.3×0.6=0.18
따라서 경기가 끝나지 않을 확률은 0.28+0.18=0.46이다.

14   응용 수리   정답 ⑤

매달 1.5%의 이자가 붙으므로 철수가 갚아야 하는 금액의 총합은 다음과 같다.
$30\times1.015^{12}=30\times1.2=36$만 원
이때, 철수가 이달 말부터 a만 원씩 갚는다고 하면 이자를 포함하여 갚는 금액의 총합은 다음과 같다.

$$a+a\times1.015+\cdots+a\times1.015^{11}=\dfrac{a(1.015^{12}-1)}{1.015-1}=\dfrac{a(1.2-1)}{0.015}=\dfrac{0.2a}{0.015}=\dfrac{40}{3}a$$

$$\rightarrow \dfrac{40}{3}a=36$$

$$\therefore a=\dfrac{27}{10}=2.7$$

따라서 철수가 매달 갚아야 하는 금액은 27,000원이다.

15 〈 자료 이해 ┃ 정답 ③

- 시행기업 수 증가율 : $\dfrac{7,686-2,802}{2,802}\times100 ≒ 174.3\%$

- 참여직원 수 증가율 : $\dfrac{21,530-5,517}{5,517}\times100 ≒ 290.2\%$

따라서 2021년 대비 2023년 시행기업 수의 증가율이 참여직원 수의 증가율보다 낮다.

[오답분석]

① 2023년 남성육아휴직제 참여직원 수는 2021년의 $\dfrac{21,530}{5,517} ≒ 3.9$배이다.

② 연도별 시행기업 수 대비 참여직원 수는 다음과 같다.

- 2020년 : $\dfrac{3,197}{2,079} ≒ 1.5$명
- 2021년 : $\dfrac{5,517}{2,802} ≒ 2.0$명
- 2022년 : $\dfrac{10,869}{5,764} ≒ 1.9$명
- 2023년 : $\dfrac{21,530}{7,686} ≒ 2.8$명

따라서 시행기업당 참여직원 수가 가장 많은 해는 2023년이다.

④ 2020년부터 2023년까지 연간 참여직원 수 증가 인원의 평균은 $\dfrac{21,530-3,197}{3}=6,111$명이다.

⑤ 참여직원 수 그래프의 기울기와 시행기업 수 그래프의 길이를 참고하면, 참여직원 수는 2023년에 가장 많이 증가했고, 시행기업 수는 2022년에 가장 많이 증가했다.

16 〈 자료 이해 ┃ 정답 ④

전체 풍수해 규모에서 대설로 인한 풍수해 규모가 차지하는 비중은 2019년에 $\dfrac{480}{7,942}\times100 ≒ 6.04\%$, 2021년에 $\dfrac{113}{1,720}\times100 ≒$ 6.57%이므로 전체 풍수해 규모에서 대설로 인한 풍수해 규모가 차지하는 비중은 2021년이 2019년보다 크다.

[오답분석]

① 대설로 인한 풍수해 규모가 가장 높았던 해는 2018년이지만, 전체 풍수해 규모가 가장 높았던 해는 2014년이므로 옳지 않은 설명이다.

② 자료를 통해 확인할 수 있다.

③ 2023년 호우로 인한 풍수해 규모의 전년 대비 감소율은 $\dfrac{1,422-12}{1,422}\times100 ≒ 99.16\%$이므로 97% 이상이다.

⑤ 2015년과 2023년의 태풍으로 인한 풍수해 규모는 전년보다 증가했지만, 전체 풍수해 규모는 전년보다 감소했다. 또한 2017년 태풍으로 인한 풍수해 규모는 전년보다 감소했지만, 전체 풍수해 규모는 전년보다 증가했으므로 옳지 않은 설명이다.

17 〈 명제 추론 ┃ 정답 ③

- 두 번째, 세 번째, 여섯 번째 조건 : A는 주황색, B는 초록색(C와 보색), C는 빨간색 구두를 샀다.
- 일곱 번째 조건 : B와 D는 각각 노란색 / 남색 또는 남색 / 노란색(B와 D는 보색) 구두를 샀다.
- 다섯 번째 조건 : 남은 구두는 파란색과 보라색 구두인데 A가 두 켤레를 구매하였으므로, C와 D는 각각 한 켤레씩 샀다.
- 네 번째 조건 : A는 파란색, B는 보라색 구두를 샀다.

이를 종합하여 주어진 조건을 표로 정리하면 다음과 같다.

A	B	C	D
주황색	초록색	빨간색	남색 / 노란색
파란색	노란색 / 남색	–	–
–	보라색	–	–

따라서 A는 주황색과 파란색 구두를 구매하였다.

18 규칙 적용

먼저 16진법으로 표현된 수를 10진법으로 변환하여야 한다.

$43=4\times16+3=67$

$41=4\times16+1=65$

$54=5\times16+4=84$

변환된 수를 아스키 코드표를 이용하여 해독하면 67=C, 65=A, 84=T임을 확인할 수 있다. 따라서 철수가 장미에게 보낸 문자의 의미는 'CAT'이다.

19 창의적 사고

정답 ②

창의적 사고는 선천적으로 타고 날 수도 있지만, 후천적 노력에 의해 개발이 가능하기 때문에 조언으로 적절하지 않다.

오답분석

① 새로운 경험을 찾아 나서는 사람은 적극적이고 모험심과 호기심 등을 가진 사람으로, 창의력 교육훈련에 필요한 요소를 가지고 있는 사람이다.

③ 창의적인 사고는 창의력 교육훈련을 통해 후천적 노력에 의해서도 개발이 가능하다.

④ 창의력은 본인 스스로 자신의 틀에서 벗어나도록 노력하는 것으로, 통상적인 사고가 아니라 기발하고 독창적인 것을 말한다.

⑤ 창의적 사고는 전문지식보다 자신의 경험 및 기존의 정보를 특정한 요구 조건에 맞추거나 유용하도록 새롭게 조합시킨 것이다.

20 자료 해석

정답 ④

정보공개 대상별 정보공개수수료 자료를 바탕으로 보기의 정보열람인들이 지급할 금액을 정리하면 다음과 같다.

이때, 정보열람인들이 열람하거나 출력한 공개 대상의 첫 장만 가격이 다른 경우를 주의해야 한다.

구분	정보공개수수료
A	$[(5\times1,000)\times2]+[300+(25-1)\times100]=12,700$원
B	$2,000+(13\times200)+(6\times3,000)=22,600$원
C	$(2\times1,000)+(3\times5,000)+[200+(8-1)\times50]=17,550$원
D	$[250+(35-1)\times50]+[200+(22-1)\times50]=3,200$원

따라서 지급할 정보공개수수료가 큰 사람부터 순서대로 나열하면 'B - C - A - D'이다.

21 자료 해석

정답 ④

면접자들의 정보와 규칙에 따라 각 면접자의 면접시간을 정리하면 다음과 같다.

(단위 : 분)

구분	공통사항	인턴경력	유학경험	해외봉사	최종학력	총 면접시간
A	5	8	–	–	10	23
B	5	–	–	3	10	18
C	5	8	–	3	10	26
D	5	–	–	3	–	8
E	5	8	6	–	–	19
F	5	–	6	–	10	21

따라서 면접을 오래 진행하는 면접자부터 순서대로 나열하면 'C - A - F - E - B - D'이다.

제3회 최종점검 모의고사 • **97**

자료 해석　　　　　　　　　　　　　　　　　　　　　　　　　　　　　　　　　　　　정답 ④

유학경험이 있는 면접자들끼리 연이어 면접을 실시하여야 하므로, E와 F는 연달아 면접을 본다. 이때, 최종학력이 학사인 E가 먼저 면접을 본다(E - F). 그리고 나머지 학사 학위자는 D뿐이므로, D가 E에 앞서 면접을 보게 된다(D - E - F).

또한 F와 같이 마케팅 직무에 지원한 A가 F 다음으로 면접을 보게 되고(D - E - F - A), A가 남성이므로 나머지 B와 C 중 여성인 B가 A의 뒤를 이어 면접을 보게 된다. 따라서 면접자들의 면접순서를 나열하면 'D - E - F - A - B - C'이다.

이들의 면접시간은 D(8분) - E(19분) - F(21분) - A(23분) - B(18분) - C(26분)으로, D부터 A까지 면접을 진행하면 소요되는 시간은 8+19+21+23=71분이다. 즉, A의 면접 종료시간은 11시 11분이 되므로, A부터는 6일에 면접을 실시해야 한다.

따라서 5일에 면접을 보는 면접자는 D, E, F이고, 6일에 면접을 보는 면접자는 A, B, C이다.

23 SWOT 분석　　　　　　　　　　　　　　　　　　　　　　　　　　　　　　　　　　　　정답 ③

전기의 가격은 10~30원/km인 반면, 수소의 가격은 72.8원/km로 전기보다 수소의 가격이 더 비싸다. 하지만 원료의 가격은 자사의 내부환경의 약점(Weakness) 요인이 아니라 거시적 환경에서 비롯된 위협(Treat) 요인으로 보아야 한다.

오답분석

① (가) : 보조금 지원을 통해 첨단 기술이 집약된 친환경 차를 중형 SUV 가격에 구매할 수 있다고 하였으므로, 자사의 내부환경(자사 경영자원)의 강점(Strength) 요인으로 볼 수 있다.

② (나) : 충전소가 전국 12개소에 불과하며, 올해 안에 10개소를 더 설치한다고 계획 중이지만 완공 여부는 알 수 없으므로, 자사의 내부환경(자사 경영자원)의 약점(Weakness) 요인으로 볼 수 있다.

④ (라) : 친환경차에 대한 인기가 뜨겁다고 하였으므로, 고객이라는 외부환경에서 비롯된 기회(Opportunity) 요인으로 볼 수 있다.

⑤ (마) : 생산량에 비해 정부 보조금이 부족한 것은 외부환경(거시적)에서 비롯된 위협(Treat) 요인으로 볼 수 있다.

24 자료 해석　　　　　　　　　　　　　　　　　　　　　　　　　　　　　　　　　　　　정답 ③

제시된 직원 투표 결과를 정리하면 다음과 같다.

(단위 : 표)

여행상품	1인당 비용(원)	총무팀	영업팀	개발팀	홍보팀	공장1	공장2	합계
A	500,000	2	1	2	0	15	6	26
B	750,000	1	2	1	1	20	5	30
C	600,000	3	1	0	1	10	4	19
D	1,000,000	3	4	2	1	30	10	50
E	850,000	1	2	0	2	5	5	15
합계		10	10	5	5	80	30	140

㉠ 가장 인기가 많은 여행상품은 D이다. 그러나 공장1의 고려사항은 회사에 손해를 줄 수 있으므로, 2박 3일 여행상품이 아닌 1박 2일 여행상품 중 가장 인기 있는 B가 선택된다. 따라서 750,000×140=105,000,000원이 필요하므로 옳다.

㉢ 공장1의 A, B 투표 결과가 바뀐다면 여행상품 A, B의 투표 수가 각각 31, 25표가 되어 선택되는 여행상품이 A로 변경된다.

오답분석

㉡ 가장 인기가 많은 여행상품은 D이므로 옳지 않다.

25 갈등 관리　　　　　　　　　　　　　　　　　　　　　　　　　　　　　　　　　　　　정답 ④

제시된 사례를 살펴보면 갈등 처리를 통해 내부 집단끼리 서로의 목표를 달성하여 만족시키기를 원하고 있고, 갈등 당사자들은 적정한 수준에서의 변화와 과도하지 않은 요구조건을 서로 원하고 있다. 따라서 이와 같은 사례에서 유추할 수 있는 갈등처리 의도에 대해 바르게 설명하고 있는 사람은 은영과 권철이다.

26 리더십

정답 ⑤

리더는 구성원들이 목표 의식을 분명히 할 수 있도록 목표를 명확히 설정하고, 이를 위한 활동을 지원하여 자발적인 노력을 격려함으로써 조직 목표를 달성하기 위해 노력해야 한다. '무엇을 할까?'보다 '어떻게 할까?'에 초점을 두는 것은 리더가 아닌 관리자의 성향이며, 리더는 '무엇을 할까?'에 초점을 맞추어야 한다.

27 리더십

정답 ④

반복적인 업무로 지친 팀원들에게 새로운 업무의 기회를 부여하는 것은 팀원들에게 동기를 부여할 수 있는 효과적인 방법이다. 팀원들은 매일 해왔던 업무와 전혀 다른 일을 처리하면서 새로운 도전이 주는 자극과 스릴감을 가지게 될 것이며, 나아가 자신의 능력을 인정받았다는 뿌듯함과 성취감을 느낄 수 있다.

[오답분석]
① 자신의 책임을 전가하는 팀원들에게 필요한 방법이다.
② 코칭은 문제를 함께 살피고, 지원하며, 지도 및 격려하는 활동을 말한다.
③ 지속적인 교육은 팀원들에게 성장의 기회를 제공하는 방법이다.
⑤ 칭찬과 격려는 팀원들에게 동기를 부여하는 긍정적 강화법으로 볼 수 있다.

28 협상 전략

정답 ④

사회적 입증 전략이란 사람은 과학적 이론보다 자신의 동료나 이웃의 말이나 행동에 의해서 쉽게 설득된다는 전략이다.

[오답분석]
① See – Feel – Change 전략 : 시각화하고 직접 보게 하여 이해시키고(See), 스스로 느끼게 하여 감동시키며(Feel), 이를 통해 상대방을 변화시켜(Change) 설득에 성공한다는 전략이다.
② 호혜 관계 형성 전략 : 협상 당사자 간에 어떤 혜택들을 주고받은 관계가 형성되어 있으면 그 협상과정상의 갈등 해결에 용이하다는 것이다.
③ 헌신과 일관성 전략 : 협상 당사자가 기대하는 바에 일관성 있게 헌신적으로 부응하여 행동하게 되면 협상과정상의 갈등 해결이 용이하다는 것이다.
⑤ 희소성 해결 전략 : 인적, 물적 자원 등의 희소성을 해결하는 것이 협상과정상의 갈등 해결에 용이하다는 것이다.

29 팀워크

정답 ④

A, B, C는 각자 자신이 해야 할 일이 무엇인지 잘 알고 있으며, 서로의 역할도 이해하는 모습을 볼 수 있다. 이처럼 효과적인 팀은 역할을 명확하게 규정한다.

30 고객 서비스

정답 ⑤

빨리빨리형의 경우 성격이 급하고, 확신이 있는 말이 아니면 잘 믿지 않는 고객을 말한다. 빨리빨리형에게 애매한 화법을 사용하면 고객의 기분은 더욱 나빠질 수 있으므로, 만사를 시원스럽게 처리하는 모습으로 응대하는 것이 가장 적절하다.

불만고객 유형별 대처 시 주의사항
- 거만형
  - 정중하게 대하는 것이 좋다.
  - 자신의 과시욕이 채워지도록 뽐내든 말든 내버려 둔다.
- 의심형
  - 분명한 증거나 근거를 제시하여 스스로 확신을 갖도록 유도한다.
  - 때로는 책임자로 하여금 응대하는 것도 좋다.

- 트집형
  - 이야기를 경청하고, 맞장구치고, 추켜세우고, 설득해 가는 방법이 효과적이다.
    예 '손님의 말씀이 맞습니다. 역시 손님께서 정확하십니다.' 하고 고객의 지적이 옳음을 표시한 후 '저도 그렇게 생각하고 있습니다만….' 하고 설득한다.
  - 고객의 의견을 경청하고 사과를 하는 응대가 바람직하다.
- 빨리빨리형
  - "글쎄요?", "아마 ….", "저 …." 하는 식의 애매한 화법을 사용하면 고객은 신경이 더욱 날카롭게 곤두서게 된다.
  - 만사를 시원스럽게 처리하는 모습을 보이면 응대하기 쉽다.

31 협상 전략 　　　　　　　　　　　　　　　　　　　　　정답 ⑤

협상전략 수립, 협상환경 분석 등은 협상 전 단계에서 이루어진다.

32 갈등 관리 　　　　　　　　　　　　　　　　　　　　　정답 ②

회식자리에서의 농담은 자신의 생각보다 받아들이는 사람이 어떻게 받아들이는지가 중요하다. 상사가 자신의 기분이 상할 수 있는 농담을 들었을 때, 회식과 같이 화기애애한 자리를 갑자기 냉각시킬 수는 없으므로 그 자리에서만 수용해 줄 수도 있는 것이다. 따라서 본인이 실수했다고 느낄 때 바로 사과하는 것이 적절하다.

33 국제 동향 　　　　　　　　　　　　　　　　　　　　　정답 ③

인도의 전통적인 인사법은 턱 아래에 두 손을 모으고 고개를 숙이는 것으로, 이외에도 보편적인 악수를 통해 인사할 수 있다. 그러나 여성의 경우 먼저 악수를 청할 시에만 악수할 수 있으므로 유의해야 한다. 인도인의 대부분이 힌두교도이며, 힌두교는 남녀의 공공연한 접촉을 금지하고 있기 때문이다.

34 조직 구조 　　　　　　　　　　　　　　　　　　　　　정답 ④

30만 원 초과 50만 원 미만의 출장계획서는 전결을 위임받은 본부장에게 결재를 받아야 하며, 30만 원 초과 50만 원 미만의 청구서는 대표이사의 결재를 받아야 한다. 따라서 출장계획서는 본부장 전결사항이므로 본부장 란에 '전결'을 표시하고 본부장의 서명이 기입되어야 한다.

오답분석

①・③ 출장계획서는 본부장의 전결사항이므로 본부장에게 최종 결재를 받아야 한다.
② 청구서는 대표이사에게 최종 결재를 받아야 한다.
⑤ 접대비지출품의서는 30만 원 이하이므로 팀장의 결재를 받아야 한다.

35 업무 종류 　　　　　　　　　　　　　　　　　　　　　정답 ⑤

김팀장의 업무 지시에 따르면 이번 주 금요일 회사 창립 기념일 행사가 끝난 후 진행될 총무팀 회식의 장소 예약은 목요일 퇴근 전까지 처리되어야 한다. 따라서 이대리는 ⑩을 목요일 퇴근 전까지 처리해야 한다.

36 경영 전략 　　　　　　　　　　　　　　　　　　　　　정답 ②

사례 1은 차별화 전략의 대표적인 사례로, 넓은 시장에서 경쟁우위 요소를 차별화로 두는 전략이다.

37 정답 ③

사례 2는 집중화 전략에 대한 사례이다. 집중화 전략의 결과는 특정 목표에 대해 차별화되거나 낮은 원가를 실현할 수 있는데, 예를 들면 그 지역의 공급자가 고객과의 제휴를 통해 낮은 원가 구조를 확보할 수 있다. 또한 특정 세분화된 시장이 목표가 되므로 다른 전략에 비해 상대적으로 비용이 적게 들고, 성공했을 경우 효과는 작지만 특정 세분시장에서의 이익을 확실하게 확보할 수 있다.

38 경영 전략 정답 ④

사례 3은 비용우위 전략과 차별화 전략을 동시에 적용한 사례이다. 토요타는 JIT 시스템을 통해 비용을 낮추는 원가 우위 전략을 취함과 동시에 기존 JIT 시스템을 현재 상황에 맞게 변형한 차별화 전략을 추구하고 있다. 따라서 비용우위 전략과 차별화 전략을 동시에 추구하고 있는 ⓒ, ⓔ과 관련이 있다.

[오답분석]
ⓐ 비용우위 전략에 해당한다.
ⓑ 집중화 전략에 해당한다.

39 업무 종류 정답 ④

시스템 오류 확인 및 시스템 개선 업무는 고객지원팀이 아닌 시스템개발팀이 담당하는 업무이다.

40 조직 구조 정답 ⑤

조직체계 구성 요소 중 규칙 및 규정은 조직의 목표나 전략에 따라 수립되며, 조직 구성원들의 활동범위를 제약하고 일관성을 부여하는 기능을 한다. 인사규정·총무규정·회계규정 등이 이에 해당한다.

[오답분석]
① 조직 목표 : 조직이 달성하려는 장래의 상태로, 대기업, 정부부처, 종교단체를 비롯하여 심지어 작은 가게도 달성하고자 하는 목표를 가지고 있다. 조직의 목표는 미래지향적이지만 현재의 조직행동의 방향을 결정하는 역할을 한다.
② 경영자 : 조직의 전략, 관리 및 운영활동을 주관하며, 조직 구성원들과 의사결정을 통해 조직이 나아갈 바를 제시하고 조직의 유지와 발전에 대해 책임을 지는 사람이다.
③ 조직 문화 : 조직이 지속되게 되면서 조직 구성원들 간의 생활양식이나 가치를 서로 공유하게 되는 것을 말하며, 조직 구성원들의 사고와 행동에 영향을 미치며 일체감과 정체성을 부여하고 조직이 안정적으로 유지되게 한다.
④ 조직 구조 : 조직 내의 부문 사이에 형성된 관계로 조직 목표를 달성하기 위한 조직 구성원들의 상호작용을 보여준다.

인생이란 결코 공평하지 않다. 이 사실에 익숙해져라.

– 빌 게이츠 –

HUG 주택도시보증공사 필기시험 답안카드

번호	1	2	3	4	5	번호	1	2	3	4	5
1	①	②	③	④	⑤	21	①	②	③	④	⑤
2	①	②	③	④	⑤	22	①	②	③	④	⑤
3	①	②	③	④	⑤	23	①	②	③	④	⑤
4	①	②	③	④	⑤	24	①	②	③	④	⑤
5	①	②	③	④	⑤	25	①	②	③	④	⑤
6	①	②	③	④	⑤	26	①	②	③	④	⑤
7	①	②	③	④	⑤	27	①	②	③	④	⑤
8	①	②	③	④	⑤	28	①	②	③	④	⑤
9	①	②	③	④	⑤	29	①	②	③	④	⑤
10	①	②	③	④	⑤	30	①	②	③	④	⑤
11	①	②	③	④	⑤	31	①	②	③	④	⑤
12	①	②	③	④	⑤	32	①	②	③	④	⑤
13	①	②	③	④	⑤	33	①	②	③	④	⑤
14	①	②	③	④	⑤	34	①	②	③	④	⑤
15	①	②	③	④	⑤	35	①	②	③	④	⑤
16	①	②	③	④	⑤	36	①	②	③	④	⑤
17	①	②	③	④	⑤	37	①	②	③	④	⑤
18	①	②	③	④	⑤	38	①	②	③	④	⑤
19	①	②	③	④	⑤	39	①	②	③	④	⑤
20	①	②	③	④	⑤	40	①	②	③	④	⑤

※ 본 답안지는 마킹연습용 모의 답안지입니다.

HUG 주택도시보증공사 필기시험 답안카드

성 명	

지원 분야	

문제지 형별기재란	( )형	Ⓐ Ⓑ

수 험 번 호

	⓪ ① ② ③ ④ ⑤ ⑥ ⑦ ⑧ ⑨
	⓪ ① ② ③ ④ ⑤ ⑥ ⑦ ⑧ ⑨
	⓪ ① ② ③ ④ ⑤ ⑥ ⑦ ⑧ ⑨
	⓪ ① ② ③ ④ ⑤ ⑥ ⑦ ⑧ ⑨
	⓪ ① ② ③ ④ ⑤ ⑥ ⑦ ⑧ ⑨
	⓪ ① ② ③ ④ ⑤ ⑥ ⑦ ⑧ ⑨
	⓪ ① ② ③ ④ ⑤ ⑥ ⑦ ⑧ ⑨

감독위원 확인	(인)

문번						문번					
1	①	②	③	④	⑤	21	①	②	③	④	⑤
2	①	②	③	④	⑤	22	①	②	③	④	⑤
3	①	②	③	④	⑤	23	①	②	③	④	⑤
4	①	②	③	④	⑤	24	①	②	③	④	⑤
5	①	②	③	④	⑤	25	①	②	③	④	⑤
6	①	②	③	④	⑤	26	①	②	③	④	⑤
7	①	②	③	④	⑤	27	①	②	③	④	⑤
8	①	②	③	④	⑤	28	①	②	③	④	⑤
9	①	②	③	④	⑤	29	①	②	③	④	⑤
10	①	②	③	④	⑤	30	①	②	③	④	⑤
11	①	②	③	④	⑤	31	①	②	③	④	⑤
12	①	②	③	④	⑤	32	①	②	③	④	⑤
13	①	②	③	④	⑤	33	①	②	③	④	⑤
14	①	②	③	④	⑤	34	①	②	③	④	⑤
15	①	②	③	④	⑤	35	①	②	③	④	⑤
16	①	②	③	④	⑤	36	①	②	③	④	⑤
17	①	②	③	④	⑤	37	①	②	③	④	⑤
18	①	②	③	④	⑤	38	①	②	③	④	⑤
19	①	②	③	④	⑤	39	①	②	③	④	⑤
20	①	②	③	④	⑤	40	①	②	③	④	⑤

HUG 주택도시보증공사 필기시험 답안카드

성 명		

지원 분야		

문제지 형별기재란	( )형	Ⓐ Ⓑ

수험번호

⓪	⓪	⓪	⓪	⓪	⓪	⓪
①	①	①	①	①	①	①
②	②	②	②	②	②	②
③	③	③	③	③	③	③
④	④	④	④	④	④	④
⑤	⑤	⑤	⑤	⑤	⑤	⑤
⑥	⑥	⑥	⑥	⑥	⑥	⑥
⑦	⑦	⑦	⑦	⑦	⑦	⑦
⑧	⑧	⑧	⑧	⑧	⑧	⑧
⑨	⑨	⑨	⑨	⑨	⑨	⑨

감독위원 확인

㊞

1	① ② ③ ④ ⑤	21	① ② ③ ④ ⑤
2	① ② ③ ④ ⑤	22	① ② ③ ④ ⑤
3	① ② ③ ④ ⑤	23	① ② ③ ④ ⑤
4	① ② ③ ④ ⑤	24	① ② ③ ④ ⑤
5	① ② ③ ④ ⑤	25	① ② ③ ④ ⑤
6	① ② ③ ④ ⑤	26	① ② ③ ④ ⑤
7	① ② ③ ④ ⑤	27	① ② ③ ④ ⑤
8	① ② ③ ④ ⑤	28	① ② ③ ④ ⑤
9	① ② ③ ④ ⑤	29	① ② ③ ④ ⑤
10	① ② ③ ④ ⑤	30	① ② ③ ④ ⑤
11	① ② ③ ④ ⑤	31	① ② ③ ④ ⑤
12	① ② ③ ④ ⑤	32	① ② ③ ④ ⑤
13	① ② ③ ④ ⑤	33	① ② ③ ④ ⑤
14	① ② ③ ④ ⑤	34	① ② ③ ④ ⑤
15	① ② ③ ④ ⑤	35	① ② ③ ④ ⑤
16	① ② ③ ④ ⑤	36	① ② ③ ④ ⑤
17	① ② ③ ④ ⑤	37	① ② ③ ④ ⑤
18	① ② ③ ④ ⑤	38	① ② ③ ④ ⑤
19	① ② ③ ④ ⑤	39	① ② ③ ④ ⑤
20	① ② ③ ④ ⑤	40	① ② ③ ④ ⑤

※ 본 답안지는 마킹연습용 모의 답안지입니다.

〈절취선〉

HUG 주택도시보증공사 필기시험 답안카드

※ 본 답안지는 마킹연습용 모의 답안지입니다.

번호	1	2	3	4	5	번호	1	2	3	4	5
1	①	②	③	④	⑤	21	①	②	③	④	⑤
2	①	②	③	④	⑤	22	①	②	③	④	⑤
3	①	②	③	④	⑤	23	①	②	③	④	⑤
4	①	②	③	④	⑤	24	①	②	③	④	⑤
5	①	②	③	④	⑤	25	①	②	③	④	⑤
6	①	②	③	④	⑤	26	①	②	③	④	⑤
7	①	②	③	④	⑤	27	①	②	③	④	⑤
8	①	②	③	④	⑤	28	①	②	③	④	⑤
9	①	②	③	④	⑤	29	①	②	③	④	⑤
10	①	②	③	④	⑤	30	①	②	③	④	⑤
11	①	②	③	④	⑤	31	①	②	③	④	⑤
12	①	②	③	④	⑤	32	①	②	③	④	⑤
13	①	②	③	④	⑤	33	①	②	③	④	⑤
14	①	②	③	④	⑤	34	①	②	③	④	⑤
15	①	②	③	④	⑤	35	①	②	③	④	⑤
16	①	②	③	④	⑤	36	①	②	③	④	⑤
17	①	②	③	④	⑤	37	①	②	③	④	⑤
18	①	②	③	④	⑤	38	①	②	③	④	⑤
19	①	②	③	④	⑤	39	①	②	③	④	⑤
20	①	②	③	④	⑤	40	①	②	③	④	⑤

성 명

지원 분야

문제지 형별기재란
Ⓐ
Ⓑ
(형)

수 험 번 호

⑩	①	②	③	④	⑤	⑥	⑦	⑧	⑨
⑩	①	②	③	④	⑤	⑥	⑦	⑧	⑨
⑩	①	②	③	④	⑤	⑥	⑦	⑧	⑨
⑩	①	②	③	④	⑤	⑥	⑦	⑧	⑨
⑩	①	②	③	④	⑤	⑥	⑦	⑧	⑨
⑩	①	②	③	④	⑤	⑥	⑦	⑧	⑨
⑩	①	②	③	④	⑤	⑥	⑦	⑧	⑨

감독위원 확인

(인)

2025 최신판 시대에듀 All-New HUG 주택도시보증공사 NCS + 전공 + 최종점검 모의고사 5회 + 무료NCS특강

개정14판1쇄 발행	2025년 02월 20일 (인쇄 2024년 12월 23일)
초 판 발 행	2014년 12월 03일 (인쇄 2014년 11월 26일)
발 행 인	박영일
책 임 편 집	이해욱
편 저	SDC(Sidae Data Center)
편 집 진 행	김재희 · 김미진
표지디자인	조혜령
편집디자인	양혜련 · 장성복
발 행 처	(주)시대고시기획
출 판 등 록	제10-1521호
주 소	서울시 마포구 큰우물로 75 [도화동 538 성지 B/D] 9F
전 화	1600-3600
팩 스	02-701-8823
홈 페 이 지	www.sdedu.co.kr
I S B N	979-11-383-6407-2 (13320)
정 가	25,000원